「十二五」国家重点图书出版规划项目

缅甸与东南亚

Miandian yu Dongnanya

李 谋◎著

中国出版集团
世界图书出版公司

图书在版编目（CIP）数据

缅甸与东南亚 / 李谋著. —广州：世界图书出版广东有限公司，2014. 5（2023.8重印）
ISBN 978 - 7 - 5100 - 7799 - 9

Ⅰ. ①缅… Ⅱ. ①李… Ⅲ. ①缅甸—概况 ②东南亚—概况 Ⅳ. ①K933

中国版本图书馆 CIP 数据核字（2014）第 062579 号

缅甸与东南亚

策划编辑：刘正武
责任编辑：张　华　魏志华
出版发行：世界图书出版有限公司　世界图书出版广东有限公司
（广州市新港西路大江冲 25 号 邮编：510300）
电　　话：020-84184026　　84453623
http：//www. gdst. com. cn　　E-mail：wpc_gdst@163. com
经　　销：各地新华书店
印　　刷：广东虎彩云印刷有限公司
版　　次：2014 年 5 月第 1 版
印　　次：2023 年 8 月第 6 次印刷
开　　本：787mm ×1 092mm　1/16
字　　数：369 千字
印　　张：18. 875
书　　号：ISBN 978 - 7 - 5100 - 7799 - 9
定　　价：58. 00 元

咨询、投稿：020 - 84460251　gzlzw@ 126. com

前　言

缅甸是东南亚十一国中比较重要的一个国家，它的地形像一只拖着一条尾巴的菱形风筝，北部、东北部与我国云南省、西藏自治区接壤，西北是南亚的印度、孟加拉国，东南和东部与老挝、泰国相连，西南和南部则濒临印度洋的孟加拉湾、安达曼海，隔海与印度尼西亚的苏门答腊岛遥遥相望，具有重要的战略地位；领土是东南亚各国中仅次于印度尼西亚的第二大国，且所处地域跨越了温带、亚热带和热带，物产丰富多样；主要的宗教信仰是佛教，佛教在其发祥地印度次大陆没落后，缅甸逐步发展为南传佛教（上座部教派）的传播中心，并在中南半岛和中国华南一些少数民族聚居区一带拓展成上座部佛教文化圈；人口较多，在今日东南亚约5.3亿人口中占11.5%，约有6200万；它的文化是东南亚文化的典型代表，不仅早已深受印度文化、中国文化之影响，且在14世纪后又受到传入这一地区的伊斯兰文化、西方文化的影响，多元、交汇、共生，这一东南亚文化的普遍特征在缅甸表现得非常突出。

缅甸经历了漫长曲折的历史发展，早在公元初始前后，今日缅甸境内就出现了早期国家；进入9世纪后，先后建立起若干个中央集权王朝；16世纪开始，西方列强纷纷涉足缅甸，企图在这里立足；19世纪，大英帝国终于通过三次侵缅战争鲸吞了缅甸，将其隶属于英属印度，缅甸成了殖民地的殖民地；第二次世界大战期间，缅甸又沦为日本法西斯的占领地，遭受了双重的战祸，损失居东南亚各国之首；1948年初，终于获得了独立，但因为国内各派力量意见分歧，独立不久即爆发了内战，境内各族间以及主体民族缅族内部纷争不断，虽然多个集团先后执政，多届政府更替，富饶强盛的缅甸竟一度跌落至全世界最贫困国家之列。2010年11月缅甸进行了大选，2011年2月组成民选新政府后，内政、外交政策都出现了重大改变，引起了世界各国的广泛关注。

缅甸是中国的一个重要友好邻邦，两国关系源远流长，近代以来两国有着相似的命运与遭遇，在1948、1949年相继获得独立与解放后，两国关系更是堪称不同社会制度国家友好相处的典范。但是近几年来随着缅甸的开放、国际形势的演变，中缅两国交往中也出现了几个小波折，遂引发了各方的猜测与关注。

中国对缅甸的了解是具历史传统的，早在汉代的史籍中就有过相关记述，其后中国历代的史书、札记都有今日缅甸境内诸国、各个王朝的记载，且颇为翔实；但到了近代以后，记述缅甸有关情况的书籍、文章却明显稀少了。

当今日世界目光齐聚缅甸，并关注中缅关系发展之时，我国各界更有必要深入了解我们友好邻邦缅甸各个方面的真实情况。笔者多年来一直从事缅甸专业的教学与研究，并先后在缅甸学习、驻留、生活近十年之久。现把用自己亲身体验与心得写成的若干篇文章集中呈现给读者，希冀能帮助读者们拨开层层迷雾，辨清缅甸的真貌，对今日出现的种种现象或事件做出正确的认知与判断；为增进中缅两国人民的友谊与了解，尽自己绵薄之力。

李　谋

2014 年 3 月 14 日

于北京寓所

CONTENTS 目录

民族

MINZU

析东南亚民族的形成与分布

东南亚在地理环境、民族成分等方面都是世界上最错综复杂的地区之一。通过考古材料，可以清晰地看出这一带各地出土的石器与铜铁器时代的遗物惊人地相似，有着共同的特征。这也反映了东南亚地区各族居民数千年来对这一复杂环境的适应与变革，以及在这一地区内的迁徙、接触与融合，形成这一地区多元性文化的最初历程。但东南亚的原始族群到底有哪些，他们的直接后裔是今日哪些民族，今日东南亚哪些民族是后来移居此地的等问题，至今仍不能非常明确容易地得出结论。笔者仅就此谈谈个人的一点看法。

一、东南亚的原始居民

（一）这一地区人类的起源和历史上民族的迁徙情况

历来学者们往往首先从早期东南亚自然环境着手分析人类的起源。“人类在东南亚居住的记录可以往回追溯大约 100 万年。在那一段历史时期，与温带地区的更新世冰河作用有关而产生的周期性变化，使该地区的地貌和气候也随之发生剧烈变化”。“在东南亚的热带地区，冰河作用对于人类所产生的主要结果可能是年平均温度的下降，年降雨量的大量减少，植物类型的改变，以及由于大量的水逐渐变成了海拔较高的冰带的一部分，海平面比现在降低了大约 130 米之多。海平面的变化很可能对人类的移民和扩张产生了戏剧性的影响”。“巽他大陆架是地球上最大的较浅的大陆架。当它在冰河时期几乎全部显露于海平面之上时，可能形成的超过 400 万平方公里宽的次大陆。现在形成的中国南部海床和爪哇海床的陆地沉淀物充分证明这一观点，几处现在已经被淹没的河流流域以及钻井时在海床中心经常发现的红树林花粉也同样证明了这一观点。”① 当时东南亚海岛部分的苏门答腊、爪哇、婆罗州、巴厘和巴拉望岛等与亚洲其他部分以陆地相连，这也为原始居民的迁徙提供了便利条件。

多年来人们普遍认为中国华南乃至东南亚地区是我们人类的发祥地之一。20 世纪

① ［新西兰］尼古拉斯·塔林主编：《剑桥东南亚史》Ⅰ（贺圣达等译），昆明：云南人民出版社，2003 年版，第 48－49 页。

80年代后期以来先后有一些学者提出了人类非洲起源说，认为南部非洲才是人类唯一的故乡，最早生活在东南亚的人类也是从非洲迁徙来此的。他们反对地区连续性进化的主张，“赞成断续的‘诺亚方舟’式的进化；在他们看来，现代智人的祖先最终来自非洲直立人，他们在大约4万年前的某些不确定的时间扩散到整个东半球。”① 但是东南亚与南部非洲远隔重洋相距万里，远古时代的原始人是怎样迁徙的，迁徙的原因又是什么等等都成了至今仍难破解之谜。

由于通过考古所得的材料与实物难以明确地回答东南亚民族的驻留与迁徙问题，学者们又从多学科的角度进行考察。开始人们把目光集中在民族学上。同一民族在文化背景和使用语言上有着一致性，这是人们在长期生活经历中得出的一个定论。人们从这点出发希望从语言角度考察能够破解各个民族间的亲疏关系、在某一地域内生存历史的长短，进而研究他们的发祥地和后来移居的原因以及迁徙的路线。通过比较语言学的研究，的确开阔了人们的视野，解决了某些难题。但是当人们用这一方法进一步研究民族问题时，又发现使用同一语言的人们也有在生物学方面表现出很大差异性的；也有的民族由于长年相互亲密接触与血缘融合，体型、一般生活习性等方面已难分彼此，但深入考察他们的文化背景和语言则相差甚远的。随着人类生物学的发展，人们又开始从分析生物基因着手，期望对上述问题得到明确的答案。但是不同的学者基于对同样的基因序列的分析，却对数千年前东南亚诸民族的迁徙路线提出了截然相反的结论。也有人想从民俗学、口头文学等方面获取材料，分析目前同处一地的这些民族的渊源及迁徙到达此地的先后等等。

通过对考古学、民族学、比较语言学、人类生物学等方面研究资料进行比较与整合，虽然研究者至今对东南亚民族的来源和迁徙路线等仍未能有令人满意的共识，但是对某些问题的认识还是比较一致的。

（二）东南亚最早的居民——尼格利陀人

目前生活在东南亚的澳大利亚—美拉尼西亚人数量较少。“到了现在，这种种族，除菲律宾的人数较多外，其他地方，总共也不过六七千人，而且其趋势是日来日少。”②今日的尼格利陀人就是这一族系的代表，马来西亚的塞芒人或班干人、泰国的诺格人、菲律宾的海胆人或埃达人、安达曼群岛的安达曼人等实际上都是尼格利陀人的分支。关于这一种族的情况中外史料中都有过相关记载，只是所称族名不同，所述内容也比

① ［新西兰］尼古拉斯·塔林主编：《剑桥东南亚史》Ⅰ，第55页。原文注明参见R. L. 卡恩、M. 斯通金和A. C. 威尔逊：《线粒体DNA和人类的进化》，载《自然》1987年第325期；C. B. 斯特林格、P. 安德鲁斯：《现代人类的起源——遗传和化石的证据》，载《科学》1988年第239期；G. P. 赖特迈尔：《直立人和中更新世后期的人类》，载《人类学年评》1988年第17期。

② 陈序经：《陈序经东南亚古史研究合集》上卷，深圳：海天出版社，1992年版，第46页。

较简单而已。比如《不列颠百科全书》安达曼岛条中就写有“九世纪中叶的时候，阿拉伯作家告诉我们这个岛上的居民吃生人，他们人口约有二千，色黑发如羊毛，眼睛与形貌，使人可怕，……他们裸而徙跣，……假使有船到此而缺吃水，而找他们供给的话，可能就被他们杀死。”①《简明不列颠百科全书》安达曼人条中也写有“操安达曼语的约有1000人。直到19世纪中叶，安达曼人由于住地遥远，极端排外，屠杀一切外人，在物质或文化上都没有重大变化。残留的部落现仍不识耕种，仅靠打猎和采集为生。是唯一不知取火方法的民族。”②我国南宋赵汝适1225年写成的《诸蕃志》中说：“三屿乃麻逸之属，曰加麻延、巴姥酉、巴吉弄等，各有种落，散居岛屿，舶舟至则出而贸易，总谓之三屿……穷谷别有种落，号海胆，人形而小，眼圆而黄，虬发露齿，巢于木颠，或三五为群，跧伏榛莽，以暗箭射人，多罹其害。”③ 西班牙人齐连诺（Chirino）在其著作中也提到过海胆人：“在毗舍耶（Bisayas）人中，有些矮黑人，他们比之几内亚的黑人，没有那么黑，也没有那么难看，可是他们却较矮小而懦弱，至于他们的发与须，却是一样的，他们比之毗舍耶及菲律宾人，较为野蛮，他们既没有房屋，也没有一定的住处，他们没有种植，也没有收获，他们好像野兽一样，携着妻子在山林中游荡，差不多是裸体，他们猎取鹿或山牛，假使他们在某一个地方获得一个野兽，他们杀死后，就停留在这个地方，待到吃完其肉，然后再到别的地方。他们除了弓矢以外，没有别的财产。”④ 在东南亚一些民间传说中也可以发现尼格利陀人的踪迹。比如东南亚半岛地区的孟族中有这样的传说，“公元前3世纪左右须那迦与郁多罗长老率领僧团来到金地，念诵吉祥经，驱逐了与孟人为敌的‘水鬼’（学者们认为所谓水鬼，很可能指的是在缅甸南端岛屿上生活的熟谙水性的土著人尼格利陀人）”⑤，佛教才开始在孟族地区传播开来。据考“尼格利陀”出自西班牙语，原意为小非洲黑人，故又有意译为“小矮黑人”或“类黑人”者。从生物学方面考察，尼格利陀人与今日东南亚生活的其他民族在外形、骨骼与遗传基因等方面都有着非常明显的不同。他们“身材矮小（身高1.53米以下），皮肤黄褐色，卷曲发或卷结发，面部特征与澳大利亚人近似，如牙齿硕大，下颌前凸，长头，宽鼻”。⑥ 与其他人种之间的差异还“表现在铁传递蛋白、免疫球蛋白、千兆周血清蛋白质系统，迪戈红血球和人类白血球抗原系统，以及线粒体基因等等方面”。⑦

据考，4万年前东南亚的最早的居民，属澳大利亚—美拉尼西亚人种的尼格利陀人

---

① 《不列颠百科全书》旧译《大英百科全书》或《大英全书》。转引自《陈序经东南亚古史研究合集》上卷，第44页。
② 《简明不列颠百科全书》卷1，北京：中国大百科全书出版社，1992年版，第269页。
③ 转引自中山大学东南亚历史研究所编：《中国古籍中有关菲律宾资料汇编》，北京：中华书局，1980年版，第14页。
④ Padre Chirino：Relacion de Las Islas Filipinas，转引自《陈序经东南亚古史研究合集》上卷，第46页。
⑤ 李谋、姜永仁：《缅甸文化综论》，北京：北京大学出版社，2002年版，第43页。
⑥ 《简明不列颠百科全书》卷6，北京：中国大百科全书出版社，1992年版，第228页。
⑦ ［新西兰］尼古拉斯·塔林主编：《剑桥东南亚史》Ⅰ，第60页。

生活在除靠近赤道以外的东南亚广大地区，甚至在南亚次大陆一带也有他们的踪迹。“巽他大陆架最后一次全部显露是在18000年之前的前后几千年的时间里”，① 后冰河期迅速出现，巽他大陆架被淹没，海平面变化达到与现在差不多的高度。“海平面的迅速上升导致人们失去了土地，从而迫使他们从巽他大陆架向东进入太平洋”，② 他们这些南亚东南亚地区的最早居民遂被分割成若干个小族群，孤立地存在于中南半岛边缘地带和某些岛屿之上。但是至今仍难以判定他们最初是否也是从其他地区移居此地的外来者，他们的故乡到底位于何处仍是一个困扰人们的疑团。他们以采集植物果实和渔猎为生。直到距今7000年前以栽培农业为生的蒙古人种陆续徙入东南亚后，他们的生存环境再次发生变化，长年累月历尽沧桑，他们或被自然淘汰，或被后来徙入者们融合或同化，或被迫向更加偏僻的海岛山区转移。时至今日在东南亚中心地带已没有尼格利陀人遗存，仅在泰国南部与马来半岛中部的边缘不发达的蛮荒地带、安达曼群岛、菲律宾中部和北部偏远地区还能见到少量尼格利陀人。而且他们之中许多人已不再使用他们的原始语言，改操临近民族的南岛语系或南亚语系语言了，生活习性和谋生方式也有了很大改变。

二、历史上东南亚的移民浪潮与民族迁徙

大多数中国学者认为，东南亚的主要民族都是源自中国古代“百越”民族群体。“越人是指使用一种石钺的人类群体的名称，后来不断加入了众多的来源不同的氏族、部落集团，形成了许多互不统属的部落集团，被称为‘百越’。他们广泛分布于我国东南方以至西南方一带，几乎在长江中下游以南直至珠江流域和滇西、滇南一带，都有百越的群落。”“越人的一部分在夏商时已加入华夏族，另一些越人则逐渐向长江下游迁徙，他们既同化了南方的土著部族，又同化了马来人和矮黑人。”“所以‘百越’并非来源单一的古民族，而是一个组合复杂而来源众多的大区域的民族群体。”“尤其是当百越人南迁至印度支那半岛和阿萨姆以后，又与当地的孟人、钦人、缅人、骠人、寮人、高棉人、占人、濮人以及马来人矮黑人融合而成为佬族、傣族、掸族、京族、岱族等。”“另有一些百越人，尤其是外越人，则分批向南洋群岛迁徙。加里曼丹、苏拉威西、新几内亚、爪哇、小巽他群岛、加罗林群岛、密克罗尼西亚、美拉尼西亚、波里尼西亚以及南太平洋的萨摩亚、斐济、汤加和新喀里多尼亚岛，都有百越人的

① ［新西兰］尼古拉斯·塔林主编：《剑桥东南亚史》Ⅰ，第49页。

② ［新西兰］尼古拉斯·塔林主编：《剑桥东南亚史》Ⅰ，第64页。引用J. 吉本斯和F. 克卢尼：《海平面的变迁与太平洋史前史》，载《太平洋杂志》1986年第21期；以及P. 贝尔伍德的答复：《海平面的变化对太平洋史前史的影响》，载《太平洋杂志》1987年第22期。

踪迹。”①

有的学者认为，“百越并不都是同源，百越包括许多不同的人们共同体，它在不同时期具有不同的涵义。百，极言其多，越是泛称，本身不是一个民族”。② 有的学者考证得出，“‘越’的中古音为 Vat，Vad，中国佛学典籍以‘越’作为梵语 Vastu，巴利语 Vatthu 的略译，其义为‘地域’、‘国家’，如迦毗罗越的‘越’，就是 Vastu 或 Vatthu 之略。”③ 这些给了我们以启发，看来族名中带有“越”字者，不一定都是“百越”族之一种。所以，何光岳先生认定“百越”归属于汉藏语系中的壮侗语族④是不对的，实际上习惯所说的“百越”各族，涵盖了南岛、南亚和汉藏等三个语系的许多民族。

现在东南亚约有 5 亿人口，按民族学谱系划分的办法分别属于四大族系，即：澳大利亚—美拉尼西亚人、南岛语系人、南亚语系人和汉藏语系人，其中后三者均属南蒙古人种，共约百余种民族。

（一）首批自境外徙入东南亚的南岛语系人

南岛语系或直接音译为奥斯特罗尼西亚语系，又称马来波利尼西亚语系。学者们对该语系民族的发祥地有过多种说法。大体有两种主张：一是大陆起源说，一是海洋起源说。两种观点的争论至今仍未停息。大多数学者认为该语系人的故乡在中国大陆。从中国大陆腹地至华南沿海、台湾，后南传至菲律宾，再东至马来群岛，进而向东向西向南扩张。这一语系的民族大约也是第一批从境外徙入东南亚的民族，经过 7000 年前至 1000 多年前若干次的大迁徙，到了公元初的几个世纪形成了今日南岛语系各族在东南亚的布局。其中某些民族也成了东南亚海岛诸国的主体民族。

根据语言学的界定可知，今日操该语系语言的人们分布在北起我国华南、台湾，南至大洋洲新西兰，东迄太平洋东端的复活节岛，西至印度洋西端的马达加斯加岛这一广袤的地域之内，是世界上地理分布最广的语系。主要分东、西两个语族，或称之为印度尼西亚语族和大洋洲语族。前者人数达 1.5 亿以上，后者人数甚少只有 100 万。⑤ 他们集居的中心地带是东南亚的海岛地区。东南亚菲律宾的比萨扬、他加禄、伊洛克、比利尔人，印度尼西亚的爪哇、巽他、马都拉、米南加保、巴达人，印度尼西亚和马来西亚的马来人，越南和柬埔寨的占人等都属于这一语系人种。

---

① 何光岳：《百越源流史》，南昌：江西教育出版社，1989 年版，第 1－2 页。

② 冯来仪：《百越同源质疑》，原载《中南民族学院学报》1986 年增刊，转引自陈吕范主编：《泰族起源与南诏国研究文集》上，北京：中国书籍出版社，2005 年版，第 18 页。

③ 陈孺性：《关于“僄越”、“盘越”与“滇越”的考释》，载台湾《大陆》1992 年第 84 卷第 5 期。陈孺性，缅名吴耶生，一直侨居缅甸在缅甸教育部工作，退休后返回台湾。他在 1979 年用缅甸文发表的《公元 802 年骠国使团访华考》中就曾讲过这一论点（译文载《中外关系史译丛 第 1 辑》，上海：上海译文出版社，1984 年版，第 46 页）。“迦毗罗越”是印度一古国名，现大多译为“迦毗罗卫”。

④ 何光岳：《百越源流史》第 2 页。壮侗语族，今日有更多的学者称之为侗台语族。

⑤ 《简明不列颠百科全书》卷 1，第 392 页。

考古学的一些发现为这一语系民族的迁徙提供了证据。气候温暖的沼泽与冲积土的环境最适合稻谷的生长。我国长江流域是亚洲栽培稻和稻作文化的重要起源地之一。20世纪70年代浙江余姚河姆渡遗址出土了约七千年前世界人类所用的最早稻种。[①] 2000年浙江省金华市浦江县又发现了上山遗址，2005年再次发现了同处浙江西南部山区的同一类型的嵊州小黄山遗址，2006年11月初我国新石器考古专家们举行了上山遗址学术研讨会。专家们认定在该遗址大量样土浮选中找到了一粒万年以前新石器早期的米和多粒晚期的米，出土的夹碳陶片表面有较多稻壳印痕，胎土中羼杂着大量稻壳、稻叶。这是我国东南沿海地区迄今发现的年代最早的新石器时代遗址，并命名为“上山文化”。如今上山文化中的稻作遗存又将中国稻作文明的时间表提前了。[②] 在当时人口密度较小，生产力低下的情况下，人们往往寻找新的气候适中有充足水源的河谷天然沼泽地带进行季节性种植。随着人们的迁徙与移动，以稻谷栽培为主的农业经济也逐步在东南亚一带扩展开来。这种耕种体系进入东南亚以后，又开始介入了东南亚本土热带水果和根茎作物的生产。在我国华南沿海一带还出土过大量相关的器物，其中陶器与有段石锛最值得注意。菲律宾、印度尼西亚甚至太平洋诸岛等都发现有与我国南方出土陶器相似的陶器。同样，制造独木舟的主要工具有段石锛也在这一范围多处出土。有段石锛有三种：初级型是圆脊石锛，不分段、不装柄，在闽粤发现最多，菲律宾也有少量出土；成熟型，有段有肩有沟、可装柄，我国东南沿海有，但波利尼西亚最多；高级型，后部锯凹以装柄，我国仅见于江浙，菲律宾出土最多。[③] 这也从一个侧面证明了南岛语系人迁徙的总体方向与路线。

国际学术界对南岛语系诸民族语言之间的亲缘、源流、传播、影响等方面的问题进行研究已经有很长的历史。早在16世纪初就开始有人注意到这一课题。1706年荷兰语言学家雷德兰首次利用早期探险家们收集到的西太平洋海岛地区所用某些语言与马来语、爪哇语和马达加斯加语进行比较研究，推断这些语言有着密切的渊源关系，同属一个语系。1769年库克率探险队赴南太平洋地区考察，一位探险队员班克斯也整理对比过东南亚与波利尼西亚诸岛居民语言的词汇。1784年学者潘都洛进一步肯定了雷德兰的论断。到了1836年洪堡特首次提出了马来波利尼西亚语系这一名称。学者们根据分布在各地的南岛语系民族间语言相同、相近和分化点，比较出它们间存在的差异序列，进而分辨他们迁徙至东南亚地区的先后。20世纪80年代美国语言学家布拉斯特等人还根据各相关民族的语言材料分析研究，重新构建了这些民族最早的通用语言——“原始南岛语”和“原始马来波利尼西亚语”，以期更加清晰地勾画出这些民族

---

① 《从河姆渡遗址出土稻谷谈亚洲栽培稻的起源》，载《光明日报》，1978年12月6日。“根据公认的考古证据，稻谷首先是在全新世早期气候比较温暖的条件下，在扬子江低地地区的某个地方培育成功。”《剑桥东南亚史》Ⅰ，第73页。

② 余靖静：《上山文化：改写长江下游史前文明》，载《参考消息·北京参考》2006年11月16日第5版。

③ 林惠祥：《中国东南区新石器文化特征之一：有段石锛》，载《考古学报》1958年第3期。

之间的关系与源流，推断出历史上他们迁徙的路线。21 世纪初美国学者杨江更由此推断进一步列出了南岛语系诸民族历史迁徙的时间表。他认为南岛语系民族在 6000 年前从中国大陆东南部台湾出发，5500 年前到达婆罗州、帝汶岛；4500 年前到达印尼所罗门群岛和新几内亚；4000 年前到达西密克罗尼西亚群岛；3500 年前到达斐济岛；3000 年前到达萨摩亚群岛；1700 年前到达马科萨斯群岛；1600 年前到达复活节岛；1400 年前到达夏威夷群岛；1100 年前才到达新西兰。①

20 世纪 90 年代末生物基因分析方法被引入人类学研究之中。一些大洋洲的生物学家对玻利尼西亚群岛的居民毛利族原住民进行了多次大规模的线粒体脱氧核糖核酸（DNA）基因序列检测与研究，得出了大洋洲原住民来自中国大陆的结论，进而对东南亚南岛语系人源自大陆说提供了新的依据和支持。如：1998 年 7 月北帕默斯顿梅西大学的生物学家的 DNA 研究报告和 1998 年 8 月新西兰维多利亚大学分子系统科学系的生物学家张伯斯的 DNA 检验报告等。② 学者梅尔顿等人的检验数据或研究结论也都支持了这种观点。但是另一些学者采用相同的线粒体 DNA 样本，把梅尔顿检验的数据按照不同的分子演化树统计法重新分析，却得出了完全不同的结论，认定东南亚海岛地区的印度尼西亚才是南岛语系诸民族的真正起源地。美国华裔学者宿兵、金力等又从男性遗传更为稳定的 Y 染色体单点核苷酸多态性入手，对东南亚到太平洋地区的南岛语系诸民族进行考察，也认定东南亚海岛地区是南岛语系诸民族的最初发祥地。③ 人们遂又产生了一些新的困惑。

从民俗学的视角利用口头文学的材料进行对比研究，也可对南岛语系诸民族的源流与迁徙历史作出一定的判断。比如我们可以发现该地区的许多民族有着极其近似的神话母题或传说，比如洪水神话。对这些口头文学的材料进行对比研究，无疑可以追溯其传播过程，从而追踪这些民族迁徙的历史。“综合看来，这些民俗材料大多倾向于传统的南下说，我国台湾诸民族原住民的口承民俗多数与大陆南方民族更为相似；而相对与我国南方民族，菲律宾等海岛地区原住民的神话母题则显示出更为分化的倾向。这表明台湾岛上的原住民是古代由大陆迁徙而来的，而海岛地区的南岛语系民族则是从大陆经由台湾岛或者直接即从大陆迁移到东南亚地区的。”④

从上述几方面进行分析考察，都说明当今生活在海岛地区的南岛语系人是四五千

① 杨江：《马来—波利尼西亚与中国南方文化传统的关系》，载《浙江学刊》2001 年第 1 期。

② 《大洋洲原住民来自中国大陆》，载《中国时报》1998 年 8 月 11 日、《环球时报》1998 年 8 月 23 日。［新西兰］克罗克姆伯：《南太平洋地区的成人教育现况——以库克群岛及其邻近地区为案例》，载《“原住民成人教育国际观摩暨学术讨论会”论文集》第一集，台湾师范大学，1998 年版。

③ 宿兵（Bin Su）、金力（Li Jin）的文章，载《美国国家科学院杂志》，2000 年版，转引自许木柱：《南岛语族基因新发现》，载《发现南岛》，经典杂志社，2001 年版，第 49－50 页。

④ 史阳：《东南亚南岛语系民族源流》，载梁志明等编著：《古代东南亚历史与文化研究》，北京：昆仑出版社，2006 年版，第 280 页。

年前从我国东南沿海、台湾逐步分批迁徙到海岛地区的。总的迁徙方向是从北向南，再折而向西或向东发展。但是，应该注意远古这种民族的大迁徙有多种原因。由于当时自然条件的限制与影响，绝不能简单地推算其迁移路线，要综合考虑各方面因素。也不排除有个别族群迁徙的方向与总的方向不同，甚至是完全相反的。比如：公元初始前后马来人的一支——占婆人又由海路折返到今日越南中部、柬埔寨东南部一带，公元2世纪在今越南中部一带建国，自称占婆，我国史书上则先后称之为林邑、摩诃瞻波、临邑、占婆、环王等。因该地正处古代中国与东南亚航海交通要道，3世纪末以后占婆日盛。10世纪中叶后国势渐衰，15世纪部族分裂，内讧加剧，1693年被越南并吞，国灭。除部分占人仍羁留当地外，有的重新南迁，有的进入柬埔寨境内，甚至有少数占人迁至我国海南岛，他们的后裔就是称之为回辉人的今日海南回族人。①

（二）三千年前第二批迁人的南亚语系人

在南岛语系人成批徙入东南亚后，东南亚民族再一次大迁徙发生于距今3000年前后。这一次徙入的是南亚语系人。南亚语系亦被直接音译为澳斯特罗—亚细亚语系。该语系有两个主要语族，即：蒙达语族和孟高棉语族。分散居于印度中部和东部，操蒙达语族（一译门挞语族）语言者20世纪70年代约有500万人；② 东南亚大陆的孟高棉语族是这一语系的主体，此语族中包括了东南亚大陆地区的几种历史记录较长的重要语言，如：越南语、高棉语和孟语等，使用者超过6000万人。③ 有人又将属于这一语族的居于孟加拉湾尼科巴群岛上仅有1.8万人的尼科巴人所操语言列为该语系的第三个语族。④ 据考，公元前1000年左右由于这一语系人的徙人，以前进入东南亚地区的南岛语系人几乎全部离开了大陆地区进入海岛一带，南亚语系人很快遍布中南半岛及周边地区，而且他们的居住区域基本是连成一片的。但当公元初始前后汉藏语系人徙入东南亚后，一些南亚语系的族人或被同化融合于后来的族群之中，或被分割遗留在中南半岛的北部山区或其他某些偏远地区，如佤族、伯朗族等，大部分则仍聚居于中南半岛东侧和南部沿海一带。南亚语系遂成为在东南亚大陆传布最广且地理分布最为分散的语系。

关于南亚语系人的起源主要也有两种截然不同的观点。一种是印度起源说，另一种是中国大陆起源说。前者是个较古老的观点。他们认为这一语系的民族起源于中印度。在今日印度的主要民族雅利安人的排挤下才逐渐外移的。蒙达人早就在中印度定

---

① 牛军凯：《民族特性与社会变迁——海南三亚占城裔回族社区调查手记》，载北京大学亚洲—太平洋研究院编《亚太研究论丛》第三辑，北京：北京大学出版社，2006年版，第343－353页。
② 《简明不列颠百科全书》卷5，第816页。
③ 《简明不列颠百科全书》卷5，第840页。
④ 《简明不列颠百科全书》卷6，第235页。

居，比雅利安人更早。而最初就处于蒙达人东面的孟高棉人被迫进一步向东迁徙，最后形成今日南亚语系人在东南亚分布的态势。他们的主要依据是这一族系的主要民族大多使用南印度字母作为书写文字的；而且他们的文化深受印度教、佛教的影响。但是人类学家们将孟高棉语族人与印度人相比较得出，他们在体质特征上有着本质的区别。所以在没有更多的依据的情况下，大多数人都不再认同这种说法。我们认为，这种观点的最大疏漏是：人们常说的印度文化的一切都是在雅利安人进入印度以后才逐渐形成的。如果按上述逻辑推论，孟高棉语族人何以能从其发祥地带来印度文化？

许多中外学者从考古、语言学等方面进行研究与考察，得出了南亚语系人中国大陆起源说的结论。"到目前为止，没人尝试从语言学和考古学的视角去撰写一个南亚语史前史的综合报告，但是有一点是可能的，即泰国东北部的许多史前遗址，如依诺他和班清，原来是由使用南亚语系语言的居民占据，在公元13世纪历史上的泰人王国建立以后，这些居民最终成为同化倾向的牺牲品。另一项很有意思的研究是：重建的原始南亚语言的词汇表明，从印度东北部到中国南部和越南北部的新石器时代考古方面有关稻谷方面的知识，是完全一致的。南亚语系语言一度也曾在中国南部非常广大的地区使用，其语言踪迹甚至向北远至扬子江。"① 大多数中国学者认定该族系源自我国西南的百濮族群。京人的越南语、高棉人的高棉语（即柬埔寨语）和孟人的孟语是这一语系中最重要的代表性的语言。越南语、高棉语还是时至今日越南和柬埔寨两个国家的国语。越南语的族属问题一度是人们争论较大的问题，不过近年来大多数学者都趋同于越南语属南亚语系孟高棉语族的观点了。而高棉语和孟语两者则更加接近。我国学者陈序经曾论证过："他们——猛与吉蔑最初可能是居住在中国的西南而靠近现在的中越缅与老挝交界的地方，在越南北部有所谓猛安南（Mon - Anam）的名称，后来慢慢地向南迁移，居于湄公河的上游的孟（Mun）河一带。""东南亚各处的猛人似乎是从湄公河的上游而来，所以他们被称为猛吉蔑人。大致上，他们分为二支，一支向东南移，建立扶南真腊，一支向西南移，建立猛族诸国。在历史上，我们知道其建国最早的应该是公元二三世纪中国史料中所记载的林阳或啴杨。在扶南强盛的时候，在现在的泰国南部或是以至缅甸的南部的林阳，以及在马来半岛北部的顿逊，都曾为扶南所征服。可是到了扶南衰亡，真腊代兴的时候，堕罗钵底或投和又兴起，同时在马来半岛的猛族，也得到独立，古代的盘盘、箇罗、狼牙修、赤土、丹丹，以至罗越等国，也是这族人所建立的国家，这是公元六七世纪的事情。"② 下面我们再对南亚语系

① ［新西兰］尼古拉斯·塔林主编：《剑桥东南亚史》Ⅰ，第88页引用了A. 齐德和N. 齐德：《原始蒙达文化词汇：早期农业的证据》，载P. N. 詹纳等编：《南亚语言研究》，火奴鲁鲁，1976年版，第2卷，第1295－1334页；根据J. 诺曼和T. 李·梅的观点，甚至"扬子"一词本身就来源于南亚语言，《古代中国南海地区的南亚语言，某些词汇的证据》，载《Monumenta Secrica》1976年第32期。

② 陈序经：《陈序经东南亚古史研究合集》下卷，第739－741页。孟族曾译成蒙族或猛族，孟高棉也被译为蒙吉蔑或猛吉蔑。

的主要三族人的源流略加补充说明。

京族又称越族，是今日越南的主体民族。占越南总人口的87.5%。根据20世纪90年代的统计，在越南约有5800万京人。另在中国广西一带、老挝、柬埔寨、泰国境内也有少量京人。

学术界比较统一的认识是：京族的先民是中国史书中称之为骆越（雒越）的民族。一种主张认为骆越就是中国广西的土著民族之一；另一种主张则认为骆人的发祥地远在陕西岐山县西南之骆谷，后东迁至陕西北骆诃、河南的洛水。东周平王（公元前770—前720年在位）时迁都洛邑，迫使大部骆人放弃故地，经湖南、湖北迁至广西雒水，形成部族。又因春秋初期楚国大盛，楚人势力的不断向南伸张，战国末年（公元前3世纪），自福建西迁的西瓯进入该地，引起瓯雒之争，雒越一支迁往西南黔江郁江一带，另一支南迁进入今日越南的红河一带，即今日京族的先民。[①] 中国的许多古籍中都有相关的论述片断。

越南有关民族起源的神话也从一个侧面支持了上述论点。比如：越南神话《骆龙君传》（又称《鸿庞传》）就说："神农三世孙帝明，生帝宜。帝明时至五岭，接得婺女仙，纳而归，生禄续，容貌聪敏，帝深奇之。使嗣位，固辞，不敢奉命，乃立其兄帝宜为嗣以治北方，封禄续为泾阳王，以治南方，号为赤鬼国。王能行水府，娶洞庭君女，生崇揽，封貉龙君，以治其国，王不知何之……龙君与妪姬相处，期年而生一胞，以为不祥，弃诸原野，过之七日，胞中开出一百卵。一卵一男，归而养之，不劳乱哺，各自秀丽奇异，及长大，威灵敏捷，智虑俱全，人皆畏服……一日龙君曰：我是龙种，水族之长，尔是仙种，世上之人，本不相属，水火相克，难自久居。虽陉阳之气合而生子，然方类不同，今相分别，吾将五十男归水府，分治各处，五十男从汝同居土上，分国而治，登山入水，有事相关，无得相废，每男各相受命，欣然辞去。妪姬与五十男居峰州，自相推服，立作君臣，以其雄长，普立为主，号曰雄王，国号文郎……"[②]

高棉人是当今柬埔寨的主体民族，据2004年统计数据得知，在柬埔寨国内该族已有1178万人，越南、老挝和泰国境内也有一些高棉人散居。高棉人自称Khmer，泰国人称其为Khamen，缅甸人称其为Khamar，越南人称之为Cao mien，阿拉伯人称他们Comar。

在中国的史籍中也早有这一族名出现。早在《史记·西南夷传》中就曾提到："其外，西自同师（即：永昌）以东北至楪榆，名为嶲昆明，皆编发，随畜迁徙，毋常处，

① 参见何光岳：《百越源流史》第95－106页。

② 转引自季羡林主编：《东方文学史》上册，长春：吉林教育出版社，1995年版，第446页。原载［越］吴士连：《大越史记》，引《岭南摭怪》。

毋君长，地方可数千里。”巂切韵 swie 应与缅甸语之 shwe 同出一源，尤言金黄色，冠于字首并无特殊意义，所以和后来一些古籍中所述的昆明是一致的。而高棉一名古代汉语转为 kuan men 即“昆明”音写之所本。① 8 世纪时唐代新罗僧人慧起（惠起）撰有《往五天竺国传》一书曾言：“昆仑诸国，阁茂为大。”②其后我国史籍中还先后出现过“昆仑”“吉蔑”等译名，都是这个族名的另译。

关于高棉人从我国西南逐步南迁，后至现柬埔寨一带建立扶南的问题，大多数学者都同意这一结论。认为，“根据《史记·大宛列传》卷一二三和《新唐书》卷二二二可大略得知是从前汉至唐代陆续南迁的。约在公元前 2 世纪初，汉武帝派张骞由四川遣使者四道并出。‘出邛、棘（邛，今邛州；棘，今雅州。皆在戎州西南也——史记正义注解）。皆各行一二千里……南方巂昆明，昆明之属无君长。善寇盗，辄杀略汉使，终莫得通。然闻其西千里有乘象国。名滇越……’从这段记载可知，汉使一路出邛棘（ 邛部在今西昌南，昆明当更南——岑仲勉注释），由于受到武帝派遣的两个大将军（郭昌、卫广）的袭击，曾‘斩首虏数万人而去’。昆明族（即吉蔑族）从公元前 1 世纪起相继分数路逃窜，主要的是巂昆明族冲向东南，后来成立扶南王国。”“吉蔑族在柬埔寨定居以后，又受到印度文化的影响，但它的梵化是在 5 世纪以后，即在憍陈如王朝统治时代（5 世纪初至 7 世纪初）。当这个富有学问的婆罗门教士，率领部分亲兵和显贵，打败范氏后继者，当了扶南国王以后，‘复改制度，用天竺法’。对政治、经济、文化教育乃至于生活习俗都进行了梵化。由于印度笈多王朝是当时先进的文明国家，对扶南的社会的发展起了一定程度的推动作用。但不能由此就说最初的柬埔寨民族是由印度大陆的种族构成的。因为他们只是少数上层人物，对种族的构成影响不显著，只有由我国云南昆明族（即吉蔑族）南下至今日的柬埔寨，建立了扶南国和真腊帝国以后，才组成了柬埔寨民族的主体。”③

孟族主要居住在下缅甸和泰国中西部地区。在缅甸境内约有 130 万人（占缅甸总人口的 2.8% 左右。缅甸联邦在缅甸设有一孟邦，现在缅甸境内的孟族人大多集聚于此。在德林达依、勃固、仰光、伊洛瓦底等省和克伦邦也散居着一些孟族人），泰国境内仅有 10 万人左右（散居于阿瑜陀耶、华富里、干乍那武里府以及曼谷周围一带）。

关于孟族的族名，据我国学者陈序经先生的意见，可能是因为他们在从中国大陆

① 岑仲勉：《据〈史记〉看出缅、吉蔑（柬埔寨）、昆仑（克仑）、罗暹等族由云南迁出》，载中山大学东南亚历史研究所编：《东南亚历史论丛》1979 年版，第 6－11 页。

② 转引自郭振铎：《关于柬埔寨古代史上的几个问题》，载郭振铎、吕殿楼、王晟主编：《中国古籍中的柬埔寨资料汇编》，中国人民大学，1984 年版，第 227 页。引文中“阁茂”一词即今日之“高棉”。按：唐代慧起，新罗僧人，幼年来中国，不久航海至天竺，遍诣佛迹，公元 727 年经陆路返回至中国，撰有《往五天竺国传》三卷，原书久佚，唯存唐人节录之一卷本，该书是研究中西交通及亚洲史的重要史料。

③ 郭振铎：《关于柬埔寨古代史上的几个问题》，载《中国古籍中的柬埔寨资料汇编》第 229－230 页。

向南迁徙的过程中曾卜居于湄公河上游的孟河一带而获此名的。[①] 从古代孟族碑铭得知，他们早期自称 Rmen（《汉书・地理志》中邑卢没国可能就是此名之汉译名），在9世纪初至11世纪中叶孟族的白古王朝时自称 Rman，到了现代他们才自称 Mon 。[②] 缅甸人曾一度称孟人为“得楞”。据考这一称谓是从14世纪中叶才开始出现的，缅甸人误以为从中天竺来到金地的 Tilingana 人就是孟人，混为一谈称之为“得楞”，而孟族人则认为这是一个侮辱性的称谓。所以缅甸独立后，缅甸政府为了民族和睦曾三次下令废除此称谓。

按大多数学者的意见：孟族先民从华南一带南迁至湄公河上游，再经湄公河、湄南河河谷继续逐步南迁，最后到达缅甸与泰国南部。它是在今日缅甸和泰国境内首先建立国家的民族。据英国学者卢斯的观点，可能早在公元前2000年左右孟族就已来到今日泰国西南部和下缅甸一带，过去称之为罗摩迎的地区（巴利文 Ramanya，原意为快活之地）。著于6世纪的锡兰《大史》的76章中也出现过这个地名。[③]

根据孟族本族的史料记载，早在佛陀尚未悟道成佛之前，即公元前五六世纪时孟人就在金地[④]、直通[⑤]建成孟族的第一个王朝——苏伐那蒲迷直通王朝。泰国学者认为在今日泰国西南部佛统曾最早建立过孟族的国家。现在人们能描述清楚的只有存在于13世纪末至18世纪中叶的莫塔马王朝（旧译马都八），缅甸人称之为第三孟王朝。从1287年伐丽流开始在下缅甸称王，传至第8代频耶宇（一译彬尼亚乌，1353—1385年在位）迁都勃固，再传至第22代莽哒喇（又译彬尼亚德拉，1747年即位），1757年被贡榜王朝开国君王吴昂泽亚所灭。此后孟王朝属地完全并入缅甸版图，成为缅甸的一部分。但是因为目前考古发掘非常不充分，尤其是大批的孟文史料碑文、贝叶册至今仍未能被史学界解读研究，所以曾比其他民族在东南亚建国都早的孟族早期历史仍是一片谜团，尚待破译。相信随着研究的深入，史籍上出现过的许多孟族国名，孰先孰后，抑或本是一个国家的不同名字而已等等将有一个令人较满意的答案。但有一点可以肯定的是：当公元初始，汉藏语系诸民族又徙入东南亚半岛地区后，孟族与后来者开始融合，逐步被后来者同化，尤其是当其本族政权力量逐步被削弱，到18世纪中叶丧失政权以后，被同化的速度大增，才最后沦为今日在东南亚居住范围较小、人口也较少的一个民族群体。

---

① 陈序经：《陈序经东南亚古史研究合集》下卷，第739页。

② Rmen →Rman →Man →Mon 是个音变的过程。

③ 《缅甸大百科全书》（缅文）第10卷，缅甸翻译学会，1968年版，第409页。

④ 印度史籍中称之为 Svarnabhumi，我国史籍音译为苏伐那蒲迷，也有按其意译为金地或金邻者。

⑤ 缅甸一地名。按，孟文原名为给随萨东（意为：榕树荫下一石窟），后因语音变化 Keiswe Satong →Satong →Thahtong ，成为直通。

（三）最后迁入东南亚地区的汉藏语系人

历史上出现民族大批向东南亚地区迁徙，最后一次是在公元初始前后发生的。这次迁徙的是汉藏语系人。主要有骠人、缅人、若开人、克伦人、克钦人、掸人、泰人、寮（老挝）人等。迁徙的族群中属于该语系的藏缅语族、侗台语族［亦有称之为：壮泰语族、壮侗语族或台（泰）—卡岱语者］者最多，也有少数属于苗瑶语族的。汉藏语系人源自中国大陆西北地区的氐羌族系这是毫无疑问的。可对上述我们列出的一些民族，学者们也有一些不同的见解，认为它们本就不属于汉藏语系，所以并不是源自中国西北的。但这种主张终归是少数人的主张，且没有更多的实证。

在中国北方鲜卑人势力大盛的影响下，部分羌人在中原与汉族融合，部分羌人逐步南迁，在公元前后到达川滇一带，有的则更早一些就沿着这个“民族走廊”进入了东南亚。实际上中国西南川滇通往东南亚印度的通道早在公元前已形成。据印度《政事论》和《摩奴法典》记载，早在公元前 4 世纪，四川的丝绸已经云南运到缅甸、印度出售，并转销西亚、欧洲。我国《史记》载：公元前 2 世纪，张骞出使大夏（今阿富汗）见该地有四川特产，知已有川滇印古道存在。法国东方学家保罗·伯希和在他的《交广印度两道考》一文中也曾对云南人缅各道进行过仔细考证。[①] 这一通道为民族的迁徙提供了便利条件。藏缅语族人中最早进入东南亚的是骠人。从缅甸考古材料得知公元 1 世纪至 9 世纪缅甸境内曾出现过骠国。已发掘的骠人古城遗址有：毗湿奴、汉林、室利差呾罗等多处。

卢斯等英国学者认为骠人属于藏缅语族，源自中国西北的羌族。他在《早期缅甸史的资料》一文中说：“在语言上，他们（指骠人）显然属于藏缅语，看来已经失去了全部结尾辅音，但在书写的八个声调上可做区分。”[②]《缅甸大百科全书》中也说：“骠人所操语言是藏缅语之一，和缅语很接近。”[③] 大多数中国学者根据中国古籍材料也推断骠人源于我国西北。有学者推断“骠人属于羌族，又谓出于朱波或朱江，源于黄帝族裔帝尧之子丹朱的一个支族。当丹朱族由河南丹江南迁至湘西时，其中可能有一支族由丹朱族分出而成朱波。朱波即朱婆，又称朱江，与朱公一音之转。朱江或即今湘西之麻阳县锦江，因产丹砂色带红而得名，亦为朱江人迁此之故而得名。朱婆、朱公似为母族、父族之名称。故在（湖南）黔阳有漂水、龙标山、龙标等地名，当为骠族发源地之一。”[④] 我国浩瀚的史书典籍中也有不少有关骠人骠国的记述。只不过是所记名称多样，使人以为是多个不同国家而已。如《史记·大宛列传》载：“然闻其西可

---

① ［法］保罗·伯希和：《交广印度两道考》（冯承钧译），北京：中华书局，1955 年版。

② ［英］卢斯（G. H. Luce）编：《早期缅甸史的资料》（赵嘉文译），载《东南亚资料》1981 年第 3 期。

③ 《缅甸大百科全书》（缅文）第 7 卷，缅甸翻译学会，1963 年版，第 90 页。

④ 《百越源流史》第 182 页。

千余里有乘象国，名曰滇越，而蜀贾奸出物者或至焉，于是汉以求大厦道始通滇国。”[①]据缅甸华裔学者陈孺性考“滇越”、“盘越”、“汉越”等皆为“漂越”之误写，而“越”字亦非“百越”民族之“越”，而是“地域”“国家”之意。[②]再如《汉书·地理志》中写有“谌离国”，据考故地在今日缅甸中部卑谬一带，原名“室利差呾罗”，故“谌离”很可能就是“室利”的另译，即骠国一故都名。就是“骠”这个名字在中国史籍中也出现过“漂”、“剽”、“缥”、“僄”等多种异写。根据考古所得和各方面史料对应考察可以得出的结论是：早在公元前早些时候骠族已经进入今日缅甸中部，[③]公元初始时开始建国，公元9世纪中叶骠国被其同族的南诏国所灭，其后骠人逐步被后来进入缅甸境内的缅族同化。值得人们注意的是从历史、经济、习俗、信仰和语言等方面将骠族与南诏主体民族——白族进行平行对比，会发现两者实际上是一个民族的两个分支而已。[④]相信通过进一步的对比研究与考证，一定能更加清晰地看出骠人的源流与迁徙历程。

缅甸人是继骠人之后进入今日缅甸境内的另一批藏缅语族人。虽然缅人与骠人，并非像缅甸一些人所说的那样——“缅即骠，骠即缅”，但是两者的关系的确非常密切。首先骠、缅两族皆源自中国西北的羌人。他们南迁的时间虽然有先有后，但是迁徙的路线是基本一致的。20世纪30年代研究缅甸问题的英国学者卢斯根据对中国史籍的研究，认定缅族先民是生活在甘肃一带羌族的一支逐步南迁来的民族。公元后到达云南澜沧江以西，7至8世纪间才进入缅甸。他还考证了缅语和11世纪生活在甘肃一带羌族一支党项人的语言有着密切的关系。[⑤]卢斯的观点得到了大多数缅甸学者的认同，其中包括缅甸的丹吞博士、波巴信等著名历史学家，也得到许多世界历史学家人类学家的赞许。但卢斯具体分析我国史书上的“望苴蛮”“望外喻”“芒蛮”等是原始缅人，却值得商榷。因为我国一些民族学家考证“望苴蛮”“望外喻”是属于孟高棉语族的佤族先民，而“芒蛮”则是壮侗语族的傣族先民，与缅人没有直接的族源关系。[⑥]我国学者岑仲勉曾指出《史记·西南夷列传》中所说靡莫可能就是缅族的前身。[⑦]岑仲勉先生虽不懂缅文，但他的推论是非常正确的。据查在缅甸发现的刻于1102年的孟文碑铭《江喜陀王建宫碑》中出现了孟人称缅人的Mirmar一词，而缅文早期碑

---

① 转引自余定邦、黄重言编：《中国古籍中有关缅甸资料汇编》上册，北京：中华书局，2002年版，第2页。

② 参见陈孺性《关于“僄越”、“盘越”与“滇越”的考释》一文。

③ 陈孺性《关于“僄越”、“盘越”与“滇越”的考释》一文甚至认为：“骠族人约于公元前四世纪至公元前三世纪期间，即已定居于伊拉瓦底江流域的平原地带，亦即今日缅甸的中部。”此结论时间似略早。

④ 李谋、李晨阳：《骠人族属探源》，载《北京大学学报》（哲学社会科学版）1997年第3期。

⑤ ［英］卢斯：《前蒲甘时期的缅甸》（英文），英国牛津大学，1983年版。

⑥ 尤中：《中国西南的古代民族》，昆明：云南人民出版社，1980年版；云南历史研究所编：《云南少数民族》，昆明：云南人民出版社，1983年版。

⑦ 岑仲勉：《据〈史记〉看出缅、吉蔑（柬埔寨）、昆仑（克仑）、罗暹等族由云南迁去》，载《中山大学学报》1959年第3期。后又载于中山大学东南亚历史研究所编：《东南亚历史论丛（第二集）》，1979年版。

铭中 Mirmar 一词是在蒲甘出土的刻于 1190 年的《当古尼碑》正面 20 行末首次出现的。到 1342 年以后 Mirmar 一词才逐步被 Mrammar 或 Myammar 所取代。[①] 非常明显靡莫与 Mirmar 本来就是同一个词在几种不同文字中的不同写法而已。缅族进入缅甸定居后，初始时与骠族混居。直到“太和六年（832 年），南诏掠其民（骠人）三千，徙之拓东”，[②]“（彬比亚）王即位后第三年，即缅历 211 年（849 年）建蒲甘城”。[③] 此后，骠人式微缅人才掌握了蒲甘王朝的政权，逐步成为缅甸的主体民族。

按当今大多数民族学家认同的民族谱系的分类，侗台语族又可分为泰掸语支、侗水语支、壮语支等几个语支。在我国西南境内，属于这一语族几个语支的民族都有，而东南亚当今居民中属侗台语族的主要是泰掸语支人。其中包括泰族（除泰国外，今日在越南、老挝、缅甸、柬埔寨、马来西亚等国皆有少数泰族人居住）、佬族（亦有人写作老族，主要分布在老挝、泰国和越南）、掸族（主要在今日缅甸）等。在东南亚属这一语支的还有越南的岱、侬、布依、热依、泐、高栏、拉基、布标等族和老挝的普泰、泐、润、央、赛克等族。[④]

早在 19 世纪末 20 世纪初就出现过泰掸语支人发源地的几种说法：英国学者拉古伯里的川陕地区起源说[⑤]，美国学者杜德的中国西北阿尔泰山说[⑥]，英国人派克的源自云南南诏说[⑦]，英国人戴维斯、泰国丹隆亲王、德国学者克勒纳等的源自华南两广云贵说[⑧]等。到了 20 世纪中期，随着一些学者对侗台语族归属于汉藏语系的质疑和泰国东北地区考古的新发现，又出现了美国学者路斯·本尼迪克特的源自马来半岛和印度尼西亚群岛说[⑨]和泰国学者清·裕里等提出的源自泰国本土说[⑩]。

---

① ［缅］德班梭迎：《缅甸文化史》（缅文），仰光，1968 年版。

② 欧阳修、宋祁撰：《新唐书》卷 222 下《骠国传》，北京：中华书局，1975 年版。

③ 李谋等译：《琉璃宫史》上卷，第三编 128 节，北京：商务印书馆，2007 年版，第 184 页。

④ 参见范宏贵：《同根异枝的壮泰族群》（书稿），据该学者统计，东南亚属泰掸语支的民族共有 28 个。

⑤ 伦敦大学教授拉古伯里（Terrien de Lacouperie）在 1885 年发表的柯奎翁著《在掸族中》一书的导言《掸族发源地》（*The Cradle of the Shan Race*）一文中说：“掸族的发源地是在中国本部内，位于四川北部与陕西南部的九龙山脉。”

⑥ 1923 年，美国牧师杜德（W. C. Dodd）发表《泰族——中国人的兄长》（*The Tai Race, Elder Brother of the Chinese*, Iowa, U. S. A, 1923）一书，说“泰族的故居在阿尔泰山一带，以后逐步从北方迁入中国，公元 6 世纪起又从中国中部大规模迁到南部，再从南部迁入印度支那半岛”。

⑦ 曾任英国驻海南岛领事的派克（E. H. Park）在其 1894 年所著《南诏》一书中说：“南诏是泰人的王国，尤其是南诏创业始祖细奴逻王室是地地道道的泰族王室。”

⑧ 英国印度殖民政府情报官员戴维斯（H. R. Davies）1909 年发表专著《云南——连接印度和扬子江的链环》（*Yunnan, the Link between India & the Yangtze*, Cambridge, 1909）；泰国丹隆·拉查奴帕亲王（Damgang Rajanuphap）于 1924 年在朱拉隆功大学发表了关于暹罗古史讲演稿，后辑成《暹罗古代史》一书（中译本 1930 年商务印书馆出版）。他说：“泰族初发源于中国之南方，如云南、贵州、广西、广东四省，以前皆为独立国家。泰人散处各地，中国人称之曰番。”德国克勒纳博士（Dr. W. Credner）1930 年在《暹罗学报》上发表《南诏故都考察记》一文，原为德文，后又译成英文（*Cultural & Geographical Observations Made in the Tali Region with Special Regard to the Nanzhao Problem*）。他认为“泰族并非由北面徐徐移居于云南南部地势最低的现代住所。他们乃从华南的热带低地移来，最先由粤、桂两省移至南部和西部”。

⑨ 美国民族学家路斯·本尼迪克特（Ruth Benidict）1942 年出版了《人类学》（*Anthropology*, 1942）一书。他指出：“泰族人有马来血统，是从马来半岛的南部向北部迁徙的。”

⑩ 1967 年泰国艺术厅出版了泰国的著名考古学家清·裕里著《泰国的史前时代》一书，他说：“远在 50 万年至 1 万年前的旧石器时代，在现今泰国的土地上就已经有人类居住。以后经历了中石器时代、新石器时代、金属时代并进入历史时代。”现在人们“还可以看到各个时代延续至今的文化遗迹”。

泰掸语支人起源是个学术研究问题，人们各持不同意见，原是很正常的，但却因政治因素和意识形态的渗人，将问题复杂化，以致长期争论不休，难获共识。这个问题包含有三个互为联系的议题：一是泰掸人源于何地与邻近各族的渊源关系；二是泰掸人南迁；三是南诏国的族属。为探索这些问题，国际学界与我国学者先后作了许多有益的研究与考证。近年来已取得了不少共识。有的早期提出的论点今日已无法立足，有的观点得到了修正，大多数人的意见渐趋一致。

就泰掸人的起源及其与邻近各族的渊源关系问题，学术界做了大量的深入研究。学者罗美珍比较了傣、泰、壮三种语言，认为“在约两千个常用词中，傣、泰、壮三种语言都相同的词有500个，傣语和泰语相同的有1500个，其中三种语言都相同的词汇绝大多数属于最为基本的单音节词根”。“从以上三种语言比较的情况来看，有500个最为基本的词根相同，语音和语法又基本一致，说明三种语言起源于共同母语，应是来源于一个祖先”。①

泰掸语支各族大多自称Tai或Thai，中文则译成“泰”“傣”“岱”等。甚至壮族中也有这样自称的。“在壮泰系列民族中。自称Tai的人很多，有中国广西龙州县金龙乡的壮族，云南的傣族，越南的岱族、泰族，老挝的老龙族和普泰人，泰国的泰族，缅甸的掸族。”②不仅如此，泰国也有称清迈一带的泰人为泰永（亦译泰阮）人的。③我国傣族在不同地区使用过四种形体不同的拼音文字——老傣文，分别称之为傣仂文（西双版纳）、傣哪文（德宏州）、傣绷文（瑞丽、澜沧、耿马一带）和傣端文（红河州金平县一带）。④在缅甸居住的掸族支系有：傣卯、傣泐、傣腊、傣亨、傣定等30种。⑤据考，Tai字的原意是“人”，后来才派生成民众、族名和国名的。而Shan或Siam等则是我国古代和临近一些国家对这一种族的称谓。我国不同时期曾译作“掸”、“裳”、“单”或“暹”等，如越裳（Shan族的国家）、掸国（Shan族的国家）、文单（Shan族之城，“文”为Vien的译音，义即城，）、暹（Siam族之国）等，实际上是不同时期对Tai族人建立国家的一个泛称而已。从基本的民俗也可看出这些民族是同源的。例如人名，据考这些民族早期都没有姓，只有名。大都是到近代才开始有姓的。泰国人在拉玛六世（1910—1925年）在位时，国王感到有名无姓管理不便，才规定每人都要有姓，按历史、职业等，国王为官员、商人与平民赐了姓。我国傣族到了元代才出现了表示出身贵族的刀姓，其他人大多至今仍无姓。取地名的办法一致，如有不少地方名为“板+”“班+”或“曼+”者，按原音为ban或man，村寨意；有以

① 罗美珍：《从语言上看傣、泰、壮的族源和迁徙问题》，载《民族研究》1996年第6期。
② 范宏贵：《同根生的民族——壮泰各族渊源与文化》，北京：光明日报出版社，2000年版，第316－317页。
③ 田禾、周方冶编著：《泰国》，北京：社会科学文献出版社，2009年版，第41页。
④ 张公谨：《傣族的语言文字》，载王懿之、杨世光编：《贝叶文化论》，昆明：云南人民出版社，1990年版，第166－202页。
⑤ 范宏贵：《同根生的民族——壮泰各族渊源与文化》，第243－244页。

“纳+”或“那+”命名的，按原音 na，意田地等。这些民族大都衣干漫，食辛辣，住干栏，也是相同的。

再以对民族伟人的认同为例。依智高是11世纪上半叶我国宋代时一位壮族的民族领袖，曾在两广一带建立政权称雄一时，后来又在云南一带发展。他的事迹在司马光《涑水纪闻》、沈括《梦溪笔谈》与《宋会要辑稿》等史籍以及越南黎文休撰《大越史记》中都有所记述。但是演变至今日却“成为中国的壮族、越南的岱族和侬族、泰国的泰族、缅甸的掸族所崇敬的神，有的还说成是始祖”①西双版纳传说中的英雄叭真（或称帕雅真）和湄公河两岸泰族传说中的英雄坤真都是从依智高演化而来的。

通过语言、民俗、传说等多方面的对比或考证，人们逐步认识到泰掸人以及云贵两广一带的一些民族的的确确是同属一个侗台语族的，而泰族、佬族、掸族和我国的傣族之间的关系更为密切，属于该语族的泰掸语支。

在泰人是否南迁问题的研究方面，虽然泰掸语支人的迁徙和他们建立古代早期国家的历史距今已上千年之久，很难理清其确切脉络。但我们还是能从现存史料中找到一些线索的。

据《竹书纪年》② 记载：周成王十年（公元前1032年），“越裳氏来朝”。《尚书大传》③ 则称：“交趾之南有越裳国，周公居摄六年（公元前1036年），……越裳以三象重九译而献白雉。”虽然两部史籍所记年代略有不同，但证实早在公元前11世纪时我国西南边疆已有古掸族的国家。此后又过了千余年，《汉书》卷九九《王莽传》云：“风益州（今日云南）令塞外蛮夷献白雉……越裳氏重译献白雉。”说明古掸族国家仍存在着。我国西汉以后不再见有关于“越裳”的记载，但又出现了“掸国”的记载，从地望看，“掸国”与“越裳”的活动范围大致相同。《后汉书》记载有：“（永元）九年（公元97年）春正月，永昌徼外蛮夷及掸国重译奉贡。”“（永宁元年即公元120年）十二月，永昌徼外掸国遣使贡献。”“永宁元年，掸国王雍由调复遣使者诣阙朝贺，献乐及幻人，能变化吐火，自支解，易牛马头。又善跳丸，数乃至千。自言我海西人。海西即大秦也，掸国西南通大秦。明年元会，安帝作乐于庭，封雍由调为汉大都尉，”“（永建六年即公元131年）十二月，掸国遣使贡献。”④可见从公元前11世纪到公元初年在我国西南边疆一带一直存在着泰掸人建立的古国。傣族等的一些文献或传说，也

① 范宏贵：《同根生的民族——壮泰各族渊源与文化》，第62页。

② 《竹书纪年》为我国古代一部编年体史书，因原本写于竹简之上而得名。后来在汲郡的战国魏墓中发现。写于公元279年或280、281年。凡十二篇，叙夏、商、西周、春秋时晋国和战国时魏国史事，至魏襄王二十年（公元前299年）为止。

③ 《尚书大传》是一本解释《尚书》的书。相传系西汉伏生撰，也可能是伏生的弟子张生、欧阳生等杂录所闻而成。其中除《洪范五行传》首尾完备外，其余各卷只存佚文。清代陈寿祺有辑本，凡四卷，补遗一卷；皮锡瑞也辑有《尚书大传疏证》七卷。周成王公元前1042－前1020年在位，但成王即位时年尚幼，由周武王之弟，采邑于周（今陕西岐山之北），人称周公的姬旦摄政。

④ 转引自余定邦、黄重言编：《中国古籍中有关缅甸资料汇编》上册，北京：中华书局，2002年版，第5页。

从一个侧面提供了泰掸语支人在中国西南地区逐渐向中南半岛迁徙发展的佐证。

至于南诏国的族属，早在20世纪30—40年代，中国老一辈历史学家凌纯声、方国瑜、罗常培等均曾著文指出“泰族建南诏国”的谬误。寓居新加坡的许云樵教授在《南洋学报》上发表了《南诏非泰族故国考》一文，从多方面驳斥了南诏为泰王国的谬说。① 1959年，江应梁等学者又继续运用大量的中国史料和研究成果，撰文论证南诏国并非泰族人建立的国家，而是“彝族和白族先民建立的政权”。② 20世纪70年代中期，中泰建交，两国关系改善，文化教育与学术交流渠道开通，泰国学术界一些学者在重新思索民族起源问题，中国学界，特别是邻近泰国的省区如云南广西的许多学者，也在前人研究基础上，重新审视，并系统深入地探讨了泰族起源和南诏国族属等问题。

值得提出的是，西方学者中也出现了不同意南诏为泰族王国的观点。法国学者赛代斯在1964年出版的《东南亚的印度化国家》的名著中说，“长期以来，人们认为他们（指泰族）于公元8世纪时在云南建立了南诏王国”，他指出：“那里的居民看来实际上讲的是一种藏缅语系的方言，即罗罗语（应译倮倮语）或民家语。”③美国研究泰国史的教授戴维·怀亚特（Wyatt. D. K）于1982年著有《泰国史》，在论及南诏国时也明确指出南诏国的统治者“不是傣族（泰族）人”。他说：“南诏统治者遵照父系制度，每个统治者的名字第一音节与他父亲名字最后一个音节相同，如皮罗阁、阁罗凤、凤伽异、异牟寻等等。这种模式在黑彝族（倮倮族）和其他藏缅语系族群中非常常见，但是在傣族（泰族）人中间却见不到。”④ 由此可见，南诏国并非由泰人所建的观点已经得到学术界的广泛认同。

通过上文的引述与论证，笔者认为“侗台语族的先民是公元前生活在岭南一带的西瓯人，即我国史籍中称之为苍梧蛮者”⑤ 的观点是正确的。西瓯人在向南迁移的过程中又陆续分化出诸多民族支系来，泰掸人就是其中的一支。“西瓯人的后裔，即现今的壮泰各族是从一条根发展、分化出来的，泰国的泰族、缅甸的掸族、老挝的老龙族、中国的傣族、越南的泰族受到印度文化和佛教的影响以及地理环境的不同，朝一个方向发展。”⑥从侗台语族分化出的泰掸语支人早在公元前就已到达了中南半岛北部和云南南部的峡谷平原一带繁衍生息，具体说来，“泰语民族的先民居住的地方就在今广西西部、云南东南部和越南北部交界一带的地区”。⑦ 公元初年其中一部分再南下进入中南半岛成了今日掸族的先民，而另一部分泰掸语支人仍留在云南及与中南半岛交界一带

---

① 许云樵：《南诏非泰族故国考》，载《南洋学报》1947年第4卷第2辑。
② 江应梁：《南诏国不是泰族建立的国家》，载《云南大学学报》1959年国庆号。
③ ［法］赛代斯：《东南亚的印度化国家》（蔡华、杨保筠译），北京：商务印书馆，2008年版，第324页。
④ ［美］戴维·怀亚特：《泰国史》（郭继光译），上海：中国出版集团东方出版中心，2009年版，第12页。
⑤ 范宏贵：《同根生的民族——壮泰各族渊源与文化》，第322页。
⑥ 范宏贵：《同根生的民族——壮泰各族渊源与文化》，第17页、第322－325页。
⑦ 何平：《中南半岛民族的渊源与流变》，北京：民族出版社，2006年版，第244页。

成了泰族与傣族的先民。到了13世纪居于中南半岛北端的泰族先民才开始建立国家，再逐步向南拓展。

三、结语

以上从总体上分析了东南亚各国诸民族形成的过程，经过了复杂的反复多次迁徙、适应、融合、分化的过程，才形成了今日东南亚民族分布的态势。当今东南亚各国无一例外都是多民族国家。各国官方或民间都有某些关于该国民族成分或数量的说法。比如：缅甸政府说缅甸有135个民族；老挝官方说老挝有68个民族；越南说有54个民族；而柬埔寨说有20个民族；菲律宾人说他们共有90个民族；而印尼则说全印尼约有100个民族。而且各国对本国国内民族的分类法和命名法各种各样，比如：有的划分民族的标准并不一致，有的将本属同一民族的分支定为不同的民族，有的将部族与民族相混；有的根据聚居地区来分，并非按民族的构成和渊源来分；同一民族在不同国家有着不同名称，像我国的汉族在老挝称之为贺族，在缅甸称为果敢族，而在新加坡等地又称作华族。但是，如果经过类比、分析不难看出东南亚各个民族都属于上述的澳大利亚—美拉尼西亚人、南岛语系人、南亚语系人和汉藏语系人等四大族系。

关于东南亚各个民族的起源，历来有许多不同的说法。概括起来不外三种：本土说、东来说（即源自印度次大陆）和南下说（源自中国大陆）。我们已经在上文中进行了多方面的论证与分析表明了我们的观点，也据此批判了一些不正确的说法。分析民族源流问题是个非常复杂的问题，要弄清这个问题关键在于有一些观念必须澄清。

其一是在研究各国民族的起源和这些国家的历史时，必须把国家的形成史和民族的迁徙史辩证地统一起来，实事求是地去分析。要知道今日的国家已非成百上千年前建立时的早期国家，今日的民族也已不是几千年前迁来时的民族。由于多方面的因素，变化甚大。对历史上的各方面因素都要进行分析研究。我们承认相关各族历史是同源的，又必须看到它们在不断迁徙的过程中，与多个民族发生接触、融合、同化的过程中的发展与变化，今日某个国家的民族都是经过了这样一个漫长的过程后才形成的。所以今日分布在不同国家的同一民族有所分化，实际上也已突显出许多不同；而今日在某个国家内的不同民族却因不断相互融合与同化体现出不少共同的特征。

其二是古代民族的迁徙问题决不能用现今的民族压迫、侵略和战争等理论去解释，当时迁徙的族人也绝不等同于近代以后出现的移民或难民。我们只是为了深入了解某个民族形成的过程与它们的起源才去研究早在古代千年以前发生过的迁徙历程的。从当时的历史情况出发，可以说某个民族是当地原住民某个民族是徙来者。但是严格地说，除了近代以来因为种种原因才到达该国的移民外，当今各国的各个民族都是在当地长年融合同化形成的该国民族大家庭中的一员。就是那些移民，到了今日大多也已归化驻留国，成为该国的公民了。正是因为一些狭隘的民族主义者或没有认清这个问题或别有用心，才在民族起源的问题上按其所需大做文章的，要么强调某某民族是因逃避民族压迫迁徙而来，要么就强调本民族是本地“土生土长”的决非后来才由某地迁去的。似乎承认古代民族迁徙与同化融合的过程就会有损于本民族的尊严。这些都是不正确的观点。

再者，谈古代的民族聚居区绝不等同于当时建立的早期国家，更不同于今日国家的领土范围。何况古代的民族聚居区曾经先后发生过多次变化，且大多数情况都是许多民族混居的。所以谈某些古国时它的疆域是相当模糊的，事实上也确实如此。绝不能以今日的国界区分当时的国家，更不能把某个民族过去抑或是现在分布的区域说成是传统的国界。

笔者以为，唯有实事求是地摆正我们的观点，科学地从各个方面分析求证，才有可能真正搞清当今东南亚地区民族的形成与分布问题。

（原载于《东南亚》2007 年第 2 期，第 47 ~ 59 页。笔者在 2010 年对该文又有少许修改补充成此文。）

略论孟族文化

一、现状、族系归属及其族名的由来

提到孟族这个名称，现在许多人已经不太熟悉了。目前它主要居住在下缅甸和泰国中西部地区。在缅甸境内约有130万人（仅占缅甸总人口的2.8%左右。缅甸联邦在下缅甸设有一孟邦，现在缅甸境内的孟族人大多集居于此。在德林达依、勃固、仰光、伊洛瓦底等省和克伦邦也散居有一些孟族人），泰国境内仅有10万人左右（散居于阿瑜陀耶、华富里、干乍那武里府及曼谷周围一带）。据人类学家、民族学家们的分析，它属于南亚语系孟高棉语族（旧译作蒙吉蔑语族）中的一支。与居于柬埔寨、越南南部、泰国东部的高棉人，中缅边境一带的佰朗人、佤人等同属一语族。大多数学者认为，该族源自我国华南一带，是我国史籍中所称“百濮”族人的后裔之一。

关于孟族的族名，据我国学者陈序经先生的意见，可能因为他们在从中国大陆向南迁徙的过程中曾卜居于湄公河上游的孟河一带而获此名的。[①] 从目前已发现的古代孟族碑铭得知，早期他们曾自称为Rmen（依拙见我国《汉书·地理志》中所载邑卢没国可能就是Rmen一名的音译），到了孟族的白古王朝时期（9世纪初到11世纪中叶）自称为Rman，现当代他们自称为Mon[②]。缅甸人曾称孟族人为得楞人。蒲甘《勃彝马梯莱辛碑》中有“名为欧德，得楞族国，将其粉碎，荡平攻克”[③] 一句，“得楞”一词首次在缅文中出现。但缅甸学者根据该碑文中所用词语进行研究，认为该碑并非蒲甘江喜陀王在位时的原作，而是后人在缅甸阿瓦王朝初期（14世纪中叶）托名所刻[④]。可见缅甸人用“得楞”一词称孟人是从14世纪中叶开始的。该词来源据考是因为孟文史书中说：中天竺Kalinga和Tilingana国的王族们来到金地（即直通），在天帝释的帮助下才统治了孟族人。后来缅人把Tilingana人和孟人混为一谈，才出现了“得楞”这个

① 陈序经：《猛族诸国初考》，载《中山大学学报》1958年第2期。

② Rmen→Bman→Man→Mon是个音变的过程。Mon音译为孟。

③ 姚秉彦、李谋、蔡祝生：《缅甸文学史》，北京：北京大学出版社，1993年版，第29页。

④ 《缅甸大百科全书》（缅文）第10卷，缅甸翻译协会，1968年版，第410页。

词[①]。但是孟人认为“得楞”这个词孟文原意为“没有父亲的杂种”，是个侮辱性的词，难以接受。所以，独立后缅甸政府曾三次下令废除。今日人们已不再用此词。泰国人曾称孟人为 Raman，今日则也称之为 Mon 了。

二、孟族建立过的国家和孟族的历史

按学者们的意见：孟族先民从中国华南一带南迁至湄公河上游，再经湄公河、湄南河河谷继续逐步南迁，最后到达缅甸与泰国南部。是在今日缅甸和泰国境内首先建立国家的民族。也是东南亚各族中历史既悠久，文化又很先进的一个民族。据英国学者卢斯的观点，他认为可能早在公元前 2000 年左右孟族就已来到今日泰国西南部和下缅甸一带，即过去人们曾称之为罗摩迎（巴利文，原意为快活之地）的地区。著于 6 世纪锡兰的《大史》的第 76 章中就首次出现了罗摩迎这个地名。[②]

根据孟族本族的史料记载：早在佛陀尚未悟道成佛之前，Ramanya Karanda 国有一国王名巴德达罗家王与悉利伽巴黛维王后生有两王子，长子名德达古玛亚，幼子名底哈古玛亚。德达古玛亚有一养子在苏伐那蒲迷——直通称王。据称直通原名为给随萨东（孟文原意为：榕树荫下一石窟），后来由于语音变化，给随萨东变成直通（Keiswe Satong→ Satong→ Thahtong）。这就是孟族建立的第一个王朝——苏伐那蒲迷直通王朝。后因直通遭水灾，曾一度迁往该城城南给拉达山附近建一新城，名之为杜达玛瓦底（意即善法城）。传了 10 代之后又迁回旧城。直通孟王朝共传了 59 代，至摩奴哈王时（1057 年）为缅甸蒲甘王朝阿奴律陀王所灭。在第一孟王朝时期孟族的语言文学、文化艺术等有了较充分的发展。[③] 在《缅甸百科全书》中所述略有不同。该书中写道：“在孟族史中记载有在直通进行统治的底哈罗家王至摩奴哈王共 57 代王的名号。看来这些国王当时不仅统治着直通，也一直统治着堕罗钵底国（故地在今日泰国境内）。泰国的一些历史学家认为 1057 年阿奴律陀攻打的并非直通，而是佛统（Parapahton）。这的确是应该考虑的一点。”[④] 总之参考中国和印度古籍所述，笔者认为上述孟族本身传说早在公元前 5—6 世纪以前就已建国之说，似乎略早了一些。但是孟族国家比其他民族在东南亚建立过的国家都早这是肯定无疑的。

印度史籍中所称 Suvanabhumi 即：苏伐那蒲迷，我国史籍称之为金邻或金地者，可能就是缅甸所说的直通王朝和泰国所认为在泰国西南佛统最早建立的孟族国家。也极有可能苏伐那蒲迷、金邻、金地与堕罗钵底本来就是一个国家不同时期的名称而已。

---

① Tilingana→Tanlain→Talain 。Talain 音译为得楞。
② 《缅甸大百科全书》（缅文）第 10 卷，第 409 页。
③ 《缅甸联邦民族文化传统 · 孟族卷》（缅文），缅甸社会主义纲领党，1977 年版，第 14 - 15 页。
④ 《缅甸大百科全书》（缅文）第 10 卷，第 411 页。

目前考古发掘已有所进展，比如在缅甸直通附近给达拉山脚的阿叶底玛村已发现一些断壁残垣和城基，在其附近还发现一南多乌佛塔（意即：宫前塔），可能就是杜达玛瓦底城的遗址所在。再有许多孟文的碑文和贝叶册尚未被解读和研究。随着考古研究的深入，相信孟族早期历史的谜团将进一步被破译。

堕罗钵底（巴利文为 Dvaravati，中国史籍中也有称之为杜和钵底、堕和罗、独和罗或投和者）约在六七世纪间建国。其版图以佛统为中心，介于柬埔寨、缅甸之间，含湄南河中下游广大地区。我国唐代多部史籍都曾写过该国情况。如《通典》记载有，该国“民多以农商为业……国市六所，贸易皆用银钱，小如榆荚”，“有佛道，有学校，文字与中夏不同”等。该国一直存在到 10 世纪。一般认为被柬埔寨吴哥王朝所灭，今日也有人认为是在 1057 年为缅甸蒲甘王朝所灭的。

汉沙瓦底——白古王朝，以今日下缅甸勃固为中心，所辖版图在下缅甸滨海一带。据孟族自己的史料记载，该王朝始自公元 9 世纪。该王朝开国为他摩罗，825 年即位。下传 17 代，至帝沙王（1043—1057 年在位）后臣服于蒲甘。该王朝前后 18 代君王的名号与在位年代均有记载。缅甸人也称其为第二孟王朝。

哈里奔猜国，7 世纪下半叶至 13 世纪末，建于泰国北部以南奔为中心的一个孟族人与泰族人混居的小国。据说开始建国时为一孟族公主所统治，故我国《蛮书》中曾称其为“女人国”。13 世纪末被兰那泰国王所灭。

孟族所建小国先后还有一些，像狼牙修、罗斛、顿逊、弥臣、弥诺、昆仑等等，虽然古代孟族诸国与我国并不接壤，但我国古籍中还是有一些记述的。比如：姚思廉撰《梁书》卷五四《扶南传》中载：“（扶南）其南界三千余里有顿逊国，在海崎上，地方千里，城去海十里。有五王，并羁属扶南。顿逊之东界通交州，其西界接天竺、安息缴外诸国，往返交市。所以然者，顿逊回入海中千余里，涨海无崖岸，船舶未曾得逞迳过也。其市，东西交会，日有万余人。珍物宝货，无所不有。又有酒树，似安石榴，采其花汁停瓮中，数日成酒。”王溥著《唐会要》卷一百记有：“魏晋间，有著《西南异方志》及《南中八郡志》者云：……（贞元）二十一年，四月，封弥臣国嗣王乐道勿礼为弥臣国王焉。咸通三年，二月，遣使贡方物。”樊绰《蛮书》卷十：“昆仑国正北去蛮界西洱河八十一日程。出象及青香木、旃檀香、紫檀香、槟榔、琉璃、水精、蠡杯等诸香药珍宝、犀牛等。蛮贼曾将军马攻之，被昆仑国开路放进军后，凿其路通江，决水淹浸，进退无计。饿死者万余，不死者，昆仑去其右腕放回。”但至今所发现的材料尚无法确切地说明它们存在的时间和地点疆域。

孟族所建王朝中，今日人们能描述清楚的只有存在于 13 世纪末至 18 世纪中叶的莫塔马王朝（旧译马都八），此王朝缅甸人称之为第三孟王朝。从 1287 年伐丽流（Wareru 又译瓦里鲁）开始在下缅甸称王，传至第 8 代频耶宇（Binnya U 又译彬尼亚乌，

1353—1385 年在位）迁都勃固，再传至第 22 代莽哒喇（Binnya Dala 又译彬尼亚德拉，1747 年继位），1757 年被贡榜王朝开国君王吴昂泽亚所灭。此后孟族王朝属地完全并入缅甸版图，成为缅甸的一部分。这个王朝的历史除了有其本民族的记载以外，缅甸历史中也有不少记载。尤其是罗娑陀利王（Razadirit 一译亚扎底律，1385—1423 年在位）期间与阿瓦王朝连年征战，被称为缅孟争霸的“四十年战争”时期。在缅甸史中有不少描述。孟族有一部《亚扎底律斗争史》记录了这段历史。缅甸东吁王朝初期一位孟族学者彬尼亚达拉大臣（1518—1582 年）将该书译成缅文，简洁朴实，流畅明快，加之其情节生动有趣，一直被缅甸学者们推崇为散文著作的范例，至今其中的某些片断仍被选入缅甸教科书中。[①] 有趣的是该书在泰国曼谷王朝一世王在位时，泰国著名作家昭披耶帕康在 1785 年也奉命主持将这部作品翻译成了泰文。该书泰文译本《拉查提腊》（即罗娑陀利的另一音译名）语言优美，其中比喻、格言、成语颇多。在泰国影响不小。[②] 尤其是书中描述的罗娑陀利王手下的三大英雄德门巴仰（上引栾文华书中译作沙明帕拉姆）、勒宫恩（上引栾文华书中译作沙明纳空林）和埃蒙德亚的故事至今仍是缅甸和泰国人民所熟悉和称道的故事，在泰国有的还被改编成剧目上演。后来继位的罗娑陀利侄女信修浮（一译信绍布，1453—1472 年继位为王）也是一位传奇性人物。她才貌双全，是位著名的美女。早年丧夫后，曾奉命远嫁上缅甸阿瓦，成为缅王的正宫王后。多年后，她在孟族僧人的帮助下，潜回孟王朝所在地勃固，又被拥戴为王。她治国有方，在位时国内繁荣昌盛，孟族文化得到很大发展。

三、孟族文化概貌

孟族人的祖先是从事农耕的民族，他们进入下缅甸和泰国中西部地区也将种植水稻与灌溉技术带到了今日缅甸与泰国境内。他们除了精通水稻种植外，还善长果园的生产。因濒临水域所以也善长于制盐和渔业。手工业则善长织席编筐和造船。孟族人的造船术、航海术、捕鱼以及鱼类加工防腐技艺，据认为是在他们迁徙到这一地区后向马来人学习而来的。这些方面孟族的许多用语都是源自马来语就是证明。如上引中国古籍所述，他们还精于经商，与邻近地区、国家、民族来往交易甚密。其文化除了有基于农耕经济发展起来的内容外，还受到印度文化、马来文化的影响，形成了其独特的文化现象。

服饰　我国唐代《蛮书》中记有：“骠国、弥臣、弥诺，悉皆披娑罗笼段。”说明早在古代缅甸境内各族包括孟族人的服饰就大体相同，都穿着与今日缅甸人相似之筒

① 姚秉彦、李谋、蔡祝生：《缅甸文学史》，北京：北京大学出版社，1993 年版，第 81 页。
② 栾文华：《泰国文学史》，北京：社会科学文献出版社，1998 年版，第 53 页。

裙。男子下着宽幅长筒裙，上穿缅式对襟无领上衣，头上绾着发髻，外包包头巾。女子则用梳子将秀发盘于头顶之上。根据我国史籍杜佑撰《通典》载："顿逊国，梁时闻焉。一曰典逊，……出藿香，插枝便生，叶如都梁以裛衣。国有区拨等花十余种，冬夏不衰，日载数十车货之。其花燥更芬香，亦末为粉以傅身焉。"说明孟族人当时已很注意梳妆打扮，知道以香料熏衣和擦香粉了。另，据传至今日的习俗还可以得知孟族男子仍保留一种习惯，即文身。认为只有文身者才是真正的男子汉。一般男子在 12 岁左右就要文身，而文身的花纹种类甚多，且部位不同所文花纹种类也有所区别。

信仰 孟人中有一些原始信仰与其农耕经济是分不开的。信仰土地神、林神、山神、雨神、风神等，还崇拜屋神、村神、城神等。甚至信仰所谓椰子树神、衣神、竹筒神等等。有趣的是各家各户还分别信仰着不同的祖神。女子出嫁后改奉夫君家庭之祖神。祖神相同的家庭之间不得通婚。每年都有供奉村神、城神之类的神会，届时人们会向神问卜吉凶。人们还相信中邪着魔之说。当身体不适时往往会向凶神恶鬼扔祭品，以求消灾保平安。相信占卜、禁忌与征兆。由于公元前或公元初与南印度的贸易来往，使得印度的婆罗门教和佛教较早就传入了孟族地区。初期婆罗门教比佛教更加盛行，毗湿奴神是主要供奉的神明，宫廷中也任用婆罗门为国师。从孟族地区发现的早期文物也可以看出两种信仰的较量与抗争。据瑞德宫（大金塔）的孟文碑及史籍所载，孟族商人兄弟帝富娑和跋梨迦拜谒佛陀得到八根佛发带回大光（今仰光）起塔供奉。这是佛教最早传入缅甸的传说。另一说是印度阿育王在位时第三次佛经结集后佛教传入孟族聚居区。公元前 3 世纪左右须那迦与郁多罗长老率领僧团来到金地，念诵吉祥经驱逐了与孟人为敌的"水鬼"（学者们认为所谓水鬼，很可能指的是在缅甸南端岛屿上生活的熟谙水性的土著人——尼格利陀人）。后来到了公元 4 世纪时佛音长老又从锡兰岛带回巴利文三藏经到达孟族地区，佛教在孟族地区得到大发展。直至 1820 年左右孟族才开始有少数人信奉基督教。但是绝大多数孟族人至今仍虔诚地信仰佛教。但是当小沙弥的年龄似乎比缅族略晚，大约是 14 岁左右。人们出家为僧修行至少要在佛门待上一年才行。

音乐舞蹈 孟族也有自己传统的音乐舞蹈。孟族在 5 世纪末 6 世纪初时与邻国印度、斯里兰卡等就有着文化往来。我国史籍《唐会要》卷三三记有："骠国在云南西，与天竺国相近，故乐多演释氏之词。每为曲皆齐声唱，各以两手十指，齐开齐敛，为赴节之状，一低一昂，未尝不相对，有类中国柘枝舞。骠一作僄，其西别有弥臣国，乐舞亦与骠国同，多习此伎以乐。"说明孟族当时的舞蹈音乐与骠国相似，也受印度影响。尤其是蒲甘佛塔佛窟中保留至今的壁画、人物图像以及画像砖、釉面砖上的形象更从一个侧面证实了孟族人善长音乐舞蹈的事实。孟族谓乐器有五种，即：铜、弦、革、管、板。有七音，即：鹤、羊、牛、马、象、孔雀与杜鹃。音阶分七声，每声再分大、中、小三种，共计21声。孟族有许多独特的乐器，比如：月牙琴、鳄鱼琴、孟族唢呐等等。因为孟族人与马来人之间来往也较密切，也影响了孟族音乐舞蹈乃至戏剧。当然马来的某些音乐舞蹈也是受印度的影响之后结合其民族特色发展而来的。

习俗 现在仅举与其相处最为亲近的缅族、泰族等明显有差异的某些家庭习俗略加阐述。孟族人是很讲究礼仪的。对父母师长尤为敬重。古代孟人不论男女几乎每个人都有一年一度到外地看望自己幼时好友的习惯。男女青年之间（有的是同性之间，也有的是异性之间）由父母或由自己的伙伴们在适当机会介绍成为终生的知己好友，像亲兄弟姐妹般相处，互相帮助。男女青年成年时谈恋爱也是很有趣的，直至今日仍与古时相仿。一般家庭当女儿成年时，父母就要为女儿寻找中意的女婿了。男青年如果对女方有意，就会主动径直到女方家中去。有的素不相识也会在第一次约个女方相识的介绍人一起去的。女方知道有人来求婚时，晚间其他人会躲开只留母亲在女儿身旁做些家务活，并为来访的小伙子准备好竹子、篾片和刀。女方母亲在一旁会观察这个未来的女婿是否会编筐、织席，手艺巧不巧。姑娘没有事是不会到小伙子家去的。如果有事去小伙子家，男青年的家长也会用同样方法试探姑娘是否会纺纱、织布。男女青年谈恋爱除了会一般性谈论外，有时还会比机智比学识，有时会故意讲些谜语式的话试探对方的智力。有的青年男女则借黄昏少女去河边井旁汲水的时机谈情说爱，有的男青年则夜间跑到女方屋下和意中人隔着地板（孟人住高脚屋，人们席地而睡）调情试探。一旦女方接受了男方的爱情，姑娘就会把小伙子叫到身边，用自己研磨好的黄香楝粉浆在小伙子的脸颊两侧各画上一个圈。

总之，孟族人从其发祥地华南一带逐步迁至下缅甸、泰国西南部一带定居，除了其固有文化外，随着佛教的传入，印度文化在许多方面又影响了他们民族文化的发展。孟族人早于缅族人和泰族人建立起自己的国家与王朝。直至1757年位于下缅甸的最后一个孟族王朝才被缅族的贡榜王朝所灭。

四、孟族文化的影响

如上所述，早在缅人和泰人尚未在今日缅甸和泰国境内建立自己民族的国家或王朝时，孟族人就已来到这一地区首先建立起孟族的国家或王朝。有的在当时还很强盛，影响不小，版图也相当大。但到了后来由于种种原因，孟族的国家只存在到18世纪中叶，今日孟族聚居区的范围已相当狭小，大多数居于缅族、泰族居住区内，总人数也仅有140万左右了。

人们认为孟族文化大约比缅族和泰族文化早发展了约一千年或更长。① 加之，孟族

① 如缅甸著名历史学家丹吞博士在其所著的《古代缅甸史》（缅文）一书中就首先提出了这个论断。

长期以来与缅人、泰人亲密相处，所以孟族文化对缅族文化也好，对泰族文化也好都有不少的影响。缅甸学者们甚至认为缅族文化的基石之一就是孟族文化。长期以来民族之间密切交往，互相融汇，今日在缅甸，如果缅人和孟人站在一起，一般已难判定何者为缅，何者为孟了。甚至一切习俗也已雷同。在泰国，孟人也在很大程度上融合于泰人之中，难以分辨了。

可以说，孟族首先为缅甸、泰国一带带来了农耕文化。最直接的就是稻作技术和与之相关的耕牛使用和水利灌溉。在这样一个热带自然环境下形成的农耕文化进而也影响了孟族的衣、食、住等方面。衣筒裙、食辛辣、住干栏是其最基本的特色。今日缅甸、泰国等东南亚诸国的大多数民族在衣、食、住方面大多也具这一特色。看来这与最早进入这一地区定居的孟族人还是多少有些联系的。

其次，孟族进入这一地区定居后，不久就接受了印度文化的多方面影响，吸纳融汇了印度的信仰文化、文学艺术等方面的内容，丰富了自己的文化。而且孟族又把从印度文化吸纳来的这些内容，通过交流，介绍给后来进入这一地区定居的缅族、泰族等，使得它们的文化也体现了印度文化深厚影响的特色。可以说在形成南传佛教文化圈（斯、缅、泰、老、柬以及我国一些信奉南传佛教的少数民族地区）和东南亚文化的过程中，孟族是起过很重要中介作用的一个民族。源自印度的婆罗门教（后进一步改革成为印度教）、佛教等传入东南亚都是首先传入孟族地区的。印度人在公元前 1900 年至公元前 1000 年左右成书的婆罗门教经典《梨俱吠陀》中曾提到前文所述“苏伐那蒲迷”这个地名就是个间接证明。到了公元前 3 世纪佛教第三次结集后为了弘扬佛法，从印度本土派出 9 个僧团到边远地区传教，也有一僧团专门派往“苏伐那蒲迷”，又是一个例证。这种传播并非只影响到信仰方面。还影响到诸多方面。可以举以下若干方面实例予以证明。

语言文字 虽然孟族与印度的民族没有任何亲缘关系。但是孟文是根据南印度婆罗米字母创造的拼音文字。并且吸收了南传佛教的佛经文字巴利文许多词汇作为借词。同样缅文、泰文也都仿效孟文的办法，根据婆罗米字母分别创造了它们自己不同的文字。也吸收了不少巴利文借词。甚至还有若干孟文的借词。尤其是缅文的字母和我国傣族用的傣文中的一种字母的形状和孟文字母的形状几乎完全一致。

文学 孟族文学也远比缅甸文学和泰国文学出现得要早。甚至可以说孟族文学是缅族文学的一个源头。西方一些学者对孟族文字与文学还是非常注意研究的。比如，在英国伦敦大学的非洲与东方学院就开设有孟族文学课程。早在 1874 年 J. M. 哈斯威尔博士就曾出版过《孟语会话》。1901 年 E. O. 斯蒂文的《孟—缅—英词典》出版。1906 年夏米德教授在维也纳出版了《汉沙瓦底孟王朝史》的孟文、德文对照本，并作了脚注。1922 年泰国研究协会在曼谷出版了罗伯特·哈里戴牧师（Mr. Robert Halliday）所著《孟—英词典》。1962 年伦敦大学出版了肖都《现代孟语口语字典》（A Dictionary of Modern Spoken Mon by H. Ld Shorto）。[①] 早期孟文记载有碑文、钟文、佛塔釉片文、壁画文、佛像陶片文、贝叶文、波拉拜（糙纸折）文等等，数量不少。文体也多样，有诗歌，有散文，有佛经文学、本生故事、民间传说、小说，也有药典、卜辞等。总之孟族文学的发展直接受到佛教文学的影响很深。而缅甸、泰国文学也间接通过孟族文学接受了佛教文学的影响，并成为其文学特色之一。孟族宫廷文学对缅甸和泰国也有影响。上文所述孟文《亚扎底律斗争史》先后被译成缅文和泰文，并且成为缅甸和泰国颇有影响的散文名著就是典型一例。

建筑 随着婆罗门教、佛教的传入，印度的宗教建筑——寺庙与佛塔也随之传入缅泰南部地区。这直接影响了后来的缅甸与泰国建筑艺术的发展。最明显的例子是缅甸的大金塔。上文已经提到大金塔最初就是两位孟族商人兄弟迎来八根佛发后建造的。因为在 1757 年孟族地区完全并入缅甸以前，仰光一直处于孟王朝统治中心区，孟族地区佛教非常兴盛，大金塔多次加高，直至孟王朝女王信修浮在位时才修葺成今日这种规模的。这种塔的建筑样式也成了当今缅甸境内佛塔的主要样式，被人称之为覆钟型“缅式佛塔”。

行政 孟族接受了印度文化的影响，它的宫廷中也效仿印度王朝那样，重用婆罗门，采用印度那一套典仪。孟王朝伐丽流王在位时还仿照《摩奴法典》，定了一部《伐丽流法典》，这部《伐丽流法典》对后来缅甸的行政法制有很大影响。

其他再如音乐舞蹈等等方面也可举出很多孟族接受了印度文化，而后缅甸、泰国又从孟族那里间接接受了印度文化的例子。

总之，今日孟族虽不是东南亚地区中一个人数众多的民族，但是它的文化却深深影响了今日缅甸、泰国的文化，甚至影响到整个中南半岛和东南亚地区。所以进一步深入研究和了解孟族文化还是非常有意义的。

（本文原为参加 2001 年 11 月在北京举行的中国东南亚研究会第六届代表大会暨学术研讨会的论文，后发表于《东南亚研究》2002 年第 4 期，第 76－80 页。）

① 《缅甸联邦民族文化传统·孟族卷》（缅文），缅甸社会主义纲领党，1977 年版，第 218－219 页。

骠人族属探源

一、缘起

公元1世纪至10世纪之间，缅甸境内产生过许多由不同民族为主体建立的城邦式国家。直到11世纪时才第一次出现了统一的王朝——蒲甘王朝。至今经缅甸考古发掘证实的骠人（Pyu）古城遗址已有毗湿奴、汉林和室利差呾罗等三个。但在缅甸史籍中谈到骠人国家的情况却甚少。且几乎没有述及1044年阿奴律陀开始统治蒲甘王朝以后有关骠人情况的内容。我国浩瀚的史书典籍中曾有过一些骠国情况的记述。如最早在《汉书·地理志》中就出现过“谌离国”之名，一些学者考证该国故地就在今日缅甸卑谬一带。这与室利差呾罗遗址所在地相同。笔者认为“谌离”或即“室利”的另一音译名，即指室利差呾罗。其后在我国晋代魏完撰《西南异方志》、《南中八郡志》（成书约在281—303年之间）中首次出现了“骠”这一名称。[①] 再后中国许多史籍中都有骠（包括剽、漂、僄、骠等多种异写）人或骠国的记载。尤其在唐代这类记载颇为全面。但是当述及“太和六年（即832年）南诏掠其民三千，徙之拓东”[②] 以后，骠这个名称就很少见于中国史籍了。所以，人们一般认为骠国832年为南诏所灭，而骠国是缅甸历史上很重要的一页，由于骠人在中外史籍中的突然消失，9至11世纪中叶的缅甸史似乎也成了一片空白。因此对骠人的族属和消亡问题的研究显得格外令人瞩目。综观之，对骠人族属问题的见解有以下几种：

以英国人卢斯（G. H. Luce）为首的一批学者认为骠人属于藏缅语族，即源自中国西北的羌族。卢斯在《早期缅甸史的资料》一文中说：“在语言上，他们（指骠人）显然属于藏缅语，看来已经失去了全部接尾辅音，但在书写的八个声调上可作区分。”[③]《缅甸大百科全书》中也说：“骠人所操语言是藏缅语之一，和缅语很接近。”[④] 缅甸学

---

① 顾海：《东南亚古代史中文文献提要》，厦门：厦门大学出版社，1990年版，第11页。

② 欧阳修、宋祁：《新唐书》卷222下《骠国传》，北京：中华书局，1975年版。

③ ［英］G. H. 卢斯：《早期缅甸史的资料》（英文），赵嘉文译，载《东南亚资料》1981年第3期。

④ 《缅甸大百科全书》第7卷（缅文）第90页。

者吴达妙（U Tha Myat）认为骠文属于藏缅语族藏语支。[①] 1970年缅甸官方编撰的《缅甸基础政治史》认为"从萨牟陀梨王建立蒲甘王朝到阿奴律陀开始统治的公元1044年，在长达937年的时间内骠人和缅人混居，甚至达到了骠即缅，缅即骠的程度。"[②] 英国学者哈威（G. E. Harvey）认为："骠族则已湮没无闻，或即为缅人之前身也。"[③] 我国学者陈茜则进而解释为骠与缅是处于不同发展阶段的同一民族，缅人在骠国时期处于部落联盟阶段，尚未形成民族，到了11至12世纪蒲甘王朝时期才形成一个统一的民族——缅族。[④] 持类似观点的还有我国学者岑仲勉、陈序经等多人。

近年来我国国内又先后出现了两种不同的观点。

其中之一认为骠人应属于孟高棉语族。这是我国学者赵嘉文提出的。[⑤] 他认为骠人与藏缅人在民族特征方面有8点不同，而骠人与昆仑人之间却有着十个方面非常近似的特征，昆仑人属于孟高棉语族，所以骠人就是我国古籍中所述昆仑人，属孟高棉语族。

另一种观点是我国学者何光岳在其专著《百越源流史》中提出的。他认为骠人是我国古代百越族系中的一支。[⑥]

但是我们认为上述学者们几种不同观点的论证中都有不少问题值得商酌，且都未能回答"骠"人族名源自何处，何以会突然从历史上消失，骠与南诏各族、骠与缅族之间关系如何……笔者也想就史籍所载以及至今所发现的有关材料，特别是与缅甸有关的材料进行综合分析比较，谈谈我们关于骠人族属问题的看法。

二、历史上的对应

首先让我们看看缅甸考古材料与史籍的有关记载。缅甸古代史籍曾记有早在室利差呾罗等国之前就有过1393位骠王，[⑦] 这未免近于神话，令人难以置信。但是经过多年的考古发掘使人们对缅甸境内存在过的三个骠人城邦的确有了不少新的了解。毗湿奴城遗址在今日缅甸马圭省东敦枝镇西20公里处。据出土文物的碳测定可知该城初建于1世纪，曾经过一次战乱的破坏后重建，至四五世纪时城毁。汉林城遗址在现实皆省瑞波县境内，始建于3世纪，4至9世纪是其鼎盛期，9世纪时毁于一场原因不明的大火，但在对该古城遗址发掘中并未发现与汉林文化不同的异质文化的痕迹。所以不

① ［缅］吴达妙：《妙齐提骠碑文》（缅文），仰光：民主出版社，1958年版，第4页。
② ［缅］缅甸社会主义纲领党中央编：《缅甸基础政治史》第一卷（缅文），仰光，1970年版，第185页。
③ ［英］G. E. 哈威：《缅甸史》，姚楠译，北京：商务印书馆，1957年版，第35页。
④ 陈茜：《试论缅族的形成问题》，载《东南亚资料》1982年第3期。
⑤ 赵嘉文：《骠人族属新议》，载云南民族学院学报《民族研究学报》1983年第2期。
⑥ 何光岳：《百越源流史》，南昌：江西教育出版社，1992年版，第182页。
⑦ ［缅］缅甸社会主义纲领党中央编：《缅甸基础政治史》第一卷（缅文），第144页。

能肯定是否因为外敌入侵引起火灾才导致城毁的。城毁后未重建。但直至9至10世纪蒲甘时期该地区周围村庄中仍有骠人居住。室利差呾罗城故址在今缅甸中部卑谬东南8公里处。也大约始建于3世纪，到5世纪时已比较发达了。该城直到10世纪还很繁荣，但相信从10世纪后半叶开始该城已不再拥有都城的地位，因为在此发现的成百上千的画像砖中晚于10世纪的很少。[①] 缅甸考古学家吴波腊（U Bo Lat）认为毗湿奴城的创建者就是缅甸著名史籍《琉璃宫史》所述来自太公城的王子两兄弟中的长兄摩河丹婆瓦。当后来传至骠王后——班特瓦公主（约5世纪时在位），室利差呾罗的竺多般王（据缅甸学者考证，实际竺多般系骠文“皇帝”、“国王”之意，并非名号）来攻。城陷，骠王后被带回室利差呾罗，毗湿奴城遂灭。因班特瓦公主曾在该城为王，故该城又名班特瓦城。[②] 据缅甸学者考证汉林即中国古籍中称为林阳者。[③] 似乎是毗湿奴城毁，部分人员随往室利差呾罗，而部分臣民逃奔汉林后，该城才逐步兴盛起来的。不容忽视的另一点是据《琉璃宫史》载，早在107年萨牟陀梨王已建成蒲甘国，167年其驸马骠苴低继位。[④] 当时蒲甘尚用阿梨摩陀那（意：“无敌城”）之名。后传至846年继位之彬比亚王时，于849年建城，名为蒲甘。据缅甸学者考证“蒲甘”之名系从“骠人之村”一词演变而来。[⑤] 可见当地一直是骠人聚居之地，初始时可能也是骠人所建的一个城邦。骠、缅混居，后来才成了以缅族为主的王朝。我国学者岑仲勉也曾推断说：“据个人所见，骠可能为彝族的一支或其相近的族类，当日曾在蒲甘建立政权，后为异族所篡代。”[⑥] 参照中国历代史籍所载，考虑到毗湿奴、汉林两城处于缅北古代中国通向印度以至西方的西南丝绸之路的中间站，而室利差呾罗则在缅中地区。所以可认为我国晋代史籍所指骠国很可能就是当时处于鼎盛时期的毗湿奴城。而832年南诏与之发生战事，攻破城池之后，掠其民三千，徙之拓东者，所指定系汉林无疑。看来也就在汉林城被毁后，蒲甘才进而发展正式建城的。缅人在蒲甘逐步代替骠人占据了主导地位。《白古通记浅述》记载：“西天狮子国欲伐缅国，缅王素以僰国交好，遣使借兵以援之。”胡蔚《南诏野史》也记有859年段宗牓救缅，缅以金佛相酬事。[⑦] 此事所述之缅国恐怕就是指849年建城的蒲甘了。

---

① 三城考古情况均参见吴昂道等编著：《缅甸古都》（缅文），仰光，缅甸政府宣传部，1993年版，第129－130页，而据《缅甸大史》（缅文）述，室利差呾罗建于佛历101年，即公元前447年，但尚无其他旁证。

② 可参见《琉璃宫史》第一卷（缅文）102、103节，原书完稿于1829年，缅甸独立后曾多次再版。

③ 缅甸学者认为linyan → yanlin → hanlin。

④ 该王在缅甸史籍上写作Pyu Saw Htit，此处译名按哈威《缅甸史》译法，意即：骠人高贵之王。

⑤ Pyu Gama（＝骠人之村）→ Pu Gan（＝蒲甘）。

⑥ 岑仲勉：《据〈史记〉看出缅、吉蔑（柬埔寨）、昆仑（克仑）、罗暹等族由云南迁出》，载《中山大学学报》1959年第3期。

⑦ 参见木芹会证、倪辂辑、王崧校理、胡蔚增订《南诏野史会证》，昆明：云南人民出版社，1990年版，第134－141页。

三、经济状况

《旧唐书》载："骠国，在永昌故郡南二千余里，去上都（指唐朝都城长安）一万四千里。其国境，东西三千里，南北三千五百里。东邻真腊国，西接东天竺国，南尽溟海，北通南诏些乐城（指盈江，一说遮放）界，东北距阳苴咩城（指大理）六千八百里。"可见骠国与南诏接壤，均处于亚热带。《新唐书》载："（骠国）土宜菽、粟、稻、粱，蔗大若胫，无麻、麦。以金银为钱，形如半月，号登伽佗，亦曰足弹陀。无膏油，以蜡杂香代炷。与诸蛮市，江猪、白氎、琉璃罂缶相易。"又载，"王居以金为甓厨，覆银瓦，爨香木，堂饰明珠。有二池，以金为堤，舟楫皆饰金宝。"所述可以与缅甸考古发掘出土文物相印证，譬如，毗湿奴城古砖上发现有鸡、羊、猪的足迹，发掘过程中也曾发现鸡骨等。① 总之可以得出的结论是：骠国当时的农业相当发达，已有塘坝等水利建设，种植水稻、豆类、小米、甘蔗等，饲养鸡、羊、猪等，也有捕鱼业。手工业中锻造业、纺织业、制陶业、砖瓦业、琉璃制造业、金银首饰业都比较发达。这种以农耕为主的经济状况与我国当时西南边疆的南诏经济状况是基本一致的。因南诏、骠国同处中印交通线西南丝绸之路上，所以外贸活动也比较频繁。关于骠人城池的情况，《旧唐书》载："其罗城构以砖甓，周一百六十里，壕岸亦构砖，相传本是舍利佛城。城内有居人数百家，佛寺百余区。"《新唐书》也谈到："青甓为圆城，周百六十里，有十二门，四隅作浮屠，民皆其中，铅锡为瓦；荔支为材。……有百寺，琉璃为甓，错以金银，丹彩紫矿涂地，覆以锦罽，王居亦如之。"城市规模大小似与缅史书所述相符。而且根据缅甸考古发掘，我们已确切知道：室利差呾罗古城有由城壕环绕的砖城墙，呈不规则的圆形，南北长 4023 米，东西宽约 3219 米。有 12 座城门。在城墙西北、北部和正南方分别有波耶基、波耶玛、波波基等三座佛塔。其他两座骠人故城情况也很相似，据考古发掘得知，毗湿奴城东、南、北三面城墙相连大体呈弧形，与缅古籍所述"呈龙王之尾蜷曲状"是一致的。城西紧靠一小溪，城内面积约为 27.97 平方公里。汉林城则南北长约 3219 米，东西宽 1609 米多，现挖掘尚只发现三面城墙和城壕。该城最明显的特征是弯弯曲曲流淌着的温泉。总之，通过考古与古籍所载可知当时骠人建筑水平已很高。"骠人居住在竹木结构的房舍内，精通建筑术，也能造砖石结构建筑，用红土合泥砌砖，墙上抹三合土灰泥，刷石灰，涂颜色。""能够建造宏伟的大型两层建筑，如佛塔、浮屠、住宅等。""三城所建城墙等建筑都用了巨型砖。骠人据自己所处的时代考虑到军事上的需要建造了巨大的要塞城堡。而且在城内挖掘了引水渠、灌溉渠、排水沟和水塘，可见这是他们为了能长期抵御敌人的围攻而安排的。

① ［缅］缅甸社会主义纲领党中央编：《缅甸基础政治史》第一卷（缅文），第 147、180 页。

从毗湿奴、室利差呾罗、汉林三城所见宗教或传统建筑物的式样上看，可以看出南印度文化已传进了骠人的城郊。"[①] 20 世纪 60 年代初，我国学者林声曾对南诏的几个主要城址进行了考察。他认为曾作为政治中心的太和城和阳苴咩城，从城墙长度看来，面积很大，而且城墙之内靠近洱海处像今日一样仍为农田。这些城池的城墙多保存了下来，而且城中都有南诏的宫室，所以这些城不过是供南诏统治者居住的城堡而已。这些城池的政治意义和军事意义远大于经济意义。[②] 比较骠国与南诏古城的建筑规模、风格与特色，可以看出不少相似之处。

四、日常习俗

父子连名制度源自我国西北，最古之文献根据可见于《后汉书·西羌传》。据考古发掘，1911—1912 年在室利差呾罗遗址曾得到三位国王的骨灰石瓮，石瓮上的王名是遵循父子连名制的。这一传统也见于蒲甘建国之初，从 167 年至 412 年有骠苴低、低蒙苴、苴蒙伯、伯梯利、梯利江、江兜立等六位国王父子连名。[③] 但从未有过缅族人父子连名的记载与实证。缅甸学者登貌也认为上述六位国王的名字具有骠族的文化特征，因为汉林枝（即汉林）骠王朝的许多国王就是按上述连名方式命名的。[④] 所以我们也同意这种分析，即：蒲甘初期几位国王当为骠人，"后为异族所篡代，遂不见连名制度"。[⑤] 无独有偶，令人非常感兴趣的是《南诏野史》南诏王历代源流一段中写有："云南古荒服，《白古记》云：三白王之后，西天摩竭国阿育王第三子嘌苴低娶次妻，生低蒙苴，苴生九子，名九龙氏……" 对比两者，最初两代帝王名讳竟完全相同。虽然《南诏野史》所述嘌苴低的身世与今日缅甸人谈骠苴低的传说不同，但是为什么骠族与白族两者都把骠（嘌）苴低作为他们最古的统治者呢？我们认为这并不能看作是一种巧合，而是因为本来两者族系就相同。另外虽然南诏主体民族乌蛮（彝族）、白蛮（白族）均实行父子连名制，但白族原来是没有姓的。[⑥] 从这点看骠、白更为一致。

骠人有立碑记事的习俗。1934 年就曾在室利差呾罗故城波波基佛塔发现了一块用骠文与梵文混合写成的碑铭。1966 年缅甸人又在茅沙明德土岗出土了一块五面刻写有骠文的碑铭柱。另，骠国时期刻有骠文三藏经片断的金片、银片和石板也已出土了几十片之多。[⑦] 直到 1044 年阿奴律陀王开始执政的蒲甘王朝时仍发现有骠文碑铭。阿奴

---

① ［缅］《缅甸基础政治史》第一卷（缅文），第 155 页。
② 林声：《南诏几个城址的考察》，载《学术研究》1962 年第 11 期。
③ ［英］哈威：《缅甸史》，第 54 页。
④ ［缅］登貌：《蒲甘时期的文化》（缅文），仰光：菊花出版社，1956 年版，第 49 页。
⑤ 岑仲勉：《据〈史记〉看出缅、吉蔑（柬埔寨）、昆仑（克仑）、罗暹等族由云南迁出》，载《中山大学学报》1959 年第 3 期。
⑥ 张锡禄：《南诏与白族文化》，北京：华夏出版社，1992 年版，第 185 页。
⑦ ［缅］吴昂道等：《缅甸古都》（缅文），第 133 页。

律陀功德之一的佛发塔中发现一尊铜佛底座周围及一块佛像砖背面都刻有骠文。最完整的骠文碑要属1886年出土的用骠、孟、巴利与缅文四种文字对应写成、刻于1112年的《妙齐提碑文》。缅甸还出土过一块蒲甘时期所刻的骠文碑铭，现仍作为馆藏第3号碑铭存在蒲甘博物馆内。该碑一面刻有骠文，一面刻有中文。[①] 但可惜该碑的文字现已完全不能辨读了。南诏也有立碑记事的习俗，现大理博物馆中仍存有不少白文的碑刻，碑文大都短小精练。骠白碑刻之不同，仅在缅甸骠文碑刻用的是源自南印度字母书写的骠文，而我国白族则是借用汉字写成的白文而已。

《新唐书》载：骠国"妇人当顶作高髻，饰银珠琲。……"白居易的《骠国乐》也有"玉螺一吹椎髻耸"的描述。这些都说明了骠人的发式是椎髻。《张胜温画卷》第103图是南诏13代国王正在膜拜观世音菩萨，其中开国之祖细奴逻和他的儿子逻盛都是赤足，当顶挽一高髻。而且此图中有两位南诏国王的穿戴与剑川石窟中的阁罗风、异并寻的装束相同，都是头戴圆椎形红绫高冠。在《南诏图传》中，细奴逻父子也是赤足椎髻。[②] 可见骠与南诏发式相同。

虽然截至现在缅甸考古局尚未发现骠国时期布料之类的文物佐证。但据我国《太平御览》卷956："《广志》曰：梧桐有白者。剽国有白桐木，其叶有白毳，取其毳淹渍缉绩，织以为布。"《续博物志》卷7："骠国诸蛮并不养蚕，收娑罗木子，破其壳，中如柳絮，细织为幅服之，谓之娑罗笼段。"《旧唐书》说："其（骠国）衣服悉以白氎为朝霞，绕腰而已。"《新唐书》也说："衣用白氎、朝霞，以蚕帛伤生不敢衣，……衣青娑裙，被罗段。"《蛮书》卷7则说："骠国、弥臣、弥诺，悉皆披娑罗笼段。"综上所述可知当时骠人多以木棉花（即：白桐木、娑罗木）织成称之为朝霞的白细布绕腰而衣，称之为娑罗笼段。而明代李时珍《本草纲目》卷36"木棉"条引宋代沈怀远《南越志》说："南诏诸蛮不养蚕，唯收娑罗木子，其白如絮，纫为丝，织为幅，名娑罗笼缎。"可知骠人与南诏人所用衣料也是一致的，都是白色的木棉布。

据考古发掘可知：骠人死后火化，将骨灰和土混在一起置于罐中埋之。虽然在骠人故地也曾发现有个别整具的遗骸，但尚难肯定是骠人，很可能是战俘或因其他原因死于异乡的非骠人。因为在三个骠人古城遗址都发现有骨灰罐，已有百个以上，而发现的遗骸仅有少数几具。平民、富绅与官员死后所用之骨灰罐也有区别，平民用陶罐，富绅用铜罐，而官员用石罐，王室的骨灰则用大石瓮。骨灰罐大多集中5至10个或若干个一起埋葬。[③] 有的骨灰罐是排列放置在长砖石平台之上后用土埋葬的。这种葬俗既不是印度教的，也不是佛教的。可以说是骠人独特的习俗之一。据考，白族实行火葬

① 《缅甸大百科全书》第7卷（缅文）第94页。
② 杨仲录等主编：《南诏文化论》，附图《南诏图传》，昆明：云南人民出版社，1991年版。
③ ［缅］吴昂道等：《缅甸古都》（缅文），仰光，1993年版，第60页

大约从南诏时起一直延续到元明时期，历经数百年。由于彝族火葬后骨灰不罐装直接埋入土中，所以至今发现的火葬墓多是白族的，骨灰罐多为瓦罐、灰罐；在云南也发现过大理时期铜制的骨灰罐，可能是沿袭南诏火葬用的“铜瓶”。[①] 在云南地区发现的大理国时期白族的火葬墓大都是一穴多葬的。[②]

五、信仰禁忌

白族人以白色的白作为自己的族名，足可从一个侧面了解他们崇尚白色的心态。如上述我们已经谈到了若干方面缅甸古代存在的骠族与白族近似或相同的例证。我们再从骠族的族名进行分析。通过对考古发现的骠文与缅文对比可以了解到骠语是一种与缅语十分相近的已消亡了的藏缅语。[③] 缅甸史籍中称骠族为 Pyu 或 Pru。现代缅语中这两个音的字已无直接意义，但是送气音 phyu 在缅语中是个常用字，即白色的“白”字。我们知道不送气音与送气音之间的转换在一种语言里出现是很常见的事。所以我们认为骠族无疑也是取白字的意思作为他们的族名的。

骠与白族人尚白的习俗还可见于许多方面。如上述他们都喜欢着“白氎”、“朝霞”，这与同为南诏主体民族的乌蛮（彝族）却截然不同，彝族则尚黑。再如骠族人以至后来的缅族人认定白象是吉祥之物也可说成是一种尚白的表现。《新唐书》载：“（骠国）有巨白象，高百尺，讼者焚香跪象前，自思是非而退。有灾疫，王亦焚香对象跪，自咎。”这表明骠人对白象十分崇拜。而《岭表录异》中不仅记载南诏大量养象，而且我们在《南诏图传》中也能看到巨大的白象。[④]

谈到原始崇拜问题，骠与白族也是相同的，他们都崇拜龙蛇之类。骠人对蛇的崇拜也表现在其乐器上。《新唐书》记载了骠国的一种竹琴，“作虺文横其上，长三尺余，头曲如拱，长二寸”。还有一种独弦匏琴，“以斑竹为之，不加饰，刻木为虺首。”而在《南诏图传》画卷末段洱海神和洱海形势图中，其中心部分是一个相互绕颈交尾的两头大蛇组成的蛇圈，它围护着一条额上有轮的金鱼和一只金螺狮。两个蛇头相持将金鱼和金螺分别隔于蛇圈的右侧和左侧，金鱼和金螺隔蛇头而对。[⑤] 该图画面有题记，结合其文字卷相应部分加以分析，实际上这是一幅古老的当地居民的原始宗教画，它以生动的艺术形象，表现了人们古老的动物崇拜以至初期的神灵——蛇神、河神（金鱼、金螺）崇拜。[⑥]

---

① 汪宁生：《云南考古》，昆明：云南人民出版社，1992 年版，第 152 页。

② 邵献书：《南诏与大理国》，长春：吉林教育出版社。1990 年版，第 239 页。

③ 计莲芳：《骠缅语文关系浅析》，载《民族语文》1996 年第 6 期。

④ 杨仲录等主编：《南诏文化论》，附图《南诏图传》。

⑤ 杨仲录等主编：《南诏文化论》，附图《南诏图传》。

⑥ 邵献书：《南诏与大理国》，第 245 页。

《新唐书》说：骠人“喜佛法”，“有百寺”，骠城之“四隅作浮图”。“民七岁祝发止寺，至二十有不达其法，复为民。”《唐会要》卷33中载：“贞元十八年正月，骠国王来献，凡有十二曲，以乐工三十五人来朝，乐曲皆演释氏经论之词。”可见佛教在其国中盛行。缅甸近年来多次对毗湿奴等三座骠人古城的发掘也证实了这一点。据考“传入毗湿奴城的佛教是印度南部安达拉地区流行的教派，该教派不供奉佛像”。[①] 笔者认为这一教派极有可能就是在缅甸曾盛极一时的阿利僧，也就是白族历史上出现的阿吒力僧。在室利差呾罗城发掘到的佛教遗物则比较丰富，且发现有保存比较完好的波耶基、波波基等佛塔。“根据（缅甸）考古局的发掘，室利差呾罗早期兴盛的佛教系上座部派佛教。且同时有大乘佛教存在。此外由于发现有毗湿奴像等可知也存在着毗湿奴神的崇拜。”[②] 至于南诏与直至今日白族所受佛教的影响更是显而易见的，就不在此赘述了。总之，骠、白两族在信仰方面也是完全一致的。

六、语言文字

本文已从历史对应、经济情况、日常习俗、信仰禁忌等四个方面考证了骠族与南诏主体民族之一的白族有很多共同的特色。最后笔者还想从语言文字方面把骠与白进行比较。因为共同语言是民族的一个主要特征。众所周知，在缅甸，骠文曾湮没多年不为人知。在1886、1904年出土了两方包括骠文在内四种文字对应的《妙齐提碑文》。直至1911年以后在许多学者的努力下，借助四种文字的对应，才逐步重新释读了骠文。缅甸学者吴达妙用近10年的时间潜心研究，于1958年7月出版了《妙齐提骠碑文》单行本，对该碑文中的117个词或词组用缅文标了读音并进行了释义。这117个词或词组中不少是从梵文借用来的佛教用词或者是虚字；内容涵盖面甚窄。另一方面因为多年来白族与汉族间关系密切，相互融合，白文中很多词汇已汉化，不能明辨其本族古语原来面貌。加之缅甸发现的骠文用的是南印度字母创造的文字，而白文则是借用汉字来记录白语的。所以，在可比的原始材料很少的前提下，又增加了许多不便之处。

首先，让我们从“骠信”这个词入手。史载南诏自南诏王寻阁劝起，还自称“骠信”。《旧唐书·本纪》：“元和三年十二月甲子，南诏异牟寻卒。……仍立其子骠信苴蒙阁劝为南诏。”《新唐书·南诏传》：“元和三年异牟寻死……子寻阁劝立，自称骠信，夷语君也。”胡蔚《南诏野史》记载；“群臣之尊号曰骠信。”可见寻阁劝尚未为王时称“骠信苴”，即位后称“骠信”。此后劝龙盛、劝利盛和劝丰佑受唐朝南诏的封

① ［缅］《缅甸基础政治史》第一卷（缅文），第152、181页。
② ［缅］《缅甸基础政治史》第一卷（缅文），第164页。

号，未见有“骠信”称号之记载。而世隆、隆舜、舜化贞等均未受唐封，又有“骠信”之称。如《南诏图传》题记“骠信蒙隆昊”；唐徐云虔著《南诏录》通篇以骠信称呼当时的南诏王隆舜；《旧唐书·本纪》提到“僖宗乾符元年，南蛮骠信遣使乞盟，许之”；《通鉴》记载：“昭宗乾宁四年，南诏骠信舜化贞有上皇帝书函及督爽碟中书木夹，年号中兴。”南诏诸王之后，长和国主郑旻亦曾称“骠信”。大理国主白族段氏也有称“骠信”的。如大理国主段正兴（易长）为其太子所铸的观音像背后有发愿铭文，其中段正兴即自称“皫信”（即：骠信）。又如《张胜温画卷》首有题记“利贞皇帝皫信画”，“利贞”是大理国主段智兴第一个年号。再如元朝李京《云南志略·诸夷风俗》“白人风俗”中也说：“其称呼国主曰‘缥信’（亦即骠信）”。

关于“骠信”一词，如上所述早在《新唐书》中已解释为：“骠信，夷语君也。”而在现代最先拟对此词作出进一步解释的是法国学者伯希和（Paul Pelliot）与巴克。伯希和在《交广印度两道考》中写道：“南诏王号尚有来历不明之‘骠信’一称。……顾‘骠’为汉籍缅人之古称，其对音或者为 Pyu，是为主要缅种之称号。南诏王侵入缅甸已有数次，然则可以巴克君之说，而谓骠信为 Pyu—shin（写作 Pru—rhang）之对音。缅语骠君也。”其后许多中外学者对“骠信”解释有详有略，但基本一致，都说是源自缅甸语。但是人们却都忽略了一个事实：那就是缅族之名在南诏初期尚无，当时何来缅语？再有大理国时缅甸境内已无骠国，为何大理国主还自称骠信呢？只是到后来我国学者徐嘉瑞才进一步论证说：“南诏方言：信者，王也，故称王母曰信么，王子曰信苴。”[①] 张锡禄则进一步明确指出“信”就是古白语“王”的意思，“信苴”为白语的“王子”。[②] 但都尚未能进一步解释“骠”字，仍沿用前人所述骠即骠国意。近日我国学者徐琳提出了“骠信”系古白语，原意为“白祖、白宗”（Phu = 白 + φi = 祖）。[③] 这一分析给予我们很大启示。但言外之意似乎这一名称与缅甸境内存在过的骠人、骠国毫无关系，却又有些偏颇了。笔者认为关键还在于对骠国本身的理解。本文前面已从各个方面进行了论证，包括论证了“骠”这个字的原意即为“白”字。另，“信”字在现代缅语中仍有“主人”之意。这样“骠信”的问题就迎刃而解了。因为其原意不论骠文还是古白语都是“白族的主人”之意，完全一致。

骠语与白语是否是同一语言，正如前述进行对比有许多实际困难。但是笔者从现有极少的材料中也还能举出一些实例，加以论证，可见一二。比如：[④]

---

① 徐嘉瑞：《大理古代文化史稿》，北京：中华书局，1978 年版，第 181 页。

② 张锡禄：《白族姓名探源》，载《南诏文化论》第 495 页。

③ 徐琳：《南诏、大理国“骠信”“摩诃罗嵯”名号探源》，载《民族语文》1996 年第 5 期。

④ 所附词汇表骠文标音系按缅人释读之音标出；白语词汇标音参照中国社会科学院民族所编《藏缅语语音和词汇》，北京：中国社会科学出版社，1991 年版。

汉语意	骠文	白语
国王（或皇帝）	tot da baŋ	ŋo te po
主人	φ ĩ	φ ĩ
名字	mi	mia
村子	ro	jə
不，没有	ma	mo
挡，阻挡	ta：	ta

从这些常用词语对比中可以明确看出骠文与白语如出一辙，只是因为时代不同略有变异而已。而且有不少关于血缘关系之间的称谓，如：父亲、妻子、儿子、孙子等等和数字读法，虽然今日白语汉化程度已很深，这些词语读音已与汉语颇为相似。但是，马长寿在他的论文中论证了“有些古白族语（即白蛮语）在白语汉语化的过程中已经消失了。而在学得了白蛮语的彝语中却代为保留下来。”① 这一论证也给了我们很大的启示。如果将有关骠文词与今日彝语某些方言对比，似乎也可得出骠语与古白语是一致或相近的结论。

因为笔者不懂白语只能根据其他学者提出过的一些书面材料来比较，这就有了很大的局限性。可以想象如果今后能有懂缅语、骠文的学者和了解白语古今发展懂得白语的学者合作，一定会举出更多的实证来证明这两种语言关系的。

七、结语

笔者认为上述各点足以证明：骠、白两者之间并无根本之区别，只是居住在不同地域的同一民族的两个支系罢了。这也就能解释我们在篇首提出的一系列问题了。同一民族所建的不同城邦当然会有同一祖先——骠苴低的传说。而当他们建成统一的幅员较大的王朝时自称为“白族的主人”——骠信也就是很自然的事了。南诏与骠国之间的战事是同族之间不同集团的争斗，所以当832年两者之间发生战事，虽然一方战败，“南诏掠其民（骠人）三千，徙之拓东”，但因本属同族所以后来无论在骠国都城汉林城毁后的当地，还是在拓东（今昆明）都没有发现与当地不同的异质文化的痕迹。否则就会像我国开封有犹太人后裔，德州有温、安两姓数百人是1417年由菲来华苏禄王之后裔那样，早就被人们所知晓了。832年以后骠人势力大减，仍散居于各地。而早已在缅甸的缅人势力得以扩展，于849年在蒲甘建城。至859年狮子国（斯里兰卡）伐缅，才又引出了南诏段宗牓率兵救缅事。关于缅族的起源，骠非缅，缅非骠的问题就不是本文所述的问题了，有待以后他文专论。总之，可用一句话概括，即：骠即白，

① 马长寿：《唐代云南白蛮语和东爨乌蛮语的调查》，载《南诏文化论》第188页。

白即骠也。所见如有不妥，乞望同行指正。

（本文署名为李谋、李晨阳，在此文发表时李晨阳正在北京大学攻读硕士学位，现在是云南大学人文学院副院长、云南大学缅甸研究中心主任、教授、博士生导师。原载于1997年5月出版的《北京大学学报》哲学社会科学版第34卷第3期总第181期第122－129页。）

缅族源流考析

缅甸史上一直存在着两大疑案。其一是骠族突然湮没，另一是缅族由来不清。中外学者都曾就此进行过一些探索论证试图破解谜团。对前者，本人1997年曾与我的学生李晨阳联名发表过《骠人族属探源》一文，论述了某些个人见解，认为骠、白本属同族两支。现在也想就后者缅族源流问题谈谈个人看法。

概言之，关于缅族源流问题历来有三种观点：一为土著说，一为移民说，移民说又分为两种，其一是源自印度说，另一是源自中国说。

土著说，是在缅甸独立后由一些缅甸学者提出来的。最具代表性的是吴巴莫。他在1985年间发表过一篇题为《缅人的起源》的论文。[①] 文中谈到，“在缅甸崩当地区发现了高等人属和猿属等灵长类动物，当时把所发现的古猿化石定名为‘崩当种’，该地区的地质年代约四千万年。正是在缅甸，发现了迄今世界上年代最久的高等灵长类动物。”“从猿猴到人的进化顺序是原上猿、埃及猿、森林古猿、拉玛古猿、西瓦古猿、南方古猿、巨猿、直立人、智人、现代人。因此上述高等灵长类的始祖就应该是崩当种了。此外，在缅甸瑞明丁山上的峦奎村附近发现了人类上颌骨的化石，上面还保留着臼齿与前臼齿。这进一步说明，我们开始找到了人类进化过程中早期与晚期相连的环节。现在已经把所发现的化石定名为‘巴玛人’（按原文为Bamar Lu应直接意译为缅甸人）。他可能与‘北京人’同时代。”“特别值得一提的是，在缅甸发现高等灵长类动物化石，在中国还没有发现。因此可以下这样的结论，即人类进化的发祥地只可能是缅甸。所以缅甸人的祖先不大可能是蒙古人和中国人，恰恰相反，蒙古人和中国人是‘逐水草而居’逐渐北迁的。”进入20世纪90年代以来，缅甸政府又在崩当崩尼亚地区进一步发掘到一些古猿化石，所以包括缅甸官方在内的一些缅甸人更加相信并大力宣传“缅人起源于缅甸”、“缅人起源于史前时期”的观点。有的缅甸学者更进一步将缅甸的族名Mianmar按字意解释为“既敏捷又强壮”的民族。有的缅甸学者则认为骠族也是出自缅甸本土的民族，声称“骠即缅，缅即骠也”，“真正的骠人就是缅

① 缅文原文发表在缅甸《蔚达依》杂志1985年第2期上，译文发表在《东南亚》1987年第1期，第59－61页。

人”。我国一些学者如：方国瑜先生、陈茜先生等也曾著文发表过类似观点。[①]

源自印度的移民说，是古代缅甸学者的观点。1829 年贡榜王朝一些僧俗学者共同奉命编著的官史《琉璃宫史》中首次提出“缅甸始于太公”说。在该书的第三编之首讲到：在释迦牟尼尚未成佛的很久很久以前，中天竺的般遮罗王与拘利耶王因联姻引起大战。拘利耶王所辖拘利耶、提婆陀诃、迦毗罗卫三国大军败北。迦毗罗卫的阿毕罗阇遂离开中天竺到达缅甸北部创建太公城为王。[②] 其后，很长一段时间缅甸人都坚信这种说法。比如在民族觉醒的年代，德钦丁写于 1930 年为广大缅甸民众所熟悉喜爱的《我缅人歌》开始就明确写道：“我们缅甸人，太公王朝阿毕罗阇传至今。”一些缅甸学者又结合缅甸历史所述印度神话的说法：人类是梵天神下凡而成的。推断 Myanmar（缅甸）一词由 Byahmar（梵天）一词音变而来，所以缅甸的族名就是取“梵天神下凡而成的”民族之意而来的。曾任下缅甸英国专员多年的潘尔在他 1883 年出版的《缅甸史》中也沿用此说，讲公元前 850 年印度王子来到缅甸建立了太公古国，且提出缅甸人的另一自称 Bamar 是因为缅甸人来自印度布拉马普得拉河流域。

源自中国的移民说，首先是在 20 世纪 30 年代由研究缅甸问题的著名英国学者、曾任仰光大学历史学教授的卢斯博士提出的。[③] 他根据中国史籍考证，认为缅族先民是原生活在中国甘肃一带的羌族，逐步南迁，公元 7、8 世纪间到达云南澜沧江以西一带，后进入缅甸境内。并考证了缅语与 11 世纪生活在甘肃一带的羌族一支党项人语言有着密切关系。20 世纪 50 年代出版的《缅甸大百科全书》第 10 卷也在“缅甸人种”条目下根据卢斯的观点写道：“根据在中国黄河北部约八十英里之遥的（河南）安阳地区出土的中国公元前 1100 年左右刻在龟甲兽骨上的文字得知，以畜牧为生的羌人曾在安阳以西地区生活过。又据后来的唐朝史籍得知：中国王朝力量强大时曾与羌人发生战事，羌人为了远避战乱遂向西迁徙。公元前 500 年左右到达安阳西部约 600 公里地区。一些人则迁徙到南部地区。向南方继续迁徙的羌人在公元之始到达四川省西部和云南省北部”，“看来包括缅甸人一支在内的藏缅族系人曾生活过的地区似乎是在中国西北的甘肃南部一带”。卢斯的观点后来被大多数缅甸学者包括著名历史学家丹吞博士、波巴信等人以及世界许多历史学家、人类学家所认同。

在进一步评析上述几种观点孰是孰非之前，我认为有必要先澄清两点。

有些学者错误地认为某个国家的主体民族就应该是起源自当地的。如果某国的主体民族先民是从其他地区迁徙而来的话那么就似乎很不光彩。有些人士讳言某国的文

---

① 方国瑜：《古代中国与缅甸的友好关系》，载云南省东南亚所编《东南亚》1984 年第 4 期；陈茜：《试论缅族的形成问题》，载云南省东南亚所编《东南亚资料》1982 年第 2 期。

② 参见［缅］《琉璃宫史》第三篇《中天竺释迦族系的阿毕罗阇王首建太公国》一节。缅甸 1957 年版该节列为（102）节，但缅甸 1993 年新版该节列为（105）节。

③ ［英］卢斯：《前蒲甘时期的缅甸》，英国牛津大学，1983 年版。

化是属于某一文化圈范畴之内，或是受到某种文化体系影响的文化。认为某国的文化、某地的文化就是某国或某地的，与他国他地无关。这两种观点都是非常错误的。实际上某个民族成为居住在某一地区的主体民族是有着多方面原因的，而且是经过一段很长历史的。源自当地的也罢，迁徙而来的也罢，所有民族都没有贵贱之分。文化则更是这样。在历史的长河中由于多方面的原因在这个世界上形成了几大文化圈。各国文化、各民族的文化都不是突然出现的，不是孤立存在的，也不是一成不变的，而是在相互影响、撞击、融合的过程中不断发展的。一些已经消亡了的民族文化就是由于某种原因中止了这种连绵不断的进程，丧失了活力才被历史湮没的。上述两种错误观点是一些抱有狭隘民族主义观念的人认定的，这恰恰是一个理论误区。

有了上述认识的基础，我认为再面对上述几种观点时就能更客观地分析了。

关于土著说。吴巴莫的论述推理显得过于简单，难以令人信服。因为：（1）古猿与原始人类是两个概念。据考原始人类是从古猿一步一步经过了一个漫长的过程进化而来的。但并不能认定所有古猿都是人类的始祖。（2）某地的原始人类并不一定是当今该地主体民族的始祖。（3）缅甸所发现的古猿化石也好，“巴玛人”的骨化石也好，至今都还没有得到国际相关学科专家学者们的认证。

源自印度移民说。推敲起来也难立足。因为：（1）历史上某个王朝的最高统治者或集团并不一定是该地主体民族的一员。（2）经考古发掘测定太公城并不像传说中那样久远，它还没有缅甸境内骠国故都毗湿奴城古老。[①] 而根据碳同位素测定毗湿奴城存在于公元1—5世纪。（3）印度的主体民族雅利安人与今日缅甸人从民族上分析根本不属同一民族支系。（4）如上所述缅甸族名 Myanmar 一词源自 Byahmar（梵天）之说纯属臆测推论，并无其他任何根据。

源自中国移民说。卢斯以中国史籍为依据认定缅族先民是羌人。得到很多学者的认同。但他具体分析“望苴蛮”“望外喻”“茫蛮”等是原始缅人。而中国一些民族学家却认定望苴蛮、望外喻是佤族先民，茫蛮是傣族先民，与缅人没有族源关系。[②] 使得一些人对他的论断又有了某些疑惑。

但是如果参考其他有关考证，我认为各种观点都难成立，只有卢斯的主要观点还是正确的。

（1）迁徙路线之考证。关于羌人逐步南迁，部分羌人在公元前后到达川西、滇北一带，在中国史籍中已有记载。又，据我国在公元前104年至公元前91年间司马迁所撰《史记》载：“及元狩元年（公元前122年）博望侯张骞使大夏（今阿富汗）来，

---

① ［缅］吴昂道、吴敏昂、吴盛貌吴、吴丹萃编著：《缅甸古都》（缅文），仰光：缅甸政府宣传部，1993年版。

② 尤中：《中国西南的古代民族》，昆明：云南人民出版社，1980年版；云南历史研究所编：《云南少数民族》，昆明：云南人民出版社，1983年版。

言居大夏时见蜀布、邛竹杖，使问所从来，曰‘从东南身毒国（指古印度），可数千里，得蜀贾人市’。……”且其中还提道“西夷西”，据认为此名即指缅甸、印度等地。印度《政事论》和《摩奴法典》也有记载，早在公元前4世纪，四川的丝绸已经云南运到缅甸、印度出售，并转销到西亚、欧洲。这些都说明了川滇缅印古道早已存在。法国东方学家保罗·伯希和在他的《交广印度两道考》一文中也对云南入缅各道进行了仔细的考证。①

（2）缅族族名的考证。我国学者岑仲勉早在1958年8月《据〈史记〉看出缅、吉蔑（柬埔寨）、昆仑（克仑）、罗暹等族由云南迁去》一文中写道：“《史记》正义：‘靡州（原讹非）在姚州北，去京西南四千九百三十五里，即靡莫之夷。’又‘楪泽在靡（州）北百余里。汉楪榆县在泽西益都（？郡）。靡州（原讹非，今校正），本叶榆王属国也。’叶榆王未详，靡州系武德七年韦仁寿南征时所置。据《旧唐书》四一地理志：‘靡州下：武德七年，置西豫州。贞观三年，改为靡州。领县二，与州同置。磨豫，七部。领户一千二百。在京师西南四千九百四十五里，南接姚州。’距长安里数比正义只差十里。贞观三年为什么要改作靡州，似乎系因当日的住民而立称，据地理志谅有说明，正义所谓‘即靡莫之夷’可信总有根据，不是望文生义。姚州今姚安，又靡州北去楪澤（即洱海）百余里，则靡州当在今大理与姚安之间，亦即唐人所传靡莫的住地。《史记》说在滇的东北，固许方向有误，亦或后来迁徙。”在论证了靡莫住地后，他又提出了《史记》西南夷传中所说的“靡莫”可能就是缅族前身的论点。②《史记》载：“西南夷君长以什数；其西靡莫之属以什数，滇最大；…… 上使王然于以越破及诛南夷兵威风喻滇王入朝。滇王者，其众数万人，其旁东北有劳寖、靡莫，皆同姓相扶，未肯听。劳寖、靡莫数侵犯使者吏卒。元封二年（公元前109年）天子发巴蜀兵击灭劳寖、靡莫，以兵临滇。滇王始首善，以故弗诛。滇王离难西南夷，举国降，请置吏入朝。于是以为益州郡，赐滇王王印，复长其民。”③ 据查至今，在缅甸发现刻于1102年的孟文碑铭《江喜陀王建宫碑》中出现了孟文称缅人的 Mirmar 一词，而缅文早期碑铭中 Mirmar 一词是在蒲甘出土刻于1190年的《当古尼碑》正面20行末首次出现的。到1342年以后 Mirmar 一词才逐步被 Mrammar 或 Myanmar 所取代。④ 非常明显靡莫与 Mirmar 本来就是同一个词在几种不同文字中的不同写法罢了。

（3）关于徙入时间。岑仲勉先生认为可能是在“隋文帝开皇十七年（597年）史万岁南征至唐高祖武德七年（624年）韦仁寿南征之后”。⑤ 而本人认为岑仲勉先生所

---

① ［法］保罗·伯希和：《交广印度两道考》（冯承钧译），北京：中华书局，1955年版。
② 岑仲勉：《据〈史记〉看出缅、吉蔑（柬埔寨）、昆仑（克仑）、罗暹等族由云南迁去》，载《中山大学学报》1959年第3期。
③ 见《史记》卷一百一十六《西南夷列传》第五十六，《史记》九 传（三），第2991－2997页，北京：中华书局，1959年版。
④ ［缅］德班梭迎：《缅甸文化史》（缅文），仰光，1968年版。
⑤ 岑仲勉：《据〈史记〉看出缅、吉蔑（柬埔寨）、昆仑（克仑）、罗暹等族由云南迁去》，载《中山大学学报》1959年第3期。

认定的时间似仍略早，靡莫族在唐玄宗开元十八年（730 年）南诏皮逻阁灭并五诏时期以后才进入现缅甸境内更为合理。因为其一，至今尚未发现早于 1102 年的孟文其他碑铭中有 Mirmar 这个词出现，缅文碑铭则至今发现最早的是 11 世纪的，没有再早的碑铭。其二，据缅甸《琉璃宫史》等记载，缅族的第一个王朝是蒲甘王朝。该王朝的第一位皇帝是公元 107 年即位的萨牟陀梨王。但是所记前期当政的 41 位帝王的情况与更替都比较简单，直到阿奴律陀王以后各王的经历事迹才有较多的记录。所以当今各国学者包括缅甸学者讲蒲甘王朝往往都是从 1044 年即位的阿奴律陀王开始。如果谈及阿奴律陀王以前就称之为第一蒲甘王朝，阿奴律陀王以后则区分称之为第二蒲甘王朝。而对缅文"蒲甘"一词考证，众多学者都认为是从"骠人之村"演变而来的。第一蒲甘王朝中好几位帝王的名字是父子连名的。所以不少学者认定蒲甘前期也是骠人的王朝，直到"太和六年（832 年），南诏掠其民（骠人）三千，徙之拓东"[①]，"彬比亚王登基后三年建蒲甘城，时年缅历 211 年（849 年）"[②] 以后，骠人式微缅人才掌握了蒲甘王朝的王权。

（4）缅族、羌族同源的其他依据。一、古代语言相通。作于公元 74 年用汉字记音的《白狼歌》（白狼人即白兰羌人的一首古歌），据考该歌中出现的白狼语词汇与缅语相同率竟在 97% 以上。[③] 二、早期的经济类型相同。关于羌族，《后汉书・西羌传》明确写道："西羌……所居无常，伴随水草，地少五谷，以产牧为主"。而关于缅族，周去非《岭外代答》（1187 年）中谈到："蒲甘国……有马，不鞍而骑"，足以表明他们骑术之精。赵汝适《诸番志》等其他中国古籍中也提到蒲甘多马等类似情况。可见缅族早期具游牧民族的特征。三、原始信仰相同。古羌人是游牧民族，火对他们非常重要，形成了对火的崇拜，以及火葬的习俗。缅人也崇尚火葬。再如羌族缅族都有鸡骨问卜之风等。四、风俗习惯的雷同。《后汉书・西羌传》中记载羌人有："贵妇人，党母族"，"父没则妻后母，兄亡则纳嫠嫂"，"以战死为吉利，病终为不祥"等习俗。而这些在缅族习俗中都可找到对应。缅人的婚姻多以女方为主，婚后男子多入赘女家。妇女地位高，很少有性别歧视。从缅甸历史上看，缅甸王族实行内婚制，而皇帝王公"妻后母""纳嫠嫂"者颇多，与我国汉族过去非常重视妇女的贞节观念完全不同。直至今日在缅甸与缅族族属密切的阿昌族、克钦族等仍有实行"转房制"（夫死只能再嫁给亡夫的兄弟或其他族内人）的。"病终为不祥"的观念至今也仍影响着缅人。比如病死的他乡人的尸体是不能停灵在屋内的。即使是病死在家者也不能按正常习俗，安排葬礼要尽量简化，早日埋葬。

---

① 欧阳修、宋祁：《新唐书》卷 222 下《骠国传》，北京：中华书局，1975 年版。

② 见［缅］《琉璃宫史》第一卷第三篇 124 节。但缅甸 1993 年新版该节列为 128 节。

③ 张尚芳：《上古缅歌"白狼歌"的全文解读》，载《民族语文》1993 年第 1、2 期。

至此，我们可以得出的结论是：如在缅甸中部地区出土的“崩当古猿”化石和“巴玛人”上颌骨化石得到世界学者的广泛认定，那么可知在缅甸这个地区较早就有了早期人类的活动，它的文化起源早，文化积淀较厚。除了原始居民外，由于种种原因还有不少民族的先民也先后徙入今日缅甸境内，根据一些学者的考证如孟族、骠族等就是最早徙入的一些主要民族。本来生活在中国西北一带的羌族逐步向南方迁徙，其中一支白狼羌人（即白兰羌，亦即靡莫人）到达四川西部一带。到了7世纪由于唐朝与吐蕃两者的争霸，导致部分白狼羌人再次南迁至云南洱海地区。8世纪初开始有更多的靡莫人进入缅甸境内的骠国属地。当9世纪初南诏与骠国争战，骠族式微后，今日缅族的先民靡莫人的力量才得以在当地发展。确切地说今日的缅族是当地的土著人、后来的骠人以及再后进入缅甸境内的靡莫人经过长期的融合逐步形成的。今日的缅甸文化更是当地的土著人和先后徙入缅甸各族的多种文化撞击融合的产物。

（原载于梁志明、赵敬主编《北大亚太研究》第5辑，香港社会科学出版社，2001年版，第124－131页。）

历史

LISHI

多视角看《琉璃宫史》

一、《琉璃宫史》成书经过及其在缅甸的地位

缅甸贡榜王朝初期[①]是缅甸封建王朝时代的极盛时期，国内形势稳定，经济发达，国力充实，版图也达到了有史以来最广阔的地步。巴基道王[②]即位后，虽然在这期间英国发动了第一次英缅战争，缅甸初尝败绩，割地赔款。但是巴基道在内心深处并没有服输，仍雄心勃勃地想有朝一日定能雪此大辱，恢复并扩展祖辈基业。

正是在这种形势之下，巴基道王召集了蒙悦逝多林寺大法师、道加彬大法师、咨政大臣摩诃达马丁坚、大骑兵统领吴耀、内廷府传旨官吴前、大侍史吴漂、负责灌顶加冕礼的婆罗门学者亚扎德瓦和古木德亚、内廷府传旨官吴越、大侍史吴鲁基、侍史吴昂达、内廷大臣曹侯、内廷大臣兼平民大臣辛古侯等13位僧俗学者组成一个“缅甸历史编写组”，并亲自督战，命令他们在琉璃宫偏殿内，参照缅甸国内各种史书、典籍、碑铭、档案文献、佛学经典和“雅都”、“埃钦”、“茂贡”等诗篇编写出一部缅甸大编年史。因在琉璃宫内编写，故名之为《琉璃宫史》。[③] 全书共分两大部分：第一部分从上古开天辟地写起，历经迦毗罗卫太公、般遮太公、顶兑、室利差呾罗、蒲甘、彬牙、实皆、阿瓦、东吁各王朝，一直写到1754年良渊王朝被孟人所灭。第二部分起初从阿朗帕耶[④]统一全缅创建贡榜王朝写到1821年。后来，敏东王[⑤]在位时，又命大臣们在琉璃宫内将第二部分校订续写。贡榜王朝灭亡后，原王朝大臣助理吴丁在1905年、1922年再次校订续写，写至1885年英人将锡袍王劫往印度，贡榜王朝亡。《琉璃宫史》的第一部分曾在贡榜王朝枢密院监督下在宫内出版过，1936年吴山纽及其子女杜普瓦钦、吴拉貌请吴尼乔陀法师校订了他们珍藏的稿本后才得以公开印刷出版，即今日流传之缅文《琉璃宫史》三卷本版。第二部分加上两次续写的内容后来也经整理

---

① 指贡榜王朝在1752年建立至波道帕耶王（旧译孟云，1782－1819年在位）期间，前后共60余年。

② 巴基道王，我国古籍等旧译为弗极道或孟既。1819－1837年在位。

③ 该史籍的全名是《琉璃宫大王统史》。据载，编写始于1829年，历时近4年完成。

④ 该王名吴昂泽亚，旧译为：雍藉牙。1752－1760年在位。

⑤ 旧译敏同、曼同等，1853－1878年在位。

正式印刷出版，称之为《贡榜王朝史》，即《琉璃宫史》的续编。

1936年以前因为《琉璃宫史》只是在宫内刊行，所以并不为广大缅甸人民所知。到1936年以后，这部史籍在缅甸曾多次再版，人们也逐步认识到它的价值。《玻璃宫史》成为缅甸家喻户晓的一部名著。缅甸学者对它的赞誉之词很多，也曾撰写过不少评论文章。我们在这里不妨举两个典型的评论介绍给大家。钦貌纽博士评论说："依照王命，组织历史学者，研究缅甸历史，运用考据佐证，核校订正成书的这部史籍——《琉璃宫史》是非常著名的。……在典籍之始，写明著作《琉璃宫史》的宗旨，集中分析校正了在它以前出现的各部史书中的分歧、不一致、重复的有关帝王、国家与佛教的情况，更表明了这部史籍的历史价值。"① 吴梭纽在以"缅甸人家家户户都应珍藏的一部充满民族自豪感的历史"为题的文章中写道："缅甸史学家认为在缅甸古代史籍中《缅甸大史》和《琉璃宫史》是尤为突出的两部。《琉璃宫史》是缅历1191年即公元1829年贡榜王朝巴基道王在位时写成的史籍。这部史书是巴基道王亲自主持，把僧俗和婆罗门学者们组织起来，责成他们编撰完成的。……缅甸人应该不断地解读自己历史过去与现代的联系。为此寻找历史书籍来读，读后进行分析考虑，记住自己民族的进步与不足。在此基础之上寻求自己民族、自己国家的进步发展，自己生活的改善。……这是一部凡缅甸人家家家户户都应珍藏的充满民族精神的史籍。也是一部可以赠送给想了解缅甸历史源流的与缅甸友好外国人士的值得我们自豪的史籍。祝愿这部巨著与世长存，与缅甸同在!"② 凡人们著述中谈到相关问题时，无不引用《琉璃宫史》的相关片断作为依据。这部史籍也成了缅甸大、中、小学在校学生们的必读书籍之一。

二、从外文译本及转引看《琉璃宫史》的国际影响

英国人早就表现出对这部缅甸史籍的浓厚兴趣。我们从1883年出版的英国费尔③著的《缅甸史》前言中得知：

"直至1837年在缅甸宫廷中担任英国常驻官员的亨利·伯尼少校曾将《琉璃宫史》的某些章节翻译出版，主要是早期国王们的情况和有关缅甸中国交战情况的章节。他认为缅甸历史中所述历史事件是真实可信的。""比其他欧洲学者更加关注缅甸历史的拉新（译音）教授认为：缅甸人有历史巨著，不只讲述了他们自己的历史，也记述了若开、勃固、清迈和其他邻国的历史。他们的历史学家不仅写了他们引以为荣的自豪

① 引自1992年《琉璃宫史》重版时缅甸历史委员会成员、当代历史学家钦貌纽博士写的前言。见李谋等译注：《琉璃宫史》上卷，北京：商务印书馆，2007年版，第19页。

② 引自1992年《琉璃宫史》重版时缅甸学者、当时担任缅甸宣传部副部长的吴梭纽所写的出版说明。见李谋等译注：《琉璃宫史》上卷，北京：商务印书馆，2007年版，第15页。

③ 费尔 Arthus Purves Phayre，1812－1885年，1862年任英属缅甸最高专员，1867年回国。1883年出版了《缅甸史》一书。

的事件，也写了丢尽颜面应该受到谴责的史实，他们的记载证实了他们历史的传说。因此总体来说缅甸史书是正确的，是值得赞扬的。”①

可见，早在这部《琉璃宫史》编成尚未传至宫外之时，英国殖民主义官员们就利用他们能与缅甸宫廷官员直接接触之便，看到了这部书。凭着他们职业养成的捕捉相关信息的敏感，很快就注意到了《琉璃宫史》中有关缅甸历史，缅甸和中国、泰国等邻国过去的交往以及缅甸国内缅族与孟族、若开族等之间矛盾与联系的记载。而且翻译出来供有关方面参考。费尔本人也毫不讳言说他所写的《缅甸史》“这本小册子主要依据的是宫廷藏书馆中的《大史》（琉璃宫大王统史）”。

世人们公开能看到的最早的《琉璃宫史》片断英译文本则是1908—1916年间在《暹罗学会会刊》上发表的奈登（吴昂登）译《琉璃宫史》的片断：“缅人对暹罗的入侵”和“《琉璃宫史》关于缅暹交往的记录”。②

但是，使世界史学界开始注意到缅甸《琉璃宫史》这部史籍则是20世纪20年代的事。1922年英国学者G. E. 卢斯和缅甸学者吴佩貌丁合作将该书中从太公王朝建国到蒲甘王朝灭亡这一段译成英文，1923年在牛津大学以《玻璃宫缅甸国王编年史》③为名正式出版，这也是《琉璃宫史》的第一部外文译本。从此《琉璃宫史》真正地越过了缅甸国界让很多国家的学者都知道世上有这部史籍了。

此后，用英文写作缅甸史的哈威、考克斯、德赛、霍尔等多位著名历史学者都将《琉璃宫史》作为缅甸史的引证依据。哈威在他的《缅甸史》中还专门提到“1829年，缅王委史官于御前修《琉璃宫史》（Hmannan Yazawin），是为缅甸之标准史书，记事至1752年为止，其资料来源为旧时史籍与王宫附近之碑铭，询称杰构，或可称为印度支那半岛各国最良好之史书。”④

日本鹿儿岛大学教授荻原弘明从20世纪50年代末到70年代末用了20年的时间先后将《琉璃宫史》第一卷的第五编到第七编，第二卷的第八编到第十三编译成日文在《鹿儿岛大学学报》上用音译的办法以《曼南亚扎温》为名发表。

法国学者P. H. 萨耶和F. 托马斯在1987年将《琉璃宫史》中关于蒲甘王朝史中的一部分译成法文正式出版，名之为《水晶宫蒲甘王朝编年史》。⑤

我国学者了解到这部史籍并把它的名字译作《琉璃宫史》是什么年代哪位前辈先

---

① 转引自1992年《琉璃宫史》重版时缅甸学者、缅甸历史委员会钦貌纽博士写的前言。见《琉璃宫史》上卷，第20页。

② Nai Thien (Luang Phraison Salarak or Thien Subindu; Burmese name U Aung Thein), trans., “Burmese Invasion of Siam, translated from the Hmannan Yazawin Dawgyi,” Journal of the Siam Society 5, 1 (1908): pp 1-82; “Intercourse between Burma and Siam as Recorded in Hmannan Yazawindawgyi,” 8, 2 (1912): pp 1-119; “Intercourse between Burma and Siam as Recorded in Hmannan Yazawindawgyi,” 11, 3 (1916): pp 1-67.

③ Pe Maung Tin and G. H. Luce, The Glass Palace Chronicle of the Kings of Burma (London: Oxford University Press, 1923; reprint, New York: AMS Press, 1976).

④ ［英］G. E. 哈威：《缅甸史》（姚楠译注 陈炎校订），北京：商务印书馆，1957年版，第335页。

⑤ P. H. Cerre & F. Thomas, Pagan, l' univers bouddhique: chronique du Palais de cristal (Paris: Findakly, 1987).

贤的神来之笔已无从稽考。但我国史学界对这部史籍的确早有耳闻。我国东方学界的两位开山鼻祖“北季南饶”——季羡林先生和饶宗颐先生都早已知道此书就是一个明证。北京大学一些教师之所以决心全文译出这部史籍，寻其源头就是20世纪70年代末季羡林教授对他们的督导：“我曾多次从缅甸大学教授以及作家等人那里听到《琉璃宫史》这一部古典名著的名字。可惜我自己没有能力来介绍，徒作临渊之叹。无退而结网之力，常常引以为憾。”① “你们把《琉璃宫史》译出来嘛！译出来是很有意义的。”只不过因为种种原因的耽搁，直到21世纪初这部史籍的中译本才获正式出版。在饶宗颐先生洋洋数百万言的文集中，更有直接论及《琉璃宫史》的文章，他在以“说‘诏’”为题的一文中开头就讲道：“缅甸《琉璃宫史》，其先祖有名Pyusawhti者，即《南诏史》之骠苴底。……”②

虽然直至今日各国学者对此书的评价仍褒贬不一。但随着日月的增长使得越来越多的人认识到这部史籍的价值却是不争的事实。

三、《琉璃宫史》的史学价值

《琉璃宫史》开篇卷首23颂的后半部分（第14至23颂）写道：

十四、通古晓今博大精深，
见闻丰富勤学好问，
了解各代历史典籍，
熟谙前人诸种文本。
十五、众说纷纭其说不一，
内容繁杂论点分歧，
或依所见或据所闻，
难明史实难析本意。
十六、作为一国典籍史册，
或撰君王是非功过，
或写国家兴亡衰盛，
或志宗教变迁沿革。
十七、谬误种种各持一说，
事实不当反复忖度，
召见有识群臣众僧，

① 引自缅甸《琉璃宫史》汉译本序。见李谋等译注：《琉璃宫史》上卷，第12页。
② 《饶宗颐二十世纪学术文集》第7卷，第309页。

齐集一堂殿前高阁。
十八、百宝镶嵌琉璃宫殿，
圣贤之士众聚其间，
研究种种典籍史册，
考证件件碑铭遗篇。
十九、彼此研讨互相切磋，
取其精华舍其糟粕，
尊重历史讲求实证，
精心编纂推敲琢磨。
二十、佛历二三七三年时，
正值缅历一一九一，
斯年三月初一日起，
精心撰此伟大典籍。
二十一、编纂此部历史浩瀚，
既考君王大臣之言，
亦据兵卒寇贼之语，
引证百家正本清源。
二十二、智者仁人读此史籍，
或得无限精神乐趣，
或增智慧或受启迪，
或悟正道或有教益。
二十三、睿智集成著此大史，
切磋研讨翔实有据，
严谨认真令人叹服，
罕见难得记述有理。①

把本书写作目的、缘起、过程等等交代得十分清楚。正因为如此，可以说它是集19世纪初叶以前缅甸历代遗存下来的史籍档案之大成写成的一部缅甸史巨著。尤其难能可贵的是，它不仅用了历代“官方”的材料，也参考了民间的一些传说或资料。而且缅王当年组成的“庞大编委会”对这些档案或资料还进行了考据论证或评议，不仅保留了这些宝贵的材料，还对它们进行了分析，提出了编者们的最终看法或意见。所以使得该书的史料价值更高。

该书并没有按王朝兴衰更替划分章节，完全按照事件发生年代的先后写成，是一

① 《琉璃宫史》上卷，正文第4－6页。

部地地道道的大编年史。而且正统观念很强。因为缅甸是崇奉佛教的国家，佛教的影响深入人心。所以缅甸人的正统观念是从佛教那里来的。认定他们的世系就是印度所说的古代太阳世系—甘蔗王系—释迦族系这样传承而来的。缅甸人是这一世系的嫡传子孙，所有的王族更是如此。因此，这部史书把佛祖释迦牟尼的身世和古印度的频婆娑罗王（即瓶沙王）、阿阇世王、阿育王等等都写了进来就不足为奇了。

《琉璃宫史》把公元初始至10世纪左右的缅甸古代史作了一个概括性的描述。这部分基本上是目前世界上所能找到的唯一材料。结合缅甸数十年来考古所得的实物，参考缅甸境外其他国家包括中国遗留至今的少数记载，使人们逐步看清了这段历史的脉络。解决了多年来谈起缅甸史都是从1044年才突然开始的这一令人费解的谜团。而《琉璃宫史》对1044年以后的历史叙述颇详，准确性较高。这都是该书史料价值的体现。

当然，就其国内范围而言，缅甸只把骠族人和缅族人放在正统的位置上，而把其他民族诸如孟族、掸族、若开族等放在了从属地位上，有的民族则根本未提，所以这部史籍并没有能将这个自古以来就是多民族的国家——缅甸的古代史全貌反映出来，则是件憾事。

《琉璃宫史》不仅记叙了缅甸本国的历史，而且在许多章节都谈到了它与邻国交往的史实。这又为研究东南亚相邻各国的学者们提供了一些史料的佐证或补充。在这部分材料中出乎人们意料的是提到印度有关的史料甚少。而提到中国、泰国和斯里兰卡的内容却很多。这部分史料中有相关国家国内都未曾记载的宝贵史料，也有能对该国史料作出补充或佐证的材料，还有一些是相差很远甚至类于荒诞的事例。对后者这类材料，我以为也大可不必光火。由于古代的信息传播受到条件的种种限制，加之撰写者们往往又都是站在本民族的立场上看待所见所闻的，难免有所取舍、夸张或进行主观的描绘、臆断不实之处。我们可以在该书论及缅中、缅泰之间发生的事件、冲突或战事中找到很多这样的例子。我们以平常的心态看待这些内容。可以认为无论如何这些不实或失实的材料也还是为人们提供了一个参照系。从这点上看，这些内容也还是有着一定的史料价值的。

四、《琉璃宫史》的佛学价值

佛教相传为公元前6世纪至前5世纪，由古印度迦毗罗卫国（在今日尼泊尔南部一带）的王子悉达多·乔答摩（即释迦牟尼）创立的。但是佛教在印度本土从未占据过主导地位。现今它发展成的三大支系：北传佛教、南传佛教和藏传佛教也是在印度境外传播兴盛发展起来的。直至今日各个支系的佛教徒都主要分布在印度境外。

南传佛教的传播与发展主要在斯里兰卡、缅甸、泰国、老挝、柬埔寨以及我国西南少数民族地区。其中心大多数时间是在斯里兰卡，有少数时段也曾轮转到缅甸或泰国。佛教文化也成了缅甸文化的核心内容。《琉璃宫史》更是深深地打上了佛教的烙印。首先在编写《琉璃宫史》这部史籍时，诸如《法句经》、《大涅槃经》、《弥兰陀王问经》、《佛种姓经》、《清静道论》、《经集》、《本生经》等佛教主要经典都是它引用的内容。描述佛教有关历史的斯里兰卡的《大史》、《小史》和《岛史》还有《佛教史》、《佛牙史》等都是它撰写某些章节的依据。南传佛教即由上座部教派发展起来的一大支系。它的三藏经典是用巴利文写成的，称之为巴利文三藏。据传原在印度的巴利文三藏早已佚失，约在5世纪时佛音长老（亦称为觉音或佛陀瞿沙）赴斯里兰卡求法学习上座部佛教教义及僧伽罗文论疏，著《清静道论》，对上座部教义作了比较系统的论述。后又把上座部佛教三藏的僧伽罗文的注释改写成巴利文，并详加疏解编成十九部。后来就成了今日主要流传的南传佛教经典。

《琉璃宫史》前两编集中讲述了佛教的宇宙观、价值观和道德观，以及佛教产生、兴起的史实。其后各编也非常注意描述缅甸与周边各国尤其是与中国、斯里兰卡的佛教往来，以及在缅甸国内发生的有关佛教的事件。值得一提的是该书第三编专门有一节是讲述佛音长老去锡兰取经的事。文中讲佛音原是出生在摩诃菩提附近的一名学识渊博的婆罗门青年。后出家为僧，攻读三藏，名声显赫，遂得名佛音。到处云游，后来得到直通达磨巴拉王的支持，从勃生港出发前往中天竺，在中天竺绘制成佛教几处圣地的图像后，再携圣图从海路奔赴锡兰岛求法取经，在锡兰著《清静道论》，又将经释全部译成摩揭陀文（即巴利文）。后来佛音又从锡兰返回直通，将抄本带回。[①] 所述过程与其他经典所述有些出入，有些还是《琉璃宫史》的独家说法，这为把这一事件考证清楚提供了某些宝贵的线索。另外《琉璃宫史》还在多处引用了《本生经》中的多则故事。

南传佛教史的资料比较分散，在南传佛教盛行的诸国很少见有这样在多处论及南传佛教发展传播史实的典籍，所以有人认为《琉璃宫史》是学习南传佛教发展史的一部非常有价值的参考书籍。也是一部比较集中论述佛教交流史的论著。

五、《琉璃宫史》的文学价值

如上所述《琉璃宫史》是13位僧俗学者合作完成的一部著作，因为执笔者不同所以当我们仔细品味全书时可以清楚地感到某些章节之间的笔法与风格迥然不同。《琉璃宫史》有不少章节笔调流畅，生动活泼，虽然有少数章节呆板冗长，有些章节经过对

① 详见《琉璃宫史》上卷，(122)《高僧佛音赴锡兰岛取经》，第173－175页。

照可知是从著名的《缅甸大史》或《亚扎底律斗争史》等史籍上转抄而来的，但全书仍可称得上是一部优秀的散文大作。按说对历史情节或人物的叙述应该是简洁明了，泾渭分明，符合事理，逻辑有据，并不需过多地渲染描绘。但《琉璃宫史》许多章节却很像我国历史演义小说《三国演义》等那样，充满了夸张虚拟的成分，将人物形象神化了几分，描写得栩栩如生；把事件讲述得曲折繁复，引人入胜。把文学的虚构与历史的真实有机地结合起来，使人对作者所述留下了深刻印象。充分地展示了这部名著的文学价值。在这里我们仅举几个例子加以说明。

江喜陀作为阿奴律陀王的大将之一受命兵援欧德白古。大胜后，白古王为表示谢意向缅王献上爱女，由江喜陀等护送回国。途中江喜陀与白古公主有染，返回后被阿奴律陀王发现。阿奴律陀大怒，将江喜陀绑了处决，江喜陀逃脱出走。阿奴律陀王派出七名印度武士追捕。这七名武士知道江喜陀神通广大，休想明目张胆地捕他，只有等他熟睡时再下手，就跟踪尾随其后。江喜陀未进食又饥又累，走进一座林中，想倒地小睡。随手想把宝矛插在身边地上，但一连数次均未插住。一时性起将宝矛掷向林中深处。七名印度武士正在林中窥望伺机捕捉江喜陀。宝矛飞来，将七人像串糖葫芦一般刺个正着。①

作者以这样夸张的手法把江喜陀武艺的精湛高强，用一句话就说明了。

孟王亚扎底律与缅王交战，孟王拟与被缅大军围困的驻守达拉城的孟军取得联系，以便内外夹击获胜。大将埃蒙德亚请命前往，他向围城大军假投降取得信任后，乘机溜进城去。缅人气急败坏。埃蒙德亚就让人（在城头）高声回答道："威武的王子，明天埃蒙德亚就回白古去！"缅人高叫："埃蒙德亚你全靠骗术才混入城中。现在你就是长了翅膀能飞，或是变成蛟龙钻入地下，也休想逃出这座城去！"……（次日拂晓）埃蒙德亚装成一具尸体，脸上涂满姜黄粉，用破蒲席片卷上，四五个妇女披头散发，捶胸顿足地哭喊，抱着"尸体"哭道："人家男人都能跟妻子儿女同甘苦共患难，一起在这兵荒马乱之时忍饥挨饿，可你却把我们扔下不管了。现在战火连天缺衣少穿，叫我们娘儿们怎么过呀？"守卫在掸德门附近的缅兵看着这群人哭喊。她们把埃蒙德亚轻轻放到芭蕉杆编成的筏子上，用陶碗在尸首头部供上一碗米，一支雏鸡，点上一盏小油灯，把芭蕉筏推进河中。妇女们顿时又捶胸顿足号哭起来："你就这样把我们扔下不管了吗？"芭蕉筏漂到缅军船旁，缅军赶快用竹竿把尸体推开，小筏顺着急流漂走。②

故事情节跌宕起伏，埃蒙德亚略施小计就骗过了缅军又回到了白古。真是妙极！

在谈到明康第二如何精通骑术时，作者更是用尽了生动的语言，使整段描述呈动态展现在读者眼前：

① 《琉璃宫史》上卷，第221页。

② 《琉璃宫史》中卷，第437－438页。

他能在奔驰的马上，在马背上双腿站立；在马背上金鸡独立；平卧鞍上，转换鞍位；鞍侧左右，反复倒手；穿戴甲胄；刀枪倒手；仿阿修罗，头手倒立；双手握鞍，鞍侧横卧；盘膝端坐；龙盘须弥，手抱马颈，左右移动；立于马臀，安然不动；飞跑之中，跃上跳下；驭马奔跑，能作剪发修发、猕猴摸地、鹰视苍穹、狮子蹲坐等姿态；战马狂奔，左右翻跳，落脚准确无误；速匀且疾；疾如风驰电掣，无人可及；还能做出魔鬼取物，阿修罗神等动作，演示17种骑术。①

读到这段时就像看金庸的武侠小说，虽然不懂得那一招一式到底是什么样子，但是在脑际的确闪过了一连串生动的动画影像。

《琉璃宫史》中这种生动的描述不胜枚举，难怪人们对它推崇至极，在缅甸经常被选入各级学校的课本，作为范文让学生们学习。

六、透过《琉璃宫史》看缅甸文化

众所周知，中国文化是伦理型文化：重视人的本身，重视现实；注意人与人之间的关系、人与自然的关系，主张人与人之间的和谐，人与自然间的“天人合一”。而印度文化是宗教型文化：重视超乎人类活动之上的自然——神的力量；强调人类社会中存在着不可改变的等级观念——种姓制度。所以，中国历来重视史实，留存至今有着历代丰富的各种史籍、档案或笔记；而印度则极富想象，有着绚丽多彩、纷繁复杂的种种神话传说。介于中国印度两大国之间的缅甸，虽然人们普遍认为它受中、印两大文化，尤其是印度文化的影响极深，但仔细观察缅甸文化却既不同于印度，也不同于中国，有它自己的特色。成书于缅甸封建社会极盛时代的《琉璃宫史》正好也从某个侧面凸显出缅甸文化的诸多特征。在这里也可举几个例子来说。

缅甸文化是处处注意社会和谐的文化。譬如从缅甸的固有道德观念来讲虽然王权至上，高于一切，一国之主的国王是一国的绝对权威。但是作为有道明君还是很注意与臣民和谐相处的。蒲甘王朝末代帝王那腊底哈勃德当中国元军退走返回蒲甘途中，绍王后与国王有一段对话正好说明了这个问题：

绍王后奏道：“返回京都此话说来容易，但细想一下国内情况就困难了。因为国王手下既无百姓又无军队，纵然能够回到京都，一旦敌人来犯，陛下必落入敌手，那就难了。国王暴虐，百姓畏惧，都不敢来到陛下国中效力。因此，过去臣妾曾向陛下进言：望陛下勿破国腹，勿压国额，勿撼国幡，勿刺国目，勿折国牙，勿污国面，勿断国肢。但陛下不听妾言。今日再拟使国富强，恐已难矣！”

王问：“卿言何意？”绍王后奏道：“妾谓勿破国腹，国腹者富绅也。他们本无罪，

① 《琉璃宫史》中卷，第510页。

陛下却横加指责，毁坏没收他们的财物金银。他们死后，虽有子女也不准继承其遗产，全部没收。此乃破国腹也。”

“妾谓勿压国额，国额者将相也。陛下发怒，就毫不留情轻率地处死他们。此乃压国额也。”

“妾谓勿撼国幡，国幡者僧俗学者也。陛下发怒，欠思量随意对僧俗学者们大发雷霆。此乃撼国幡也。”

“妾谓勿刺国目，国目者精修经藏星相之国师也。陛下不加克制对国师气势汹汹。此乃刺国目也。”

“妾谓勿折国牙，国牙者王孙公子也。陛下不瞻前顾后粗暴待之。此乃折国牙也。”

“妾谓勿污国面，国面者庶民也。陛下霸占他们视如明珠的子女妻室，此乃污国面也。”

“妾谓勿断国肢，国肢者士卒也。陛下不顾现世来世之轮回，动辄残杀士卒，此乃断国肢也。”

王听罢说：“卿以前未曾讲得如此详细。”①

缅甸妇女的社会地位甚高，这也体现了缅甸注重社会和谐的基本观念。这与印度、中国过去的观念相差甚远。比如，孟王朝的信绍布女王就是一例。

信绍布是孟王亚扎底律王后窦达玛娅之女。生于缅历755年12月12日（公元1394年2月11日）水曜日。她20岁时，即缅历775年（公元1413年）与亚扎底律之甥德门西都婚配。25岁时，亦即缅历780年（公元1418年）生子彬尼亚勃尤。是年其夫去世。缅历784年（公元1422年）29岁时被献给白象主底哈都，来到阿瓦。缅历791年（公元1429年）36岁时，在两位僧人达马达亚和达马尼亚那的帮助下，回到汉达瓦底。缅历814年（公元1452年）她59岁时当了国王，取号彬尼亚江道。②

再有在缅甸史上新王登基继续纳先王王后为后的也绝不仅仅是个别案例。譬如彬牙王朝和阿瓦王朝初期1351—1400年间有一位苏翁玛竟连续当了先后六位国王的王后。③

缅甸文化是个包容并蓄性的文化。缅甸文化有自己的体系，但也吸收了不少其他文化诸如印度文化、中国文化、西方文化的内容。早期尤以吸纳印度文化的较多。比如婆罗门在印度的社会地位很高，它代表了神权，是社会的最高层。缅甸王朝时期则把婆罗门吸纳在宫廷之内，作为国师，降低了身份，成了国王身边的一类近臣，专司国家王室的占卜、祭祀、主持典仪者。这在《琉璃宫史》的许多章节中都可以看到这

① 《琉璃宫史》上卷，第298－299页。
② 《琉璃宫史》中卷，第487－488页。
③ 参见《琉璃宫史》有关章节和《琉璃宫史》下卷，第1124－1126页的王系表。

类例子，甚至为了不把这方面的内容遗漏，在组织《琉璃宫史》的写作班子时也有婆罗门学者参加。印度文化喜欢夸张，它那丰富多彩的超乎一般人想象的光怪陆离的神话就是这种思维模式的直接结果。《琉璃宫史》中所记载的神话不少就直接来自印度，有的也明显受到印度的影响。再有《琉璃宫史》中许多段落使用的夸张手法似乎也源自印度文化，至今缅甸人还常说“没有夸张就不成文章”、“没有夸张就不成历史”。

缅甸文化从某种意义上讲也是宗教性文化。缅甸从原始的神祇崇拜、祖先崇拜直到佛教传入后的虔敬佛教。一直贯穿在整个它的历史发展之中。《琉璃宫史》开篇就是从佛教的宇宙观写起的，写佛教起源，写佛教发展，写佛教的价值观和在此基础之上形成的道德观的方方面面。把各代帝王的族系也归入佛陀的族系，即从太阳族系至甘蔗王族系，再至释迦族系的传承。各代帝王也成了在世的未来佛陀。全书有多处讲到修佛塔、建寺庙、做功德善事的具体经过。记录了与境外的宗教往来。当然我们也会发现佛教传到缅甸，有很多内容已经缅甸化了。有许多缅甸传统信仰、印度教信仰的内容都融入其中。可以说宗教的内容、佛教的内容贯穿了《琉璃宫史》的始终。

缅甸文化又具农耕文化的特点。在《琉璃宫史》中讲到兴修农业设施的章节不少。我们可以注意到凡是兴盛的时期或是有作为的国王在位时都很注意发展农业。甚至两国交战，议和罢兵之时也不忘兴修水利的问题。《琉璃宫史》中就有这样一段：

（掸族三兄弟）遂将觉苏瓦杀死。将王的首级给中国军队看，说：“王族已绝！”中国将军们说：“王族既绝，吾等也该班师回国了。送给我们一些礼物吧！”三兄弟道：“礼物是要送的。请帮我们挖条渠吧！”中国将军们说：“请指明挖渠地段。”相传在指明地段之后，中国军队为了显示力量，日落西山才开挖，黎明前一条长700达、宽2达、深2达的渠道已挖好。据说在挖渠时被铁铲铲伤碰断的手指、脚趾集中起来足有十大筐之多。三兄弟准备了许多礼物送给中国将士。中国人接受了礼物就回国去了。①

七、《琉璃宫史》中译本之所得

正如上述《琉璃宫史》出现的社会背景使得它除了史学价值之外，还有多方面的价值，成了不只在其国内家喻户晓，也是世界史学界所瞩目的一部名著。先后经过二十余年几位缅甸专业师生、学友的共同努力，《琉璃宫史》中译本终于面世了。现在从头盘点一下，对译者们来说的确所得甚丰，收获良多。翻译这部史籍的过程也成了译者们深入学习研究缅甸历史文化的一个过程。

① 《琉璃宫史》上卷，第306－307页。我国《元史》缅国传有记载：大德五年（1301年）蒲甘王求元朝派兵制止其臣子篡位阴谋。高庆奉命伐缅，受贿罢兵被诛。但未记有援缅挖渠事。

仅就书名而言，在全书译成之后我们就有了一个新的认识。那就是并非仅仅因这部史书是在缅甸宫中的琉璃宫偏殿写成而取《琉璃宫史》此名的。我们知道“琉璃宫”一词缅甸原文是 Hmannan，按缅甸人解释该词也可理解为“镶嵌彩色玻璃片并鎏金的宫殿”。1922 年第一部片段英译本将此书名译为 The Glass Palace Chronicle of the King of Burma（即：玻璃宫缅甸国王编年史）。当日本学者译此书时则完全采用音译的办法 Hmannan Yazawin。1987 年法国学者的译本则译成 Pagan Chronique du Palais de Cristal（即：水晶宫蒲甘王朝编年史）。我国学者了解到此史书时，称其为《琉璃宫史》。看来不论是用“镶嵌彩色玻璃片并鎏金的宫殿”来解释也好，直接音译也好，或者译成“玻璃宫”、“水晶宫”、“琉璃宫”也好，都无可非议。但仔细想想，缅甸的宫殿座座都是镶嵌彩色玻璃片并鎏金，装潢得五光十色富丽堂皇的。而称作 Hmannan 的这座大殿，是国王批阅奏折和日常办公的地点，是最主要的正殿。而就 Hman 字而言就不仅仅有“镶嵌彩色玻璃片并鎏金”的意思，还可以是“正”、“正式”、“正统”或“正规”的意思。可见缅甸人在著此史书时就以此为名，有其深层含义，就是说这是一部由国王钦定的正史。

关于翻译的若干原则问题。

（1）我们在翻译此书的过程中，看到我国现在沿用的许多古译名与原音相差甚远。这可能是因早期译者依照古读音，或因译者口音不同，或因辗转得知形成了较大的差异。考虑到若全按传统译法我们与缅甸学者或其他国家学者交流时，对方可能不知所云或产生误解。所以我们专门组成了一个小组进行了研讨，并作了一大堆卡片，把一些常用字列成了一个大的译名对照表。最后决定仅沿用了一些译文与原音比较相近的译名，其余译名均照缅甸原文，按普通话标准音译出并加注标明旧译名，以便读者查考。

（2）一些机构、官职名一般遵循意译并注意保留缅甸特色的原则译出。虽然《琉璃宫史》书中没有某个章节集中讲述缅甸历代王朝逐步形成的王朝政权机构的设置结构和相互关系。但是，经过对全书各节内容的了解，它的王朝政权机构体系在我们的头脑中逐步明晰起来。[①]所以，我们改变了以前常用的音译办法，以免使读者难以理解。如“Byedaik”一词，在姚楠译哈威《缅甸史》等都音译为“贝达”。我们根据该机构设在皇宫中殿左侧，是接受官员文件转呈机构，负责管理官员名册及内宫一切官员差役的机构。该机构的主管四名官员经常参与朝廷议事，地位仅次于丞相。我们就把它译作“内廷府”，该机构负责官员译为“内廷大臣”。再如，缅甸王朝的官阶分五等各有不同名称，上朝时按阶位高低分列大殿前后左右。我们在译文中就简译为左位一品、

① 可参见《琉璃宫史》译者之一计莲芳所写的一篇论文：《贡榜王朝官制考》，载《东方研究》文集，北京：北京大学出版社，1982 年版。

右位一品、左位二品、右位二品、左位三品、右位三品、左位四品、右位四品、左位五品、右位五品等。

（3）有一些缅甸人常用的形容语，为了体现缅甸的特色，我们并没有单纯追求译文的通顺，而是用既照顾到缅甸的特色又意译的办法来处理，以求将缅甸人的思路和逻辑展现在读者面前。像“疯子的筐”并没有译成“荒诞不经”；“一坑容不得两头水牛”并没有译为“一国难容二主”；“心情犹如经过百次精弹的棉花浸在百次滤制的油中一样”并没有译成“心情极其愉悦”等等。

真是像古人所说：“书到用时方恨少”。当我们翻译这部史籍时，才愈感自己的知识匮乏。许多词语、句子都是经过反复查证、请教、推敲和修改之后才译成的。但是因为我们的愚拙，现在看来还有不少疏漏甚至是错误，至今尚未察觉到的肯定还有。譬如：书中提到的一些泰国、老挝、柬埔寨和我国西南的古地名有些我们从缅甸语音出发并没有查清就按缅甸语音译出了。素可泰（按缅语音译为“道格岱”）、南奔（按缅语音译为“勒布翁”）、华富里（按缅语音译为“那拉博”）等等。

总言之，《琉璃宫史》中译本的出版也有其一定的意义。因为《琉璃宫史》本身内容非常丰富，堪称缅甸古代一部百科全书。除了记叙了相关历史之外，还讲述了许多缅甸民俗、礼仪、宗教、经济、政治体制、历史人物等等的情况，所以译本对我们认识缅甸的社会历史与文化是有价值的；因为现在这部《琉璃宫史》中译本是该书第一次译成中文，能让占世界四分之一人口的中国人和分布在世界各地的华人直接读懂这部史籍，而且它是世界至今为止的该书的第一部全译本，无疑它的出版对国际上缅甸历史文化的研究也是有着较大的价值的；该书中译本似乎为中缅两国人民架起了一座辅助性的小小桥梁，对我国更深入一步了解缅甸有所帮助，提供了一些我国人士不太了解的缅甸史料，开阔了我们的视野，对推进我国对缅甸历史的研究也有史料价值的。

八、《琉璃宫史》之不足与缺憾

俗语说得好：人无完人，金无足赤。一切事物都应该一分为二地去看。《琉璃宫史》也有不少不足之处。比如：一、国王钦定的史书，所以全书对历代缅甸国王大都是持肯定态度大加吹捧过分溢美，不能客观地评论他们的功过；二、只记录了缅甸主要民族缅族王朝的历史，而对缅甸境内其他少数民族政权的变迁却记述较少，甚至避而不谈，且不公正；三、对缅甸对外关系中的一些事件的表述往往出于民族情绪，过分渲染己方的强大或威势；四、文中所述带有某些唯心主义的成分或迷信色彩；最后，全书体例上不统一，许多章节的文风笔法也极不一致等等都是它的不足或缺憾。然而，瑕不掩瑜，它的成就远远大于它的不足。仍旧是一块价值连城的美玉，值得人们百倍地珍惜，值得研究者们认真地鉴赏。

（此文原发表于北京大学亚洲—太平洋研究院编《亚太研究论丛》第五辑，北京大学出版社，2008 年版，第 218 – 234 页。）

彷徨—幻想—觉醒
二战战争进程与缅甸民族意识的成熟

一、彷徨

1824 年至 1885 年 60 年间英国发动三次肮脏的侵略战争，占领全缅。缅甸人民饱尝了被英帝控制、奴役、欺辱、盘剥的磨难。虽不断反抗却一直未能摆脱英帝枷锁。缅甸各阶层代表人物精英们无不为此苦苦思索着，探寻着：缅甸出路何在?

1929 至 1933 年世界经济危机震撼了资本主义世界。德、意、日等国为摆脱困境先后在世界各地发动了一系列局部的侵略战争。1936 年 11 月底德日联盟。1937 年 11 月德意日组成轴心国。在欧洲，1936、1939 年意大利先后鲸吞了埃塞俄比亚、阿尔巴尼亚；1938 至 1939 年德国兼并了奥地利与捷克。在亚洲，1937 年 7 月 7 日日本发动侵华战争，大举进攻中国。1939 年 9 月英法正式对德宣战，二战遂全面爆发。

二战全面爆发前夕，缅甸的最大政党我缅人协会（即：德钦党）提出了“独立第一，独立第二，独立是一切”的口号。[①] 当战火弥漫着整个欧洲与东亚的时候，1939 年 4 月该组织第四届年会讨论世界局势与缅甸关系以及如何争取缅甸独立的问题。提出了“英国的困难，缅甸的良机”的意见。但在如何利用时机，进行哪些活动，取得何方援助等问题上却出现分歧。几种主张时有消涨起伏，人们怅惘彷徨不定。

一种主张：当今亚洲各国大多已沦为殖民地，只有日本还保持着独立。日本能打败沙俄，使人振奋。甚至有些极右分子认为仅有 8000 万人口的日本竟能占领中国大片国土更证明了其实力。应该向日本求援。

这种主张的出现，甚至占了上风，当然与一战后日本的活动也密切相关。日本出于长远战略考虑，鼓励日侨旅缅，派特务到缅进行“南进”战略研究并广交朋友。日本认为控制缅甸，可切断中国西南对外通道，逼中国就范；可掠夺缅甸粮食及战略物资以充实自己实力；还可控制整个东南亚，进而西进与德、意在中东会师。据统计，

---

① 《我缅人协会史》（缅文）第二卷，文学宫出版社，1976 年版，第 471 页。

20 世纪 20 年代后在缅日本人猛增。1931 年有 653 人，1936 年为 661 人，1939 年为 450 人。[①] 有的当医生开镶牙馆，有的开照相馆、理发店，有不少人则有着明确政治目的，根本不是为谋生而来。其中包括铃木敬司陆军大佐以《读卖新闻》记者名义，退役日本海军大尉国分正三以牙医身份等皆在缅从事情报活动。

高僧吴奥的马就是持应依靠日本观点者的先驱。他认为受欧洲人控制摆布的亚洲必须团结才能获得独立，如果有同一宗教信仰为基础，合作就会更加协调。所以他放弃了在欧洲的考察学习转而赴日。1911 年回到缅甸后曾向缅甸人们讲述日本情况并介绍日本人士与德钦党领导人会晤。在他所著的《日本》一书中这样写道："……我正在埃及和法国等欧洲国家云游时，从各报上看到了日俄作战，从开战那天起直至结束，日本人一直占上风最后战胜了俄国的消息。《大史》等古代史籍中从未写过，列不进各国名单之中的只有一盏油灯般大小，东亚的日本竟打败了俄国。把日本人和俄国人比较一下，日本人又矮又小，俄国人则身强力壮。日本人从未与欧洲人打过仗，而俄国人与欧洲人交过多次手。美、英、法、德等国都很怕俄国……日本为什么能战胜俄国呢？这实在令人惊诧……我想应学习日本人的毅力、纪律、习俗、信仰、饮食、起居、言行、文化等等。"[②]

另一种主张：英国人正处于困境之中，希望缅甸人帮助他们打赢这场战争。正好要求他们先答应给缅甸独立，再站在他们一边。在二战全面爆发后不久，为了使要求缅甸独立的各组织一致行动，1939 年 10 月我缅人协会与五花联盟、贫民爱国党等联合组成"缅甸出路派"（亦译作"缅甸自由联盟"），明确提出了"英国应尽快承认缅甸有独立权利等要求"。1940 年 2 月缅甸下议院会议，对德国法西斯侵略者们表示谴责，并申明英国政府如希望缅甸人民参与帮助作战，就应尽快宣布缅甸为大不列颠自治领一级的国家。

在狱中的德钦党人多明确持此观点。尤其当 1941 年 6 月德国开始进攻苏联，他们认为：看来德钦党人只有和英国人合作与法西斯作战了。按照永盛监狱中德钦党人的意见，由德钦觉盛以我缅人协会执委和全缅劳工组织秘书长的名义给英国总督写了信。英国人顽固坚持殖民主义者的立场迟迟不愿作出给予缅甸独立的承诺，但又不甘心缅甸人倒向日本一边与自己对抗，仍多方争取持这类观点的人物在无先决条件的前提下与自己合作。所以直至英军被迫从缅甸全部撤退前夕，还在争取狱中的德钦党人。1942 年 4 月德钦努在曼德勒狱中与中国国民党王将军会见时的谈话就是一例。[③]

再一种主张是：英、日两者没有本质区别都不能信任。要独立，只能依靠自己，

---

① 《我缅人协会史》（缅文）第二卷，第 478 页。

② 吴奥德马：《日本》，转引自缅甸时代吴巴图：《吴奥德马传》（缅文），仰光，1955 年版，第 29 – 31 页。

③ 吴努：《缅甸的五年 1941 – 1945》（缅文），仰光缅甸出版社，1962 年，第 22 – 23 页。

到邻国去争取同命运者们的支持。尤其想到中国去，去找中国共产党，听取他们的意见，寻求如何依靠自己力量达到独立的办法。

以德钦哥都迈为首的我缅人协会大多数人前期都持这种观点。日本法西斯在中国、朝鲜的罪恶行径令人发指。“红龙书社”专门组织吴巴丁律师翻译出版了《日本间谍》一书，教育民众。埃德加·斯诺的《西行漫记》在当时缅甸的影响也很大。中国共产党勇于牺牲的事迹尤其使缅甸大多数青年德钦党人向往，他们想仿效中共用自己的力量去抗击英帝。

1939 年 12 月 12 日以谬马学校校长吴巴伦为团长的缅中友好代表团访华。德钦努作为德钦哥都迈派我缅人协会的一位中央执委参加了该团。协会就曾指示德钦努借访问之机与中共领导人毛泽东等见面商讨缅甸政治问题。但他到重庆时，毛泽东在千里之外的陕西，所以德钦努只会见了中共某些代表。[①]

1940 年 7 月下旬部分我缅人协会领导人与学生领袖开会又决定派昂山等人经陆路赴华，与中共接触。因英国人暂时关闭了滇缅公路，昂山与德钦拉棉只好乔装成华人改由海路乘船潜往中国厦门。他们拟找厦门的中共组织，协助他们转赴解放区。临行前还带了德钦努写给他上次赴华时结交的中共代表的信和印度共产党代表高士（即：德钦巴丁）写给中共的一封介绍信。[②] 但昂山等 8 月底到达厦门后，因当时中共在厦门力量薄弱，始终未能联系上。

在这期间一些人士发表过不少相关的讲话，比如：1940 年 6 月 9 日仰光柔美里大厦举行缅甸出路派全市大会上，德钦努说：“英国人说，现在之所以要进行战争是为了保护弱小国家。我们缅甸出路派要说你们统治下的小小缅甸不需要保护。我们只要求给我们独立。我们写信给英国人要求独立时，他们把那信撕掉扔进了废纸篓。所以今后我们将用可能的办法去争取独立。希望大家都准备好。只要出路派一举手示意，大家就一起努力去干！”巴莫也说：“我们既不恨英国人也不恨希特勒。英国人的胜败与我们无关。只有我们去工作才能获得我们的独立。”[③] 他们都说要争取独立。但具体怎么去干却都没有明确办法，这正好说明了缅甸人当时的彷徨。

二、幻想

德钦巴盛、德钦吞欧为首的德钦党右翼早对日本抱有幻想。1940 年 4 月他们单独召开的第五届年会上就决定要从日本取得武器与资金以武装抗英，派人赴日学习军事。

① 《我缅人协会史》（缅文）第二卷，第 519 页。
② 《我缅人协会史》（缅文）第二卷，第 521 页。
③ 《我缅人协会史》（缅文）第二卷，第 507 页。

并先后派人取道泰国，欲与日本政府取得联系，但皆未成功。

1940年8月底昂山等到达厦门后，在厦门滞留了近三个月并未能找到中共，经济上发生困难。这消息被日本人知道了。日本人在厦门找到了昂山，于11月12日引导他们抵达东京。开始日本人对昂山等还不大放心，向他提出了许多疑问。1941年2月1日日本建立了专门从事对缅的特务机构“南机关”，对外称之为“南方企业研究会”，由铃木敬司出任总负责人。1941年2月14日昂山乘日轮返缅，3月初到达仰光。昂山与当时未被捕的我缅人协会领导人德钦妙、吴巴瑞、吴觉迎、德钦漆等人会谈，大家一致同意促使各政党团体的合作，使我缅人协会的两个组织重新合二为一；在全国组织地下革命组织；从日本人处取得武器与金钱的援助，由日本人向缅甸空投武器；派人赴日学习军事；向公众宣布缅甸人民将以武装革命自己去争得独立；要求日本政府承认缅甸为独立国家。而且决定：武装抗英的时间定在日本在亚洲开始对英宣战之时；由德钦妙领导的秘密革命组织负责选派赴日青年；昂山继续负责国外联络事宜等。至此，缅甸民族独立运动的主要领导们都走上了幻想联日抗英争取独立的歧途。

但是，我们绝不能简单地把当时缅甸领导人对日的幻想都说成是亲日卖国，背离了世界反法西斯斗争的总潮流。因为缅甸民族主义者们对日本法西斯的认识确实是经历了一个曲折过程的，后来他们也有了认识。比如昂山就说过：“现在，当所有这一切发生之后来嘲笑这种思维方法，当然是很容易的。但在那时候，不仅我们，甚至连英国人，可能还有世界上许许多多其他国家的人民，都对日本人估价过低，对英国人估价过高，结果弄到了这个地步：我们把日本侵略者邀请到缅甸来，这并不是由于我们的亲法西斯的倾向，而是由于本身的大大的失策和小资产阶级的软弱性。”①

在1941年3月以后，我缅人协会先后分四批秘密派出了25人赴日。加上先期经厦门到日本的昂山、拉棉，经泰国赴日的昂丹、丹丁，还有在日本学习的哥桑，共30人，人们合称为赴日三十志士。其中德钦哥都迈派以昂山为首共18人，德钦巴盛派以德钦吞欧、德钦秀貌（即奈温）为首共8人，另有学联4人。②

为了保密，日本决定在中国的海南岛三亚日本海军基地为缅甸青年专门办一短期军训班。对外则掩人耳目称之为“三亚农民培训班学校”，训练班从1941年4月间开办，三十志士被分批送至，最后一批11人直至6月间才到达该地。学员们除了接受基础军事训练外，还分三组分别学习基层指挥官技能及培训新兵、游击战与侦察爆破、师以上高级指挥官的有关知识与技能。该班至同年10月结束。1941年12月17日在泰国曼谷公开亮出了“缅甸独立军”的招牌。26日日本人公布了募集缅甸独立军新兵入伍的命令。12月28日举行了缅甸独立军誓师大会。独立军成立初期共约有200人，其

---

① 转引自［苏］瓦西里耶夫：《缅甸史纲》，北京：商务印书馆，1975年版，第470－471页。

② 《我缅人协会史》（缅文）第二卷，第543－544页。

中有日本人70余人，大多是“南机关”的成员，总部司令长官是化名为波莫久上将的铃木大佐，总部中除一些日本军官外，还包括昂山（被任命为中将高级参谋）和拉棉、昂丹（二人为中校参谋）等。独立军总部下设几个支队，但人数都不多，有的还不足20人，主要长官皆由日本人担任，一般原来为中尉者，都被任命为中校或上校。三十志士中的同志也被分别任命为上尉、少校、中校或上校。

在未进军前昂山等就与日本协议：分五路进攻控制缅甸的英军；日军协助收复德林达依；占领德林达依后即宣布缅甸独立；缅甸独立军继续攻击德林达依以外其他地区的英军；缅甸国内地下革命组织拿起武器与英帝作战；日本军方为缅甸国内地下组织空投武器。①

在缅甸独立军大批人员未进入缅甸前，在1941年11月间即派人先期潜回缅甸，最后只有吞欧、拉貌二人于12月初成功返回，与地下组织共同筹办军训班，派员到各地负责招募人员集中武器，并分别电告在毛淡棉的德钦哥都迈与在缅泰边境的德钦妙准备配合日军进入德林达依后宣布缅甸独立事宜。

1942年1月缅甸独立军开始分南、中、北三路与日军一起入缅。另派德钦秀貌等6人潜回缅境组织国内武装。南路为海上登陆支队。从缅甸南端的维多利亚角进军丹老，占丹老后配合攻占毛淡棉，进一步攻仰光。中路随日军攻土瓦。1942年1月19日占土瓦后，力量大增，很快从20人左右增至1000人，后接应日本为缅甸独立军运来的约可装备一个营的轻重武器运回缅境，缅甸独立军本部本来拟与日本15军55师一起从泰国境内腊寒（Rahain）出发进攻毛淡棉，后因故从原线路北侧单独迂回进入缅境。2月18日过萨尔温江时已扩至2000人，不久即与进攻土瓦的支队会合，2月26日过锡当河直指勃固。3月7日日军攻占仰光。时独立军已有兵力1.2万人。由于缅甸独立军受到民众欢迎与支持，行进顺利，往往先于日军到达。当独立军攻入丹老、土瓦等地后，缅甸人都成立了临时行政机构。但日本人食言不仅未宣布承认缅甸独立，在占毛淡棉后更不准缅人成立行政机构，采取军事管制办法。除进攻缅甸前夕供给过一些武器外，并未为地下革命组织空投武器，也不再加强独立军的装备。在向上缅甸进军时又有意与独立军划分路线，以保证日军先期到达，防止再出现缅人临时行政机构。由于日军背信弃义胡作非为，本来在缅人头脑中膨胀起来的依靠日本人取得独立的幻想就在日军进入缅甸不久彻底破灭了。

三、觉醒

早在人们彷徨之时就有些人如德钦梭、丹东、登佩等认定日本法西斯不可靠。但

① 《我缅人协会史》（缅文）第二卷，第555页。

那时人们把他们揭露日本法西斯的言论仅仅看成是站在英帝一边重复书本上的宣传而已。

1942 年初，三十志士先期潜回缅甸发动群众者带回昂山口信："日本人叫人放心不下，还得依靠自己。"①

根据昂山通知，缅甸地下革命组织只等日本空投武器。敏巫、土瓦、沙耶瓦底、彬文那、东吁、瑞波、摩谷等地的团长们到密林中去，点起篝火，设置信号，等待空投。但日本人不来。一些同志或因而病死，或因之被捕。当1942 年2 月日军不守信义，不宣布缅甸独立时，地下组织的领导人们就下达了七条指示，主要内容有：做好反法西斯的准备；有限度地参加缅甸独立军；将所获得的武器藏匿好；先于日本人占领各村镇并建立行政机构。②

在缅甸人民的大力配合下，日本人到当年 5 月底就轻而易举地占领了全缅。但日本当局却不这样认为，自恃武力强大。反而蛮横地逮捕各地组成的缅甸行政机构成员，视县、乡、村各级缅甸领导人为他们的苦力杂役或奴仆，强奸妇女，实行大民族主义。这使与日本人合作的德钦党人们非常气恼，也使缅甸人民对与日本合作的德钦党人极其不满。人们已经意识到"前门驱狼，后门进虎"的事实。

日本军方对缅甸独立军是不放心的。在全部占领缅甸后 6 月间就将"南机关"的头目独立军司令铃木调回。7 月间将缅甸独立军人员集结于曼德勒、仰光两地，当时共有 2.3 万人。重新选择部分人员留下成立缅甸国民军，由昂山任司令，留少数日军军官任顾问，全军共 3000 人，编为 3 个营，至 1943 年又改为 6 个营。③

由于当时世界局势的发展，日本为了稳定在缅的殖民统治，1943 年 8 月 1 日宣布了缅甸的独立，巴莫担任国家元首、总理和军队最高统帅，这只是个形式上的独立。日本通过与巴莫政府签订的《日缅合作条约》等牢牢掌握着缅甸的一切。但日本这一让步还是为缅甸独立斗争发展带来了一些有利的影响。首先日本表面上承认缅甸独立这一事实增强了人们的信心，使他们看到自己的力量与希望，促使缅甸人民进一步觉醒。另，不少我缅人协会的主要领导人物：昂山、德钦丹东、德钦妙、德钦努等参加了巴莫政府，他们利用合法的地位和有限的权力做了不少有利于缅甸人民的工作，为后来进一步抗日作了准备。

日本军方对我缅人协会人员愈来愈不信任，进一步逮捕、杀戮各地领导人。据统计被捕、被杀的总人数达上千人。日本法西斯的凶残面目在缅甸人民中暴露无遗了。当时从我缅人协会分化出来的各股力量：缅甸共产党、人民革命党（后改为缅甸社会

① 《我缅人协会史》（缅文）第二卷，第 552 页。
② 《我缅人协会史》（缅文）第二卷，第 557 页。
③ Izumiya Tatsuro: *The Minami Organ*, Universities Press, Rangoon, March 1981.

党）和缅甸国民军都在分头以自己的方式紧锣密鼓地进行着反法西斯斗争的准备。少数民族的爱国者们也有些活动。但各组织都是分散活动的，相互联系不多。

1944 年 8 月昂山将军与缅甸共产党、人民革命党的代表秘密会谈，成立了统一战线组织——消灭法西斯人民自由同盟（1945 年 3 月后改名为反法西斯人民自由同盟），由军队、缅共、革命党三者各出三人成立同盟总部。由昂山任最高领导人，丹吞任总书记。同盟的建立标志着缅甸人民抗日斗争进入了有组织有统一领导的新阶段。抗日运动很快进入高潮。应昂山将军之邀，缅共专门派出干部在国民军中担任政治委员。同盟注意联络各方面力量，改善军民关系，改善与少数民族间的关系。昂山、丹吞等亲往克伦地区去做工作，号召他们共同抗日。同盟与其他少数民族如掸、克钦等也有了联系。

1944 年 9 月第二次魁北克会议决定盟军在 1944—1945 年冬季发动缅甸战役，从北部即缅甸掸邦和克钦邦、中部即那伽山区和上钦敦地区、西部即若开分三路进攻缅甸。到 1945 年 2 月攻陷缅北重镇八莫，占领若开地区。在盟军大举进攻时，同盟也抓紧了武装起义的准备工作。1945 年 2 月 27 日缅甸共产党发表了《起义的时候到了》的宣言。1945 年 3 月 1 日至 3 日同盟秘密讨论起义问题，发布了武装起义第一号命令。当时国民军总兵力为 11480 人。巴突少校 3 月 8 日首先率部在曼德勒起义。他号召“同志们，向前！向前！以二万五千里长征的中国红军为榜样，克服困难，打击敌人”。为了迷惑日军，他还发表声明攻击昂山、巴莫是日本的傀儡。昂山则向日军方提出建议将武器发给缅甸国民军，并将国民军从仰光调到伊洛瓦底江沿岸驻地以抗击盟军的攻势。由于日军处境困难遂冒险接受了昂山的建议。3 月 17 日在大金塔西侧举行了国民军出征仪式。日军还被蒙在鼓里以为国民军将去抵抗盟军。昂山将军发表了演说号召官兵们投入战斗消灭敌人。仪式后国民军即出发。3 月 27 日缅甸国民军举行总起义。驻在卑谬、亚兰、彬文那、东吁、勃固和曼德勒等地的国民军与地方游击队汇合，国民军分七路向全国各地进军。口号是：独立、自由、社会主义。4 月 28 日日军撤出仰光，国民军 600 人于 5 月 1 日解放仰光。据不完全统计，从 3 月 27 日总起义至 8 月 12 日，缅甸国民军与日军作战 872 次，日军投入兵力 36484 人，打死日军 12084 人，打伤 4776 人，俘虏 330 人。而国民军仅牺牲 355 人，负伤 194 人。[①] 缅甸人民反法西斯战争取得了最后胜利。日军战败，英军重占缅甸，企图恢复他们的统治。但经过反法西斯战争洗礼的缅甸人今非昔比，已经彻底觉醒了。

① 德格多盛丁：《缅甸反法西斯斗争始末》（缅文），仰光，1969 年版，第 558 页。

四、评述与结语

从1939年二战全面爆发到1945年战争结束，时仅6年。缅甸被卷入战火则仅3年多。但这段历史对缅甸来说却是一个至关重要的转折，它影响了缅甸政治、经济、社会诸方面的发展直到今天。

（1）战争的重创造成了直至今日缅甸的贫困与艰辛

在英国殖民统治下，缅甸的经济本来就是畸形的，稻米、木材、部分矿产业等发展比较迅速。一时曾成为稻米、柚木出口的第一大国。石油、钨、铅等的产量在世界上占有一定位置。交通业的发展20世纪初期在东南亚也是首屈一指的。但英殖民政府并没有着力在缅投资，进一步全面发展缅甸经济。只是用养鸡取蛋的办法，榨取利润，将盈利所得转移到其他地区去投资。所以尽管缅甸的经济有发展，但广大工农依旧十分贫困，生活水平低下。尤其是1929年至1933年世界经济危机，英殖民者又将危机的灾难转嫁给缅甸人民，缅甸经济受到很大打击，人民生活更加困苦。直到30年代末日本入侵前夕缅甸经济才恢复到危机前的水平。二战又为缅甸带来深重灾难。1942年初日军开始进入缅甸。战火的一般性破坏自不待言，英军1942年4月全部撤离缅甸前，又实行焦土政策。英军将缅甸仅有的一些厂矿几乎统统破坏掉。将停泊在江中大小客货轮全部炸沉，捣毁火车车厢，炸毁重要桥梁，烧毁纸币，将银元倒入水中…… 日军占领后，强制实行战时经济政策，把缅甸经济完全纳入为它侵略战争服务的轨道。他们采用“杀鸡取蛋”的办法大肆掠夺缅甸资源，且征用了大批劳工民夫为他们修路、建桥、运物资，极大地影响了缅甸经济的正常运转。据统计到1944年底日军曾在缅甸先后征用劳工80万，为日本在东南亚强征劳工数之首。日本在缅还滥发“军票”，增加名目繁多的捐税，残酷榨取。使本来就很贫困的缅甸人民更是雪上加霜。盟军反攻时，又对缅甸疯狂地轰炸，使许多城镇变为废墟。据统计有1.6万个村庄遭到破坏。可以说缅甸成了两个帝国主义反复争夺的地盘，所以在一次战争中却遭到了两次破坏。缅甸成为东南亚在战火中损失最为严重的国家。估计全部损失高达230.7亿缅元，而战前1938至1939年缅甸国内生产总值才49.45亿缅元。[①] 所以当二战结束时，缅甸国内经济极大地倒退了，有人估计在某些方面几乎倒退了一个世纪，整个经济也已濒于全面崩溃的边缘。

---

① 《1956年缅甸经济评论》，转引自贺圣达：《缅甸史》，北京：人民出版社，1992年版，第439页。

（2）战争本身增强了缅甸人民争得彻底独立的信心与勇气

如上所述缅甸的一些精英之所以走上联日抗英之路，其中一个原因就在于：看到日本作为亚洲人能第一个打败了欧洲的俄国人，使他们受到鼓舞感到振奋。当缅甸独立军与日军进入缅甸时，又使缅甸人亲眼目睹了英殖民者们不堪一击狼狈逃窜的一幕。短短不到半年时间，在缅甸人民的配合下，在缅甸独立军和日军的攻击下英军就全部撤离了。使缅甸人那种长期被殖民者奴役造成的自卑一扫而光，对自己的力量有了新的认识，争得独立的信念与勇气极大地增强了。日本法西斯虽然比英帝更凶残，但当缅甸人民觉醒以后，各地地下秘密活动，开展游击战争，最后又策动了国民军总起义，在盟军的配合下日本法西斯也不堪一击投降了。正如英国学者阿诺德托因比在《1942—1946 年的远东》一书的导言中所说："日本对西太平洋的征服虽然时间短暂，但是，就某种意义来说，却是开创了历史，因为它决定性地、永久地排除了世界上那一区域的人们从心理上恢复到从前状态的一切可能性。"1945 年 5 月 14 日缅甸反法西斯人民自由同盟向英国政府和联合国各会员国政府提出呼吁，表明缅甸人"再也不可能被拉回到 1941 年的思想和政治水平上去"。缅甸所想的只是成为一个"完全独立的国家——既不多于也不少于这一点"。[①] 战后英国企图卷土重来已根本不可能，缅甸终于取得了独立。英、日两个反面教员使缅甸人民饱尝了比其他殖民地更加痛苦的磨难，也产生了另一个消极影响，就是在独立后缅甸对与国外的种种交往皆抱着过分审慎的态度，多年来一直闭关锁国，使得其发展缓慢直至落到一个最贫困国家的地步。

（3）这段历史培育锻炼了缅甸一代精英，也种下了多年来缅甸派别林立、团结不力的祸根

日本法西斯满以为借缅甸人民强烈反英的情绪，打着"东亚共荣"的旗号，培养一批亲日派，就可以轻而易举地控制缅甸，为它独霸亚洲服务。但日本法西斯的蛮横残暴教育了缅甸人民。使他们终于认识到帝国主义、法西斯们，虽然言词不一，表现各异，但毕竟是一丘之貉。这段历史进程培育了缅甸一代精英。一些政党通过洗礼更加成熟了。一些派别进一步明确了自己的主张。像缅甸共产党、缅甸社会党等几个主要党派都是在这个时期内涌现出一批各自的领袖人物。随后又促使他们组成一个广泛的抗日反英的统一战线——反法西斯人民自由同盟（从独立前夕开始，同盟又多次分裂，遂成了一个党派组织）。

因为在这段历史中，英、日双方都设法扩大它们在缅甸的影响与势力。又因一些

① 奈温：《我们为自由而战斗》，转引自《缅甸史纲》第 594 页。

精英个人经历不同，接受影响各异，以及其他因素的存在，使得他们成熟程度不同，主张也不同，尤其像昂山等逐步为各阶层人士各族人民公认的更加成熟的有能力的领袖人物不幸早逝。这一切就导致了后来各派力量的多次分裂，也包括了缅族与各兄弟民族之间团结问题一直未能彻底解决。从 1948 年开始直至今日尚未完全解决的缅甸内战，各派武装与政府的对抗也是从这个时期开始的。使人民有一个极深刻的印象，那就是缅甸政党团体裂变不断而团结难寻。这个问题一直极大地困扰着缅甸的发展。

（4）这段历史创造了缅甸的军队，它在缅甸政治舞台上一直是一支不容忽视的力量

1941 年 3 月以后缅甸三十志士分几批赴日，后在中国海南接受军训。1941 年 12 月 28 日在泰国正式宣布成立“缅甸独立军”，到 1942 年 7 月已发展至 2. 3 万人。日本人改组“缅甸独立军”为“缅甸国民军”，缩编为 3000 人。到 1945 年 3 月 27 日“缅甸国民军”起义抗日，改名为“缅甸爱国军”，实力又发展至 1 万余人。1945 年 8 月日本投降，英殖民政府又要求“缅甸爱国军”缩编至 5000 余人，编为“缅甸国防军”，后又逐步壮大至今。

回顾历史，日本人入缅以前，缅甸人没有自己的军队（英国殖民统治时期只用印度雇佣军和部分克伦人、钦人充当其军队）。从三十志士开始，逐步发展到今天有几十万兵力的缅甸国防军，是日本人为缅甸国防军培育的最初一批骨干，种下了军队得以发展壮大的种子。

1945 年 5 月奈温在率军攻占仰光后发表文告说：“全缅都将了解到：缅甸军队是由为了缅甸人民不惜肝脑涂地粉身碎骨的一群爱国青年和学生们组成的，为缅甸独立而战的军队；这支部队中有缅、掸、克伦、钦等各民族参加，他们决心为国家作出牺牲，他们是缅甸的命根子。”接着他解释了军队经历的曲折历程，又说：“希望更加坚信我们将为了人民的自由不间断地敢于斗争勇往直前地去努力。当我们一息尚存就会纯洁地向国家奉献出我们的生命和血。也希望人民能继续帮助为大家站在前列死战的军队。”①

正因为缅甸国防军成长的曲折经历与人民争取独立斗争是息息相关的，所以国防军在人民心目中的地位一直是有分量的。它的力量在一些历史关键时刻显得十分重要。缅甸独立后历届政府的更迭，军队都占据了举足轻重的地位。直至今日它仍是缅甸政治舞台上一支不容忽视的力量。

论及二战战争进程对缅甸各方面的影响还远远不止这些。上述几点只是一些主要

---

① 1945 年 5 月 7 日奈温上校在仰光电台发布的公告，转引自《缅甸国防军史》第二卷《1945 年反法西斯革命时期》（缅文），缅甸，1994 年版，第 169 页。

方面而已。譬如：缅甸的精英们因为抗英无援去找了日本，但日本人并没有按照诺言给予他们足够的武器及其他援助，这就促使缅甸人从那个年代起更加注意奋发图强自力更生；日本人进入缅甸后为了消除英国人的影响，废除学校学习英语的课程，客观上也促使了缅甸自身文化的发展。再如，1942 年奈温发动军事政变执政后组织缅甸社会主义纲领党时也采用了当时由三十志士逐步发展成为一支军队的办法，首先由他所成立的革命委员会 17 名成员组成了干部党，逐步扩大，由上而下组成了后来的纲领党等等，都是这种影响之所在。总之，第二次世界大战战争进程给缅甸带来了深重的灾难，使缅甸蒙受巨大的损失。另一方面也促进了缅甸各方面的发展，缅甸人民经历了彷徨、幻想、觉醒的过程，民族意识终于进一步成熟了。

（本文系 1995 年 8 月参加北京大学历史系举办的“和平、合作、发展，迎接二十一世纪——纪念第二次世界大战结束五十周年”国际学术研讨会的论文。）

析 60 年来缅甸发展滞缓的因素

众所周知，缅甸是东南亚地区一个历史比较悠久的国家。早在公元初始前后在当今缅甸境内就形成过不少民族的早期国家，诸如：骠族的骠国、前期蒲甘、孟族的金地（金邻、金陈）、若开族的维沙里（吠舍厘）、掸族的掸国与太公等。

公元 9 世纪中叶开始在当今缅甸一带形成了统一的王朝，虽然后来也经历过分裂的战国时期，但是蒲甘（849—1370 年）、东吁（1531—1752 年）和贡榜（1752—1885 年）等三个王朝还是在大部分时间内保持了全国统一的局面，经历过辉煌的年代，在中南半岛上曾是个首屈一指的大国和强国。

从 19 世纪初叶开始西方列强觊觎缅甸，列强之间展开激烈的争夺，英殖民主义者通过三次侵缅战争，最终将缅甸变成自己的殖民地。20 世纪 40 年代上半叶缅甸又遭受日本军国主义者们 3 年多的蹂躏。1948 年初才正式摆脱了帝国主义的魔爪，重新走上了独立发展的道路。

但是独立后的缅甸 60 年来却发展滞缓，今日已沦落为世界上最不发达和贫困国家之一。本人想就这一问题谈谈个人的看法。

一、1948 年缅甸独立后至今 60 年的发展历程

在缅甸独立前夕，它的民族英雄和绝大多数人民共同拥戴的领袖昂山将军在 1947 年 7 月 19 日惨遭帝国主义爪牙的杀害，一些即将成立缅甸政府的骨干人物也同时被杀。这不能不说是对即将独立的缅甸的一个重大打击。匆忙中虔诚的佛教徒——吴努被推上了最高领导岗位。实际上他并未具备让各派力量和人物都听命服从的魅力与声望，以及能掌控复杂局势的领导才能。所以当他取代昂山将军与英国首相艾德礼签订缅甸脱离英联邦独立的协议时，就出现了不同的意见和呼声。吴努上台后，不仅没有使早在昂山在世时争取民族独立的各派力量本身存在的裂痕有所弥合，而且裂痕又进一步扩大。

照理说一个国家取得独立后，定会给这个国家与民族的发展创造一个良好的契机。可是缅甸却与此相反，1948 年 1 月初刚刚独立，仅仅过了两个多月，国内各派力量就

达到了水火不相容，彼此反目的地步。内战大规模地爆发。政府内部并不是一种声音，反对派也是各派林立互不服气，真有一种群雄蜂起混战一团的样子。1949、1950 年间吴努政权一度被各派武装围困在首都仰光这一狭小地带，被人戏称之为“仰光政府”。后来还是与奈温为首的军队力量联手才收复了周围失地，维持住了局面。吴努政府也曾在 1952 年草拟出一个前景极其美妙的八年“国家繁荣计划”，但是不切实际，措施无力，资金匮乏，加上国内并没有一个安定团结的局面。这项计划不久即落空，“国家繁荣”一词也成了人们讽刺吴努政府各个方面工作的特殊用语。

吴努政府对反对派武装采取了武力围剿的政策。其结果没有将反政府的武装力量消灭，反而使某些反政府武装越战越强，所占地区也有所增加。不仅如此，使得他本来就无力掌控的和自己意见并不一致的军人集团实力也增强了许多，埋下了日后军人多次政变的种子。本来在抗日运动时建立起的比较广泛的统战组织——反法西斯自由同盟此时已分崩离析，名义上吴努当时是这个执政党团的最高领导，但是到了 1958 年时吴努已难以继续独揽大权，9 月 26 日无奈宣布将政权移交给以奈温将军为首的看守政府。实际上这就是缅甸独立后的第一次军事政变。

按照当时国会的授权，仅仅允许看守政府执政 6 个月，为举行一次公平合理的大选创造条件。看守政府上台后宣布了自己的三项任务，即：争取国内和平；实现公平合理大选；稳定物价。但是以奈温将军为首的军人集团并不满足于争得的短暂执政机会，而是着眼于将来能够长期执政。这从其执行的一些具体措施就可看出端倪。其主要措施有：（1）坚决镇压和逮捕反政府武装力量和进行反政府活动党派的成员；（2）成立以当时军界第二号人物昂基准将为首的“镇压经济破坏分子委员会”，镇压投机商人，平抑物价；（3）重新审理吴努政府时期的人事案件，选派多名高级军官接管政府各部门和仰光市政委员会；（4）整顿改组军事警察组织，积极破获首都地区的刑事犯罪案件等。看守政府尽可能延长其执政时间，直至 1960 年 2 月才主持了缅甸的全国大选。1960 年 5 月看守政府将政权移交给新政府。

1960 年大选，吴努领导的自由同盟“廉洁派”获得议会 159 个席位，而另一派“巩固派”仅获得 42 个席位。“廉洁派”获胜后，于当年 3 月改名为“联邦党”，由吴努任总理，再组阁重新执政。吴努承诺重新制定经济政策，振兴缅甸；保证不再重犯以前的错误，不以势压人，多与各界人士磋商。但是该党党内对吴努所谈有不同意见，又分裂成新的两派即：“德钦派”与“吴波派”。两派争夺权力、职位等日趋激烈。少数民族人士希望扩大民族自治权利，尤其是孟族和若开族强烈要求建立民族自治邦区。工农群众强烈不满，要求政府采取措施平抑物价，改善他们的生活水平。吴努的施政纲领未能兑现，承受了来自各方面的压力，政局不稳。

1962 年 3 月 2 日，奈温将军发动政变，时任总统吴温貌、总理吴努、内阁成员、政界领袖等共50余人被关押，解散国会和各民族邦区议会，由17名高级军官组成的缅甸联邦革命委员会接管政权。奈温将军任该委员会的主席，兼任政府总理。革委会成员大多兼任各部部长。地方各级行政机构首脑也都由该地驻军长官兼任。甚至大部分国营单位、企业的领导也由军人担任。形成了一个由上至下的全国军人统治网。4月3日革委会发表《缅甸的社会主义道路》纲领，7月4日宣布建立缅甸社会主义纲领党，而且该党是自上而下建立的，先由革委会成员为核心建成“干部党”，通过吸收、训练、培养的方式逐步发展党员，然后再过渡到“全民党”。1963年1月17日发布了该党的思想理论指导文件《人与环境相互关系的理论》。1963年6月同意与各反政府武装组织恢复国内和平谈判。但是由于坚持各武装力量必须无条件交出所占地区，并放弃武装等苛刻条件，虽分别进行了多轮会谈，皆以失败告终。为了巩固军人统治，加强社会基础力量，纲领党成立了由它领导的各界群众组织。在1963年至1967年每年召集五一节工人群众大会和座谈会的基础上，1968年4月26日开始成立缅甸工人协会（开始时以“缅甸中央人民工人理事会”为名，1977年有会员150万，后改此名）；1962年12月、1963年1月、1963年12月、1964年3月先后在实皆、兴实塔、敏建和东吁召开了四次农民代表座谈会，在此基础上，1968年3月28日成立缅甸中央农民理事会，1977年7月召开全国第一次代表大会时改名为缅甸农民协会，时有会员760万人；1971年6月纲领党第一次全国代表大会决定成立该党领导下的青年组织——缅甸社会主义纲领青年团，1981年底已有团员130万以上。1973年12月制定新宪法，改国名为“缅甸联邦社会主义共和国”，并规定实行一党制。

1963年10月纲领党政府公布了《企业国有化法令》，明确规定：政府无须通过任何法律有权按照自己方式将企业收归国有，法令公布不久，在缅开设的14家外国银行和10家私人银行就被全部收归国有。随后又在交通、电力、建筑、矿业、商业等行业中大力推行，企业不论大小统统无偿收归国有。国家接管后成了“人民银行”“人民企业”“人民商店”等等。据统计，到1965年国有化的程度在金融、交通、电力业已达100%，商业占75%，建筑业占71%，矿业占67%，制造业占62%。此后不久，医院、电影院、学校、报社等也统统收归国有。在农业方面，1963年公布了《农民权利保护法和租佃法》，1965年又公布了《修改租佃法的规定》，但因农业生产技术落后，资金短缺，政府统购价格偏低，农业发展反而非常缓慢。激进和扩大化的国有化政策的推行，使得此后缅甸的经济停滞不前甚至有所萎缩，工农业生产全面下降，本来出口的主要项目——大米出口量也逐年减少，通货膨胀，商品奇缺，人民生活水平急剧下降，贫苦不堪，社会动荡。从1973年开始，缅甸政府意识到形势的恶化，对过激的经济政策作了某些调整。比如，对内放宽对私人工商业的限制，宣布对国有化的私人企业给以一定的赔偿；提高农产品的收购价格；重新吸收利用外资等等。使得在随后的几年中，缅甸的经济情况有所改善，市场开始复苏，人民生活状况也有所好转。1980 年 5 月缅甸政府同时宣布给予在缅甸独立运动中有卓越贡献的一些人士以“国家功臣”称号和大赦令。同年 7 月 29 日流亡国外的前总理吴努回国。包括从国外回来的人士前后有 2000 多人向政府投诚。此间约有 2 万名在押政治犯获释或减刑。这也大大缓和了军人集团和其他政治势力之间的矛盾，营造了比此前更加宽松的政治气氛，有利于缅甸的经济发展和社会安定。但是好景不长，因为纲领党未能从根本上改变其错误政策，采取调整措施后所出现的短期效应失效，80 年代中期缅甸经济又跌入低谷。虽然缅甸政府再次出台了一些新的改革措施，但是积重难返，经济情况继续恶化。到了 1988 年形成了政治与经济总崩溃的局面。1988 年 3 月和 6 月缅甸首都仰光等地爆发各界人士参加的大规模反政府示威活动。7 月 25 日纲领党的党政最高领导人奈温与山友等人辞职。此后在不到 1 个月的时间内两次更换政府首脑，吴盛伦、貌貌博士先后继任，盛伦用武力强行镇压，貌貌用好言劝慰应承，都无法控制局势，其间 8 月 8 日还爆发了总示威的活动，全国大乱。

1988 年 9 月 18 日缅甸国防军再次发动政变，由国防军总参谋长苏貌将军为首的 19 名高级将领组成“恢复法制全国委员会”（亦译“国家治安建设委员会”）接管政权，解散议会、原政府机构，实行宵禁，禁止群众集会。开始群众不满仍继续抗议示威。“恢委会”动用军警武力镇压，据称死千余人（军方则仅承认打死 300 人左右）。恢委会承诺一待局势恢复正常，便举行多党民主选举。苏貌还一再申明军队无意长期执政，大选后一定“让位给在多党选举中获胜的任何人”，颁布了政党登记法。发布命令废除规定纲领党一党执政的《1964 年民族团结保护法》、《1974 年领导国家的缅甸社会主义纲领党保护法》和《1974 年缅甸社会主义纲领党资助法》。把国名“缅甸联邦社会主义共和国”改为“缅甸联邦”。宣布缅甸经济实行对外开放，进行必要的改革；继续奉行独立的积极的外交政策。3 个多月后缅甸局势基本恢复平静。政党纷纷建立，最多时曾达 230 余个，但是这些政党一直在动荡不定，分裂、合并、取消、重组…… 新军政府宣布 1990 年 5 月 27 日进行全国多党民主大选。但是在大选前新军政府明显偏袒前纲领党改组成的民族团结党，对其他党派进行打压，不少党派头目被冠以种种罪名抓捕投入狱中，对最重要的反对派领袖昂山素季则实行软禁。1990 年 5 月 27 日大选如期举行，但与新军政府所期盼的结果却大相径庭，他们认为稳操胜券的民族团结党最后仅获 10 个议席。虽然昂山素季领导的全国民主联盟的几个主要领导人包括她本人都被软禁，关入监狱无法参选，但是却在全部 485 个议席中取得了 396 个席位，大获全胜。军政府继续设法拖延，拒绝交权。提出召开“国民代表大会”制定新宪法后再交权。对当选议员则利用种种手段分化瓦解，有的被军政府审查资格，未获通过，“取消其议员资格”，有的在军政府的压力下“自己宣布放弃议员资格”，有的年迈当选者则在这期间先后辞世，有的则因某些罪名重新被投入监狱而“自动丧失了议员资格”。所以直至20年后的今天，当时当选的议员已所剩无几。另外宣布召开“国民代表大会”，在政府的直接控制下，选出了各界代表参加该会，政党代表成为与会者中的少数。该大会制定新宪法，又采用开开停停的办法，一拖再拖，会期之长堪称世界之最。会间又将民盟代表与会的资格剥夺，政党代表部分仅保留了几个少数民族党派代表参加。1990大选至2008年前后已18载，最近军政府才宣布在2008年5月10日进行所谓“新宪法的全民公决”。等新宪法通过再大选，军政府移交政权真不知还要拖到什么时候了。但是在这20年间军人集团的总体实力却在不断增强。兵员不断扩大，1988年时缅甸全军仅有18万人，到2005年已达79万人；大力引进国外先进技术，更新武器装备；着力提高军人福利待遇，薪金成倍增加。军人集团也非常注意建立在其直接影响掌控下的群众组织。1993年9月成立了联邦巩固与发展协会，规定参加者不得再参加其他任何政党，10～18岁为青少年会员，18岁以上为成年会员。任何国民包括公务员都可参加（政府原来规定公务员不得参加政党）。军政府的首脑丹瑞大将任名誉主席，中央执委会的主要领导都是政府内阁成员与将军。20年来军政府的成就主要有以下几方面：（1）缓和民族矛盾，实现与少数民族武装和解。改变了纲领党执政时的坚决围剿做法，采用围剿和安抚并举策略，使得十几支反政府武装，绝大多数都已和政府达成和解；（2）推行了某些经济改革措施，较之以前闭关锁国的政策有所松动，更加务实，使得1992年至1997年间国民生产总值有了较快的提升，年平均增长率达到7.2%；（3）对外执行中立政策，改善与周边国家的关系，1997年8月成功地加入东盟。但是，因为军政府一直采取强压政策，未能解决与国内反对派的矛盾，达成和解；对外处理不好与西方各国的关系，一直受到西方主要国家的经济制裁；经济政策仍不得力。致使缅甸各方面发展仍甚缓慢。

二、60年来发展滞缓的因素

缅甸从中南半岛的一个强国沦落为英国的殖民地。在1948年获得新生后本来应该在各个方面得到很好的发展，但是回顾60年来缅甸非但未能得到应有的发展，反而发展滞缓，成为世界上少有的几个最落后的国家之一。究其原因，我们认为主要是些内在因素所致。

（一）宗教信仰带来的某些消极理念

众所周知，缅甸大多数人虔诚地信仰佛教。信仰佛教的人口占全国人口的89.28%，[①] 而且信仰者有越来越多的趋势。所以佛教的哲学观价值观深入人心。人们

① 巴欣：《缅甸的宗教自由》，载《缅甸新光报》（英文版）1997年12月5日。转引自贺圣达、李晨阳编著：《列国志·缅甸》，北京：社会科学文献出版社，2005年版，第52页。

普遍认为：现世的处境反映了前世的业果，而今世的所作所为是来世的基业。人们往往对改变面对的现状并不持积极态度。对一些人的所作所为虽然不满，但是并不想用一己之力或与他人齐心合力去改变它、制止它，大多数人往往是逆来顺受缺乏反抗精神。缅甸历史学家丹吞在他的一篇《缅甸历史编纂学》文章中对缅甸历史的分析给我们如何看待近代缅甸发生的情况做出了回答。他说："国王兴建佛塔和寺庙，因为他是护法者。护法是他当国王所必须履行的职责之一。……国王修建佛塔同时也是为了达到政治宣传的目的。这就是通过大力宣扬佛教，以博得臣民最大的忠诚和奉献。在所有其他的佛教徒（即他统治的主体对象）看来，他就是信仰的保护者、宗教的领袖和未来的佛！由于国王在国家中是最富有、最有权势的，所以大部分缅甸佛教徒都认可国王在过去积过很多功德，也由此相信国王最有希望成佛。当国王是未来佛的事实被接受，他就应受到佛教徒们最大的拥戴和尊重。"① 看历史上缅甸历代帝王的确是这样做的，还可以发现独立后60年来的当政者们也是这样效仿的。吴努先后两次当政在位时，1950年在政府中增设宗教事务部，用巡洋舰迎来珍藏在斯里兰卡的佛骨供人民瞻仰，1952年修建世界和平塔与佛教大学，1954—1956年间在仰光举行了规模盛大的上座部佛教第六次结集，1955年迎奉在我国的佛牙到缅甸巡礼，1961年修改宪法，佛教被立为国教并规定联邦政府每年支出不低于5%的金额援助佛教事业。1962年奈温当政后虽然限制僧侣干涉政治，加强对寺庙的控制，取消佛教为国教的法令，但在1980年召开全国佛教代表大会，专门出资兴建了大胜塔（摩诃维扎亚塔），于1986年竣工。1988年9月新军人集团政变执政后，不久就积极组织参加佛事活动，利用媒体宣传佛教教义，报道政府要员参加佛事活动消息，在仰光、曼德勒建立国家三藏经佛教大学，派遣高僧到国外考察佛教教学，把寺庙教育纳入国民教育体系中，大规模修缮和新建佛教建筑，在边远地区大力推广佛教，1994年与1996年两次从中国迎请佛牙到缅甸巡礼，随后又在仰光和曼德勒建两座供奉副牙②的佛牙塔。这一切使政局得到相对的稳定，但社会发展仍裹足不前。

源于原始崇拜泛灵信仰和婆罗门教的星相占卜对缅甸人的影响很大，不容忽视。几乎每个缅甸人出生后，他的父母都会请擅长星相占卜的僧侣或其他人为孩子用贝叶刻写一片记载他的生辰八字看相用的天宫图，保存下来伴随他一生。尽管今日不少缅甸人，包括很多虔诚的佛教徒对占卜星相等已不相信，甚至认为这是一种没有根据的迷信。但是缅甸历史编撰学家或者历代帝王为了解释某些历史事件发生的必然性或个人所作所为的合法性，往往会编造出不少曾产生过预兆、预言的神话或传说，甚至是佛陀预言的传说。或者把一些历史事件发生的同时出现的某些自然现象牵强附会地说

① 丹吞：《缅甸历史编纂学》（英文），载日本《鹿儿岛大学历史学刊第9辑》，鹿儿岛大学，1976年版，第6页。
② 佛教专有名词，即沾了真的佛牙灵气，成为可以代替佛牙供奉的复制的佛牙。按缅文词的直译是"衍生出的佛牙"。

成是与该事件密不可分的必然表现。美籍缅人学者迈克尔·昂顿曾专门就这一问题写过一篇论文《预言、预兆和对白：缅甸史编纂的基本工具》。可见这种迷信观念还是深深影响了世世代代许多缅甸人。缅甸历代帝王都是这样做的，人们也对他们所杜撰出的预言、预兆、箴言、谶语等深信不疑。尽管事后证明有不少事在当时是贻误了时机的，或本身就是个错误的作为，且造成了不良的后果，但到了现代仍然如此。

比如“宣布缅甸独立和移交政权的仪式由于所选时日不吉祥而一再改期，最后定在 1948 年 1 月 4 日，宣布独立的时间是凌晨 4 时 20 分”。① 选择独立的时间竟这样曲折，最后选在黑暗中的凌晨，且非常具体在 4 时 20 分。恐怕查遍全世界各国确定独立庆典日期与时间的过程，像缅甸这样坚信占卜选择时间的也是绝无仅有的一个。但这样精心的策划与选择，并没有给缅甸带来好运和一个新时代，宣布独立还不到两个月内战就全面爆发了，而且延续多年。事实正好说明迷信的破产。

再如，2005 年年底缅甸军政府又做出了一项令人匪夷所思的决定。“2005 年 11 月 6 日，缅甸政府未经对外宣布就组织外交部、国防部、内政部、文化部、宣传部、商业部、国家计划与经济发展部等各个部的人员分乘几十辆卡车首尾相接浩浩荡荡开往位于缅甸中部的小城彬马那。消息不胫而走，人们纷纷猜测议论。在舆论的强大压力下，11 月 7 日，缅甸政府宣传部长觉山准将被迫举行新闻发布会，宣布将首都迁往缅甸中部的山区小城彬马那。”② 对这个异乎寻常的重大决定，缅甸军政府只是轻描淡写地解释为“是为了平衡发展缅甸经济”。但是从各个方面分析这种解释都不能成立。还是有人从缅甸的文化传统出发分析得准确：军政府听信了星相占卜师的建议才做出这一决定的。但在科学发达的今天又不便直接说出这样的缘由，避免遭人耻笑而已。

通过以上的两个重要例子说明这类迷信观念还时时影响着缅甸，从而使缅甸丧失了很多机遇或做出过某些错误的或不切实际的决定，直接影响了它的发展。

（二）保守排外的思想

为了弄清缅甸保守排外思想出现的根源，我们不妨先简单回顾一下自缅甸建成统一国家以来与国外交往的一些主要事例与过程：

11 世纪时阿奴律陀继承了蒲甘王朝的王位兴修水利，发展农业，增强国力；征服南部孟族地区和西部若开沿海一带，实现缅甸第一次大统一，建立统一王朝，直至 13 世纪末叶（1287 年）。蒲甘王朝期间，历代统治者在境内东征西讨，对相邻各国也是采取强势外交的态势，《琉璃宫史》等史籍所记载的阿奴律陀王曾去中国和锡兰岛求取

---

① 贺圣达：《缅甸史》，人民出版社，1992 年版，第 456 页。

② 貌瑞：《缅甸迁都及其影响刍论》，载北京大学亚太研究中心、北京大学东南亚学研究中心编《北大亚太研究第 8 辑》，香港社会科学出版社，2008 年版，第 168 页。

佛牙事[①]，就是一例。只是到蒲甘末代国王在位时，王室骄奢淫逸国力大衰，又斩了元朝来使，招致元朝派兵入缅，蒲甘王朝大败，虽然派出高僧出面斡旋后元朝撤了兵，但因王室内部争权，导致了最终的衰亡，进入了缅甸各族争霸的“战国时期”。

1531年德彬瑞梯继位成了东吁王朝的国王，经过三代帝王的努力，通过30余年的征战，不仅征服了今日缅甸境内各地，还武力侵占了邻近的不少地区，其中包括“曼尼坡、中国云南和老挝的一部分，泰国的大部分，建立起缅甸历史上前所未有的，也是殖民统治以前中南半岛上最大的帝国”。[②] 在1569年访问过缅甸东吁王朝首都（汉沙瓦底，即勃固）的威尼斯人卡萨·弗雷德里克曾经写道：“勃固王在海上没有什么军队或势力，但在陆地上，就居民、版图和金银而言，在财富和实力方面，他远远超过了大土耳其的势力。”[③] 与国外的交往仍采取强势外交的方针，拥有一支掌握先进火器的700人的葡萄牙雇佣军。1555年锡兰岛达磨巴拉王派使臣送来礼品，请缅王匡扶佛教。1558年征服清迈。1559年进军卡随（曼尼普尔），卡随臣服献女。多次入侵暹罗，1565年攻占暹罗首都，将其国王带回缅甸令其削发为僧，立其子为傀儡国王。1568年再次攻暹，陷其首都，掳回大批工匠艺人，使暹罗沦为缅甸的属国达20年之久。1570年起缅王多次亲征万象。1570年卡随土司再献美女。1572年锡兰王向缅王献公主。1576年应锡兰达磨巴拉王之邀派兵征伐该岛的其他三位国君。1588—1599年又与阿瑜陀耶发生多次战争，互有胜负。1613年阿瑙白龙王亲率大军攻下从1599年就被葡萄牙人占据的丁因，处死了葡人头目勃利多（一译鄂辛加），并击败了从海上来援的葡萄牙水军。1619年亚齐王派使来缅通好。1659年中国南明永历帝为避清兵追杀请求入缅避难，1662年初缅王才迫于压力将永历送交清廷。17世纪中叶至18世纪初与阿瑜陀耶又发生多次战争。17世纪末卡随曾多次派使者来缅，直到1723年与缅甸反目，后多次交战。从17世纪初直到17世纪末，荷兰、英国、法国都曾派人来缅进行贸易活动，并先后在丁因、阿瓦等地建立过商馆。1752年孟人攻破东吁王朝当时的首都阿瓦，将王掳走，东吁王朝亡。[④]

1752年缅甸中部瑞波的吴昂泽亚（即后来即位的阿朗帕耶王）又重新进行统一缅甸的战争，建立贡榜王朝。在王朝前期（1752—1819年）缅甸王朝的统治者们仍旧推行强势外交。但值得注意的是英法两国殖民主义分子此时已开始插手缅甸事务，在缅甸展开明争暗斗。1757年因法国人公开支持孟族人，阿朗帕耶攻陷丁因，将布鲁诺等法国军官处死，将其余法籍士兵200名收编入缅甸军队。1758年进攻曼尼普尔。1759年下缅甸孟族人举兵叛乱，驻在丁因、恒枝岛的英国人违背与缅甸签订的《1757年英

① 李谋等译注：《琉璃宫史》上卷，北京：商务印书馆，2007年版，第208－219页。

② 贺圣达：《缅甸史》，第103页。

③ 霍尔：《东南亚史》上册，北京：商务印书馆，1982年版，第335页。

④ 所述各项史实均可见《琉璃宫史》各有关章节。

缅条约》不供应缅甸王朝武器弹药，反而给予孟人武器支持。阿朗帕耶王得知后逮捕英国东印度公司代表怀特，没收了他们的轮船，之后又派兵登上了恒枝岛将岛上英国人统统杀死。1760年阿朗帕耶亲率大军围攻阿瑜陀耶，王病死军中，全军撤回。1764年再侵曼尼普尔。[①] 由于缅军侵扰我国云南边境孟定、耿马和车里地区，引发了1762—1769年间的几次清缅战争，导致清军先后任命四位率军统帅中的刘藻畏罪自杀，杨应琚被清朝皇帝革职赐死，明瑞被困战死，傅恒也于战后不久劳累病故。1768年泰国的郑信王发动抗缅战争，缅甸为避免腹背受敌才主动议和，1769年战争终于结束。[②] 从战争结局看，这次战争中清廷真是损兵折将没有占到丝毫便宜。1765—1768年缅甸入侵暹罗，1767年阿瑜陀耶王朝亡，1768年泰国郑信王复国。1775—1782年征讨曼尼普尔。1785—1786年攻打暹罗，战败。1802年锡兰僧侣抵达缅都阿摩罗补罗请封。1813年征曼尼普尔，1816年攻克阿萨姆，1819年将两地并入缅甸。

英国人在印度站稳脚跟后，逐步把触角伸向缅甸。1823年英国策动曼尼普尔的克车土司叛离缅甸后派兵进驻。同年吉大港地区一些居民越过内府河进入缅甸被缅军打伤，英军又以此为借口进驻内府河上缅甸的信摩骠岛。遂挑起英缅两军的直接对抗。1824年3月5日英国正式对缅宣战。战事发展虽然曲折，最后以1826年2月缅甸被迫签订《杨达波条约》割地赔款告终。1851年英商不满时任仰光市长吴屋对他们处罚的决定，滋事挑衅，缅廷却一再退让，撤换了仰光市长。英国人又进一步提出了一些无理要求。1852年4月5日竟不宣而战，轻而易举地占领了勃固和卑谬。进一步逼迫缅政府接受这一既定事实。缅甸政府王室内部正在进行权力之争，对此未表示接受也不表示反对，默认了下来。英国人则将第一次英缅战争时强占的若开、德林达依地区以及此次占领的下缅甸一带合并为一个专区，并入英属印度。此后虽然敏东王在位时曾推行一些改革措施，加强与法国人的来往，希望以法制英，但是改革半途夭折，以法制英的想法也落空了。1885年英国人又借缅甸对英国公司偷伐柚木罚款案，对缅发出最后通牒。当年11月12日英军沿伊洛瓦底江分水陆两路大军北上，仅仅用了半个月的时间就攻到了曼德勒城下。缅王与王后被掳走流放到印度洋上一小岛，1896年1月1日英国宣布缅甸成为它的属地。至此缅甸丧失了主权。[③]

上面我们简单回顾了缅甸从11世纪初到19世纪末与国外交往的情况。可以发现，在这800余年中的大部分时间内缅甸都是中南半岛的强国。因有其实力的支撑，对外交往大多处于强势一方。即使有些时候它的国力已不堪一击，但自我感觉良好，对外仍采用强硬态度。只是到了1819年以后英国发动侵缅战争时，缅甸的当权者才彻底没

① 上述史实可参见贺圣达《缅甸史》。
② 余定邦：《中缅关系史》，北京：光明日报出版社，2000年版，第113－160页。
③ 梁英明、梁志明：《东南亚近现代史》上册，北京：昆仑出版社，2005年版，第241－262页。

有了本钱和底气，处处退让，最后使缅甸从一个东南亚强国沦落为英国殖民者的殖民地。二战时英殖民者临时撤走又遭受到日本法西斯的掠夺，之后经过努力才重新获得了独立的地位。在这样曲折复杂的历史发展过程中，许多缅甸人保持着挥之不去的过去缅甸如何辉煌的记忆，也使他们思想深处形成了强烈的民族自豪感与民族意识。另一方面对任何外国人都抱有怀疑甚至是恐惧感，由此形成了许多人的封闭保守，甚至是盲目排外情绪。吴努在位时和周总理一次谈话中曾说过：你们中国像一头大象，象的尾巴很小，但是大象动一下尾巴，我们缅甸也难以承受。这句话给人们留下了深刻印象。奈温执政时期退出不结盟运动，不与东盟交往，闭关锁国等决策也是上述思想的典型表现。现军人政权虽然自 1997 年正式参加了东盟，但是一直不敢大胆地改革开放，论其根本仍是这种保守排外的思想在作怪。

（三）国内的团结问题一直未能很好解决

缅甸是个多民族的国家，虽然在历史上各个民族共同开发了缅甸这块疆土。但是自 9 世纪缅甸建立统一国家直至 1885 年后沦为英国的殖民地的千余年中，先后建立过三个统一的王朝，都是以缅族为主体的王朝，各少数民族皆处于被统治的地位。其间只有少数时期，掸族曾占据了统治权，或是孟、若开、掸等几大民族与缅族相互争霸的“战国时期”。这就造成缅族与其他民族之间长期存在着某些隔阂与矛盾，经济、文化等方面也有许多差异。

在英殖民统治时期，殖民主义者更是居心叵测，采取分而治之或以夷制夷的办法，对不同民族采取不同政策，只招募克钦、钦等少数民族人员进入军队协助英军在缅甸进行控制，进一步扩大缅甸内部的民族矛盾。又利用英属印度和缅甸接壤之便，吸引了印度齐智人高利贷主们到缅甸农村放贷，大批印度商人到缅甸经商；招募了许多印度穆斯林工人到缅甸做工，一箭双雕既解决了它在缅甸开发的资金和劳动力不足的问题，又巧妙地转移了缅甸人的视线，种下缅甸人与印侨矛盾的种子。到了 1938 年 7 月底果然在缅甸境内爆发了大规模的“印缅冲突”。

在争取民族独立斗争的过程中，缅甸各族的有智之士逐步认识到国内各族团结的重要性，并在促进各族团结方面进行了不懈努力，1947 年 2 月成功地举办了“彬龙会议”，通过了由自由同盟和掸族、钦族、克钦族领导人（克伦族领导人没有同意和签字）签订的《彬龙协定》。本来这是一个很好的开端。但是随着 1947 年 7 月 19 日昂山遇刺，1948 年 3 月底全缅内战总爆发。缅甸各族和睦相处共创未来的一丝曙光又消失了。

1947 年 9 月制定的《缅甸联邦宪法》虽然规定了缅甸独立后采取联邦制，但在 1948 年缅甸独立后，联邦内各少数民族并没有得到与缅族平等的地位。吴努政府更是食言，进一步削弱已经建成的掸邦、克耶邦等自治权，拖延建立孟邦、若开邦、克伦邦的时间，取消各少数民族封建上层人物的世袭权，通过使用缅语为共同语言、信奉同一宗教佛教等办法强行对少数民族进行同化。致使先后有多支少数民族反政府武装出现。到1962年初缅甸境内克伦、克钦、掸、孟四股较大的少数民族反政府武装，总兵力已达六七千人。1962年奈温将军执政后意识到民族团结的重要性。在民族政策方面做出了不少调整。比如，为了尊重少数民族的信仰废除立佛教为国教的宪法修正案和对佛教组织的资助条例；注意发展少数民族地区的文教卫生事业，为培养少数民族地区所需教师和干部人才创办民族发展学院；1974年制定的宪法中注意加入了承认民族平等和尊重民族文化的原则表述与条款，正式成立孟邦与若开邦等。1963年时还与少数民族武装进行了和谈，但是在少数民族武装是否能保留下来等原则问题上双方互不妥协让步，最后未能成功。另外，奈温政府强调集中与统一，建立中央集权制，实际上又削弱了少数民族地方自治的权力。所以奈温政府试图改善与少数民族关系的努力并没有达到预期目的。20世纪70年代以后，少数民族武装反而越来越多，越来越壮大，到了80年代中期，10多支少数民族武装总人数高达四五万人。最大一支反政府武装——缅甸共产党的部队中也有不少佤族人。1988年新军人政权上台后，对民族政策做出了重大调整，改变了独立以来采用的单一的军事强权打压的办法，从多方面入手改善关系；重视边境和少数民族地区的开发，尤其注意这些地带文教卫生事业的投入与扶植；对各少数民族武装采取政治和谈为主，军事围剿为辅，放弃了已往坚持的必须先放下武器再谈的条件，不搞一揽子谈判，分别协商；怀柔利诱、分化瓦解与强硬打击并举。所以从1989年至2004年15年中已有18支少数民族武装和政府签订了和平协议。目前只剩下克伦等少数几支武装仍在与政府对抗，但他们的力量也已被削弱很多。但是直至目前缅甸的民族团结问题仍远未达到从根本上解决的地步。

各个政治集团与政府之间，当权者内部派系之间的明争暗斗从来没有停止过。给人们的深刻印象是不论是当政者还是反对派，都是分裂、分裂再分裂，从来都难以看到在一个比较长的时间内大家和谐相处团结一致的局面。比如：1944年9月成立了各族共同抗日的统一战线组织“反法西斯人民同盟”（次年改名为“反法西斯人民自由同盟”）。在英国殖民主义分子的挑拨离间下，同盟逐渐出现了裂痕，1946年10月出现了第一次大分裂，缅甸共产党被开除出同盟。1948年1月缅甸独立，两个月后1948年3月28日缅甸内战爆发，退伍军人组织“人民志愿军”和一些少数民族组织也脱离了“同盟”，形成了“同盟”第二次大分裂。独立后，“自由同盟”是执政党，本来以昂山为首的军队力量也是“同盟”内一支中坚力量。昂山死后以奈温将军为首的军队力量不再完全听命于“同盟”。但是这个已经残缺不全的“同盟”内部派系斗争仍始终不断。到了1958年4月，内部再次正式分裂成以吴巴瑞、吴觉迎为首的“瑞迎派”即“巩固派”和以吴努、德钦丁为首的“努丁派”即“廉洁派”。1960年“廉洁派”改名为“联邦党”，不久再分裂成“德钦派”与“吴波派”。又如：以奈温将军为首的缅甸国防军集团，1962 年政变取得政权。初期成立了由 17 名高级将领组成的革命委员会，这 17 名军官是当时该集团名副其实的核心。但是没过多久，军人集团的第二号人物昂基准将就与奈温分道扬镳。其后，其他成员也是淡出的淡出，病故的病故，退休的退休。到了奈温执政的后期，这一集团仍在位的只有奈温和原来排名较后的山友等极少数的几人了。就是在奈温当政的 28 年内，我们还可以清晰地记得有一次军队内部年轻军官们发动的未遂政变。再如：1988 年 9 月以苏貌、丹瑞为首的新军人集团政变上台执政，上台之初所作所为均表明该集团是完全听命于奈温将军的。随着奈温年迈“健康状况迅速恶化，奈温对新军政府的控制力也随之急剧下降。2002 年 3 月奈温的女婿和三个外孙被以莫须有的政变罪名逮捕，与奈温家族关系密切的的部分高级将领被撤换，奈温的女儿桑达温被软禁，其妻杜尼尼敏被免职。随着奈温在 2002 年 12 月病故，奈温及其家族对缅甸政局的影响力也烟消云散”。[①] 20 年来，新军人集团本身也有了很多变化，刚上台时的头号人物苏貌 1992 年突然宣布因健康原因退休；第四号人物即“恢委会”成立之初的第二秘书丁吴将军 2001 年飞机失事意外丧生；第三号人物原第一秘书钦纽将军，一直被人视为将继承最高领导职位的实权人物，在 2003 年 8 月出任总理，2004 年 10 月 19 日又被免职。至今，最初的 19 名委员中绝大多数都已因各种不同原因被清洗出了领导集团。

看来一个国家、一个民族、一个集团甚至一个小小的单位或集体内部人员之间长期没有相互的宽容与妥协，缺乏和谐团结的气氛，那么就很难在事业方面有所建树，出现发展与繁荣的局面。

（四）人力资源开发问题

国家的建设、文化的传承、社会的发展都离不开人才的问题。人才匮乏，什么事也办不成。这是人所共知的道理。所以，所有主权国家都很注意人力资源的开发。而人力资源开发的主要途径就是教育。

独立前英国在全缅推行殖民主义的近代教育，开办英语或英缅双语学校，还有许多华侨或印侨办的华文学校或印侨学校。1920 年以后才有了唯一的一所大学——仰光大学，“藏书 5 万册，学生 2000 余人，占全国总人口的 0.01% 略强。”“独立前夕 6 岁以上的文盲约占当时总人口的 36.2%。即使识字的也大多仅具有极其初步的阅读能力。”[②]

缅甸独立以来先后经历过的三个时期：吴努执政时期（1948—1962 年，含奈温看

① 李晨阳：《缅甸新军人政权长期存在的原因探析》，载《北大亚太研究第 8 辑》，香港社会科学出版社有限公司，2008 年版，第 156 页。

② 杨长源、许清章、蔡祝生主编：《缅甸概览》，北京：中国社会科学出版社，1990 年版，第 300 页。

守内阁时期）、奈温执政时期（1962—1988 年）和现在当政的军政府时期（1988 年至今），这三个时期的政府对教育问题都有一定的重视，但也有一些疏漏，造成人才短缺、人才流失和人才断档的情况比较严重，这直接影响了缅甸的发展。

吴努时期：由政府统管教育；开办公立学校，协办大批寺庙学校，实行小学义务教育制，普通学校定为十年制；加强职业和技术教育；强调以缅文教育为主；增加教育经费投入，由独立前每年 600 万缅元增至独立初期的每年 3000 万缅元；1949 年、1951 年两次修改大学法；1950 年 12 月接受联合国教科文组织所派考察专家，听取他们的报告。1951、1952 年间派出代表团赴英、美、墨西哥、加拿大、巴基斯坦等国考察制定教育发展计划。1957 年聘请来自 9 个国家的 13 位专家作为顾问，提出缅甸教育改革发展方案。① 当年提出缅甸教育的基本原则是“让每一个联邦公民至少学会读和写，培养各类技术人才和行政管理人才，造就大量文化水平高、体格健壮的公民”。1948—1962 年缅甸教育获得较大发展，尤其是大学教育，1958 年仰光大学的曼德勒学院分立出去，升格为大学，1960 年开办东枝学院，大学增加系科和自然科学方面课程，1961—1962 年度已达 14799 人，比战前增加了 6 倍。②

奈温时期：上台伊始在其施政大纲《缅甸社会主义纲领》的第十七条甲款中申明“要改变与谋生问题相脱节的现行就业制度”。“教育事业的目标是：人人享有接受基础教育的权利”。1964 年公布了新的大学教育法，重新调整大学设置与管理机构。增加教育经费，1962—1963 年度 15200 万缅元，1972—1973 年度 35260 万缅元，1980—1981 年度达 74100 万缅元。③ 最突出的是扫盲工作有很大进展。另，1962－1988 年的 27 年间，缅甸的教育事业从数量上看有较大发展，在校的小学生增加了 2 倍；初中生增加了约 3. 5 倍；高中生也增加了 3 倍多；高等院校学生从不到 2 万人增加到 220773 人，增加了 10 余倍。各类职业学校的人数也大有增加。④ 但是出于其闭关锁国尽量减少与外界联系的基本国策考虑，1964 年至 1979 年取消了小学中的英语课程，导致学生的英语水平急剧下降，1979 年后才又重新恢复这方面课程；与国外基本没有互派教师、学生的计划或协定，教育方面与国外交流甚少，欠缺沟通；另外，因政见等问题与大学生间矛盾较深，1962 年 7 月曾酿成流血事件，奈温执政 20 余年间大学生曾多次闹事，政府为平息事态也曾多次采取关闭学校停课的办法，致使有不少学生的学业荒废，学习年限延长，甚至中断学业辍学游离于社会上。这些都对人才培养问题造成了一些不良后果。

现军政府当政时期：1988 年现军政府上台后对教育政策又做出了一些调整。扩大办学规模，除普通大、中、小学外，也重视职业教育、少数民族教育和成人继续教育

① 参见《缅甸概览》第 300－301 页。
② 贺圣达、李晨阳编著：《缅甸》，北京：社会科学文献出版社，2005 年版，第 298 页。
③ 参见《缅甸概览》第 301 页。
④ 贺圣达、李晨阳编著：《缅甸》，第 298 页。

的发展，如：到2001—2002年度已有大专院校144所，其中大学59所，大专院校学生数也增至628980人。① 设置某些专门机构领导管理教育事业，提出规划促进人才培养。如：政府除设有教育部管理日常事务外，1991年9月开始政府又成立了由“恢委会”第一秘书任主席的由相关各部高级官员参加的30人的缅甸教育委员会，负责政策法规的制定、计划的安排与执行、对外联系与合作。1999年8月成立缅甸艺术与科学学院，开始时聘各界专家、研究人员等共717位为该院成员，任命了24人组成了该院的执行委员会。开始注意对外交流与合作。从1990年以来每年与我国互派4名留学生（1997年后来华者已增至10名，而且留学生层次有所提高，已相互培养出博士），与我国互派过一些代表团访问，先后派出一些缅语专家来华任教；与日本互派留学生、教师，在教育方面有交流合作的项目；与澳大利亚堪培拉大学、伦敦大学东方与非洲研究学院等签有合作备忘录；参加东南亚教育部长组织，1998年该组织在仰光建立了东南亚地区历史和文化研究中心；还与联合国下属多个组织合作实施有若干项计划。值得注意的是，1997年11月由缅甸国防部战略研究所牵头，专门组织过一次以“缅甸的人力资源开发与国家建设”为题的国际研讨会，由军政府第三号人物钦纽将军（钦纽兼任国防部战略研究所所长）亲自主持召开，有缅甸军界多名高级将领、学者参加，还邀请了新加坡、马来西亚和印度尼西亚的几位人士参加。可见军政府已经注意到了培养造就人才的重要性。但是，现政府执政以来，对外开放开展合作的力度仍远远不够。而且，由于掌控局势避免学生聚众闹事的需要，也多次采用关闭学校、长期停课、遣散学生返回各地的办法。

另外还有一个各行各业各个领域领军人物或精英的出现与发挥作用问题。决不能低估精英们在各行各业发展中所起的作用。某些精英作用发挥的好坏直接影响了这一部门，甚至这一领域的发展成败。政治精英们更是如此，对一个国家的发展起到了非常关键的作用。由于缅甸内部团结问题一直未能很好地解决，对造就培养乃至发现精英都很不利，而且有时甚至是限制或扼杀了精英们才能的发挥。比如，昂山将军被害就是个典型的例子。假如缅甸一些民族败类不是听从帝国主义分子的挑唆，将他杀害的话，缅甸独立后的发展也许不会这样曲折。因为在当时他是唯一能让各派都拥戴的领袖，他的胸怀也比较宽广、包容，能团结各个方面的力量。

（此文写于2008年3月，在2008年5月25～27日香港大学社会科学学院、英国曼彻斯特大学中国研究中心、美国北卡罗纳大学亚洲研究中心和厦门大学南洋研究院在厦门联合举办的“21世纪初中国与东南亚的互动——以缅甸为例”国际学术研讨会上发表。本文的后半部分，被北京外国问题研究会出版的《外国问题研究》2008年第3期，于2008年8月刊用。）

① 所引统计数字转引自贺圣达、李晨阳编著：《缅甸》第304页。

文化

WENHUA

古代东南亚社会与文化的发展和特征

东南亚是一个地理上文化上相对独立的单元，诸多民族在东南亚这个大环境中共同生活、繁衍，它们经历了一个漫长的共生、融合、同化、发展的过程。它经历了公元前的史前文化期、公元后近十个世纪之久的本土文化发展与外来文化融入期和10世纪至16世纪初叶的文化定型成熟期。在这历史发展的长河中，中国文化、印度文化、伊斯兰文化等先后都对东南亚有所影响，尤其是印度文化的影响最为突出。但到了16世纪初叶，这些影响都已先后逐步被当地文化有选择地吸收融合了，本土化了，形成了丰富的多元的东南亚文化。虽然16世纪以后东南亚的历史也是非常丰富的，变化也很多，尤其是又传入了西方文化，但东南亚文化的核心内容却未再出现根本性的变化，一如既往地传承了下来。

16世纪初叶以前的古代东南亚社会与文化的发展，归纳起来具有以下几个特征：

一、长期融合而成相似的基本民俗

衣：干漫——纱笼——筒裙

筒裙是东南亚大多数民族的传统服装，虽然各族对筒裙的称呼各异，但样式都是一样的。“男人和女人的基本服装是用一条未经缝制的布块，围着身体裹上一圈或数圈。妇女们有时将布块向上提至腋下，遮盖乳房；对其他部位，她们则像男人们一样围腰裹起。”“人们的服装款式，无论平民还是贵族，都别无二致；唯一的差别在于布料的质地档次。”[①]早期我国称之为干漫（或干曼、干缦），干指的是躯干，漫或曼、缦的意思是罩满、布满，所以干漫就是罩满躯干的布。东南亚的华侨华人则称当地的这种服装为纱笼，我国古籍中记有：“……诸蛮并不养蚕，收娑罗木子，破其壳，中如柳絮，细织为幅服之，谓之娑罗笼段。”[②] 可见华人称为纱笼者实际就是我国古代“娑罗

① ［澳］安东尼·瑞德：《东南亚的贸易时代：1450－1680年》第一卷季风吹拂下的土地（吴小安、孙来臣译），北京：商务印书馆，2010年版，第99、101页。

② 李石：《续博物志》。

笼段”的简称。

到了当代人们才按照它的形状直呼为筒裙了。古代尚不称其为筒裙，也是有它的道理的，因为当初“腰以一布通前后缠之，贵者布长二丈余，贱者不逾一丈”①。最早谈到东南亚人穿筒裙的是写于公元初的中国古籍，“男无衣服，女横布帷”。② 从我国多部史书转引过的关于印度婆罗门混填教土著女首领柳叶“穿布贯头，形不复露”的扶南建国故事可知：东南亚一带穿筒裙的习俗是在公元初始前后才出现或逐步普及开来的。似乎也可解释为这种服装样式是由印度传来的。当时人们只是用一块布不需缝合直接围在腰间而已。后来才发展成为缝成筒状穿用的。有趣的是缅甸蒲甘王朝那腊都王 1167—1170 年在位时，不知出于什么考虑还曾专门谕令国中妇女恢复古代穿法，筒裙不得缝合。另，在盛大典仪场合为了显示尊严与高贵，男子也必围穿不缝合的上等布料的长筒裙。今日在表演东南亚传统舞蹈戏剧时男女演员们还是这种装束。

今日筒裙用各种各样的面料制成，有贵重的，有普通的。男性所穿多以单色为主，也有穿格状花色的。女用筒裙则五光十色以带花的图案为主。尤以爪哇产的称之为“巴迪克”的蜡染花布制成的筒裙有名，不仅在今日印度尼西亚和马来西亚境内，就是在东南亚其他国家也极富盛名。筒裙的穿法男女有所不同，男士穿筒裙皆在腰间左右对折后，在腰部正中打一活结，活结打成小口袋状，可放些零用钱物，一些老人也有用皮带系在腰间的。女子则将筒裙折叠平展，将筒裙头儿掖在一侧腰间。平时人们穿筒裙，下面的裙边要齐到脚踝。男子干重活时为了行动方便就把穿在身上的裙子两侧提起越过胯部，再把身前的裙头儿经胯下向身后提起掖在后腰间，看上去像是穿着三角裤一般。妇女干重活时为了行动方便就把围在腰间的部分加厚，将筒裙的底边从脚踝处提到膝部穿好。再有妇女们为了在河中、井边冲凉或沐浴的需要，则会脱去上衣，把筒裙的上端从腰部向上提至腋窝，把筒裙头儿掖在一侧腋下。

食：米饭——手抓饭——辛辣味食品

纵观今日东南亚各民族包括大部分居住在丘陵地带的山地民族的主要食品都是由稻米制成的米饭，这与东南亚文化的特色之一的稻作文化是密不可分的。食米的这一习俗早就在东南亚各族中形成是不容置疑的。用手抓而食之更是自古以来就是这样。直至今日无论城乡大都如此。“在东南亚大部分地区，就餐时家庭成员不分男女老少，济济一堂，一起用餐。他们在地板上用餐，用香蕉叶或浅平木盘当盘子。餐前饭后必须用水将手嘴清洗干净，吃饭时用右手。他们吃饭时不用勺，而是每个人用手从盘子里抓饭。抓饭前，用水把手沾湿，这样饭便可以不粘手。他们用力把米饭捏成团，然

---

① 钱古训：《百夷传》。
② 杨孚：《异物志》。

后塞进口中。”[①] 到了近现代随着西方文化的传入才开始有了以盘子盛饭，用勺、叉进食的习惯。进餐时用右手五指将一些米饭攥拢送入口中。当然每次攥的量要多少适中，而且送入口中时的姿势也有一定讲究。也有的是将米饭攥成饭团后再食用的。有些民族当客人来家中用餐时，作为敬客的礼节，主人必亲自为客人攥成第一个饭团送到客人手中。人们还是很注意卫生的，往往在餐桌上备好一小盆清水供餐前或进餐中洗手用。今日一些餐馆在上带壳的虾或其他需用手剥壳食用的食品时会同时送来一小玻璃缸的淡茶水，看来最早就是受到东南亚这一进餐习俗启发的。东南亚各族佐餐的菜肴多种多样，但鱼是重要的副食品。“在东南亚，无鱼不成饭，尤其是一种蛋白质丰富的香辣美味腌鱼酱（马来人称之为 belacan，泰国人称之为 kapi，缅甸人称之为 nga pee，越南人称之为 nuoc mam)，更是各地东南亚人的最爱。”[②] 烹饪方法也各有所长。但有一个非常明显的共同点。那就是他们普遍喜爱辛辣食品。咖喱、辣椒、大蒜等辛辣性佐料和食用香料是必不可少的。这大约与东南亚大部地区处于潮湿炎热的热带或亚热带有直接关联。

住：干栏——高脚屋

约 8000 年前东南亚进入新石器时代，已有了栽培农业，开始了定居生活。在印度支那半岛地区，人们不再过洞穴人的生活，建起了高脚屋；印度尼西亚海岛地区出现了一种园屋和树上家屋，高桩居屋的建筑形式也逐渐从印度支那传播过来。[③] “依树积木以居其上，名曰干栏，干栏大小，随其家口之数。”[④] “所居皆竹楼，人处楼上，畜产居下，苫盖皆茅茨。”[⑤] 东南亚各地发现的古代铜鼓上有“干栏纹饰”与某些干栏残迹，就是新石器时代以后人们告别洞穴生活居于高脚屋的最直接证明。东南亚各地之所以广泛采用干栏式建筑，是因为“每当雨季来临之时，常常连日暴雨，洪水泛滥，淹没田野和庄稼。然而居住在高脚屋中的民众，因其楼板高出地面数米，通常可借此躲避水患。到了旱季，楼底可以饲养家畜，楼上住人，清凉爽快”。[⑥] 干栏，古时也称之为麻栏。是东南亚一带居民传统住房形式。直至今日在广大地区尤其是乡村仍是如此。但今日人们多称之为高脚屋。传统的高脚屋原本比较简陋，用竹子、木料作桩柱、楼板和上层的墙壁，下层则四周无遮拦。屋顶覆盖树皮、树叶或茅草等。上层住人，下层圈养牲畜或放置农具。古代头人、富绅、官员的住所，乃至王族宫殿都是干栏式的，只不过规模庞大，有了更多的装饰物而已。今日中外相关学者有关东南亚各国文化的著述中大都讲到“干栏式建筑”这一特色。

---

① ［澳］安东尼·瑞德：《东南亚的贸易时代：1450－1680 年》第一卷，第 49 页。

② ［澳］安东尼·瑞德：《东南亚的贸易时代：1450－1680 年》第一卷，第 35 页。

③ 王任叔：《印度尼西亚古代史》（上册），第 153 页。

④ 魏收：《魏书·僚传》

⑤ ［明］朱孟震：《西南夷风土记》

⑥ 段立生：《泰国文化艺术史》，第 169－171 页。

行：陆路的牛车——水路的帆船

古代东南亚内陆交通相对落后，主要的交通运输工具是牛车。东南亚的牛车是一种“使用由（两头）公牛或水牛拖拉的两轮车，载重240至360公斤。这种牛车速度最慢，但也最方便。对旅客而言，这些牛车太过颠簸，一路上很不舒服，这是因为车子缺乏弹簧或轴箱，整个车身直接依托在木轴之上，而木轴则固定在车轮的轮盘之上”。[①] 这种牛车起源于什么年代已难考证，但是自古一直流传至今。凡到过东南亚农村的人，都亲眼目睹过这种牛车。东南亚的黄牛是一种“峰牛”，在它的颈后背部有一隆起的峰。车轭正好架在左右两牛牛峰之前的部位。古时东南亚商人经商在没有水路可走的情况下，往往组成几十辆牛车的“牛车帮”结伴而行。晚间露宿时，为了防止野兽侵扰，把牛车首尾相连围成一个“大圆阵”，驾车的牛统统赶入圆阵中心歇息，而驾车的人和随行的商人们都躲进牛车之上的棚中过夜。

东南亚古代铜鼓上可以看到大量的船形纹饰，就从一个侧面说明了早在铜铁时代东南亚地区的居民就已掌握了一定的航行技术。水路交通中，人们视内河水路宽窄深浅情况用独木舟、竹筏、小船或小帆船；当时驰骋于东南亚海域的则是一种“有时被称为东南亚帆船，或称南岛帆船，有时又被称为马来—波利尼西亚帆船，又有时直接称为‘叭喇唬船’（prahu）。其最为悠久的一大特色在于所有构成船体的木板彼此间以及与龙骨间都是以木榫固定连接的，没有使用任何铁钉或框架，船首和船尾均呈尖状，配以两只桨状侧舵和长方形大三角帆”。“在贸易时代（1450—1680年）以及此前此后的几个世纪里，数以千计的此类帆船装载着4吨至40吨不等的货物来往穿行于东南亚的海面上。”[②] 据考，东南亚的造船技术与工艺还受到13世纪元军远征爪哇时带去的“南中国海”式大型帆船的影响，后来又有所发展。当时，爪哇和下缅甸勃固是两个造船中心，而且许多水手也出自这两地。

二、赖以生存发展的栽培农业与稻作文化

农业是社会文明发展的决定性因素。经多年的考古证实，世界有三个栽培农业起源中心。一个在西亚，今日伊拉克及其周围地区，是小麦与大麦的起源地；一个在美洲，是玉米的起源地；另一个是中国，是小米和大米的起源地，小米即粟和黍，主要起源于黄河流域，而长江流域华南一带则是稻作农业的起源地。

1952年美国地理学家索尔（Carl. O. Sauer）在其专著《农业的起源和传播》中提出了一个假说：世界上的种植技艺最早都源于东南亚，起始于和平文化。这一假说产

① ［澳］安东尼·瑞德：《东南亚的贸易时代：1450－1680年》第二卷扩张与危机（孙来臣，李塔娜，吴小安译），第62页。
② ［澳］安东尼·瑞德：《东南亚的贸易时代：1450－1680年》第二卷，第40页。

生了较大影响。就在20世纪50年代，美国考古学家、夏威夷大学教授W. G. 索尔海姆（Wilhelm G. Solheim）大胆地宣布东南亚地区是一个早期人类文明的摇篮，并亲赴东南亚寻找有关史前农业的证据。1962年6月，W. G. 索尔海姆又向泰国提出了进行考古联合调查的计划，获得泰国考古学家孔·清·犹地（Khun Chin You－di）等的积极回应。在调查计划实施过程中，20世纪60年代中期美国和泰国考古学家们相继发现了泰国东北部的侬诺他、西北部仙人洞（又译神灵洞）等著名考古遗址，轰动了史学界。尤为重要的是在仙人洞发现了类似于稻谷栽培用的石刀和很多的植物遗存。同期，越南考古学家在河内以北富寿省冯原地区也发掘到一处遗址，他们声称在冯原文化（Phungnguyenian Culture）时期，制造石器技术已达到“极盛阶段”，发现了稻谷遗存，并有狗、猪、牛、鸡等家禽家畜的遗骸。此后，就有学者更明确地提出早在8000年前东南亚就出现了栽培农业和稻作文化的论断。

但是，“根据公认的考古证据，稻谷首先是在全新世早期气候比较温暖的条件下在扬子江低地地区的某个地方培育成功”的。①中国近30年的史前农业考古的一系列发现和研究的成果进一步表明，的确是中国最早种植了水稻，即亚洲栽培稻。1973年，在浙江余姚县河姆渡发掘的新石器时代文化遗址中，普遍发现稻谷、谷壳、稻干、叶等堆积，最厚处达七八十厘米。出土了许多陶器，在陶胎中羼和有大量谷壳。据鉴定，稻谷属于栽培稻中的籼稻。它说明在六七千年前的长江下游地区已人工栽培水稻。在河姆渡文化遗址第二期发掘中还发现薏仁米。左孢粉分析中发现豆科植物。饲养的家畜有狗和猪，可能还有水牛和羊。渔猎和采集虽仍在当时经济生话中占据很重要的地位，但稻作农耕经济却已开始。② 而1986年湖南道县玉蟾岩出土的最古的从野生向栽培的稻谷壳，经1993、1995年多次发掘的江西万年县仙人洞和吊桶环两遗址发现的从采集野生稻到栽培稻出现的遗迹，均在一万年左右，都是世界上最古的栽培稻实物遗存。③ 2001年开始，浙江浦江发现了中国东南沿海地区迄今发现的年代最早的新石器时代遗址——上山文化遗址，是稻谷最新的实证。上山出土的夹碳陶片的表面，发现了较多的稻壳印痕，还出土了稻米遗存。这是迄今为止长江下游地区最早的稻作遗存，为研究稻作农业起源问题提供了珍贵资料。④

东南亚地区的石器时代文化与中国华南属于同一文化类型，从旧石器时代迈入新石器时代后，东南亚的生产力进步，人口增加，进入农业创始时代，农耕经济萌生。东南亚的稻作文化可能是南岛语系、南亚语系和汉藏语系几大族群先后完成向东南亚地区的迁徙之后发展起来的。所以可以说东南亚也是世界上较早出现稻作文化的地区

① ［新西兰］尼古拉斯·塔林主编：《剑桥东南亚史》Ⅰ（贺圣达等译），昆明：云南人民出版社，2003年版，第73页。
② 张之恒主编：《中国考古学通论》，南京：南京大学出版社，1991年版，第157页。
③ 任式楠：《中国史前农业的发生与发展》，载《任式楠文集》，上海：上海辞书出版社，2005年版，第391页。
④ 《上山文化改写长江下游史前文明史》，载《光明日报》，2006年11月13日。

之一，而且具有地方特色的稻作文化成了东南亚文化的一个突出特征。稻作业水平的提高为东南亚地区提供了进一步发展的物质基础，是古代东南亚社会得以持久发展的根本动力。

处于江海之畔地带的东南亚地区早就有灌溉农业。中国古籍《交州外域记》载，“交趾昔未有郡县之时，土地有骆田，其田仰潮水上下，民垦食其田。”[①] “所谓‘仰潮水上下，人食其田’，并非引海水灌地，因海水不能有助于农作物，而是海水涨时引河水入田，海水退则阻河水外流，如同今日伊洛瓦底江流域的缅甸人的做法。当时来印度尼西亚的部落也已具备这一知识。……但不论如何印度尼西亚在铜铁时代已有稻谷类种植，是可以肯定的。”[②]

东南亚的稻作文化除了有东南亚多处考古遗迹可以佐证之外，较后一些时候发展形成的缅甸皎栖、柬埔寨洞萨里湖等地区的灌溉系统和菲律宾伊富高人的灌溉梯田都是东南亚稻作文化进一步发展的杰作。再如，口耳相传遗存至今的东南亚早期口头文学作品也从一个侧面反映了东南亚稻作文化存在之久并影响深远。与伊富高梯田紧密相关的伊富高人英雄史诗《呼德呼德》在2001年就被列入了联合国教科文组织设立的“人类口头与非物质遗产杰作名录”。《呼德呼德》是伴随着伊富高人稻作文化的发展出现的。它是与生产劳动密切相关，在稻田劳作过程中，播种和收获时进行的集体吟唱，有时也会与祭祀谷神等的典仪联系在一起。在古代原始社会人们大多进行集体劳动，在劳动中为了解除疲劳或企图用声音去感动超自然的力量帮助他们克服各种困难，就出现了号子、民歌之类的口头作品。印度尼西亚的古代“咒辞”就是这样产生的，在这类作品中也有表现稻作文化的，像“司谷女神咒辞”[③] 就是。缅甸民歌中最精彩的一类“插秧歌”，也是在集体劳动中为了鼓舞士气或抒发劳动情感吟唱的作品。[④] 还有，在东南亚的神话故事中可以找到许多有关谷物的传说，也是对东南亚稻作文化的补充诠释。

东南亚的农业中心主要分布在热带季风地区的含有大量淤泥的河流冲积区和三角洲，在半岛地区，有红河、湄公河、湄南河、伊洛瓦底江和萨尔温江三角洲，洞里萨湖平原等；在海岛地区，爪哇岛中东部和附近的巴厘岛、马都拉岛等是最重要的水稻产区。在这些地区，农业的发展与文化的发展互为推动力，产生了东南亚历史上最主要的文明中心。公元前后，在这些农业中心地区建立起来了一系列早期国家。所以可以说稻作文明是东南亚早期国家出现的最基本的物质基础。经过了数百年的发展，在这些城邦式的早期国家的基础上又先后形成了若干个中央集权的王国。而栽培农业与稻

① 《交州外域记》，引自郦道元：《水经注》，卷十四。
② 王任叔：《印度尼西亚古代史》（上册），第233－234页。
③ 梁立基：《印度尼西亚文学史》上册，北京：昆仑出版社，2003年版，第49－50页。
④ 姚秉彦、李谋、蔡祝生：《缅甸文学史》，北京：北京大学出版社，1993年版，第18－19页。

作文化在东南亚中央集权王国兴起发展的年代中仍是一个非常重要的因素。所以有学者说，“东南亚古代早期文化乃至整个东南亚古代文化，都与稻作业有着密切的关系。”[①]

三、广泛长期存在的社会基层单位——村社

农村公社制（简称村社）的广泛而持久的存在和发展，是古代东方社会的一大特征，东南亚地区尤为突出。铜铁时代的铜鼓文化与巨石文化时期，村社已广泛分布在东南亚的半岛与海岛的各个地区。作为地域性的村社组织是原始社会末期的产物，但进入有阶级出现的文明时期，东南亚的村社组织却没有解体，而是顽强地保存下来，甚至一直持续到近代。因此，农村村社的长期存在是东南亚社会的又一重要特征。

在东南亚早期王国时期，基层社会控制系统一般表现为各种形式的村社组织，在爪哇地区，这种村社称为瓦努（Wanua）或德萨（Desa），在菲律宾称为巴朗盖（Barangay），在越南称为村社（Thon Xa）。它们原是在公元初年，在水稻种植与灌溉的农业文明发展的基础上，伴随着灌溉系统而产生的大大小小的灌溉会社，后又与各个农业村落相结合，产生了或紧密或疏离的社会控制和管理系统。这样，东南亚的村社便成为了古代社会控制与管理系统的组织，而后又作为国家统治的基层行政单位继续存在下来。

村社是在氏族或部落的基础上形成的，随着社会的发展，村社的性质与职能发生变化。在村社的基础之上，从部落联盟逐步发展为国家。村社头人和各种社会控制系统的领导者也逐渐超越旧有的权势，拥有更大的权威，逐渐变为社会基层的权力拥有者。由于在东南亚社会出现变动的时期，印度文化以较大规模在东南亚传播开来，而以印度教或佛教崇拜为特征的印度王权观念和以《摩奴法典》为代表的印度法成为东南亚当地统治者所接受的重要内容。受印度文化影响深重的东南亚古代早期王国建立的典型方式就是：来自印度的商人与东南亚的某个村社头人家族联姻，在此基础上逐步通过推行印度文化以实施对整个村社的政治—文化领导权，乃至建立起一个小王国了。[②] 这样，就在村社之上，出现了王权，村杜土地公有制也逐渐演变为王有制与国有制。而且，这种土地王有制与国有制并未触动村杜对土地的定期分配制和村社成员对土地的实际使用权。

进入早期王国时期，随着农业、手工业与商业贸易的发展，村社内部贫富分化加深，阶级出现。在东南亚一些早期王国内，明显地出现了三个等级：国王与贵族集团、村社自由民和奴仆。但氏族、部落和农村公社仍是国家统治基础的基层行政单位。中

① 贺圣达：《东南亚文化发展史》，第 92 页。
② 至今仍广泛流传的有关扶南建国的混填与柳叶的故事就是一个典型例子。

国古籍记载的分布于东南亚各地的众多的"国"，实际是具有部落联盟性质的"部落国家"，尚未跨入文明社会的门槛，仅仅是国家的雏形。一些由扶南、占城、骠国等东南亚早期王国统治的所谓"属国"，更显然是些部落联盟或氏族组织，它们有时也被称作"聚"。例如《南史》记载，婆利国"有一百三十六聚"。《新唐书》说，骠国有"属国十八"，"部落二百九十八"。《宋史》则说，占城"所治聚落一百五，大略如州县"。中国史籍之所以称其为国，一方面是由于客观上对其缺乏全面的了解；另一方面显然是中国王朝的统治者们出于"中央王国"的考虑，借抬高这些东南亚古国的地位来证明其本身的权威性。

然而，虽然这些小"国"尚处于氏族、部落阶段，但已处于国王统治之下；所以普遍存在的村社，已改变了其原始性质，成了东南亚早期王国统治的基础。

村社在东南亚早期王国的重要地位，也表现在当时的政治、司法制度等方面。以"王"为中心的国家形态虽已建立起来，但往往没有稳定的统治中心，国家机构不完整，或尚未建成系统的地方政权机构，而村社在政治上具有相对的独立性，自成一个半自治体，有自己的权力机构，有的一直延续至近代。以印尼为例，其村社头人即村长，并设置了长老会议，还有会计、助理、村警、传令员及边界巡查员。村长一般由长老会议举荐，上级官府任命。① 菲律宾的"巴朗盖"组织也长期保留下来，其首领在比萨扬地区称达图（Gatu），他加禄地区称马吉努（Maginoo）。首领即是村社头人，又是部落或部落联盟的军事首长，首领主持农耕、贸易，指挥作战，又负责内部安全与秩序。首领们从乡亲中选拔人员协助自己管理巴朗盖的事务，并组成自己的卫队。② 在司法领域，东南亚早期国家多采用神判法，而无成文法进行统治，有的较进步的国家开始引进和实行来自印度的"天竺法"，但村社常用习惯法。越南俗语有"家规大于王法"之说，这实际上就反映了村社的实际权力往往胜过国王的法令。

到了10世纪左右以后，东南亚地区在一些早期王国的基础上先后形成了若干个地域更加广阔、多民族组成的中央集权王国。村社仍是各个王国的社会基层单位。比如：越南李朝时村社仍是社会的基层单位，乡、甲等行政单位是建立在村社基础之上的。村社虽有一定自治权，但村社土地最高所有权为皇帝所有，农民耕种的村社田地要向国家纳税，服劳役和兵役；陈朝时村社发生许多变化，由于帝王使用村社公田封赏给功臣、贵族、寺院，允许土地买卖，土地私有制有所发展，许多村社既有公田，又有私田。作为国家基层组织的村社仍直接管理土地与居民。但村社成员已发生阶级分化。凡耕种公田的村社成员必须向国家交租服役。在食邑采地内的村社农民实际上变成了农奴；到了黎朝初期，村社公田仍保留下来，从黎利在位时起，已提出将村社公地分

① 黄焕宗：《亚洲封建村社制度初探》，载《厦门大学学报》1979年第3期，第83页。
② 金应熙主编：《菲律宾史》，第51－52页。

配给缺少土地的农民和士兵的问题。黎圣宗时全国范围统一分配公田，凡有公田的各村社，每六年一期，由府县州官亲行检度，随田多少肥瘠，分为一二三等，进行分配。[①] 又如：占城社会的大多数居民为农民，古代部落制尚存，农村村社仍居主要地位。据传，占婆存在两大部落，槟榔部落在南方，而椰子部落在北方。[②]《宋史》记载，占城有二百个村落，这与当时的人口数量大致相当。土地大部分属于村社，农民过着自给自足的生活。再如：14 世纪中叶建立的澜沧王国，村社也是该国社会和土地制度的基础。村社多由十几户乃至几十户组成，村长头人一般由家族的首领担任，并有头人选出的文书等协助他工作。村社成员以务农为主，虽然也有木匠、银匠、金匠、制陶匠以及民歌手等，但他们平时也是从事农业生产的。文书负责统计村社成员服役天数。村里的事务均由村长和村务会议决定，包括每年对村社成员耕种的田地多少进行调整，以免土地荒废。可见当时的村社实际上仍是澜沧王国政治和经济的基层单位。

四、妇女的社会地位特别受到尊重

东南亚地区旧石器时代是以狩猎和采集的原始部落群体为生产与生活的基本单位，劳动成果共同分享，全体成员之间平等互助。氏族为人类社会最原始之血缘集团，氏族大约产生于旧石器时代晚期，其主要特征是：靠血缘纽带维系，实行族外婚；生产资料归氏族公有，成员共同劳动，平均分配产品；公共事务由选举出的氏族族长管理，重大问题由氏族成员会议决定。进入旧石器时代晚期，人口增加，部落集体分出一些小单元，各小单元之间平等、互助，共同组成一个大群体。

赛代斯曾指出，在印度文化进入之前，东南亚的“社会结构方面，妇女和以母性为世系的作用占有重要地位”。[③] 新石器时代，在东南亚地区的氏族社会，特别是农业发展的地区，大的氏族集团率先形成了部落。东南亚也经历了只知其母而不知其父的对偶婚阶段。东南亚的新石器早期社会已进入母系氏族公社时期。据有的学者对印度尼西亚地区氏族制的考察，米南加保人和恩加诺岛居民实行母系制，达雅克人、爪哇人等地区实行双系制。印度尼西亚某些地区，母系氏族社会可能到 12—13 世纪仍存在。宋人赵汝适指出，自爪哇“东至海，水势渐低，女人国在焉，愈东则尾闾之所泄，非复人世”。[④] 王任叔说：“看来，东部印度尼西亚，当时是有母系氏族部落分布着的。苏门答腊西海岸外的恩加诺岛一向被称为女人岛，就是母系氏族制社会的误传。”[⑤] 苏

---

① ［越］申仁忠等：《天南余暇集》，第 5 册：条例。

② ［法］马司帛洛：《占婆史》（冯承钧译），北京：中华书局，1928 年版，第 8－9 页。

③ ［法］赛代斯：《东南亚的印度化国家》（蔡华、杨保筠译），北京：商务印书馆，2008 年版，第 25 页。

④ 赵汝适：《诸蕃志》。

⑤ 王任叔：《印度尼西亚古代史》（上册），第 155 页。

门答腊米南加保地区，年长的妇女往往成为营地的管理者和主持人，婚姻按辈份为区别实行集群婚制。进入晚期则开始出现父系家长制氏族公社时期，族外婚制流行。从米南加保母系氏族部落制的残余中，可以找到典型的母系氏族制。它一般由4个氏族构成一个村落或称部落。4个氏族实行族外婚，但同一部落实行族内婚。4个氏族分为两组，即两个氏族合成一组，每一组的氏族内不允许相互通婚，而只允许同另一组的氏族通婚。氏族之下出现家族公社。米南加保的母系家族是由一位女性祖宗所传下来的子孙组成。他们有共同的居住地、共同的墓地、共同的家屋、共同的稻田。大家族居家的长屋为母系氏族所有。米南加保的长屋可住七八十人，他们都是由一个女性的先祖传下来的。长屋制的居住方式在印度尼西亚的巴塔、加约、达雅克、伊里安查亚和卡伊等地也很流行。达雅克人的长屋长达200~300米，各个家族有自己的房间。长屋前后有长长的走廊。母系氏族制社会，在印度尼西亚新石器时期可能相当普遍地存在。在爪哇东部的巨石文化遗址中，石棺外往往浮雕有形似尼格利陀人的妇女形象，大眼、厚唇、扁鼻，两脚叉开，两手并举，这既是一种祖先崇拜的标志，也肯定是母系氏族制的标志。

在东南亚一些地区，母系氏族制的残余延续很久。如：古代东南亚地区许多王国的统治者往往都非常注意迎娶某些强势王国的公主或某个王族的女性后裔为后妃，甚至强娶或设法将几位公主姐妹一起据为已有，才能使国王的王位与权势有了“合乎法律的依据”。又如：14世纪下半叶缅甸的彬牙王朝、阿瓦王朝的王位频繁更替，一位出身王族名门的苏翁玛竟连续当了先后继位的6位国王的皇后。[①] 孟王朝的著名女王“信绍布是孟王亚扎底律王后窦达玛娅之女。……20岁时，缅历775年公元1413年与亚扎底律之甥德门西都婚配。25岁时，缅历780年公元1418年生子彬尼亚勃尤。是年其夫去世。缅历784年公元1422年29岁时被献给（阿瓦王朝）白象主底哈都（为后），来到阿瓦。缅历791年公元1429年36岁时，在两位僧人达马达亚和达马尼亚那的帮助下，潜回到（孟王朝的国都）汉沙瓦底。缅历814年公元1452年她59岁时当了（孟王朝的）国王，取号彬尼亚江道”。[②] 这些事例都说明了东南亚各族人对高贵女性的看法绝没有中国或印度那种女性“贞节”的观念，女权甚高。再如，东南亚绝大部分民族没有姓氏之分；父母两系亲缘关系的称谓完全相同；直至近、现代男女婚后，仍以“入赘”方式入住女家为主。这些皆说明了妇女地位较高，在祭祀、管理以及贸易活动中往往起着重要作用。在父系家长制发展的时期，东南亚的马来人仍保持有妇女的财产与权力地位的继承权，这使东南亚与其他亚洲地区有所不同。

亚洲文化的特征之一是历来重视家庭和家族关系网络的作用。而妇女的地位和作

① 李谋等译注［缅］《琉璃宫史》上卷，北京：商务印书馆，2007年版，第322-340页。
② 李谋等译注：［缅］《琉璃宫史》中卷，北京：商务印书馆，2007年版，第487-488页。

用特别受到尊重，双系继承制的延续，是东南亚古代社会文化的又一个重要特征。

五、重视境内外贸易的发展

发展经济重视贸易是强国之本

纵观古代东南亚各国经济方面的政策与发展，几乎无一例外都很重视商业的发展与产品的交换。东南亚是中印两大国贸易的中介和商贸潮流的受益者，由于控制和利用这一商业通道，进而成为谋取更多利益的参与者。东南亚各国间进行贸易的大宗商品主要是稻米、食盐和金属器皿。而在这一时段发展起来的东南亚各国的国际贸易主要是与两大邻国中国、印度之间进行的。从中国输入的主要是丝绸、瓷器；从印度入口的主要是棉布。而从东南亚输出的有稻米、蔗糖、香料等。

对海岛地区兴盛一时的室利佛逝和其后取代它的麻若巴歇王国来说，海上贸易无疑是它们的经济命脉，因此也成就了它们作为商业大国屹立于东南亚的霸业。地处半岛地区的吴哥王朝在其极盛的苏利耶跋摩一世（1010—1050 年）时，积极发展贸易，将吴哥融入了中国与东南亚和印度洋沿岸诸国的商业网络之中。发展到极盛期的蒲甘王朝等其他东南亚国家也都非常重视本国境内外贸易的发展问题。

东南亚对外贸易中除稻米外最主要的商品是香料

东南亚输出的香料包括有：丁香，原产地是马来群岛的马鲁古，在贸易中称之为“指甲香”；肉豆蔻和肉豆蔻衣，一种称之为肉豆蔻树所结果仁或该果仁的表皮，原产地是马来群岛中塞兰岛以南的班达一群小岛；胡椒，一种多年生藤本植物，未成熟果实干后果皮皱缩而黑，称“黑胡椒”，成熟果实脱皮后色白，称“白胡椒”，原产地系印度南部，后马来群岛地区大量移植。本来多由印度出口经东南亚转口的胡椒，后来反而成为东南亚大宗出口的一项产品。虽然，香料的数量远小于其他物产，但是其价值高，东南亚又是主产地，所以在东南亚对外贸易中占据了举足轻重的地位。

对中国而言，早在晋、唐以来就已知道东南亚盛产丁香、肉豆蔻等香料。而在西方“早在 10 世纪，开罗和亚历山大城的贸易资料中就提到丁香，偶尔也提到肉豆蔻和肉豆蔻衣”。① 所以，后来西方人东来，香料贸易也是其中一个主要动因。西方甚至将南海的航路称之为“香料之路”。

货币的应用与发展

贸易的初始阶段都是物物交换，以物易物；随着商品交换大量化和当地统治者从中收取部分利润、税收的需要，固定地充当一般等价物的特殊商品——货币遂应运而生。东南亚大多数地区早期都在用布匹或金块、银锭做货币，小额贸易也有使用贝币

---

① ［澳］安东尼·瑞德：《东南亚的贸易时代：1450 – 1680 年》第二卷，第 4 页。

的。“小交关则用米谷及唐货。次则用布，若乃大交关，则用金银。”[①] 海岛地区或半岛沿岸一些地区如苏门答腊、爪哇、吕宋、若开等地早在9—10世纪时就已有当地制造的银币或铅币。据传素可泰兰甘亨王发明过子弹币，而兰那泰孟莱王则发行过手镯币。[②] 东南亚的中央集权王国兴起后，货币在东南亚的使用范围逐步扩展。

由于东南亚与中国贸易的发展，中国的铜钱曾一度在东南亚较广泛地使用。这在不少的中国史籍中都可找到对应的记述。比如，“明朝皇帝将赠送许多钱币给占王。郑和船队也曾带去不少铜钱，或作为礼物馈赠国王，或用于交易。”[③] “番人殷富者甚多，买卖交易行使中国历代铜钱”。[④] 东南亚一些地方也曾仿中国币式铸币。占城在中国宋代时曾仿中国铸造外圆内方的铜钱。越南的陈朝（1225—1400年）曾官办工场铸币。据载，越南还曾在14世纪末年胡季犛当政时发行过纸币。

从商品集散地到城市的发展

贸易的发展经济的繁荣促进了城市的发展。比如：吴哥苏利耶跋摩一世（1010—1050年）在位时，城市就比他执政之前有了较大发展，据现存当时镌刻的碑铭统计，带“补罗”（意即城市）的地名竟有47个之多；爪哇的前马达兰王国爱尔朗卡（1019—1041年）在位时加强对外贸易，泗水附近的乌戎嘎鲁就是个繁荣的国际港；阿奴律陀将蒲甘王国的版图大大拓展，国力增强，内外贸易发展，出现了不少商镇，像沿海的勃固、莫塔马，沿江的八莫（江头城）、直通等；越南后黎朝时，1477年朝廷下令准建新集市，当时竟有集市259277处之多。

我们对这一时期东南亚各地出现的王国首府进行考察，就可以发现这些首府都城无一例外都是一些发展起来的沿江或沿海的港口城镇。各国政府也无一例外地非常注意积蓄力量争夺出海口。

贸易通道控制权的斗争

纵观横贯东南亚的海路贸易航道，有两个关键的咽喉要道：一是海上的马六甲海峡和巽他海峡，另一是中南半岛南端的克拉地峡。

室利佛逝王国是一个繁荣强盛的海上贸易大国，它是当时东南亚的国际贸易中心，且它的商船也到印度和中国经商。所以中国史籍称“三佛齐国在南海之中，扼诸藩舟车往来之咽喉，故国之舟辐凑焉”。[⑤] 各国商船皆来此贸易，马来群岛博鲁斯（Berus）的樟脑、巽他的胡椒、马鲁古的丁香和豆蔻等也大量运到该地贩卖。10世纪末室利佛逝的霸权受到爪哇前马达兰王国的挑战，两国相互征讨对峙。其后，室利佛逝的霸业

---

① 周达观：《真腊风土记》，“贸易”。

② 参见《东南亚的贸易时代：1450－1680年》第二卷；［缅］吴瑞赞等：《缅甸若开邦发展史》（李谋译），载《南洋资料译丛》2007年第4期。

③ 巩珍：《西洋番国志》。

④ 马欢：《瀛涯胜览》。

⑤ 赵汝适：《诸蕃志》卷上，“三佛齐国”。

又受到南印度注辇的威胁，竞争日趋激烈，到 11 世纪中叶室利佛逝势衰，注辇在这一咽喉要道掌握了主导权。再后吴哥王朝和蒲甘王朝又在这场竞争中占据了有利地位。11 世纪后半期缅甸的蒲甘王朝吞并了下缅甸的孟人王国，控制了孟王国的对外贸易中心勃固，开始向马来半岛扩张，将其军队派驻到了丹老以南。缅甸军队又从丹老一带跨越克拉地峡，但没有遇到高棉人的抵抗。这是因为 1050 年后吴哥王朝内部不和，无暇顾及，遂拱手让出了对这一商路的主导权。这样，缅甸人从 1060 年左右开始争得了这条商路的主控权。此后不久，斯里兰卡国王毗家耶巴呼一世（1055—1110 年）在位期间，缅甸曾应邀派兵协助他反击注辇人。1067 年，注辇人的傀儡迦托诃政权被推翻，注辇国王毗利拉真陀罗（Virirajendra）再次出兵东征，平定迦托诃，恢复傀儡政权，但此次干预只能是短暂的。不久缅甸人为保证他们继续控制这条商路，确保他们的对外贸易，也出兵此处，使缅甸在迦托诃地区又夺得主导地位。此后在迦托诃以南的吉打海岸也逐步发展成为一个具战略意义的口岸。14 世纪末麻若巴歇顶替了室利佛逝成为海峡一带的霸主，当时与之争夺这一贸易通道控制权的还有泰国的阿瑜陀耶王朝。1429 年，麻若巴歇王国失去了对海峡的控制权，取而代之的是海峡地区新兴的马六甲王国，这一态势一直保持到 1511 年葡萄牙人占领马六甲为止。

六、多元宗教信仰的交织与传承

本土的以太阳崇拜为主的自然崇拜和生殖与祖先崇拜

原始人类对太阳有着极大的崇敬感和依赖感。史前岩画是文字出现之前唯一的文化载体，也是早期人类对他们当时所处环境看法的原始证据。东南亚各地发现的史前岩画中不论是半岛地区的缅甸岩画，还是海岛地区马来西亚、印度尼西亚的岩画都发现有太阳的形象或符号的出现。东南亚进入铜铁时代铜鼓上普遍存在的“太阳纹”也是东南亚人对太阳崇拜的又一实证。另，关于太阳崇拜在东南亚各族的神话、传说中也可找到某些线索。东南亚有不少民族认为他们是太阳族的后裔。

原始人类以为对自身也有个神秘力量在控制着，遂出现了生殖崇拜与祖先崇拜，进而引申为灵魂崇拜。颇具特色形式多种多样的东南亚巨石文化就充分体现了这几种崇拜。东南亚各地发现的单个或成群的石柱或立石是印度称之为“林伽”的男性生殖器象征物，也有个别的是在立石之下有石座或在石柱之上顶有代表女性生殖器名之为“约尼”的圆石或石帽的，这表示生殖崇拜；石桌、石座、石坛等则主要体现了祖先崇拜，是古人祭祀的场所，也是当时部落族群议事的场所。因为祭祀是生者与死者的对话，出于对已故祖先的尊重，议事时也要听取死者的意见，在祭祀地点来议事当然是最佳选择了，在海岛一带发现的最为普遍；再有一类是石缸、石瓮与石棺，这是埋葬死者的墓地，也是灵魂崇拜的证据。老挝查尔平原的石缸群是这类巨石文化遗迹的典型。古人认为，死者遗骸或骨灰应好好保存，他的灵魂才有个稳定的寄居之所。当然石缸、石瓮的大小还表明死者地位高低。瓮棺葬在古代东南亚相当流行，例如骠人死者的骨灰瓮也有区别，普通百姓的是陶瓮，富人的是铜瓮，而王室的骨灰则放在巨大的石瓮里。①

印度宗教的传入与本地原始信仰的交织

外来文化传入之前，东南亚地区普遍存在着原始宗教，最主要的是神祇崇拜，认为万物有灵，山川草木动物之神无不影响、支配着人们的命运，蛇神、山神更是普遍受到礼拜供奉。公元之初，随着东南亚各地古代早期国家的建立和发展，从印度传来的佛教（包括大小乘各种不同教派）和婆罗门教（包括湿婆教、毗湿奴教）适应当地统治者们的需要，交替或同时成为这些国家占统治地位的宗教，但“在绝大多数的王国，湿婆崇拜以及毗湿奴崇拜、大乘佛教和小乘佛教和平共处”②。由于统治者们的大力推行，外来的印度宗教在东南亚早期国家中发展很快，甚至成为“国教”。尽管统治者为了巩固自己的地位极力推行外来的宗教，但由于各种原因，在宫廷之外，原始宗教仍然长期存在。信奉外来宗教的主要是上层人士，而原始宗教信仰仍然在广大民众中广泛流传。在中国众多的古籍中也有不少此类记述③。东南亚史学家们也认为“在受印度文化影响较为强烈的地区，我们常常可以看到一些复杂的模式：外来影响与古代东南亚的本地信仰密切地交织在一起”。④

佛教和婆罗门教的传入对当时东南亚各地社会的发展，总的说来是一种进步的因素，适应了东南亚由原始社会末期向更高一级的社会发展的需要，促进了该地区国家的形成和社会的发展。

印度本土衰落的佛教却在东南亚得到进一步弘扬并形成了南传佛教文化圈

7 世纪后印度本土的佛教、婆罗门教都在衰落。8 世纪婆罗门教经商羯罗改革后，变成印度教又中兴起来，而佛教却无法挽回它日渐衰落的颓势。当时大乘佛教部分派别与婆罗门教相结合出现了金刚乘教派⑤。该派创立后不久就传入了东南亚，并一度大盛。比如：在缅甸蒲甘王朝前期“历代君王均信奉居于德马梯的 30 名阿利僧及其 6 万门徒，受其谬误信念蒙蔽”。到阿奴律陀王时阿利僧才被强令取缔。⑥柬埔寨真腊王朝时不论“富室”抑或“贫家”皆信奉金刚乘教派，养女者必遵该教派之礼仪，“富室之

① ［缅］貌丁昂：《缅甸史》（贺圣达译），云南省东南亚研究所，1983 年版，第 14 页。

② ［新西兰］尼古拉斯·塔林主编：《剑桥东南亚史》Ⅰ，第 237 页。

③ 如《隋书》卷八十二《真腊传》等。

④ ［新西兰］尼古拉斯·塔林主编：《剑桥东南亚史》Ⅰ，第 236 页。

⑤ 金刚乘（Vajra-yana），在东南亚各国多称其为呾特罗（Tantra）或曼荼罗（Mandala）教派。缅甸称其为“阿利僧”。在中国则称其为真言乘（Mantra-yana）或密宗（Esoteric Budhism），中国云南尤其是白族地区曾称之为“阿吒力教”者亦即该派。

⑥ ［缅］《琉璃宫史》上卷，第 199、203 页。

女，自七岁至九岁；至贫之家，则止于十一岁，必命僧道去其童身，名曰阵毯……”。[①] 13—14 世纪佛教在爪哇地区再度兴盛起来，新柯沙里王朝的格尔达纳卡拉国王（1268—1292 年在位）以湿婆佛陀而闻名。他在位年代中“都充满了密宗佛教的精神，特别是金刚乘，它是把超人类的权力归结于前面提到的金刚杵的一个教派。……”[②]。苏门答腊阿迭多跋摩王（1347—1379 年在位）时“（许多碑文）使用了稀奇古怪、不合乎文法的梵文和深奥的密宗术语，至今人们仍然不能理解它的确切含意。至于说阿迭多跋摩所追随的密宗类型，有一种观念认为这位国王‘总是集中在喜金刚（即大日如来）’，它是无动佛的一种恶魔般的形式。对喜金刚的崇拜涉及鲜血和性欲仪式，性欲仪式通常与女性伙伴联系在一起。……阿迭多跋摩，他至少统治了 32 年，成为米南加保王国的精神之父。”[③]

佛教开始传入东南亚时正是印度本土佛教处于部派佛教时期，外传的佛教各派均有，开始传入半岛南部即印度古称之为“金地”孟人聚居区的教派中，无疑上座部是占据主要地位的。但学者们比较普遍地认为“孟人佛教的早期历史相当模糊”。“来自卑谬附近的孟恭（Maungun）的金箔上的铭文制作日期可以追溯到 7 世纪，它反映了巴利文的传统，是上座部佛教在东南亚传播的最早证据。”“在泰国东部巴真武里府地区的侬沙巴（Noen Sa Bua）发现的一块公元 761 年的佛教碑铭，是用古高棉文书写的，附有用巴利文书写的三句诗。这表明在吴哥王朝以前上座部佛教已传到现今泰柬边界附近地区。”[④]

上座部佛教在早期孟人古国立足后逐步传遍东南亚半岛地区，其历程是比较清晰的。

蒲甘阿奴律陀王时摒弃了其他佛教教派，立上座部为正宗。后又派兵支援与他信仰同宗的斯里兰卡摆脱注辇的统治，帮助斯里兰卡恢复佛教。此后缅甸与斯里兰卡间又有过多次僧伽的来往，巩固了上座部佛教在两国的发展与地位。当时两国都出现了源自对方的属于上座部的某些教派。

上座部佛教在柬埔寨境内直到吴哥王朝衰落，家耶跋摩八世（1243—1295 年在位）时才占据了统治地位。

泰国素可泰王朝兰甘亨王（1275—1317 年在位）曾从洛坤把锡兰留学回来的高僧请到素可泰，并派人专程去锡兰请来上座部高僧，来素可泰弘扬佛法，上座部佛教开始繁荣。[⑤] 此后泰国的各个王朝，上座部佛教一直保持着正统地位，兴旺发展。

---

① 周达观：《真腊风土记》（八）室女。

② ［新西兰］尼古拉斯·塔林主编：《剑桥东南亚史》Ⅰ，第 265 页。

③ ［新西兰］尼古拉斯·塔林主编：《剑桥东南亚史》Ⅰ，第 266 页。

④ ［新西兰］尼古拉斯·塔林主编：《剑桥东南亚史》Ⅰ，第 243 页。

⑤ 段立生主编：《东南亚宗教嬗变对各国政治的影响》，泰国曼谷大通出版社，2007 年版。

1353 年法昂在今老挝地区建立了澜沧王国。法昂的王后是一位柬埔寨的公主娘巧肯雅。法昂请柬埔寨高僧到老挝传教。从此上座部佛教在老挝得以广泛地传播与发展，成为国教，深入老挝社会、文化等方面，对老挝的发展起到了很大的作用。

12 世纪以后，虽然佛教在印度本土已经灭绝了，当时佛教中心已从印度本土移至斯里兰卡。所以东南亚各国与斯里兰卡的交往实质上是东南亚与印度通过第三者进行的间接文化交流，但这是东南亚半岛诸国与印度交往的继续或延伸。东南亚半岛多数国家由分别信仰佛教多种派别变为绝大多数地区逐步归一，独尊上座部派佛教，并保留了某些印度教信仰成分的态势。以东南亚半岛地区缅、泰、老、柬诸国为核心，加上南印度的斯里兰卡，以及中国西南边疆一些少数民族聚居区，逐步形成了一个上座部佛教文化圈，即南传佛教文化圈。

阿拉伯穆斯林和改宗的印度商人推进了伊斯兰教在东南亚的传播

伊斯兰教是 7 世纪初由穆罕默德在阿拉伯半岛创立的一种单神教，“伊斯兰”系阿拉伯文 Islam 的音译，原意为“顺服”，指顺服唯一的神安拉的旨意。基本教义为：信安拉，信诸天使，但反对偶像崇拜；信《古兰经》及其以前的诸经典；信穆罕默德为“封印”使者及其之前的诸使者；信死后复活及末日审判；信一切皆由安拉前定。

7 世纪 30 年代初，伊斯兰教已传遍阿拉伯半岛。8 世纪时，它的影响已横跨欧、亚、非三大洲，成为一个世界性宗教。7 世纪阿拉伯的贸易船只就已穿过东南亚海域前往中国。8 世纪以后，阿拉伯人在海上贸易中获得了优势地位。10 世纪末伊斯兰教进一步传入印度，部分印度人改宗伊斯兰教。13 世纪印度建起了强大的德里苏丹国。伊斯兰教文化同印度教文化发生了碰撞、融合，印度文化中添加了一个重要成分即伊斯兰教成分。德里苏丹国建立初期大批僧侣遭遇迫害，寺院遭到破坏，强制人们改宗伊斯兰教。到 1335 年左右德里苏丹国达到极盛，形成了一个囊括全印度的大帝国。随之，印度大批下层印度教徒陆续自愿改宗伊斯兰教。在印度，伊斯兰教成为仅次于印度教的第二大宗教。

除了阿拉伯的穆斯林把伊斯兰教带到了东南亚外，印度人在与东南亚国家的商业交往中，也把伊斯兰教带到了东南亚。除了印度穆斯林商人之外，还有一部分印度穆斯林是以专业传教士的身份进行传教的。① 中国的一些穆斯林卷入了远洋贸易进而向海外移民，他们在东南亚的伊斯兰教传播过程中也曾发挥过重要作用。②

约在 13 世纪中后期。苏门答腊的一位王室的后裔摩罗悉楼接受阿拉伯商人谢赫·伊斯迈尔和来自南印度的苏丹穆罕默德的传教，建立起信奉伊斯兰教的须文答剌—巴赛国。巴赛王国成了伊斯兰教在东南亚海岛地区最早的立足点和传教中心，伊斯兰教

---

① 黄云静：《伊斯兰教在东南亚早期传播的若干问题》，《中山大学学报》（社会科学版），2000 年第 1 期，第 24 页。
② 参见［新西兰］尼古拉斯·塔林主编：《剑桥东南亚史》Ⅰ，第 422 - 423 页所述。

从这里向周围扩散。1450 年从苏门答腊的巨港（巴邻旁）来的阿布·贝克到苏禄群岛传播伊斯兰教。他娶了当地首领之女为妻，并继承岳父的职位，自称苏丹，建立了苏禄苏丹王国。1475 年，阿拉伯人谢里夫·卡本斯旺从马来半岛的柔佛到棉兰老岛传教，和一个土著首领结婚后建立了棉兰老苏丹国。[①] 1478 年创建的淡目王国则是爪哇岛上的第一个伊斯兰教国家。14 世纪初，随着海路贸易的发展，伊斯兰教在东南亚的传播范围开始扩大。印度、阿拉伯穆斯林商人直接在印尼群岛各港口建立贸易据点，并逐步控制了从欧洲到东南亚海域的商业网络。为了保障他们的利益，掌控东南亚地区的贸易，希望借助伊斯兰教，进一步与所在地王国的宫廷建立起密切联系。另一方面通过海上贸易能获得丰厚的经济利益，也极大地吸引了东南亚海岛地区其他王国的统治者们，促使他们决心改宗伊斯兰教。随后，才有了马六甲和渤泥两个强大苏丹国的兴起。

七、从"王权神授"到"君神合一"的政体

"国家是文明社会的概括"[②]。国家可以分为两大类，一是原始国家（pristine state），另一是次生国家（secondary state）。世界上目前公认的原始国家有 6 处起源中心，它们是黄河中游、美索不达米亚、尼罗河下游、印度河谷、中美洲和秘鲁—波利维亚地区。[③] 东南亚早期国家是在中印文化的影响之下形成的，也就是在黄河中游和印度河谷文明的影响下催生和发展起来的，是典型的"次生国家"。

公元前后出现的东南亚古代早期王国是在引进印度文化之后，吸收印度的王权观念而逐步建立起来的，宗教祭祀和僧侣在其中发挥着重要的作用。但东南亚的古国在处理国王和王室与神和祭司的关系上却与印度或中国、埃及等古国都不同，它的"国王并不仅仅扮演牧师角色，他就是世界的超凡中心，祭司则是他的神圣特征的征象、组成部分和效应物"。[④] 东南亚古国常以提婆罗家（Devaraja，即"天王"或"神王"）崇拜来体现国王的神力，但又与印度的提婆罗家崇拜内容完全不同，"已发展成为一种主体显然不同的政治思想和宇宙观"。[⑤] 甚至在某些国家还可以"看到神王合一崇拜的极端例证"，国王本人的面目常常是主要的"建筑主题"。[⑥] 古代东南亚的政权也不同于中国秦汉时期的中央集权制，而是西方学者们所说的曼陀罗制（Mandalas）或王圈制（circles of kings）。所谓曼陀罗制或王圈制，是指在没有确切地理边界和小的政治中

① 金应熙主编：《菲律宾史》，第 45－46 页。
② ［德］恩格斯：《家庭、私有制和国家的起源》，《马克思恩格斯选集》第四卷，北京：人民出版社，1995 年版，第 176 页。
③ 陈淳：《国家起源之研究》，载《文物季刊》1996 年第 2 期，第 85 页。
④ ［美］克利福德·格尔兹：《尼加拉：十九世纪巴厘剧场国家》（赵丙祥译），上海：上海人民出版社，1999 年版，第 152－153 页。
⑤ ［澳］A. L. 巴沙姆主编：《印度文化史》（闵光沛等译），北京：商务印书馆，1999 年版，第 658 页。
⑥ ［澳］A. L. 巴沙姆主编：《印度文化史》（闵光沛等译），第 658 页。

心从各方面寻求其政治安全的背景下形成的一种特殊体制。东南亚早期古代王国的国王们是利用神性确立其共主地位，而在王圈内，国王的政治地位主要以宗教的形式表现出来，因而其结构比较松散。这些政权内部都存在着多个政治中心，各个地方政治中心仅仅是在共主的影响下各自发展而已。不过，王圈的存在使各个政治中心加强了交流，有时共主也会去协调各个政治中心间的矛盾或利益冲突。王圈内的政治中心和宗教中心经常发生转移。王圈的共主——国王，并没有对其他地方势力的绝对控制力。在古代东南亚的早期王国中，扶南、真腊、室利佛逝、占婆等政权都是典型的曼陀罗体制。

公元10世纪前后，东南亚地区在早期古代国家的基础上先后出现了若干个中央集权王国，它们大多是当地早期国家的延续，也是以某个主体民族为主导的国家，如半岛地区高棉人为主的吴哥王国、缅人的蒲甘王朝、泰人的素可泰王国、老人的澜沧王国以及海岛地区的马来人诸王国等。早期王国的行政体制为中央集权王国的建立与强化奠定了坚实的制度基础，早期王国不仅促进了该地区主体民族的团结和发展，并为中央集权王国的建立和发展提供了重要的经济支持。尤其是东南亚早期国家所推崇的“君权神授”观念为中央集权国家的建立提供了精神支撑。

东南亚中央集权王国建立后，王国的君王们普遍效仿印度孔雀王朝以来的惯制（越南是例外）有个较长的巴利文的名号，此外都被尊为全国“水和土地的主人”。国王在宫廷里重用从印度来的或由本土培养的婆罗门，叫他们司职祭祀占卜，但他们的地位却低于君王。东南亚中央集权王国的君主们根据自己的信仰，有的明确宣称自己是大神毗湿奴转世，比如，蒲甘王朝一代明君江喜陀（1084—1112年在位）本人就多次自称他是毗湿奴再世[①]，“谏义里王朝（1100—1222年）的绝大多数国王都被称为是毗湿奴的化身”[②]；有的把自己说成是印度教大神湿婆的化身，到处竖立起代表国王的林伽供人顶礼膜拜，如：从创立吴哥王朝的家耶跋摩二世（802—850年在位）开始，多位吴哥君王在所属各地广泛竖立起代表自己的林伽，并建造“庙山”；有的则声称自己是佛的化身或未来的佛陀[③]，或命臣民们直呼其为“佛爷”[④]。可见这一时期，东南亚的各国君主已不再停留在“王权神授”的概念之上，表明自己当政的合法性了，而是进一步表明“君即神”，“神即君”，君神合于一体。

而且，王权大于神权成为日益突出之势。实证之一是：君主可以根据自己的好恶与需要，扬抑某一宗教派别或使自己的臣民改宗另一宗教。如，10世纪后半叶，蒲甘王朝阿利教派势力大盛。11世纪中叶阿奴律陀王即位后，意识到阿利教派的“神权”

① 贺圣达：《缅甸史》第68页。
② ［新西兰］尼古拉斯·塔林主编：《剑桥东南亚史》Ⅰ，第240页。
③ 如在吴哥家耶跋摩七世（1181－1219年在位）时，崇信大乘佛教，遂以佛陀形象代表自己。
④ 如在缅甸王朝时代，臣民与君王对话时除用词称谓等方面与一般人之间所用不同外，且在句尾或句首加上“佛爷”一词相称。

势力已危及到“王权”，必须削弱“神权”将其置于“王权”之下，才能巩固王位。阿奴律陀王下令处死阿利教派首领，强制阿利教派僧人及其弟子还俗，充任刀枪手和象粪清扫夫。立孟族青年僧人阿罗汉为国师，在全国范围推崇传播上座部佛教。[①] 又如，13 世纪中后期，崇信佛教的苏门答腊一位王室后裔摩罗悉楼接受了阿拉伯商人谢赫·伊斯迈尔和来自南印度的苏丹穆罕默德的传教，建立起信奉伊斯兰教的须文答剌——巴赛国，称王号为苏丹·马利克·阿斯萨利赫，贵族们也随其皈依伊斯兰教。实证之二是：君王可以随意改变“神权”的结构，使其置于自己掌控之下。如，阿奴律陀王即位后可以封本非自愿遁入空门，且在僧团中原无任何资质经历的父亲担任僧王。再如，15 世纪初越南胡朝时，胡季犛实行限佛尊儒政策。甚至征召僧人当兵出征。到 15 世纪下半叶越南后黎朝时，皇帝不但是全国的最高统治者，甚至连对神仙都有奖惩的权力。[②]

八、对外来文化的包容、吸纳与融合

人类的文化是伴随从猿到人的进化过程而逐步出现的，从原始社会开始，人类的文化便逐步被创造、进化和积累起来。史前时期，东南亚不但有原始人类遗迹，而且发现了旧石器时代、新石器时代和青铜时代的文化遗迹。东南亚地区存在古老的原始民族——尼格利陀人，而后又有从中国南方迁徙而来的诸族群，在史前社会，他们虽没有创立自己的文字，但已学会用双手制造工具和火的使用，他们建立了原始社会组织，凭借自己的劳动，披荆斩棘，共同创造了史前时代东南亚社会的文化。

在外来宗教与文化输入之前，东南亚并非文化的真空地带，它已有自己固有的独特的文化。法国学者赛代斯在《东南亚印度化国家》一书中，对东南亚早期固有文化的特征作过学界比较普遍认同的概括，指出在雅利安文明之前，东南亚文化的特征大约是：“从物质文化方面看，有水稻的耕作，黄牛和水牛的驯养，金属的初步使用和航海技术；社会结构方面，妇女和以母性为世系的作用占有重要地位，以及因灌溉耕作的需要而产生的组织；宗教方面，万物有灵论、崇拜祖先和土地神、修建在高地上的祭祀场所、石瓮葬和石棚葬；从神话方面看，皆为宇宙二元论，其中高山对大海、飞禽对水族，居住在山区的人与沿海的人相对。”[③]

其他学者也曾先后对赛代斯所列举的特征作过某些补充。比如，N. J. 克罗姆指出，印度文化传入前能代表爪哇文化特征的有：皮影戏、佳美兰乐队、蜡染法[④]等。

---

① ［缅］《琉璃宫史》（上卷），第 199 – 203 页。
② 参见越南社会科学委员会编著：《越南历史》，第一集，第 313 – 314 页。
③ ［法］赛代斯：《东南亚的印度化国家》（蔡华、杨保筠译），第 25 页。
④ ［美］N. J. 克罗姆：《印度—爪哇史》，转引自［英］霍尔：《东南亚史》上册（中山大学东南亚研究所译），第 27 页。

东南亚的史前文化的源头并非来自境外，而是本土，但它与中国南方文化有着密切的关系。东南亚处于种族和民族迁徙的“十字路口”，东南亚，历来是大陆原始部落居民理想的移民之地，而流经中国西南部和中南半岛诸大江的河谷地带就成为了原始族群迁徙的天然走廊。进入石器时代，特别是新石器时代，东亚大陆南部的原始族群开始从陆路或海路，一批又一批地移居中南半岛，渐次南下海岛地区，并在那里定居下来，与当地古老的原始民族结合，形成新的族群。从中国大陆南下的诸部族带来了他们的文化，因而东南亚的原始社会文化必然与中国文化有着多方面的相似性。

把东南亚旧石器时代、新石器时代和青铜时代的种种历史文化遗存和相对应的中国古代遗物进行比较，可以发现许许多多相似之处。了解到古代东南亚民族形成与分布的过程，我们就可发现这一现象的深层次原因就是两地绝大多数的民族是同源的。虽然后来因定居的环境有所差异，使得他们的文化发展出现了某些不同的特点。但是两种文化之间相似点很多，基点是一致的。

公元初始前后，随着水陆交通的发展，人群间交往的增多，东南亚两个近邻印度和中国的文化不间断地影响到东南亚地区。但中国与印度的文化传入东南亚地区并非被当地囫囵吞枣地全盘接受，而是在本土文化包容的态势下，有选择地被吸纳了，融合于本土文化之中。

众所周知，中国文化很重视伦理与亲情。东南亚古代文化无疑也吸纳了其中的某些成分。东南亚人与人之间重视伦常，尊老敬师，各国王位的传承也很注意血缘关系问题就是个极具说服力的例证。当然东南亚各族所沿袭的是双系继承制，而且非常尊重妇女的地位，这是与中国遵循父系继承制，强调女性的“贞节”是明显不同的。

东南亚文化在某种意义上说仍属于宗教性文化，但是宗教的排他性在这一地区显现得较少，而包容性却较大。表现为：多种宗教的相互交织。如：公元初不少国家中佛教的密宗与湿婆信仰结合得非常紧密，“这两种宗教在东南亚的发展史中，要在它们之间划一道明显的界线，往往并非易事”。[①]“（真腊）国尚佛道及天神，天神为大，佛道次之”。[②] 著名的婆罗浮屠也兼有大乘佛教和婆罗门教的特点等。

印度文化中种姓制度是非常严格的。四大种姓中的第一种姓是婆罗门，专司祭祀，负责与神的沟通，被婆罗门教、印度教称之为“人间之神”。而君王则属于第二种姓的刹帝利，地位低于婆罗门。而到了东南亚这两类人的社会地位却被完全颠倒过来，君王们成了“人间之神”，而婆罗门却成了没有实权的专司祭祀的臣子。多种宗教教徒和睦相处，而且就某种具体宗教来说也比该教原创教规戒律要宽松、灵活得多，从而形成了东南亚文化既多元又统一的特色。

---

① ［英］霍尔：《东南亚史》上册（中山大学东南亚研究所译），北京：商务印书馆，1982年版，第31页。

② 《旧唐书》卷一百九十七“真腊传”。

剖析东南亚中央集权国家的政体法制建设，可以明确地感到各王朝大都是仿照印度的《摩奴法典》。比如，在缅甸 12 世纪末 13 世纪初出现的《达摩伐罗沙法典》；1287 年孟王瓦里鲁（旧译伐丽流）命人参照《摩奴法典》制定了《瓦里鲁法典》；阿瑜陀耶前期根据印度《摩奴法典》结合泰人的习惯制定了《王朝法典》等。

在印度宗教文化传入东南亚各地的过程中还促成东南亚绝大多数民族创造了他们自己的文字。只有越南是个例外，因为越南曾长期是中国王朝的郡县。随着印度的婆罗门教、佛教的传入，这些宗教经典使用的梵文、巴利文也随之传入东南亚。所以至今我们所发掘到的东南亚最早的文字记载都是梵文或巴利文的。文字是人类进入文明社会的标志。东南亚也不例外，当这些民族迈入文明社会后，都先后借鉴南印度婆罗米字母结合本民族的特点创造出各自不同的拼音文字，而且最晚到 13—14 世纪时都已发展成独立的成熟的文字系统，并创造出各自的古典文学，沿用至今。当然，遗憾的是由于不同原因，有的今日已失传，有的在这历史的长河中发生了变化，改用其他书写办法，当时的文字今日已弃用了。

概言之，本土的原始文化，经过较长期的、不间断的对多种外来文化的包容，有选择地吸纳，进一步整合，在 16 世纪初叶前后形成了独具特色的既多元又统一的东南亚文化。

（本文初稿写于 2011 年年底，2012 年 3 月初又做了某些修改与补充成现稿。）

析印度文化与古代东南亚

在研究东南亚历史、文化的学界关于印度文化与东南亚是个常常议及的话题。印度文化对东南亚的影响较大也是学界的共识。但印度文化对东南亚的影响深度与广度到底应如何认识？主导文化影响深广的是输出方还是接受方？印度文化是以什么方式传播的？如何估价印度文化较之中国文化对东南亚的影响更大？等等问题却是人们有着较大分歧，一直争论不休的。本人也拟从我们几位同仁编写《东南亚古代史》过程中所感悟到的一些想法，结合赛代斯的《东南亚的印度化国家》[①]、霍尔的《东南亚史》[②] 和尼古拉斯·塔林主编的《剑桥东南亚史》[③] 等著名专著的例子，谈谈个人对这些问题的认识，求教于各位同行学者。

一

第一个问题：印度文化对东南亚的影响的深度与广度到底应如何认识？

法国学者赛代斯以“东南亚的印度化国家”作为书名，就已经明确地表明了他的态度。首先我们还是要充分肯定赛代斯从1944年就开始第一个把东南亚作为一个整体考察研究的重大意义。他在该书序言中明确地写道：“这里，在地理上称之为‘外印度’的那个区域包括除菲律宾以外的马来群岛和印度支那半岛或恒河以外的印度，其中有马来半岛和缅甸，但不包括只是作为印度和孟加拉的延伸部分的阿萨姆，也不包括东京和其历史发展处于印度影响之外的越南北部”。[④] 开宗明义地列出了他所说的东南亚地区有菲律宾、越南北部两个例外。

赛代斯认为在印度文化未传入前，“这种前雅利安文明的特征大约是：从物质方面看，有水稻田的耕作，黄牛和水牛的驯养，金属的初步使用和航海技术；社会结构方

① ［法］G. 赛代斯：《东南亚的印度化国家》（蔡华、杨保筠译），北京：商务印书馆，2008年版。该书原名《印度支那和印度尼西亚的印度化国家》。

② ［英］D. G. E. 霍尔：《东南亚史》（中山大学东南亚历史研究所译），北京：商务印书馆，1982年版。

③ ［新西兰］尼古拉斯·塔林主编：《剑桥东南亚史》Ⅰ、Ⅱ（贺圣达等译），昆明：云南人民出版社，2003年版。

④ ［法］G. 赛代斯：《东南亚的印度化国家》，第1－2页。

面，妇女和以母系为世系的作用占有重要地位，以及因灌溉耕作的需要而产生的组织；宗教方面，万物有灵论、崇拜祖先和土地神、修建在高地上的祭祀场所、石瓮葬或石棚葬；从神话方面看，‘皆为宇宙二元论，其中高山对大海，飞禽对水族，居住在山区的人则与沿海的人相对’；从语言学的角度看，都使用互不相通的语言，这些语言因有前缀、后缀和中缀而派生能力很强”。[①] 但对公元以后的东南亚，赛代斯却用一个“化”字表明了他的看法。说明其已全面接受印度文化了。“东南亚的这种印度文化，我们根据地区，分别称为‘印—吉蔑文化’、‘印—爪哇文化’等等。”“当地社会已融合成了一个印度型的社会。”[②]“我们可以说：柬埔寨人是印度化了的普侬人。变换一下其中的字眼，该定义即可用于缅甸人、南方泰族、古代占族、马来人以及伊斯兰教传入之前的爪哇人。”[③]

在赛代斯之后，英国学者霍尔是第一个名副其实的将东南亚地区整体进行研究的人。他自己也说：“我这本书（《东南亚史》）涉及的地区范围要比《印度化国家》一书所涉及的远为广阔，涉及的时间也长得多”。[④]所以人们普遍认为：“第一个把该地区作为一个整体来写的著作即 D. G. E. 霍尔的《东南亚史》只是在 1955 年才出现。”[⑤] 霍尔论及了许多印度文化对东南亚影响的实例，但是他非常明确地反对以赛代斯为代表的一些学者的“东南亚根本没有自己的文化，只有已经被印度化了的文化”的观点。他说：“看东南亚历史，要以其自身的观点而不能用任何其他观点，这样才能看准，如果这话说得不错，那么类似的说法对东南亚的文化同样也适用。因为，不论东南亚人民采用了哪些外来的文化因素，他们已很出色地把这些因素变成他们自己的了。”[⑥]

霍尔的观点非常正确，这些国家的文化并非被外来文化“化”掉了，反而是这些国家把那些外来的文化因素，包括印度文化因素有效地“化”成了自身文化的某些成分。

继霍尔以后，对东南亚史研究做出巨大贡献的要属由多国学者合作在 1992 年写成发表的《剑桥东南亚史》了。从 1960 年代初期开始历史学界对解读历史的模式有了进一步的变化。“首先是关于什么对于研究来说是重要的视野或角度的变化。其次，是关于对于研究来说什么是重要的在概念上的变化，或者说对客体的判断上的变化。第三，是解释方式上的变化，即是什么构成对于过去事件和过程的令人满意的记述在观念上的变化。最后，是影响对过去解释方法的现代东南亚实际环境的急剧、重大的变化。”“许多历史学家有意运用政治学、社会学、人类学等社会科学的概念来说明东南亚地区

---

① ［法］G. 赛代斯：《东南亚的印度化国家》，第 25 页。
② ［法］G. 赛代斯：《东南亚的印度化国家》，第 35 页。
③ ［法］G. 赛代斯：《东南亚的印度化国家》，第 3 页。
④ ［英］D. G. E. 霍尔：《东南亚史》，第 3 页，第三版序言。
⑤ ［新西兰］尼古拉斯・塔林主编：《剑桥东南亚史》Ⅰ，第 1 页。
⑥ ［英］D. G. E. 霍尔：《东南亚史》，第 8 页。

过去的某些方面，这一情况早已引起人们的注意。但是，这里要说的是超越方法论借鉴的问题。这就涉及到普遍的并且日渐发展的从狭窄的政治意义上的解释转向从更为基本的文化模式出发加以考察的问题。”① 《剑桥东南亚史》的作者们按照上述对历史新的解释方法，把东南亚古代史列为该书的第一部分史前至公元1500年，其中除了将史前东南亚列为单独一章外，把公元初始到公元1500年这一时段列为政治、经济、宗教等三章分别论述。其中有不少内容都涉及到印度文化对东南亚的影响问题。他们明确反对赛代斯的观点，同意霍尔的论断，而且用大量的史料、实证极大地拓宽了人们关于印度文化影响的视野。

我们认为：从印度文化对东南亚的影响深度来说，赛代斯的观点无疑是错误的。尽管他分析了在印度文化未传入前东南亚文化具有其本身的特色。但是接着分析印度文化传入后时，对这种影响的深度却做了无限的夸大，说东南亚“印度教化了”“印度化了”，成了“印度型的社会”。我们可以顺手拈来举出好多例子来反驳他的观点。因为事实是印度文化影响到这一地区之后，当地的文化并没有被“化”掉，不复存在了。而是东南亚本地文化把传入的印度文化“化”掉后，使当地文化更加丰富了，在其文化内涵中融入了很多印度文化因素而已。而从文化影响的广度来说，赛代斯却又估计得过分窄小了。霍尔以及《剑桥东南亚史》的作者们用他们撰写的著作本身表明了这种影响宽泛地存在着，除包括宗教在内的文化方面以外，政治、经济等等方面都有。仅就被赛代斯排除在外的本属东南亚地区之内的菲律宾、越南北部而言，我们也能举出很多印度文化影响的例子。比如，古代菲律宾就使用过一种名之为“巴伊巴音”的文字，也和东南亚许多种文字一样，是由南印度婆罗米字母演化而来的；今日菲律宾通用的他加禄语中竟有25%的词汇源自梵文。再如，越南北部也发现有古代当地改编了的《罗摩衍那》的口头文本，把安南变成了十车王的阿逾陀国，而把占婆变成了十首王的罗刹国；15世纪下半叶越南黎朝作家武琼编辑的一本越南古代神话传说集《岭南摭怪》中有一篇《夜叉王》说：“昔在上古辰，南越瓯貉国之外有妙宕国，王号夜叉王。一曰长明王，一曰十头王。其国北接胡狲精国，胡狲精国王曰十车王，太子曰微姿。微姿之妻曰白静后娘，容貌魅力，世所罕有，夜叉见而悦之，乃率众攻围胡狲精国，擒得白静后娘，微姿怒，遂领猕猴众，拔山塞海，尽为平地，攻破妙宕国，杀夜叉王，复取静后而还。盖胡狲国，乃猕猴之精。今占城国是也。”② 全文（连标点符号也计算在内）仅160余字，实际也是一篇越南改编的“罗摩故事”。

---

① ［新西兰］尼古拉斯·塔林主编：《剑桥东南亚史》I，第28－29页。
② 戴可来、杨保筠校点：《岭南摭怪等史料三种》，郑州：中州古籍出版社，1991年版，第48页。

二

第二个问题：主导文化影响深广的是输出方还是接受方？

赛代斯在谈及文化影响问题时特别强调输出方的作用。他说："其中大部分国家都受到那些震撼印度半岛或中国的大事件的影响。公元4世纪三谟陀罗笈多征服恒河流域和南印度，11世纪坦焦尔的注辇诸皇帝所采取的扩张主义政策，这些对孟加拉湾彼岸都有影响。此外，中国的大事件都非常明显地影响了外印度的历史。……因此，有一些关键的日期，它们在外印度历史中，与那些真正的'转折点'是一致的，可以用来确定某些时期的上下限，因为每个时期各具特色，或以强权人物的印记为标志，或以强国的政治霸权为特征。"[①] 这种认识也直接影响到他撰写《东南亚的印度化国家》一书的架构安排。他说："因此我宁愿采取这样一种方法，即把外印度作为一个整体，将课题照横断面切开，或者说按年代编写。"[②] 他用某些印度或中国的"重大事件"作为分期点，把东南亚古代史分成12章83个小节写出。比如，对柬埔寨古代史部分的叙述竟遍布书中的十二章，有的还被进一步分成同一章中的几个小节。使读者读后感到非常琐碎凌乱，既对东南亚古代史没留下一个整体概念，也对某个国家或地区古代的发展脉络没有一个清晰完整的印象。

霍尔对这种影响的存在看重的是"以其自身的条件来考虑"；看到影响的结果是东南亚人"很出色地把这些（外来文化）因素变成他们自己的了"。所以与赛代斯不同，强调接受方的作用。所以我们可以看到他在叙述1500年以前东南亚古代史时，基本上是以地区、国别来分章节，按时间先后讲述的。东南亚作为一个整体在读者的脑际虽没有留下个深刻印象，但每个东南亚国家的个体还是在读者脑海中留下了一个个比较完整的轮廓和图像。可必须指出的是：虽然霍尔明确地表示反对"把该（东南亚）地区作为印度、中国或西方的附属部分"来看，反对"印度中心论"、"中国中心论"或"西方中心论"。但有的时候他还是不由自主地反映出这类思想，并没有完全从东南亚本身去考虑问题。譬如，赛代斯提出东南亚古代史的一个转折点是13世纪末蒙古人的征服，造成了印度化国家的衰落。虽然霍尔在他的《东南亚史》相关论述中也表示了不完全赞同的意见。但他仍说"13世纪诚然是东南亚史上的一个分水岭"[③]。这表明他反对赛代斯的论点，并非理直气壮，还有某些含混不清之处。再如：霍尔在论及16世纪初西方殖民主义者开始觊觎下缅甸孟王朝时说："（勃固王朝）又于1512年接待了一

---

① ［法］G. 赛代斯：《东南亚的印度化国家》，第6－7页。

② ［法］G. 赛代斯：《东南亚的印度化国家》，第6页。

③ ［英］D. G. E. 霍尔：《东南亚史》，第7页。

名属于另一类型的欧洲探测者。他就是鲁伊·努内兹·阿昆阿。阿方索·德·亚伯奎在攻克马六甲后派他来调查并报告丹那沙林、马都八和勃固情况。这次访问的结果是在马都八设立了一个葡萄牙贸易站（1519 年）。这是一个正当黎明时期的新时代的征兆。"[①] 这种观点显然不是用东南亚“自身的观点”来看的。

我们可以发现《剑桥东南亚史》的作者们已经注意摆脱了单纯寻找文化传播与政治事件间如何直接联系的窠臼，扩大了视野，追寻存在于各个层面的文化因素的变化与影响。而且，比霍尔更加注意在论述中体现“东南亚不是外来影响的被动的接受者，而是这一过程的积极参与者”[②] 的观点。

我们认为主导文化影响深广的并非输出方，而是接受者。因为不论当时输出方是否拥有足以称霸的政治实力，或具备强势的深厚文化底蕴，输出方都不能左右或决定外来文化对当地影响的结果。而接受者当时所处的社会环境和它对外来文化的态度才是造成文化影响深广的主要因素。

东南亚出现早期国家的历史，至今仍是一段比较模糊的历史。但是经过各国学者不断探索追求，这些年所获线索、史料和考古发现，使得我们可以比较肯定地说：东南亚各族建立的早期国家，不仅有高棉人的扶南、占人的占婆，其他诸如骠族的骠国、孟族的金地、若开族的维沙里，还有在海岛地区出现的一些早期国家都是在公元初始前后建立起来的。19 世纪末叶以来许多西方学者对探究这些国家建立的过程表现出极大的兴趣和热情。有过种种猜测和解释，提出过种种假说与理论。我们认为其中有些意见至今仍是值得认真思索和考虑的。开始人们“都倾向于认为这些（影响的）东西是印度向东扩展的一次运动的结果。因此，人们便企图从印度的情况出发来对此做出解释；东南亚被视为接受（影响）的一方，扮演着被动的角色”。“这种扩展运动是在印度发生混乱状态中产生的，混乱状态促使大批难民渡海寻求新的家园。有一种理论认为迁徙是由公元前 3 世纪孔雀王朝的阿育王血腥征服羯陵加引起的……另一个理论认为迁徙是由于公元 1 世纪贵霜王朝侵略的压力。”[③] 荷兰学者也曾提出过所谓的“刹帝利假说”，“把印度文化的传入看成是印度人武装迁徙的结果”。[④] 虽然这些论点至今尚未能找到考古的依据，但值得注意的是一些历史传说却已提供了与之类似的故事。比如：我国隋代编写的《梁书》等史籍中都记有扶南女王柳叶嫁混填为妻和婆罗门憍陈如被扶南人迎立为王这两个传说。多位学者分析这两个传说很可能本来就是同一个故事。法国学者伯希和进一步考证了混填与憍陈如实际上是同一译名的两个不同写法。英国学者霍尔也分析混填与柳叶的故事显然是印度传奇中关于婆罗门憍陈如遇龙女苏

① ［英］D. G. E. 霍尔：《东南亚史》，第 215 页。引文中的丹那沙林今译作德林达依，而马都八今译作莫塔马。
② ［新西兰］尼古拉斯·塔林主编：《剑桥东南亚史》Ⅰ，第 19 页。
③ ［英］D. G. E. 霍尔：《东南亚史》，第 36－37 页。
④ ［英］D. G. E. 霍尔：《东南亚史》，第 40 页。

摩的扶南改编本。在占婆眉山（亦译作美山）地方出土的碑铭中也发现了这个印度传奇。柬埔寨学者彼多·克拉维在一篇文章中更明确地说："柬埔寨史记载，印度一位叫憍陈如的婆罗门在公元50年由南印度率领军队行船至克罗克岛，战胜了太阳神的女儿——女王柳叶，娶柳叶为妻，建立了高棉历史上第一个王国。"[①] 再如：缅甸正史中曾按传说写明缅甸境内的第一个国家——太公国是中天竺释迦族系的阿毕罗阇王首建的。[②] 这些来自不同国家的历史传说虽然不足以作为史料佐证，但是恐怕也不能将其看作无稽之谈。

学者们对印度文化向东南亚传播的媒介也有种种估计：有说是婆罗门、僧侣等传教者的；有说是逃离印度本土的刹帝利武士的；还有说是普通平民经商者的。看来在印度文化与东南亚接触的过程中，属于上述三种人群的媒体都有，而前两者是关键性人物。因为，可以断言"单凭商业接触还不能够使一个民族把其较高度的文明传给其他民族的"；没有婆罗门、佛教僧侣等的参与，很难想象印度的婆罗门教、佛教等能如此深入地影响到东南亚方方面面的发展；从东南亚各种主要语言中都有相当数量的梵文、巴利文的借词，各地大都有梵文古地名并大多发现过一些梵文碑铭来看，在这一文化传播的过程中没有印度的高级知识阶层的参与是绝对不可能的；从古代东南亚各国宫廷遵从的理念，实行的政制、法规等来看，传送者中必定有因某种原因或机遇进入当时东南亚宫廷统治集团中的精英人物。

从以上所述论点进一步分析，我们同样能推断出主导这一传播的是接受方。尤其是占据接受方主导地位的统治阶层起到了关键作用。这里必须指出的是：我们应该注意到一些传播方的代表人物婆罗门、佛教僧侣以及刹帝利，到了后来他们本身也融入到当地政权之中，摇身一变成了接受者中的关键一员了。

三

第三个问题：印度文化是以什么方式传播的？

赛代斯在他的论述中，有东南亚"第一次印度化"、"第二次印度化"之类的论断；也有"13世纪末蒙古人的征服"引发了"14世纪上半叶诸印度化王国的衰落"，以及"印度化王国的终结：自14世纪中叶之葡萄牙人占领马六甲"等并不符合历史发展事实的结论。论其原因都是因为他错误地认为：这种文化传播往往都是由一个突发的政治大事件引发而一次性完成的。

---

① Pich Tum Kravel：*Seminar*：*Ramayana's Influence Towards Performing Arts*, Thailand, 2004. 转引自：张玉安、裴晓瑞：《印度的罗摩故事与东南亚文学》，北京：昆仑出版社，2005年版，第55页。

② 李谋等译注：［缅］《琉璃宫史》上卷，北京：商务印书馆，2007年版，第126页。

仔细考察印度文化对东南亚各地影响的过程，非常复杂，并非是直线传接式一次完成的。可以说是个多线的、反复多次的、递进传接式的过程。我们考察一个国家今日表现出的印度文化因素往往并非是与印度直接接触的结果。常常是经历多种途径、多条线路、多个“中转站”之后，经过了被本地文化的吸纳融合之后才有了今天的表象。

举例来说：人们公认今天中南半岛诸国缅、老、柬、泰同属于一个南传上座部佛教文化圈，受印度文化影响深广。但考察这个影响过程，却是非常复杂的。就传接线路来说，有直接从印度北方或南部传入的；有经过锡兰中转而来的；有与“中转站”反复往返传接才定形的；还有的先从印度本土传来，再由第三地转来，在当地造成叠加式效应的。就传播途径来说，既有官方的正式往来，也有民间的友好交往；既有印度本土派去的布法传教僧团，也有东南亚本地派到印度或锡兰求法学习的僧伽；既有政府间的商贸经济往来，也有商人业主个体的经营活动；既有由某一突发事件引起的纠纷或战事，也有多年交往积淀而成的结果。

再举个单一国家的例子。譬如缅甸，印度文化传入缅甸就有过多条线路：有从印度北方经我国西南陆上丝路进入的；有经孟加拉湾海路进入的；有从南印度出发经锡兰岛转到缅甸来的；有从孟族聚居区转入的；也有从泰国转入的等等。在这里我们还可以就缅甸从泰国也传入了某些印度文化因素问题再进一步说明一番。16 世纪 60 年代缅甸东吁王朝借索要白象未果之机，动用了 90 万大军进入泰国境内，攻克阿瑜陀耶城，将其洗劫一空，俘获泰国王室，并将许多工匠艺人也掳掠回缅甸。缅王发动这场“白象之战”本意是想打击泰国王朝，使其臣服自己，扩大自身的影响。但结果却事与愿违，除了激励了泰国王室复兴争胜的斗志，埋下了以后纳黎萱（亦译作：拉梅逊）王子复国的种子外，带回缅甸的泰国艺人们还给缅甸带来了在印度文化影响下发展起来的泰国歌舞，使缅甸文化中再次增加些印度文化的成分。

从印度传入东南亚的信仰也多种多样，有婆罗门教的、佛教的、印度教的，随着时间的推移信仰的内容也不断有所变化。像佛教各教派，大乘教派、上座部派、坦德罗（金刚乘或密宗）教派等等都先后影响到缅甸。就整个东南亚地区而言，关于印度文化因素问题同样需要我们把视野放宽去观察。人们都知道中国文化的核心之一就是儒释道三教合一，而这中间不是已经体现了一些被中国文化吸纳了的印度文化因素吗？那么把越南北部排斥在受印度影响地区之外就明显不对了。因为越南北部通过接受中国文化的影响，已经间接地接受了某些印度文化成分。事实也正是如此，北传佛教曾在越南北部很兴盛，难道这里面就没有印度文化的因素吗？再有，据现有史籍的记载，东南亚人皈依伊斯兰教并建立起穆斯林国家的时间大致在 13 世纪中后期。从此伊斯兰教进一步在东南亚传播开来。而我们翻开印度的历史可知，从 1206 年起，突厥人就在印度建立了穆斯林统治的国家，印度进入了德里苏丹国时期。这正好早于东南亚半个世纪左右。伊斯兰教在东南亚的传播，其中也不乏改宗伊斯兰教的印度教徒们的努力。所以我们可以断言伊斯兰教在东南亚流传的过程中，也掺杂有若干印度文化的成分。关于这个论断举个实例来说，20 世纪 60 年代末，一位学者田野调查中发现的菲律宾棉兰老岛马拉瑙族流传的叙事散文故事《罗波那王》实际是印度史诗《罗摩衍那》故事的一个菲律宾文本。有趣的是在这个文本中出现了一些来源于阿拉伯文的词汇，也有一些印度梵文词汇。因此可推断该文本出现的年代可能是伊斯兰文化刚刚进入菲律宾群岛但尚未产生广泛影响之时，也可能是在马拉瑙族伊斯兰化以后，即 17 世纪中叶以后。[①]

四

第四个问题：如何估价印度文化较之中国文化对东南亚的影响更大？

印度文化对东南亚地区的影响较大这是不争的事实。但是，造成这一结果的原因却是极其复杂的。一些西方学者在早期为了证明东南亚与印度在民族上本来就有着联系。所以在论述东南亚民族起源时，尤其对居住于东南亚半岛一带的京族、高棉族和孟族等的族源进行讨论时，曾有不少学者提倡所谓的印度起源论。有的民族像缅甸，为了强调他们是佛教大业的正宗继承者，自己也明确地认祖归宗到了印度王朝的名下。著名的缅甸史籍《琉璃宫史》中就把印度著名的频婆娑罗王、阿阇世王、净饭王、阿育王等统统写进了缅甸史前史之中。[②] 经过学者们多年的研究论证，到了今天大多数的学者都认定京族、高棉族、孟族等同属南亚语系人，起源于中国大陆。属于汉藏语系的缅甸人更不是起源于印度次大陆的民族。相反地却说明了当今生活在广大东南亚各地的民族大多与我国的西南多个少数民族同源。也就间接地说明了早在上古时期，东南亚与我国民族形成期的两地原始文化中就有着某些相同的因素。从这个角度来说中国与东南亚的渊源远比印度与东南亚出现联系要更早更深。

赛代斯对东南亚历史发展过程中，与东南亚地区接壤的中国和印度当时发生的某些重大事件特别看重。认为这些事件发生的时间正好划分了东南亚古代史的分期。他强调他划分东南亚历史分期，“这些时期的上下限，都是依据与在印度，特别是在中国发生的事件有关的那些关键日期划定的”。[③]并申明印度与中国对东南亚的影响不同，而“造成这种差别的原因在于中国人和印度人所使用的殖民方法根本不同。中国人是以征服和吞并来进行的：首先是军队占领一个地区，然后派行政官员去传播中国的文化。

① 张玉安、裴晓瑞：《印度的罗摩故事与东南亚文学》，第 105－109 页。
② 参见《琉璃宫史》上卷的第一、二编。
③ ［法］G. 赛代斯：《东南亚的印度化国家》，第 412 页。

而印度人的进入和渗透则好像几乎总是和平的……”[①] 但是赛代斯在他的全书中提出的支撑他的中国人是以武装征服的办法在东南亚施加影响的事例却只有一个，就是“十三世纪，蒙古人的征服和宋朝皇帝们的接替者忽必烈汗从1260年起试图在南海各国建立其盟主权之举，对这些国家产生了重大影响。蒙古军事首领在占婆、缅甸和爪哇的征战”，[②] 再有勉强可以作为另一个例证的是：“约10世纪末宋朝的兴起，复兴了中国，中国再度能够对南海进行干涉，并参与解决苏门答腊的夏连特拉王朝和爪哇马打兰王国的统治者们之间的那场争端”。[③] 其他所举的大量事例都是为了说明其杜撰出来的“中国人对在南海形成的那些强国从不以赞同的眼光看待，有一个值得注意的事实是，扶南、柬埔寨、爪哇和苏门答腊各王国鼎盛之际，一般均值中国各大王朝衰落之时”。[④] 虽然霍尔对赛代斯《东南亚的印度化国家》的核心论点并不赞同，但似乎对他的关于中国文化与印度文化在东南亚影响不同的看法却表示赞同。他也断言：“与中国的影响不同，印度的影响没有政治上的含义。”[⑤]

事实上，以“武装征服”和“和平渗入”来区分中国和印度对东南亚影响的途径本身就是站不住脚的，纯系一种西方人对中国的历史偏见。首先，印度对东南亚的影响确实都是“和平渗入”吗？除了上文提到的公元前3世纪时印度孔雀王朝阿育王在位时和公元之初印度的贵霜王朝的例子外，再有在赛代斯他自己的论述中也谈到了“公元四世纪三谟陀罗笈多征服恒河流域和南印度，十一世纪坦焦耳的注辇诸皇帝所采取的扩张主义政策，这些对孟加拉湾彼岸都有影响”。[⑥]都对赛代斯所提论点作出了否定的回答。

西方学者认为中国、印度对东南亚影响方式不同，中国的影响有着政治上的涵义的另一个依据就是中国与古代东南亚诸国大多有“朝贡贸易与宗藩关系”。我国学者庄国土分析过这个问题，认为实际上古代中国与东南亚之间并不具备“朝贡”和“宗藩”的实质。“将到中国者统称为朝贡者，基本上是中国统治者以及历代史官、文人的一厢情愿。中国朝廷通常没有也不打算利用这种表面上的、自我安慰式的‘朝贡宗藩’关系来干预东南亚地区事务。实行‘朝贡体制’数百年的明清两朝，其海外政策基本上是不作为的自我封闭政策，并没有获得对东南亚的实际政治影响力。”[⑦]我们也可找出许多实例来说明这个问题。古代有些东南亚国家出于“远交近攻”策略的需要，或是希望谋得“对华贸易的实惠”，表面承认这种朝贡宗藩关系；有的东南亚国家则从来也没有承认过这种关系，但是被来往时进行“重译”的通事们，或者是介于两国之间的

---

① ［法］G. 赛代斯：《东南亚的印度化国家》，第66页。
② ［法］G. 赛代斯：《东南亚的印度化国家》，第416页。
③ ［法］G. 赛代斯：《东南亚的印度化国家》，第414页。
④ ［法］G. 赛代斯：《东南亚的印度化国家》，第6页。
⑤ ［英］D. G. E. 霍尔：《东南亚史》，第20页。
⑥ ［法］G. 赛代斯：《东南亚的印度化国家》，第6页。
⑦ 庄国土：《略论朝贡制度的虚幻：以古代中国与东南亚的朝贡关系为例》，载《南洋问题研究》2005年第3期。

小封建主、地方官员们从中做了手脚，让中国和当时东南亚各国的统治者们都得到了自我安慰式的满足而已。著名的一次中缅外交骗局——1790年到达缅甸宫廷的三位乾隆公主的故事①就是个典型的事例。

五

通过对以上几个问题的分析比较，我们对“印度文化与古代东南亚”应该有个比较全面明晰的认识，能够得出如下结论：

印度文化对古代东南亚的影响既深又广是个不争的事实。

因为中国与东南亚诸多民族是同源的。所以东南亚本土文化与中国文化在早期就有着一些相同或相似的因素，中国文化比印度文化对早期东南亚产生影响的时间无疑要早得多。

一种外来文化对本土文化发生影响的过程中，占主导地位的是接受方，并非输出方。尤其是掌控接受方领导权的精英们更起到了举足轻重的作用；一种文化的影响状况不是输出方文化的简单移植或易地再生，而是接受方根据自己的意愿、需要和条件主动选择吸纳和融合的结果。

即使输出方在政治上是强势的也不能决定影响结果的深广。历史上有过很多实例，输出方政治上是征服者，强行助推自己的文化，妄图扩大自己的影响。但是往往事与愿违，反被接受方所同化，自己却不自觉地不心甘情愿地转变成了接受者。

一种文化对另一种文化产生影响大都不是直线传接一次性完成的，而且两种文化接触的结果，影响是双向的，当然两种影响并不均衡有大有小。

文化传播的方式与途径往往也左右其影响的深度和广度。另外，输出方与接受方本身的文化都不是一成不变的，经常不断地变化。这对影响结果所起的作用也不可低估。

印度文化对东南亚产生较大影响，是经过多种途径与路线、反复多次才形成的。

一般说来，宗教性文化被接受方吸纳以后会表现出很多显性因素，尤其是在宗教改宗的情况下更是如此。而伦理性文化在接受方吸纳之后，表现出来的往往都是些隐性因素。

（本文于2009年9月发表于《东南亚南亚研究》第3期，第67－73页；后又被编入李晨阳、祝湘辉主编的《〈剑桥东南亚史〉评述与中国东南亚史研究》论文集，中国出版集团世界图书出版广东有限公司2010年版，第169－183页。）

---

① ［缅］吴貌貌丁编：《贡榜王朝史》（缅文）中卷，仰光莱底曼岱出版社，1967年版，64－68页；［法］白诗薇（Dr. Sylvie Pasouet）：《阿摩罗补罗宫廷的三位中国公主——1790年一段外交骗局的稗史》（法文），原文载法国远东学院研究丛书之九——《缅甸研究》，巴黎1998年版，第245－259页，中译文载李谋、李晨阳、钟智翔主编：《缅甸历史论集——兼评〈琉璃宫史〉》，北京：社会科学文献出版社，2009年版，第311－335页。

罗摩故事与东南亚
——印度文化对古代东南亚影响实例一瞥

一、罗摩故事传入东南亚的历史文化背景

在远古时代东南亚曾是亚洲、大洋洲之间连接的大陆块。到了两万五千年前，部分地区受到冰盖融化海水上升的影响，形成了众多岛屿以及今日东南亚复杂的地貌。半岛部分介于中印两大国之间称之为中印半岛或中南半岛。亚洲一些重要山脉的余脉自北向南纵贯其间。所以形成了半岛上的几条主要河流都是自北向南的，如：红河、湄南河、湄公河、萨尔温江和伊洛瓦底江等。这些河流的下游形成了较为广阔肥沃的三角洲平原。群岛部分人称之为马来群岛或南洋群岛，是分布于印度洋和大西洋之间的世界上最大的群岛。各岛之上大多山岭峻峭，峰峦重叠，多处于太平洋西岸火山带上，有不少活火山，常有地震发生。综观东南亚整个地形，边缘地区高，中心地带低，颇似一个盆地。

东南亚包括了当今越南、老挝、柬埔寨、泰国、缅甸、新加坡、马来西亚、印度尼西亚、文莱、菲律宾和东帝汶等十一国的疆土与相关海域。它位于东亚的南部，南亚次大陆的东部，介于亚洲大陆和大洋洲之间，是太平洋和印度洋两大洋交汇处。它的绝大部分都在北回归线以南，横跨赤道两侧，南起南纬 11°，北迄北纬 28°30′，南北横跨 40 个纬度，宽约 4500 公里。西起东经 92°，东至东经 141°，东西相间约 49 个经度，长约 5600 公里。海域总面积约为 750 万平方公里。中南半岛部分为 207 万平方公里，马来群岛部分由 2 万多个大小岛屿组成，合计为 242 万平方公里，半岛与群岛陆地总面积约为 450 万平方公里，相当于欧洲与北非地区陆地面积的总和。这一地区绝大部分处于热带，气候炎热、潮湿，山清水秀，土地肥沃，物产丰富。这就是东南亚文化发展的自然条件。

关于现代人类的起源，目前世界学界主要有两种假说。一是“多区起源”说，认为自 100 万至 200 万年前直立人从非洲扩展到世界其他大陆后，在不同的地区独立演化

为各地的人种。目前许多考古发掘古人类学的证据为这种假说提供了支持。另一是"非洲起源"说，认为目前世界各大洲的现代人均源于非洲。目前遗传学的证据倾向于支持此种假说。但是无论何者假说，都证明了生活在东南亚的绝大多数民族是同属于蒙古人种的，有着基本相似的特征。这是东南亚文化发展的基本人文条件。

到公元前后或公元初始时东南亚文化基本形成，进入了金石器并用的时代，开始出现了某些小邦国，如：扶南（夫南、跋南 1—7 世纪）、占婆（临邑、林邑、环王 2—17 世纪）、骠国（毗湿奴、汉林、林阳、室利差呾罗 1—9 世纪）等。农业与贸易都比较发达。不少印度人，其中有为了贸易谋生的商人，也有为了传播宗教的婆罗门和僧侣，还包括一些在印度当地失势的贵族刹帝利，离开印度本土来到东南亚谋求发展，事实上上述这些古代国家政权有的就是这些刹帝利开创建立的。移居东南亚的印度人为东南亚带来了印度文化。本地古代邦国统治者们出于巩固自己地位的需要也主动宣传、吸纳印度文化。印度文化在东南亚的影响遂逐步加强，某些印度文化的内容融汇于东南亚文化之中，甚至有的学者认为当时的东南亚已经达到了"印度化"的程度。传入东南亚地区的印度文化中以婆罗门教（4 世纪以后成为印度教）与佛教文化为主。印度罗摩故事的口传文本就是在公元初始时开始传入东南亚的。

二、罗摩故事在东南亚流传的路线

随着人群的迁徙与交往，印度文化外传各地，罗摩故事也随之外传。但是因为印度本土的罗摩故事就有多种文本，在印度北方、南方各地均有各种语言的文本，各种宗教因素也对故事产生了一些影响，所以情节、人物等等都有不少差异，形成的时间有先有后。加之，该故事从印度外传并非一次，而是多次多线重叠传播的。具体考察在东南亚某地的文本情况就更加复杂了。有的地区处于多线传播的交汇之处，加之文化交流本身是双向的互有影响的，各地早期所传文本又多已散佚，目前发现可以用来考证罗摩故事传播的文物非常有限。所以想描述清楚印度罗摩故事向外流传的情况绝非易事。下面先从东南亚各地罗摩故事流传的情况谈起，最后再归纳印度罗摩故事外传路线的大体走向。

处于印度南端与印度隔海相望的锡兰岛（今日称之为斯里兰卡），是罗摩故事里矛盾的主要一方罗刹王罗波那的王国——楞伽国所在地。这个岛国的主体民族僧伽罗族的先民是从北印度迁来的移民，它有文字记载的历史始于大批北印度移民定居于此的公元前 6 世纪。公元前 3 世纪印度阿育王在第三次佛经结集后派其子摩哂陀长老等赴该岛传布佛教。[①] 公元 1 世纪前后出现了当地的"本生故事"——《千篇故事集》。公

① 任继愈主编：《宗教词典》，上海：上海辞书出版社，1981 年版，第 595 页。

元6世纪用梵文写成了取材于《罗摩衍那》和迦梨陀娑《罗怙世系》的有1452颂的《悉多落难记》。[①] 锡兰地处印度前往东南亚地区海路的必经之地。所以印度罗摩故事的外传大都是经过此地的。

印度尼西亚、马来西亚地区的罗摩故事看来都是从印度经南线传入的。但时间有先有后，最早传入的是印度尼西亚的爪哇地区，可能在公元初首先是由那些在印度国内失势的刹帝利们、婆罗门们带到这片土地的。其中包含有不少婆罗门教或者佛教的成分。中爪哇的巴利通王（898—910年）和达克萨王（910—919年）在位时，建造的普朗班南（Prambanan）、罗罗·章格朗（Candi Roro Jongrang）印度教陵庙走廊的壁上刻着罗摩故事浮雕，内容到罗摩准备攻打楞伽城为止。10世纪一位佚名诗人用古爪哇语写成的罗摩衍那格卡温诗[②]是当今东南亚地区留存至今的年代最早的罗摩故事文本。当然这与爪哇文化的发展早于东南亚其他地区，文字也较其他地区出现得早有关。到12世纪以后伊斯兰文化逐步传入南亚和东南亚海岛地区，罗摩故事也同时传遍印度尼西亚和马来西亚地区。所以我们可以发现这一时期以后在此流传的罗摩故事文本又都增添了伊斯兰文化的成分。

当今缅甸南部和泰国中、南部地区在古代曾一直是孟族的聚居区，11世纪以前的几个世纪中曾在这一地区出现过好几个孟族国家，如我国史籍中记载的：狼牙修、罗斛、顿逊、弥臣、弥诺、昆仑等国。但记载甚少，大多地望不清，历史不明。根据中国古籍堕罗钵底国（又作堕和罗、独和罗、投和）曾在4至10世纪长期存在。根据孟族本身的史料记载则从公元前5—6世纪开始一直到11世纪曾存在过一个以直通为中心的孟王朝，1057年时被缅族的阿奴律陀王所灭，孟族摩奴哈王也被俘至蒲甘。[③] 随着印度航海技术的发展，印度的婆罗门教、佛教等外传，印度商人、婆罗门、僧侣等的到来，据信从公元初始时起印度文化就传入了这一地区，罗摩故事也随之传入。缅甸学者在缅甸南部考古发掘中曾发现一片陶片上有罗摩故事里神猴哈奴曼与十首王鏖战的画面。[④] 泰国南部地区在7—11世纪时有过一个重要的城邦国家西维猜（现素叻他尼省一带），都城名猜雅（现素叻他尼省的猜雅县）。城中有一佛塔，与印度阿瑜陀王在爪哇岛所建的佛塔风格完全一致。至今素叻他尼省还保留有印度笈多王朝时的佛像。[⑤] 可见当时泰国南部已经接受了经由爪哇传入的印度文化。另，泰国早期罗摩传说大多是与堕罗钵底古都罗斛城（Lopburi）有关的。有的说该城是罗摩建后送给神猴哈奴曼的。有的则说该城的名字本身就是用罗摩之子罗婆（Lova）命名的。后来，在泰国曼

① 季羡林主编：《东方文学史》上册，长春：吉林教育出版社，1995年版，第243－244页。

② 梁立基：《印度尼西亚文学史》上册，北京：昆仑出版社，2003年版，第88页。

③ 李谋：《略论孟族文化》，载《东南亚研究》2002年第4期，第76－80页。

④ 梁立基、李谋主编：《世界四大文化与东南亚文学》，北京：经济日报出版社，2000年版，第214页。

⑤ 转引自北京大学东方研究中心2002年11月"比较文学视野中的东方文学"研讨会上裴晓睿《罗摩故事在泰国的流传与变异》一文，［泰国］玛达雅·英卡纳等：《泰国历史》，欧典书局，1986年版，第19－23页。

谷附近农村还发现过缅甸乌关吴奥达玛仰巴大法师用孟文写成的长诗《罗摩》，该诗在孟族文学史上是一部举足轻重的名著。[①] 综上所述我们可以推断，这一地区的带有佛教和婆罗门教因素的罗摩故事可能是经过锡兰或爪哇的两条不同路线传入的。

在当今柬埔寨，以及越南南部，泰国南部、中部从公元初始直至12世纪期间曾一直处于高棉族王朝的版图或势力控制范围之内。据史料记载扶南建立于公元68年，"扶南国俗本裸体，文身被发，不制衣裳。以女人为王，号曰柳叶。年少健壮，有似男子。其南有徼国，有事鬼神者字混填，梦神赐之弓，乘贾人舶入海，混填晨起即诣庙，于神树下得弓，便依梦乘船入海，遂入扶南外邑。柳叶人众见舶至，欲取之，混填即张弓射其舶，穿度一面，矢及侍者，柳叶大惧，举众降混填。混填乃教柳叶穿布贯头，形不复露，遂治其国，纳柳叶为妻，生子分王七邑。……其后王憍陈如，本天竺婆罗门也。有神语曰'应王扶南'，憍陈如心悦，南至盘盘，扶南人闻知，举国欣戴，迎而立焉。复改制度，用天竺法。"[②] 罗摩故事也随之传入，传遍这一地区。考古学家在柬埔寨曾发现过公元5—6世纪的出土文物中有哈奴曼铜像。到了公元9世纪以后的吴哥时代，寺庙的墙上、门楣上都有《林给的故事》（即：罗摩颂）的浮雕，尤其集中在吴哥寺的回廊之上。这些都是罗摩故事早期传到这一地区的具体物证。

今日越南中部是古占婆国故地。在那里也可找到罗摩故事传播的痕迹。有座蚁垤庙的遗址，内中供有一尊蚁垤仙人像。还有占族明法王（653—678年在位）撰写的一篇碑文，碑文中引了一些蚁垤的诗句，而且提到毗湿奴大神的几个化身。[③] 古占婆文学作品中也有以印度两大史诗为内容的。与罗摩故事有关的文本有《普兰姆·狄克和普兰姆·拉克的传说》和《波·凯台·穆赫拉希的故事》。[④] 越南北部安南故地也早有罗摩故事传播的痕迹，当地人曾把安南说成是十车王国，而把在它南方的占婆当作十面（即：罗波那）王国。占婆王把安南王漂亮的王妃劫走。安南王砌了条堤道，又将王妃找了回来。据说老挝琅勃拉邦旧王宫中还珍藏有罗摩故事的安南文本《托拉毗》和《小楞伽国》。

在缅甸中部或北部缅族、骠族王朝早已建立，印度文化对它们的影响不小，但这种影响大多是通过缅甸南部孟族地区传入的。蒲甘阿奴律陀王（1044—1077年在位）兴建的那朗庙的外墙上就有毗湿奴大神转世的罗摩旃陀罗和持斧罗摩像。江喜陀王（1084—1112年在位）更用孟文在碑文中明确写道：朕前世曾生于毗湿奴转世者阿逾陀国的罗摩家族，消灭了恶敌使人民幸福安康，做过各种善事功德。从这些事实可推断

① 李谋、姜永仁：《缅甸文化综论》，北京：北京大学出版社，2002年版，第205页。

② 转引自郭振铎、吕殿楼、王晟主编：《中国古籍中的柬埔寨资料汇编》，中国人民大学，1983年版，第12－14页载《梁书》卷五十四《扶南传》。

③ ［印度］桑托斯·N. 德赛：《罗摩衍那：印度与亚洲之间的历史接触和文化传播的工具》，载《亚洲研究杂志》（英文）1970年11月号。

④ 梁立基、李谋主编：《世界四大文化与东南亚文学》，北京：经济日报出版社，2000年版，第215页。

罗摩故事早期是从东南亚的海岛地区经缅甸南部孟族地区传入的。罗摩故事当时在人们之间广泛口耳相传。1220年波耶亚绍壁画文中写到“抄写了藏经导言、戒规、论释、十车本生、法句、律藏等各一部”。可见在缅甸最迟到13世纪已有罗摩故事的文字文本流传。[①] 这类罗摩故事有很浓重的佛教色彩，缅甸学者称其为佛陀罗摩，可证实这些是从锡兰岛经过孟族地区后传入缅甸本部的。在印度佛本生故事传入泰国以后，也有从泰国再次传回缅甸的例子。缅甸阿瓦王朝时期（1364—1555年）流传的罗摩本生故事就是从泰国口耳相传而来的。比如1527年缅甸僧侣诗人信埃加达玛迪所写《黄金富国》比釉诗的第100节写了哈奴曼的故事。缅甸东吁王朝摩诃德玛亚扎王（1733—1752年在位）时东敦敏寺法师在写密达萨（一种诗文间杂的书信体文章）时，曾提到罗摩非常信任地和不与十首王同谋的维毗沙那结盟是聪明之举，在文中还引用了罗摩本生故事的一段。巴德塔亚扎（1684—1751年）的剧作《红宝石眼神马》中多处以罗摩故事为例，提到十车王求子、拉弓会、罗摩与悉多成婚等情节。古代缅泰之间曾多次发生战事，缅甸君主们主动引进了泰国舞蹈、音乐、剧作等等，而其中罗摩故事是主要内容之一，尤其是历史上明确地记载着1789年缅甸贡榜王朝王储专门命吴都等8位学者考察了泰国、马来的戏剧后写成了缅甸的吉祥罗摩剧。上述这些事实说明缅甸曾从泰国输入了罗摩文化。缅甸与印度接壤，虽然边境峻岭重隔，交通不便，但从印度直接传入罗摩故事也并非不可能。缅甸有些文本中取自蚁垤文本的情节或孟加拉文本的情节很可能就是这样直接传到缅甸境内的。

众所周知在今日泰国所在地古代由泰族人建立的第一个国家是素可泰王朝，素可泰王朝是公元1238年从高棉人统治下独立出来的泰族政权。泰国的最早的历史文献“刻于1292年的兰甘亨石碑的碑文上就出现过《罗摩衍那》中主要人物帕拉姆（罗摩）和悉达的名字。稍后一点的《誓水赋》（约成书于892—907年间），也提到了两大史诗的故事。”“大城王朝九世王德来洛加那时期（1448—1488年）出现了为皮影戏配音的《拉马坚》的不完全台本。这是在泰国第一次以文字的方式记录的罗摩衍那的故事。”[②] 帕那莱王在位时（1656—1688年）已有孔剧演出，演出时“演员头戴面具，手持武器，随着三弦琴（So）和其他乐器的节奏进进出出交战多个回合”。[③] 众所周知泰国的皮影戏源自爪哇，而孔剧是与印度剧有关系的，这两者的传统表演剧目都是《拉马坚》（即《罗摩颂》）。以上史实说明早在13世纪中叶以前罗摩故事的口传文本就已经在这一地区传播开来。而进入泰国的路线主要是从爪哇、马来经泰国南部、中部传入的。泰国学者们通过对《拉马坚》各文本与印度罗摩故事的各种文本的比较也证明

---

① ［缅］拉德门：《缅甸的〈罗摩衍那〉》（缅文），缅甸红宝石鹅毛文学出版社，1998年版。

② 栾文华：《泰国文学史》，北京：社会科学文献出版社，1998年版，第63－64页。

③ 转引自北京大学东方研究中心2002年11月“比较文学视野中的东方文学”研讨会上裴晓睿《罗摩故事在泰国的流传与变异》一文，［泰国］拉鲁贝尔：《暹罗王国》上（泰文）（讪·T. 哥门布译），曼谷：进步书局，1967年版，第217页。

了上述传入路线的存在。他们认为《拉马坚》主要源于蚁垤的梵文本《罗摩衍那》，某些细节可能源自《毗湿奴往事书》、《哈奴曼剧》等，内容多处又与印度南部地方版本，如泰米尔文本、孟加拉文本、杜勒西达斯的《罗摩功行录》等趋同，所以推断印度的罗摩故事还有经由斯里兰卡（锡兰）进入泰国南部、中部的孟族地区后再进入泰国北部，或者从印度经缅甸直接传入泰国这两条路线存在的可能。①

老挝流传的罗摩故事，可从流传文本结合其文化发展情况、所处地理位置和宗教信仰来考虑。似乎从柬埔寨、泰国和中国西南傣族地区传入的都有。像老挝最常见的文本《帕拉帕拉姆》可以说就是泰国东北部流传的两个文本之和就是一例。

菲律宾的罗摩故事明显是从南线经印度尼西亚传入的。从现在发现的文本判断传入菲律宾的时间不会太早。可能因为菲律宾本土文化的关系，在菲律宾流传的罗摩故事文本中很难看到有婆罗门教或佛教影响的痕迹，伊斯兰教影响的痕迹也微乎其微。

以上就是对古代东南亚各国流传罗摩故事的路线走向的简单分析。

总之，根据各方面材料，可以把印度罗摩故事外传的路线大体归纳为五条：一是西线，从印度西传至西亚，再传至欧洲等地。一是北线，从故事的发源地印度东部经印度北部的旁遮普邦、克什米尔，进入中国的西藏地区、汉族地区、蒙族地区和新疆各少数民族地区，再经中国传入日本。这两者与本文讨论的问题关系不大，所以不再赘述。从地缘（交通线路）、神缘（宗教信仰）、族缘（民族渊源）、业缘（交往事件）、文缘（文本比较）等多方面综合考虑还有另外三条路线都与东南亚有关。一条南线从印度西部的古吉拉特邦、印度西部海岸一带，经斯里兰卡（锡兰）走海路向南传至苏门答腊再转而向东到达爪哇、今日印尼、马来西亚一带和菲律宾群岛，此线的一条支线经由爪哇折返向北，经马来半岛传到泰国、缅甸与柬埔寨等地。一条是东南线，先经印度南部传至斯里兰卡，走海路进入缅甸与泰国南部、中部的孟族聚居区，一方面再从孟族聚居区向北传入缅甸与泰国的中心地带和老挝，另一方面再继续向东传入柬埔寨、越南。另一条是东线，走陆路经孟加拉，传入缅甸、泰国、老挝，再传入中国西南傣族、崩龙族、布朗族等聚居区。

从各方面情况分析，罗摩故事从印度通过南线和东南线经海路开始传入东南亚地区的时间可能是公元初。最先传入的是南洋群岛的爪哇和中印半岛南部的孟族、高棉族聚居区。再传入缅甸、泰国的腹地，传到老挝、越南南部和中部（即古占婆地区），以至越南北方。从南线传入的罗摩故事内容比较丰富，情节曲折，人物众多。属于婆罗门教（印度教）所传的故事，其中也包含大乘佛教所传的内容。从东南线传入的罗摩故事情节比较简单古朴，主要是源自南传佛教经藏《本生经》的。略晚些时候印度

① 上述裴晓睿文章曾引用了泰国六世王帕蒙固诰《罗摩颂溯源》、皮塔亚拉波提雅功《罗摩故事》、沙田哥赛《罗摩颂考》、玛塔尼·拉达宁《罗摩颂之文学比较》等文的论述，得出了以上结论。

北方或孟加拉文本的罗摩故事又从印度经东线陆路传入东南亚地区。先到缅甸，再向东传到泰国、柬埔寨、老挝。在东南亚地区所传的罗摩故事有两大特点。其一是所传故事源自印度北方和南方的文本均有，尤其是南方文本在此影响甚大。其二是在半岛的中心地带即泰国、缅甸等地，该故事反复传播，结果在同一国家就流传有多种不同文本。比如，泰国本部与地方的文本就有很大的不同；缅甸学者在总结缅甸所流传的罗摩故事时明确地指明在缅甸的罗摩故事有三大类，即：佛陀罗摩（源自《本生经》的罗摩故事）、面具罗摩（从泰国传入的罗摩故事与蚁垤仙人所著《罗摩衍那》相结合的故事）和毗湿奴罗摩（与婆罗门教徒、毗湿奴教徒们信仰有关的罗摩故事，包括持斧罗摩故事等）。

对比各地现存文本和印度本土的文本，大多可以发现许多文本中有在当地文化影响下出现的某些变异。当然由于印度本土文本的多样，有些情况还很难判定是变异抑或是传入的文本不同。另外，相邻地区之间所流传的罗摩故事也互有影响。所以在各地流传至今的罗摩故事文本大都有多种，各有特色，许多情节、地点、人物名字有所改变，人物个性各异。甚至单凭某个文本的内容很难确切判断它的故事是从哪条路线传入该地的了。

三、罗摩故事在东南亚流传的手段和方式

如前所述，公元前几个世纪印度与东南亚之间就有了某种程度的接触。从公元初始时开始印度文化传至东南亚的海岛与半岛地区，这种传播有几种渠道，一是随着印度航运事业与对外贸易的开展，越来越多印度商人到东南亚进行贸易活动；一是婆罗门教的婆罗门和佛教的僧侣们先后来到东南亚传教；一是某些在印度失势的贵族刹帝利们来到当地建立起以印度教为精神支柱的国家，某些当地人建立的国家为了巩固自己的权势地位也效仿印度推崇婆罗门教文化。简言之由于印度某些商人、婆罗门、僧侣和刹帝利们来到东南亚，带来了印度文化，也促使印度史诗罗摩故事在东南亚广泛传播开来。

罗摩故事在东南亚的流传，估计自公元初始时开始。最早的传播手段是口耳相传。有的是把它视为婆罗门教的经典进行颂读的，甚至认为颂读之后会得到神的某种佑护或恩典。有的是用说书讲故事的形式向人们讲述的，以此来宣扬毗湿奴大神的化身罗摩等人的事迹与人格魅力与精神。也出现了当地一些与罗摩故事有关的传说。略晚些时候在各地出现了某些表现罗摩故事的雕塑、绘画等造型艺术的作品。再晚些时候才有了各地流传罗摩故事文本的直接证据。今日发现的各种文本本身则更晚些。东南亚一带遗存至今最早的罗摩故事文学文本是古爪哇语格卡温诗《罗摩衍那》。在它以后尤

其是11世纪以后，东南亚各主要民族先后都借鉴南印度婆罗米字母创造了自己的文字。此后，罗摩故事各种文字的文学文本陆续出现，而且在同一国家或地区出现了许多不同的文本，有的甚至相差甚远。东南亚各国的罗摩故事文学文本在文体上也多种多样。有诗歌，有散文，有小说，也有剧作。随着各种文学文本先后问世，罗摩故事在东南亚的传播更加深入和广泛。而且直至今日仍不断有作家用各自的文字翻译或评介不同的传本，比较各种文本的异同。也有不少作家利用罗摩故事中的某些情节重新创作或改编成新作。正是罗摩故事本身的魅力使它在东南亚这片广阔的土地上得以普遍传诵。人们津津乐道，在讲述或聆听这一故事时并没有意识到它是个印度故事，而以为它是自己所在的这一国土上很久很久以前发生的一个故事而已。罗摩的故事在东南亚各国几乎达到了家喻户晓妇孺皆知的地步。所以在东南亚罗摩故事各种文学文本流传的同时，罗摩故事进一步又成了东南亚各国表演艺术（包括音乐、戏剧、舞蹈等等表演形式）和造型艺术（绘画、雕刻、建筑、各种工艺制造）选题的一个经久不衰的源头。各国将各种各样形式的罗摩文化视为本土文化的一部分，非常注意如何继承与发展的问题。到了当代各国仍很重视对罗摩文化的发掘和研究，并注意在这方面的国际交流。1971年8月31日至9月17日联合国教科文组织与印度尼西亚在印度尼西亚联合主办了国际罗摩剧会演，除了有东南亚的印度尼西亚、马来西亚、缅甸、泰国、老挝、柬埔寨各国剧团参加演出之外，还有来自印度与斯里兰卡的剧团参加。至今东南亚各国仍有罗摩剧的定期会演。

四、罗摩故事在东南亚广泛流传的原因

分析印度的罗摩故事能在东南亚如此广泛流传并有着深远的影响，大概有以下几方面的因素：

（一）东南亚与印度有某些相似的自然与人文环境。

（二）东南亚文化与印度文化同属于东方文化的范畴，有某些共性，比如：认为善恶有报；希望任何事情的发展都应以完满和谐的结局告终等等。客观上使得东南亚更易于吸纳印度文化的某些部分。

（三）正当东南亚文化处于形成期，东南亚社会进入封建社会初始之时，印度文化体系已经形成，对外交往也开始频繁，两地相邻，两地文化肯定会产生撞击与融合的。作为印度文化集中代表的两大史诗故事之一的罗摩故事在这时对东南亚开始有了巨大影响就不足为奇了。

（四）如上所述东南亚在公元初开始陆续出现国家。其中有些本身就是在印度国内失势的刹帝利来此建立的，有些则是东南亚本土的某些精英创建的。他们要用一定的

模式来建立自己统治国家的社会秩序。而罗摩故事所讲的正是印度的君臣、父子、兄弟、夫妻、朋友关系的楷模。这些统治者们出于巩固自身政权的需要，正好拿来利用，所以大力推崇宣扬罗摩故事。

（五）传播宗教的需要。从公元初始印度几大宗教婆罗门教、佛教、耆那教等都加强了对毗邻地区东南亚的传教。婆罗门们在这一地区尤其是一些王朝宫廷内占据了举足轻重的地位，掌管国家典仪、祭祀、占卜的大权，有的甚至成了国师。僧侣也在这一地区频繁活动，社会地位很高，信徒日众。而这几种宗教都是把罗摩故事作为宣传本教教义和所提倡价值观的一个主要范例来劝世喻人的。

（本文发表在北京大学亚太研究中心、东南亚学研究中心编《北大亚太研究》第七辑，香港社会科学出版社，2006 年版，第 262 – 275 页。）

缅甸人的姓名

一些不熟悉缅甸习俗的读者，在欣赏缅甸文学或查阅史籍文献时，一定会发现缅甸人中似乎姓吴、姓杜的为数最多。同时也会奇怪，为什么明明是同一个人，而他的“姓”却常常会变呢？例如缅甸民族英雄昂山，就有哥昂山、德钦昂山、波昂山、昂山将军等好几个称呼。其实缅甸人根本没有姓，只有名。不过在互相称呼时往往都要在名前加上一个冠词，从而给人造成这种错觉。在缅甸人的称呼中，这种冠词是非常重要的。因为我们只要通过名前的不同冠词，就能辨认出男女性别，而且还有助于了解他的身份地位。反之，乱用冠词，就会闹出笑话。这里，我们就先来谈谈缅甸人名前的冠词。

冠词的妙用

冠词最重要的作用是区分性别、长幼和尊卑。目前男子常用的冠词有：U（吴，原意为叔、伯，此处转义为先生）[①]，Ko（哥，意同汉字，谓兄长），Maung（貌，年轻的小伙子，弟弟）等。譬如一个名叫 Thein（登，十万）的男子，他自称或长辈呼唤他时，就用 Maung Thein（貌登）；同辈则叫他 Ko Thein（哥登）；若“登”是位长者或者是个有名誉地位的人物，人们就会尊称他为 U Thein（吴登）。女子常用的冠词有：Daw（杜，原意为姑、婶，此处转义为夫人、女士）和 Ma（玛，姑娘、姐姐）。所以“登”若是女子，那么长辈或平辈就叫她 Ma Thein（玛登），自己谦称时也用“玛登”。她若上了年纪或是位有身份的人，则被尊称为 Daw Thein（杜登）。不论男女，在签字时，只签名字不加冠词。但为了表示自谦也有签“貌某某”或“玛某某”的。

在至亲之间，长辈对小辈、平辈对平辈（尤其是对女子）也可不加冠词。即使名是由两三个字组成，也取其中的一个字，一般取其最后一个字相呼。有时更把该字重叠一次相呼，表示亲昵。有的还会取名中一个字，前面再加个 Ah（阿，虚字无特殊意义）字表示亲近。古时男女皆可加“阿”字相呼，但今日则多用于女子。例如一个叫

① 文中所用外文字除个别是英文外，大多为罗马字转写的缅甸文。

Ma Khin Thit（玛钦娣，“钦”意为亲近，“娣”意为新颖）的女子，便可以自称或被人称为 Thit（娣）、Thit Thit（娣娣）或 Khin（钦）、Khin Khin（钦钦）。当然如果重叠一次相呼会产生别的词义时，就绝不会这样称呼了。如：Ma Saw May（玛苏梅，“苏”意为高贵，“梅”意为女性）则被称为 Ah Saw（阿苏），而不会叫 A May（阿梅）、May May（梅梅）或 Saw Saw（苏苏），因为 Ah May 、May May 意为母亲，而 Saw Saw 则有“早早地”的意思。

假如“登”犯法成了被告，或者身世低贱旁人瞧不起，是男子就被人轻蔑地称为 Nga Thein（鄂登，“鄂”类似于汉语中的“阿”字）；是女子则被称为 Mi Thein（米登，“米”意为妇女）。但有趣的是，古代缅甸男子均冠以“鄂”字相称，女子也多冠以“米”字相称。今日在缅甸农村，对普通人也还常以“鄂”或“米”字冠于名之前，却根本没有蔑视的意思。曾经蜚声缅甸文坛的一部描写抗日战争时期农民生活的小说——《Nga Ba》（《鄂巴》，“巴”意为男性），书中主人公“鄂巴”就是农民的典型代表。时至今日，缅甸人民还常把“鄂巴”这个人名作为普通农民的代词。童话、寓言中的人物，也常借用“鄂某某”一类的名字。如：Nga Mait Tha（鄂麦达，“麦达”意为混小子）、Nga Lu You（鄂鲁尤，“鲁尤”意为老实人）等。

能表明从事某种职业的冠词有：Bo（波，军官）、Saya（塞耶，老师、师傅）、Dautta（道达，源于英文 Doctor，博士、医生）等等。譬如：缅甸前任总统 U Ne Win（吴奈温，“奈温”意为明亮的太阳）原来是个军人，当时人们就曾称他为 Bo Ne Win（波奈温）或称其为奈温将军，或按其军衔称为奈温上将。退出军役后人们就尊称他为吴奈温了。此外，Bo（波）还有英勇、敢于斗争的含意，故人们把 1938 年反英高潮中，惨遭杀害的仰光大学学生 Ko Aung Kyaw（哥昂觉，“昂”意为胜利，“觉”意为著名）也尊称为 Bo Aung Kyaw（波昂觉）。对教师、缅甸民族医生等则在名之前冠以 Saya（塞耶）相称，如著名的缅甸农民反英起义领袖 Saya San（塞耶山，“山”意为典范）就是一位缅甸民族医生。现在对理发师、三轮车夫、汽车司机、大车把式、铁匠等工人师傅也可称为“塞耶某某”。有时为了表示亲切，尽管对方是两三个字的名，也可取其一个字，称为“塞耶某”或者加上两个冠词，称为“塞耶吴某某”。例如：一位叫 Hla Pe（拉佩，“拉”意为漂亮，“佩”意为男性）的教师，人们就叫他为 Saya Pe（塞耶佩）或 Saya U Hla Pe（塞耶吴拉佩）。如某人取得博士学位或是位西医，人们就称他为“道达某某”，意即某某博士或某某大夫。

有一些特殊的冠词则表明一些特定的含意。1930 年缅甸争取民族独立斗争进入高潮，爱国青年们带头成立了抗英革命组织——我缅人协会（亦称德钦党）。那时英国官员在缅甸作威作福，要缅甸人称他们为 Thakhin（德钦，意为主人、老爷）。参加德钦党的青年们认为缅甸人才是缅甸的真正主人。为表示对英帝国主义者及其仆从们的反抗，就都在自己的名字前面冠以 Thakhin（德钦）二字。如：缅甸共产党主席 Thakhin Than Htun（德钦丹东），奈温将军曾用过 Thakhin Shu Maung（德钦秀貌）一名，爱国诗人 Thakhin Ko Taw Hmain（德钦哥都迈）都曾是德钦党人。在反帝斗争中，很多人互称 Ye Baw（耶博，意为同志），后来不少人参加了人民同志党，也都在名字前冠以“耶博”二字。

上面讲的仅仅是近现代缅甸人用的冠词。不同历史时期，冠词也有过增减、变更。比如：11 世纪缅甸蒲甘王朝时，妇女多用 O（欧）作冠词，此字来自孟（Mon）族语，意为女士；男子则多用 Nga（鄂）字。公元 13 世纪末，阿瓦王朝以后，女子开始多用 Mi（米）、Me（梅，姑娘）等作为冠词。女子还有用 Shin（信，主人）字作为冠词的。但是，人们又常常把 Shin（信）字加于法号前尊称僧侣。如缅甸古代著名僧侣作家 Shin Maha Thilawintha（信摩诃蒂拉温达）、Shin Maha Rahtathara（信摩诃拉塔达拉）等。直到 18 世纪贡榜王朝以后，才逐步采用了今日所流行的一些冠词。但在宫廷中则另用一些冠词。譬如：大臣之子用 Maung Maung（貌貌，原意为可爱的年轻人），大臣之女用 Khin Lay（钦礼，可爱的人）、Khin Khin（钦钦，可爱的人）。各宫偏妃所生王子用 Ko Taw Gyi（哥都基，尊贵之体）、公主用 Hteit Khaung Tin（太康丁，至高无上）等作冠词。正宫皇后所生王子和公主则分别用 Shwe Ko Taw Gyi（瑞哥都基，赤金之体）和 Su Bu Ya（素蒲耶，王族之首）。但也都可以用他们食邑封地的名字加在前面，称为“某某（地名）亲王”或“某某公主”。凡皇裔又往往不分男女均冠以 Hteit Tin（太丁，高尚）相称。例如：缅甸著名宫廷女诗人 Hlain Hteit Khaung Tin（兰太康丁，1833—1875 年）就是西宫娘娘所生的公主，后因受封于 Hlain（兰）镇故名。又如兰太康丁的驸马、缅甸历史上著名改革家 Ka Naung（加囊）亲王，原名 Maung Taung Min（貌当敏，意为南宫所生之王），蒲甘王在位时，赐食邑 Ka Naung 镇，遂开始被人称为加囊亲王。再如：1885 年被英国劫持走的末代皇帝锡袍王的王后 Su Bu Ya Lat（素蒲耶叻，意为正宫皇后所生的二公主）。另外，也可以发现缅甸一些皇裔至今仍保持用传统冠词的习惯。如：敏东王的王子 Nyaung Yan Ko Taw Gyi（良渊哥都基，意即食邑良渊的王子）的后裔仍称为 Hteit Tin Aye（太丁埃）、Hteit Tin Gyi（太丁基）、Hteit Tin Ang（太丁昂）等。1938 年间曾任我缅人协会主席的 Thakhin Hteit Tin Ko Taw Gyi（德钦太丁哥都基）也是一位皇族后裔。

名的选择

从缅甸人的名来看，无法得知某人与某人是否同属于一个家族。在一般情况下，我们可以通过名推算出他的出生日期。因为现代缅甸人盛行按生辰选字命名的办法。

按生辰选字命名是有一套固定办法的。缅甸人把缅文 33 个字母按星相占卜的规定分为八组，与分别代表星期日的日曜、星期一的月曜、星期二的火曜、星期三上午的水曜、星期三下午的罗睺、星期四的木曜、星期五的金曜、星期六的土曜等八大星对应。[①] 命名时，看孩子出生在星期几，就选用与那个星相对应的字母拼成一个字，作为名字的第一个字，再按规定办法选取其他相宜的字命名。例如叫 Aung Myint（昂敏，"昂"意为胜利，"敏"为高大）、Aye Maung（埃貌，"埃"意为凉爽、稳重，"貌"意为年轻人）、Ant Phwe（安披，意为令人震惊者）的。我们可以从其第一个字都有字母 A（阿）知道这是属于日曜的字，故可推断叫这样名字的人一般都是星期日出生的。又如叫 Kyi Hlain（基莱，"基"意为清澈，"莱"意为丰富）、Kyin Hla（金拉，"金"意为可爱，"拉"意为美丽）、Khyit Wei（漆威、"漆"意为亲爱，"威"意为洋溢）、Kyaw Shwe（觉瑞，"觉"意为著名，"瑞"意为赤金），其中第一字都包括属于月曜的字母 K（格）或 Kh（克）字，可知这些人一般都是星期一出生。但是从缅甸最后一个王朝——贡榜王朝皇帝的原名来看，按此法推算并不与他们的生辰吻合。所以可以推断这种起名办法是 19 世纪末，缅甸王朝覆灭以后才逐渐流行起来的。当然即使在今天，也还有不少人根本不按此法起名。

缅甸人名总的可分成两大类。一类是表特征的，也就是说，按其长相、脾气等命名。比如：缅甸东吁王朝的开国皇帝叫 Tabinshwehti（达彬瑞蒂，有一根头发的最高统治者），据说就是因为他出生时额头上长了一根很长的头发。再如：当今小孩也有叫 Maung Me（貌麦，黑蛋儿）、Maung Wa Gyi（貌瓦基，胖墩儿）的。有的因为孩子从小很勇敢，就起个 Maung Ye Htut（貌耶突，大勇）的名字。有的心地善良就叫 Maung Seit Kaung（貌塞冈，善心）。甚至有的孩子出生时正值下雾天，就叫 Ma Hnin Way（玛宁薇，雾霭弥漫）。生时正值停战和平时刻就叫 Maung Nyein Gyan（貌年千，和平）了。另一类是表意愿的名字。比如为了祝愿自己的儿子今后在生活斗争中战胜劲敌，便取名为 Yan Aung（仰昂，战胜敌人）。为了祝女儿将来成为百万富翁，就叫 Ma Than（玛丹，百万）。再如男孩子体弱多病就取名叫 Maung Than Gyaung（貌丹羌，铁柱）。女孩长得又粗又壮，却出于心愿用 Ma Thet Thet（玛得得，柔弱）为名。

另外，古时候有些缅甸人还有另一种习惯，就是不过早地为孩子定名。到上学时再正式起名。当然其中某些人是出于迷信，认为这样就可以防止鬼怪把孩子的魂灵拘了去，夭折丧命。所以至今还有不少父母在孩子小时，先起个可爱的小名，叫什么 Wet Lay（威雷，猪仔儿）、Ni Htut（尼突，红孩儿）、Mi Khwe（米魁，阿狗）之类，待长

---

① 缅文 33 个字母中与日曜对应的有 A；与月曜对应的是 K、Kh、G、Gh、Ng；与火曜对应的是 S、Hs、Z、Zh、Ny；与水曜对应的是 Y、L、W；与罗睺对应的是 R；与木曜对应的是 P、Ph、B、Bh、M；与金曜对应的是 Th、H；与土曜对应的是 T'、Ht'、D'、Dh'、N'、T、Ht、D、Dh、N。

大后再取正式的名。

有人做过一个有趣的小统计，现今缅族男女取名所用的字总共不足一百个字，用这些字互相拼凑成了种种名字。取名时，常常是长短音搭配适宜。不吉利的、几个字连读时拗口的、听起来不顺耳的名是绝对不会用的。可以发现从古至今用来起名的字也越来越广。为了避免同名，有些人还故意挑选一些生僻罕用的字。男子多选用些宏亮雄壮的字眼，女子则常选择些柔媚娇丽的词汇。与其他一些国家人民不一样的是，缅甸人自古以来的传统习惯是一般不以水、石、花、木用来当人名。

第二次世界大战后，有些缅甸人因受外国的影响，也有沿用父母名字中的某一个字，然后再加上其他一两个字，作为子女的名，但这些字的排列并没有固定的次序。如：U Thein Maung（吴登貌）和 Daw Aye Yi（杜埃意）夫妇生了一男一女，就把两人的名字相互交替，为自己的子女起名为 Maung Aye Maung（貌埃貌）和 Ma Yi Thein（玛意登）。有的兄弟姐妹之间还用父名中的某个字排列起名。如：U Kyaw Tint（吴觉丁）有三女二子，女儿分别命名为 Ma Pyu Pyu Tint（玛漂漂丁）、Ma Shwe Shwe Tint（玛瑞瑞丁）和 Ma Ni Ni Tint（玛尼尼丁），而两个儿子又分别叫做 Maung Kyaw Soe Aung（貌觉梭昂）和 Maung Kyaw Moe Aung（貌觉莫昂）。有的兄弟姐妹虽然没有用父辈名字中的字，但选用了别的字排在一起。如：一家六兄弟分别叫 U Kyaw Aye（吴觉埃）、U Kyaw Nyunt（吴觉纽）、U Kyaw Thun（吴觉敦）、U Kyaw Tha（吴觉达）、U Kyaw Myint（吴觉敏）和 U Kyaw Htway（吴觉推）。三姐妹名字排列成 Ma Aye Tin（玛埃丁）、Ma Aye Shin（玛埃信）和 Ma Aye Myint（玛埃敏）。有的兄弟姐妹名字基本相同，只是最后一个字不同，用 Gyi（基，大）、Lay（礼，小）、Htway（推，更小）、Htway Lay（推礼，最小）表示排行老大、老二、老三、老四，有如我国古代在人名之前加上伯、仲、叔、季等字，用以表示长幼有序一样。

缅甸人名本来以两个字的居多，近年来还有向长发展的趋势，有的人名竟长达四个字之多，如曾担任过缅甸驻我国大使的 U Maung Maung Kyaw Win（吴貌貌觉温），就是一例。

缅甸人同名者很多，为区别起见，往往在名的前或后加上籍贯，如两个都叫 Sein Win（盛温，明亮的钻石）的人，一个是兴实塔人，另一个是东枝人，那就分别叫"兴实塔吴盛温"和"东枝吴盛温"，书写时也可写成吴盛温（兴实塔）、吴盛温（东枝）。如果两个同名人在同一单位，甚至会写成吴盛温（一）、吴盛温（二），以示区别。

当然，还有个别基督教信徒或受西方文化影响的缅甸人，他们在取名时就用乔治、罗伯特、理查德、露西、玛丽等英国人常用的名，再加上自己父亲的名。比如 1904 年撰写缅甸第一部现代小说《貌迎貌玛梅玛》的作者 James Hla Kyaw（詹姆斯·拉觉）。

有的甚至缅文英文字混在一起，如当代缅甸一个歌星就叫 May Swit（梅岁，梅是缅甸字，意为姑娘，后一个岁字则是英文 Sweet 的译音字，意为甜姐儿），连一些缅甸人也认为起这样的名字非常特别。而一部分长期旅居缅甸的印侨、华侨或印缅、中缅混血儿在取名时，则既保存了自己本族的名字，又加上了缅甸人称呼时用的冠词。譬如：1947 年 7 月和昂山将军一起遭凶手暗杀的烈士中有一位是当时内阁的教育部长 U Ra Zat（吴拉杰，拉杰实际上是印地文 Rej，有人按印地文译成中文，习惯音译作罗阇，原意是“王”的意思），就是个印缅混血儿。又如前面提到的《鄂巴》小说的作者是 U Htin Phatt（吴廷发，他是位华裔，原名郑天发）。再如当代缅甸有一位研究中缅关系史的学者叫 U Yi Sein（吴孺性，是个华人，原名陈孺性，在他编写的一部《模范缅华大辞典》上署名时，又写成 U Khyan Yi Sein 吴陈孺性）。

其他名讳种种

古代缅甸皇帝往往加上一连串的名号以显示自己的威严。如：蒲甘王朝有一位著名国王 Kyan Sit Tha（江喜陀，1084—1112 年在位，国王阿奴律陀听占卜者说现有真龙天子出世，就三次下令杀死儿童共一万八千名，而江喜陀仍免于罹难。江喜陀，按字面的意思也可解释为：免于捕杀之幸存者）。他的尊号是 Sri Tribhuwanadityadhammaraj（悉利达利布瓦那蒂达耶达玛罗家，意为吉祥三界众生威名远震之德君）。这些名号常用巴利文，冗长难记，内容都是些颂词，而且许多帝王的尊号又有不少雷同之处。再如：东吁王朝有个皇帝叫 Buyinnaung（勃印囊，1551—1581 年在位，意为皇帝之兄，因他与前任皇帝为同一奶母所养，而他居长），他的尊号更长，是 Sri Tribhuwanaditaya-pawarapanditathudhammarjamahadipati（悉利达利布瓦那蒂达耶巴瓦耶班蒂达杜达玛罗家摩诃蒂巴蒂，意为吉祥、三界众生威名远震、崇高、博学、英明君王、伟大统帅）。人们熟悉的有些皇帝的名号，是当代或后世根据某个历史事件为他起的尊号，比如：贡榜王朝的第一位皇帝 Aung Ze Ya（雍籍牙，1752—1760 年在位，原意为胜利），后世缅人多尊称他为 Alaung Buya（阿朗帕耶，意为遗体国君，按字面意义也可释为：未来佛）。有这样个故事，雍籍牙连年对外征战扩展版图，1760 年他在征讨暹罗国时，病死军中。为了不影响军心士气，缅方密不发丧，将他的遗体裹以布帛放置在垂着帐幕的车舆之上，随军而行，并且继续用他的名号发布命令。泰人不知，竟未能借此良机挽回败局，缅军终于凯旋回朝。因此，缅甸人对这位皇帝倍加推崇，起了这个尊号沿用至今。

在封建王朝时期，对取得缅甸皇帝封赐勋衔或官爵的人，一般也不再称其原名而只称封号或官衔。如：贡榜王朝著名抗英将领 Maha Bandula（摩诃班都拉，伟大的亲朋众多者)，就是封号，其原名则是 Maung Yi (貌意)。还有不少有名人物至今人们只记得他们的封号，而真名却被忘却了。如：缅甸古代第一个以普通劳动人民生活为题材写诗的大诗人 Padethayaza (巴德塔亚扎，部分地区主宰者) 也是封号，他的原名早已不为人们所知了。贡榜王朝一位著名的大臣叫 Kinwun Mingyi (金蕴敏纪，税务大臣) 人们就是以他的官衔相称，而他的原名是 Maung Khyin (貌琴)，后敏东王又下令他改名为 Maung Kaung (貌冈)。

缅甸独立后也曾授予一些社会名流以某些源出于巴利文的荣誉称号，冠在他们的名之前。如：1950 年缅甸政府就授予缅甸当代文豪、爱国诗人德钦哥都迈以 Alinkakyawswa (阿林加觉苏瓦，文学艺术卓越者) 的称号。再如：1961 年 1 月，我们敬爱的周恩来总理和陈毅副总理率领四百余人组成的中国友好代表团访缅。缅甸政府为表彰周总理对中缅友好事业作出的伟大功绩，由缅甸总统亲自主持仪式，授予周总理以 Ayeggamahamittasridara (埃加摩诃密达悉利达耶，意为：崇高、伟大、博爱和光荣的拥有者) 的特殊荣誉称号。

缅甸人民笃信佛教，崇敬僧侣。按缅甸习俗，剃度出家后成为佛门弟子，即使是生身父母见到他也要行跪拜大礼，因此为了对僧侣表示尊敬，再也不会有人叫他的俗名 (除非他一旦还俗)，而称他的法号。和尚的法号当然不是父母所起，而是由寺庙的方丈在其受戒时，按其生辰折算赐给的，不用缅文，而用巴利文。如缅甸独立斗争时期著名的民族英雄和尚 U Aouttama (吴欧达马，领袖人物) 就是法号，他的俗名是 Paw Htun Aung (包吞昂，显耀著名)。

普通人也有取几个名的。譬如缅甸作家就和其他国家的作家一样，也喜欢取个笔名。在取笔名时就更五花八门了。有的用富有诗意的名，如 Thawta Swe (杜达瑞，月之友)、Nu Yin (努茵，温文尔雅)；有的选择气势磅礴的大号，如：Paragu (巴拉古，专家)、Min Shin (敏新，王之主)；有的喜欢在本名前或后加上籍贯所在的村落、城镇乃至地区名，如：现代名诗人 Banmaw Nyo Nwe (八莫纽内)，八莫就是地名；有的则把自己的母校、经常发表作品的报刊、工作单位置于本名前。有不少作家毕业于仰光大学，就在笔名中加上 Tekkatho (德格多，大学) 字样，如 Tekkatho Maung Than Sin (德格多貌丹新)、Tekkatho Ne Win (德格多奈温)、Tekkatho Mya Sein (德格多妙盛) 等。有一些作家是在从前 Dagon (达贡) 杂志上发表作品后才成名的，就都在自己全名上加了个 “达贡” 字样，如 Dagon Khin Khin Lay (达贡钦钦礼)、Dagon Taya (达贡达亚) 等；有的故意和普通人命名习惯背道而驰，专门选些树木花卉的名字作笔名，如 Sandaku (山达固，檀香木)、Nu Thazin (努达今，鲜嫩的兰花)；有的则用一些极其古怪特殊的事物作为笔名，如：Zawgyi (佐基，意为：传说中能飞天的得道真人)、Yikyagwei (系源自汉语的外来语，油炸鬼、炸油条)；有的人则有好多笔名，不知情者，往往以为是几个不同的人。

命名仪式趣闻

古代缅甸王子、公主等要在出生一百天时隆重举行命名典礼。而穷人则没有固定的日期，一般都在未满周岁以前选择一个相宜日期举行仪式。

现在缅甸人要在婴儿出生一周至两周期间，选择一个吉日为孩子举行命名仪式，并迎请高僧。在念过有关的经文以后，主持人讲些吉庆的话，用事先准备好的皂角水为婴儿洗头，应邀参加仪式的至亲好友也象征性地向婴儿头上抹一点这种洗头液，随后为婴儿剃去胎发，再给婴儿穿上洁白的新衣，洒些香水。主持人就授予小孩一个合适的名。给婴儿命名后叫小孩照镜子，并把小刀、针、在贝叶书[①]上烫字用的铁笔等放在小孩面前，叫他随意去抓，取个兆头，看小孩今后是喜文，还是好武。其后再把孩子抱着，叫他做两腿着地状，好似走路的样子，蹲上七次，表示希望他早日长大成人。仪式完毕以后，宴请前来祝贺的亲朋，并斋僧，按佛教习俗做善事。亲朋们还会送给孩子一些金银首饰礼品。在过去还有人在仪式上立下契约字据，赠送田亩房产等。这些东西从法律上来说就成了孩子今后个人终生所有的物品，即令分遗产时，别人也无权分享。在农村，有的贫苦人家举办不起这样的仪式，也要准备一份供礼，到村头庙里请大和尚为孩子取个名。或者请村中的某位老者或自己家族中的长辈来为孩子取个相宜的名。当然，不论请客举行仪式与否，请来为孩子命名的主持人大都是懂得星相占卜的人，知道应该按什么规定，选什么字来做孩子的名最合适。

以上介绍的是有关缅甸的主要民族——缅族人名的一些特点和习俗。缅甸的其他民族也大都有这样的特点，即有名无姓，在名前加上冠词相称。如孟族男人一般用“孟”，女子用“米”；掸族用“苏”；克伦族用“曼”；钦族用“萨莱”等作为冠词。在这里就不再赘述了。

（本文署名为李谋、姚秉彦，姚秉彦系北京大学缅甸语教授，初稿原载《世界历史》1979 年第 4 期，1979 年 8 月版；后又作较大补充修改后成此稿，刊于张联芳主编《外国人姓名》，中国社会科学出版社，1987 年版，第 70 – 85 页。）

---

① 古代缅甸人用棕榈科植物贝树的叶子，截成长方形，在上面用小铁尖笔烫字。一叠这样的贝叶，用木板相夹成册，类似于我国古代的竹简册，称为贝叶书。

宗教

ZONGJIAO

东南亚文化中的印度宗教因素

观察东南亚的历史，我们可以发现源自印度的宗教影响的成分无处不在。而且印度人民崇奉过的种种宗教信仰几乎都对东南亚产生过影响。

一、对东南亚影响较大的印度宗教概貌

原始信仰 原始人类的生殖崇拜是一种遍及世界的历史现象。印度有用鸟和蛇象征男根的传统，发展成对金翅鸟（迦楼罗或咖咙）和蛇（那伽）的崇拜，在众多的印度神话传说中有不少涉及到金翅鸟或蛇的故事。印度还有源自生殖崇拜或泛灵崇拜的对山的崇拜，如：对雪山的崇拜，尤其是对“大雪山”（指喜马拉雅山）的崇拜，对传说中宇宙的中心——众神聚居地“须弥山”的崇拜等。

婆罗门教 大约形成于公元前 7 世纪，以印度古代经书《吠陀》为经典，信仰多神，奉梵天、毗湿奴和湿婆为三大主神，他们分别代表宇宙的创造、护持和毁灭。把人分为婆罗门（祭司）、刹帝利（贵族和武士）、吠舍（农民和工商业者）、首陀罗（一般劳动者）四个种姓。等级森严，不同种姓不能通婚，世代相传不能改变。在公元前 6 世纪佛教和耆那教在印度兴起后一度败落，四五世纪时该教注意吸收佛教、耆那教的某些教义开始中兴，八九世纪时经过了商羯罗改革，形成了新婆罗门教即印度教，延续至今。其间还逐步形成了独尊毗湿奴或湿婆的两大教派。

佛教 为公元前 6 世纪印度东北迦毗罗卫的乔答摩·悉达多所创建，人们尊称他为释迦牟尼（即：释迦族的圣人）。自他悟道传教到他涅槃入灭后约百年之间是原始佛教时期。其后至公元二三世纪先后几百年间出家僧团对佛法产生了各种不同的异解，分成了上座部、大众部等许多部派，为部派佛教时期。就在公元前 3 世纪印度孔雀王朝阿育王在位时，佛教在印度达到鼎盛，进行了第三次佛经结集并派出 9 个僧团到周边地区乃至更远的西亚北非、欧洲广泛传教，也有僧团到达东南亚境内。但多数学者认为佛教是在公元初始前后与婆罗门教几乎是同时外传并加大影响的。2—3 世纪时在印度被誉为第二释迦的龙树菩萨到 7 世纪法称论师时代是大乘佛教占据主导地位的时期。

7 世纪以后佛教又出现了呾特罗教派（即真言乘或金刚乘）。随后，由于伊斯兰教传入印度，影响逐步扩大，佛教在印度趋向衰落。尤其是到了 11 世纪印度一些王室也改宗伊斯兰教，到 12 世纪末佛教在印度基本绝迹。

二、各个教派在东南亚的传播情况

公元前二三世纪印度与东南亚间开通了水陆交通。从这时起到公元初始阶段有印度的僧侣、商人或在印度本土失势的贵族刹帝利、婆罗门们先后陆续来到东南亚。印度宗教开始传入东南亚地区并产生了影响。

从一个侧面证实这个历史过程的首先是些历史传说。比如：我国隋代编写的《梁书》等史籍中都记有扶南女王柳叶嫁混填为妻和婆罗门憍陈如被扶南人迎立为王这两个传说。多位学者分析这两个传说很可能本来就是同一个故事。法国学者伯希和进一步考证了混填与憍陈如实际上是同一译名的两个不同写法。英国学者霍尔也分析混填与柳叶的故事显然是印度传奇中关于婆罗门憍陈如遇龙女苏摩的扶南改编本。在占婆媚山地方出土的碑铭中也发现了这个印度传奇。柬埔寨学者彼多·克拉维在一篇文章中更明确地说："柬埔寨史记载，印度一位叫憍陈如的婆罗门在公元 50 年由南印度率领军队行船至克罗克岛，战胜了太阳神的女儿——女王柳叶，娶柳叶为妻，建立了高棉历史上第一个王国。"[①]再如：缅甸正史中曾按传说写明缅甸境内的第一个国家——太公国是中天竺释迦族系的阿毕罗阇王首建的。[②] 总之，上述传说都说明了早在公元初始东南亚开始出现早期国家时，印度的婆罗门、刹帝利就已到达此地谋求发展，并产生了重大影响。此后婆罗门教在东南亚的影响可以说比比皆是。各古国的相关记载中都可找到证据。但是与印度本土的婆罗门教（后期变为印度教）已有很大不同。首先，婆罗门教是与佛教等其他宗教几乎是同时传入东南亚的。互相间并不排斥，和平共处，而且婆罗门教本身的等级观念大大淡化。其次，婆罗门们的地位与在印度本土相比相差甚远，被"降级使用"，降为印度本土的刹帝利一般，当上了国王，或只是被聘为宫廷大祭司、大臣，成为国王的幕僚、高级顾问，主要在宫廷行政方面起作用，主持占星学和宫廷礼仪包括宫廷法事等活动。这种作用一直延续到 19 世纪。但这些礼仪与印度也有了很大差异。比如有的仪式是婆罗门祭司与佛教高僧等共同主持的。有的礼仪参加者有所扩大，甚至有普通臣民百姓参加。再次，崇拜对象也远不止原婆罗门教信仰的神祇，还增加了许多源自当地自然崇拜或祖先崇拜的神祇。还有，这种职位的世

---

① Pich Tum Kravel: *Seminar: Ramayana' s Influence Towards Performing Arts*, Thailand, 2004. 转引自：张玉安、裴晓瑞：《印度的罗摩故事与东南亚文学》，北京：昆仑出版社，2005 年版，第 55 页。

② 李谋等译注：[缅]《琉璃宫史》上卷，北京：商务印书馆，2007 年版，第 126 页。

袭制度，从印度传入东南亚后也受到当地社会母系观念的影响改为由母系传承。

在印度史诗《摩诃婆罗多》的初篇中讲述了金翅鸟的来历和金翅鸟与那伽是天敌的缘由，以及金翅鸟救母的传说。今日流传在印度尼西亚爪哇的故事就有：母亲不幸沦为奴隶。为用仙药赎回母亲，迦楼罗只得和那伽搏斗。缅甸故事有：那伽为了躲避咖咙追捕，多次变幻，咖咙则紧追不舍。那伽逃入大海，咖咙不谙水性只好变作制盐人，在海边守候。还因此形成了一个"咖咙制盐"的成语。东南亚也由此引申为对鹰与蛇崇拜的观念。比如：今日印度尼西亚和泰国国徽上都有类于雄鹰的迦楼罗形象。再如：我国元代周达观撰《真腊风土记》中就写了古代真腊国崇拜九头蛇精一事；1992 年由多位西方学者合作撰写的《剑桥东南亚史》中也提到"有五个头的眼镜蛇就成了海上王国室利佛逝的主要保护神"。

印度原始对山的崇拜，在东南亚地区也发展成为一种非常重要的崇拜。印度尼西亚有个关于爪哇岛形成的传说，爪哇本是漂在海上的一块陆地，晃动不已。毗湿奴大神搬来了须弥神山压在岛上才使它固定，就是今日爪哇岛的斯美鲁山。大部分古占婆塔庙都建成山顶状，也源于印度。如建于 10 世纪的巴蓬寺原名诃摩祇利寺（意为金山寺），就是供奉山神羯林德拉的，整座建筑呈金字塔形。

毗湿奴本是婆罗门教敬奉的三大神之一。公元一二世纪时，婆罗门教出现了班卡洛特罗教派，强调信徒必须尊崇毗湿奴为最高之神，后在此基础上逐步形成了毗湿奴教派，供奉毗湿奴、他的妻子吉祥天女以及毗湿奴的各种化身，实行苦行、素食等禁欲生活。原流行于印度北部和次大陆西海岸一带，后来也在东南亚广泛传播。在缅甸、柬埔寨、印度尼西亚等地都有不少遗存证据可寻。比如：经考古发掘到的 1 世纪至 5 世纪间存在于缅甸中部的骠国古城就名之为毗湿奴城。该城的名称由来就与毗湿奴大神有关。发掘存在于 4 世纪至 9 世纪的骠国另一都城室利差呾罗时，还发现有专门供奉毗湿奴妻子吉祥天女的场所。另，在缅甸还发现过毗湿奴卧像的浮雕像和毗湿奴大神骑着金翅鸟的雕像。柬埔寨刻于 6 世纪初的库拉普罗婆跋蒂王后的一块碑铭提到她为婆罗门建寺施舍的事，也提到相关的毗湿奴神话：毗湿奴与塞萨巨蛇。印度尼西亚用古爪哇语写成的史籍《爪哇史颂》中有多处提到对毗湿奴大神的崇拜和对他的赞誉之词。东南亚各古国君主也往往把自己比作毗湿奴大神或者明确地说自己是毗湿奴转世，如：东爪哇爱尔棱加王（1019—1049 年在位）、蒲甘江喜陀王（1084—1112 年在位）和后谏义里时代诸王（1100—1222 年在位）等皆称自己是毗湿奴的化身。

湿婆教派主要崇敬毁灭之神湿婆。大约在公元之初也已传入东南亚。传入后产生了较大影响的地区主要集中于今日印度尼西亚爪哇的中部和东部、柬埔寨与越南中部占婆故地等。比如：在今日越南的广南和富安发现的 400 年左右占婆最早的碑铭上记有拔陀罗跋摩国王建立了媚山地区的第一个神祠并把它奉献给湿婆—拔陀利首罗一事，明显地表示出对湿婆的崇拜，而湿婆—拔陀利首罗是用林伽为象征的。[①] 8世纪中期占婆“王国的重心向南发展，从广南转移到宾童龙（藩朗）和古笪（芽庄）。……这个王朝更加重视国教湿婆教，林伽崇拜甚至变得比在柬埔寨还重要。他和土著居民的古代信仰（即崇拜象征土地之神的直立巨石）合在一起。有许多使用人面林伽的例子，这是林伽崇拜的一种印度形式，在石头上覆一层金属，其上饰以一个或几个人面的像，象征着国王与湿婆神合为一体”。[②] 又如：6世纪中叶真腊王国建立后，印度教特别是湿婆教派的林伽崇拜成了宫廷信仰的主要内容。“真腊国，在林邑西南，本扶南之属国也。……近多有陵伽钵婆山（梵文Lingaparvata之译音，义为林伽之山），上有神祠，每以兵五千人守卫之。城东有神名婆多利（梵文Bhadresvara之译音，该字系Bhadra拔陀罗与Isvara自在天——湿婆两字拼在一起的一个字），祭用人肉。”[③] 再如：中爪哇葛都附近章加尔村发现了一块散查亚王（Sanjaya一译珊家耶，732—777年在位）时代的梵文碑铭，碑文中记载了散查亚王在斯提朗加山上建立一座林伽的业绩，可知8世纪上半叶的散查亚王室是信奉湿婆教派的。在泗水以南和玛琅以北的迪纳雅地方出土了刻于750年的用古爪哇字母写成的梵文碑铭，从碑文得知这是当时在东爪哇信奉湿婆教派的一个小王朝所刻。前马达兰王朝的巴利通王（Balitung，898—910年在位）下令修建了供奉湿婆神的普兰班南陵庙（Candi Prambanan）又称为罗罗琼格朗神庙（Candi Roro Jonggrang）。

但是从公元初始前后几乎与婆罗门教同时传入东南亚的佛教，在这10个多世纪里却是各种教派并存，在东南亚各地不同时段有不同教派盛衰。或有所交替，或同生共存，或出现变革。1世纪时正值大乘教派在印度境内初成，势头强劲，所以表现为在东南亚各地的佛教影响也以大乘为主。7世纪以后印度大乘部分教派与婆罗门教相结合，流行于德干高原一带的密教开始兴盛。该派又称之为金刚乘或真言乘。随后也传入东南亚各地且有不小影响。随着该教派12世纪的衰落，印度本土佛教几近灭绝。随着伊斯兰教的传播，海岛地区的佛教影响渐弱，而12世纪以后半岛地区上座部佛教却逐步占据主导地位。

412年高僧法显由斯里兰卡回国曾经过海岛地区东部的爪哇古称诃陵、家婆或耶婆提，当时“其国外道婆罗门兴盛，佛法不足言”。但不久后罽宾高僧求那跋摩又经斯里兰卡来到当地，跋摩为国王献策退敌，为咒治病，国王母子皈依佛教，“于是一国皆从受戒”，影响颇大。424年南朝宋文帝曾拟遣使要跋摩来华弘教。435年该国国王遣使前来通好，国书中有：“礼敬一切种智安稳天人师，降伏四魔，成等正觉，转尊法轮，

① ［英］D. G. E. 霍尔：《东南亚史》上册，北京：商务印书馆，1982年版，第58页。
② ［英］D. G. E. 霍尔：《东南亚史》上册，第234－235页。
③ 《隋书》卷八十二“真腊传”。

度脱众生”等语，也说明当时王国是虔敬佛教的。后来跋摩来宋弘法译经，华夏经始兴。该地另有诃罗单国，也于424—453年间和502—520年间多次致书修好，书中也充满佛教语言。夏连特拉王朝（750—850年）时期佛教得到了发展与崇敬。有许多考古所得证实了这一点。而海岛地区的西部（指苏门答腊、马来西亚西部和西婆罗州），从公元初始几个世纪时起直到伊斯兰教进入这一地区以前一直盛行佛教。苏门答腊古称室利佛逝。671年义净在乘波斯舶赴印途中，在室利佛逝停留六个月后，国王将其送往末罗游（又译末罗瑜或马来由），转羯荼（或译赤土）再乘王舶去印度。685年他又从印度原路返回，在室利佛逝驻留6年译经并撰著直至693年。他在《南海寄归内法传》中记有：“人王国主，崇福为怀，此佛逝郭下僧众千余，学问为怀，并多行钵，所有寻读乃与中国不异，沙门轨仪，悉皆无别。”[①] 半岛南部古代称作“金地”的孟人集中居住的地区可能是东南亚最早传入佛教的地区。传入时佛教各派均有，但在11世纪以前大乘佛教无疑是这一地区人们主要信仰的教派。可以有三者证明。其一是缅甸中部骠国古都遗址、柬埔寨吴哥古迹等虽然有一些婆罗门教或小乘佛教的成分，但是大多数学者都认为其中主要是体现了大乘佛教思想的佛教建筑。“在吴哥王朝时期，大乘佛教已经被看成一股连续不断的线，无论继任的君王的正统性如何。许多碑铭都提到大乘佛教的独特教义”[②]。其二是直至11世纪初小乘佛教在整个中南半岛乃至孟人聚居区都不受重视，遭到排挤，孟族上座部青年僧侣阿罗汉流落在蒲甘一带，被缅甸蒲甘王朝阿奴律陀王迎奉尊为国师后，小乘佛教才从蒲甘开始振兴的。其三，在公元后最初的几个世纪之中，使佛教在亚洲各地得以迅速传播的原因之一是那些云游僧人。中国与印度佛教的来往依仗着两条通路。一是中国北部的丝绸之路，另一就是由海路经过东南亚至印度，大多经由交趾（今日越南北部）或中国南部的路线。而且我国史籍中曾记载有不少名僧的事迹。

我国称之为金刚乘（Vajra-yana）、真言乘（Mantra-yana）或密宗（Esoteric Budhism）的佛教一派。印度原称其为呾特罗（Tantra）或曼荼罗（Mandala）教派。7世纪时开始形成。传说大日如来授法金刚萨埵，遂称为金刚乘。又自称受法身佛大日如来深奥秘密教旨传授，为“真实”言教，故名真言乘或密宗。以高度组织化的咒术、仪礼、民俗信仰为其特征。此派佛教也传入了东南亚半岛地区，且一度相当兴盛占据主导地位。在缅甸确立了上座部佛教的至尊地位以后写成的正史中就记有：“（蒲甘前期）该国历代君王均信奉居于德马梯的30名阿利僧及其6万门徒，受其谬误信念蒙蔽。阿利僧众摒弃佛法，自立异说，妄撰经书，迷惑民众。……不论王公大臣、乡吏士绅、黎民百姓，凡有女出嫁，皆须在成亲前夜将女送至阿利僧处，名之为：献童贞。

① 任继愈总主编、杜继文主编：《佛教史》，北京：中国社会科学出版社，1991年版，第360页。
② ［新西兰］尼古拉斯·塔林主编：《剑桥东南亚史》Ⅰ（贺圣达等译），昆明：云南人民出版社，2003年版，第245页。

次日晨放回后方可成亲。不向阿利僧献童贞即出嫁者，以破坏习俗论，受王法严惩。是时将献童贞说成是供奉。学者们皆把毗哈耶玛霍（巴利文 Viharamaho 之音译）一词解释为：送往庙中供奉。”① “（阿奴律陀）国王命 30 名阿利僧及其门徒还俗，并征他们充任刀枪手和象粪清扫夫等。阿奴律陀王说：‘统治吾国的历代先王曾信奉阿利教。如信奉该教果有益处，吾愿重新信奉。’”② 这段记载说得很清楚。按文中所述该信仰就是佛教的金刚乘即密宗的一派。阿利（僧）实际就是由阿家梨（导师）一词音变而来的。我国元代周达观所著《真腊风土记》一书中也有关于此事的较详尽的记述。书中说真腊国“人家养女，其父母必祝之曰：‘顾汝有人要，将来嫁千百箇丈夫。’富室之女，自七岁至九岁；至贫之家，则止于十一岁，必命僧道去其童身，名曰阵毯。……”③此派佛教在东南亚海岛地区也有影响。比如：13—14 世纪佛教在爪哇地区再度兴盛起来。“新柯沙里王朝的格尔达纳卡拉国王（1268—1292 年在位）以湿婆——佛陀而闻名。但有关他的碑铭和《爪哇史颂》长篇描述他的章节中却没有显示湿婆教的确切证据，两者都充满了密宗佛教的精神，特别是金刚乘，它是把超人类的权力归结于前面提到的金刚杵的一个教派。”④ 再如：苏门答腊阿迭多跋摩王（1347—1379 年在位）时有“许多用当地文字书写的梵文和古马来语的碑文，其中有一份用了泰米尔语。这些原文很难读懂，主要因为它们使用了稀奇古怪、不合乎文法的梵文和深奥的密宗术语，至今人们仍然不能理解它的确切含意”。⑤

上座部佛教在大乘佛教兴起后被大乘教派称之为小乘佛教。佛教开始传入东南亚时正是印度本土佛教处于部派佛教时期，外传的佛教各派均有，开始传入半岛南部即印度古称之为“金地”地区的教派中，无疑上座部是占据主要地位的。但这些只能从一些历史传说中得到印证，比如，公元前 3 世纪孔雀王朝阿育王曾派一僧团到金地传教；5 世纪上座部高僧佛陀瞿沙（即佛音长老）赴斯里兰卡求法学习上座部原典，将一些僧伽罗文注疏，重新译成巴利文，使印度本土已经散佚的一些巴利文佛教经书再现。在他译成返回途中到达下缅甸孟族地区，也把经文注疏带到这一地区。而考古得到的文物证据不足，连“金地”所指是以泰国佛统为中心的地区抑或是以缅甸直通为中心的地区问题，泰国与缅甸学者们各执一词都无法让人们有个统一的认识。所以学者们比较普遍地认为“孟人佛教的早期历史相当模糊”。“来自卑谬附近的孟恭（Maungun）的金箔上的铭文制作日期可以追溯到公元 7 世纪，它反映了巴利文的传统，是上座部佛教在东南亚传播的最早证据。”“在泰国东部巴真武里府地区的依沙巴

① 《琉璃宫史》上卷，第 199 页。
② 《琉璃宫史》上卷，第 203 页。
③ 夏鼐校、周达观：《真腊风土记》（八）室女，北京：中华书局，2004 年版，第 106 页。
④ 《剑桥东南亚史》Ⅰ，第 265 页。
⑤ 《剑桥东南亚史》Ⅰ，第 266 页。

(Noen Sa Bua) 发现的一块 761 年的佛教碑铭，是用古高棉文书写的，附有用巴利文书写的三句诗。这表明在吴哥王朝以前上座部佛教已传到现今泰柬边界附近地区。”[①] 11 世纪以后上座部佛教从早期孟人古国逐步传遍半岛地区各国的情况还是比较清晰的。缅甸蒲甘王朝的阿奴律陀王（1044—1077 年在位）于 1057 年征服了建都于直通的孟王朝，迎请巴利文三藏到蒲甘，奉孟族僧侣阿罗汉为国师，摒弃其他佛教教派，立上座部为正宗，广修佛塔寺庙。此后，缅甸与斯里兰卡又有过多次僧人间的来往，保证了上座部佛教在两国的发展与地位，且两国都出现了源自对方的属于上座部的某些教派。在柬埔寨，吴哥王朝苏利耶跋摩一世（1002—1050 年在位）时崇奉大乘佛教，国势大盛，版图扩大到今日泰国南部的广大地区，孟人的堕罗钵底国也在其中，但是孟人所信奉的上座部佛教在柬境内仍处于受压抑阶段。直到吴哥王朝衰落，家耶跋摩八世（1243—1295 年在位）时上座部佛教才在柬埔寨占据了统治地位。在泰国，根据《泰国碑铭汇集》第 2 号碑铭等泰文文献可知，素可泰王朝兰甘亨王（1275—1317 年在位）时曾从洛坤把锡兰留学回来的高僧请到素可泰，并派人专程去锡兰请来上座部高僧，在素可泰地区弘扬佛法。上座部佛教开始繁荣。到了利泰王（1347—1370 年在位）时达到高峰。[②] 其后泰国的阿瑜陀耶、吞武里与曼谷王朝，上座部佛教一直保持着正统地位，兴旺发展。1353 年法昂在今老挝地区建立了澜沧王国。法昂的王后是一位柬埔寨的公主娘巧肯雅。法昂请柬埔寨高僧到老挝传教。从此上座部佛教在老挝得以广泛地传播与发展，成为国教，深入老挝社会、文化等方面，对老挝的发展产生了很大的影响。

从上述引证可以让我们得出这样的结论：源自印度的各种宗教或教派最初传入东南亚时就是同时或交错的。随着时间的流逝这种传入并非是一次完成的，而是反复多次地传入，东南亚各个地区相互之间也反复传接，所以在东南亚各地形成了不同影响与积淀。从印度本土传往东南亚的路线也多种多样，主要分陆路与海路两种。印度宗教在东南亚影响的表现，有时是交融混杂的，有时又是盛衰交替的。而且印度的宗教在东南亚流传过程中逐步本土化，以致出现了不少嬗变或不同。有些情况也是很有趣的。比如，有的教派是它在本土处在繁盛时期，所以同时该教派传入东南亚，也处于主导地位，像大乘佛教；有时有的教派在印度本土已处于没落甚至已濒临灭绝，但它们在东南亚却处于蒸蒸日上的态势，像上座部佛教在 11 世纪以后在半岛地区逐渐兴盛，同时在印度则日趋没落，到 12 世纪末在印度该佛教教派就基本绝迹了。

---

① ［新西兰］尼古拉斯·塔林主编：《剑桥东南亚史》Ⅰ，第 243 页。

② 段立生主编：《东南亚宗教嬗变对各国政治的影响》，泰国曼谷大通出版社，2007 年版。

三、从东南亚文化看印度宗教文化的影响

印度宗教文化影响到东南亚的方方面面，甚至可以说这种影响是“无孔不入”。只要仔细观察，实例是不胜枚举的。但是有两方面的文化遗产是最突出的。一是文学，一是建筑。

在文学方面，我们可以举两类东南亚的文学作品来说。一类是以印度两大史诗故事为题材的东南亚文学。另一类是东南亚的佛教文学。需要说明的一点是：因为13世纪后东南亚的一些地区或民族先后改宗伊斯兰教、基督教，13世纪以后出现的文本往往又掺入了伊斯兰教或基督教的因素。

《摩诃婆罗多》和《罗摩衍那》是婆罗门教的经典，被誉为印度的两大史诗。《摩诃婆罗多》（意为“伟大的婆罗多王的后裔”）流传至今的版本上写明作者是广博仙人。实际上该史诗是历经10多个世纪的流传，经许多无名歌手加工增删，口耳相传，在公元初始时才基本定型的一部作品。全书分18篇，附1篇，共10万颂（每颂四句，每句八言），是一部40万行的长叙事诗。描写的中心故事是：婆罗多王的后裔持国与般度两兄弟。持国生有以难敌为首的百子，人称俱卢族。般度生有坚战、阿周那等五子，人称般度族。两大族为了王位继承问题展开了斗争，互有胜负。12年后，双方又联络盟友在俱卢之野展开一场大战，18天后两败俱伤，千军万马只有几个人活了下来。坚战即位，天下一统。若干年后，坚战等死去。双方又在天堂相聚，在天上超越了敌我获得了圆满。《罗摩衍那》（意为“罗摩的生平”）作者是蚁垤仙人。也是在民间长期流传先后经多人加工，约在2世纪时定型的。全文分7篇，约2.4万颂。中心故事是：罗摩王子因受到父王小王后的嫉妒，被流放14年。罗摩携妻子悉多和弟弟罗什曼那同行。途中悉多被魔王劫走。罗摩在猴王哈奴曼的帮助下，打败魔王，救出悉多，回国登基。两大史诗随婆罗门教传入东南亚。但因前者反映了印度奴隶制社会的生活，而后者则反映了印度封建社会早期的风貌。所以在东南亚的流传情况也有所不同。前者在海岛地区影响较大，而后者则传遍海岛和半岛各地，尤其在半岛地区影响更大。

两大史诗故事早就在东南亚口耳相传。9至10世纪甚至到11世纪，东南亚各个主要民族在印度文化直接影响下才先后创造了各自的文字。在这以后，各种书写文本才大量涌现。东南亚最早出现的《摩诃婆罗多》删节改译本是10世纪末东爪哇王朝达尔马旺夏王在位时写成的《摩诃婆罗多》九篇“篇章文学”。这是用古爪哇语写成的散文体作品，篇名皆用原名，且在《初始篇》中有以达尔马旺夏王口气说的这样一句话：“寡人请爱卿原原本本地讲述事件的经过，不要加上爱卿自己的润色，不要像诗人们所常做的那样，任意加上自己的华丽词藻或其他主观因素来美化原文。就让爱卿的讲述

与篇章完全一致吧，不要做改动或篡改。希望爱卿不要辜负寡人的希望。”① 但是所译的原文是哪个文本？译者是谁？为何现存只有9篇，而不是原史诗的18篇？都已无从查考。从几篇的语言风格上看有一定不同，所以可以确认不是出于一人之手。但写成时间都在这一时期。到了达尔马旺夏王之后即位的他的女婿爱尔朗卡王时，出现了一种模仿印度史诗的古爪哇语仿梵体诗——格卡温诗。目的并非单纯译介印度史诗，而是借题发挥，歌颂当政者。不少是选择了史诗的某些情节写成的，如：恩蒲·甘瓦的《阿周那的姻缘》等。其后，到了12世纪柬义里王朝时格卡温诗有了进一步发展。如：恩蒲·塞达和恩蒲·巴努鲁合作续写成的《婆罗多大战记》、恩蒲·巴努鲁写的《诃利旺夏》等。《摩诃婆罗多》对东南亚其他地区尤其是一些早期国家也曾有过不小的影响，受到推崇，也是有据可寻的。比如：柬埔寨真腊时期一块碑铭——韦尔德碑文中就记有当时人们每天都吟诵印度的两大史诗；吴哥寺中有以《摩诃婆罗多》为题材的大型浮雕；泰国也发现有《摩诃婆罗多》的缩写本等。只是到了11世纪以后，上座部佛教在东南亚半岛地区确立了主导地位，充满杀戮争霸内容的《摩诃婆罗多》与佛教基本教义相抵触，这一地区的群众不再重视这部史诗，其影响随之也日趋削弱和减少。

《罗摩衍那》对东南亚的影响则不仅限于宗教，而且涵盖了东南亚的政治、哲学、文学、表演艺术、造型艺术、民族心理等等方面。在此我们只想简单地谈谈它在文学方面体现了婆罗门教或佛教影响的情况。印度史诗《罗摩衍那》所描述的罗摩的故事在东南亚流传的文本证据最早的也是在9或10世纪。由于《罗摩衍那》在印度本土流传的情况就很复杂，除经过整理的史诗精校本外，还出现过大量的各式各样的文本。传入东南亚的路线也很繁杂。又是通过不同路线在不同时代背景下反复多次传入的。还有很多文本是一些后来者利用早已传入该地文本的故事情节为素材，再次改写而成的。所以今日东南亚罗摩故事的文本情况也是非常复杂的。为了叙述的方便，我们只好按今日东南亚各国逐一分述。最早的文本当属印度尼西亚的古爪哇语文本。古爪哇语又有格卡温诗体文本和散文体文本两类。甚至有学者考证认为前者是早在公元850年前后就出现了的。而后者则是10世纪末爱尔朗卡王时写成的。目前发现的马来语和印度尼西亚语文本中尚无13世纪以前的文本，而且大多已显示出后来传进此地伊斯兰教影响的痕迹。菲律宾的文本有在1968年一位名叫弗朗西斯克的学者在田野调查时发现的棉兰老岛马拉瑙族流传的叙事散文故事《罗波那王》。原文本是马拉瑙语的，还有英语译本，根据文本语言和文化背景可以推断文本的出现年代，可能是马拉瑙族伊斯兰化以后欧洲人入侵菲律宾的早期，即17世纪中期至19世纪初期间出现的作品，但这正好说明早期印度文化也到达了菲律宾一带，有所影响。罗摩故事传入半岛地区形成的各种文本尤多。但有其较统一的特色，均具较强的佛教色彩。罗摩故事文本首先出

① 梁立基：《印度尼西亚文学史》上册，北京：昆仑出版社，2003年版，第108页。

现在半岛南部孟族、高棉族聚居区。今日该地已分属柬埔寨、泰国和缅甸三国。柬埔寨有罗摩故事的口头文本、浮雕文本和戏剧文本。但遗憾的是流传至今日的正式文字文本仅有《罗摩颂》一种，而且全书80册，今日只有包括1至10册和75至80册在内的16册残卷。估计泰国早就有罗摩故事文本问世，但1767年缅泰战争中泰国的古籍等被洗劫一空，今日存世的都是在这以后重新整理出来的，也足有20种以上，可见该史诗影响之深远。老挝的文本至今大约只发现名为《罗什与罗摩》的诗体万象版本、诗体曼谷版本、散文版本和名为《牛王托拉毗》的琅勃拉邦版本共4种。在缅甸至今我们所知道的文本也有18种之多，使用文体各种各样，有散文体、诗歌体、剧作体等等。越南中部占婆故地一带发现有《帕狄克和帕拉克的传说》和《穆赫拉西的故事》等两个古民间抄本。越南北部也发现有古代当地改编了的口头文本，把安南变成了十车王的阿逾陀国，而把占婆变成了十首王的罗刹国。15世纪下半叶越南黎朝作家武琼编辑过一本越南古代神话传说集《岭南摭怪》，其中有一篇《夜叉王》全文仅140余字，实际也是一篇越南改编的《罗摩故事》。①

佛教徒僧侣们为了宣传，吸引人们信奉佛教，在编写佛教经文时往往非常注意语言的活泼生动，文体也常常不拘一格。这就是最早在印度出现的佛教文学。随着佛教的传播，东南亚盛行佛教的一些国家后来也出现了它们各自的佛教文学。当然所谓佛教文学并非一定是那些传经布道之作。有的作者在作品中明确地表露了佛教哲学观、世界观的也应纳入这一范围。东南亚各国各族文字尚未形成前，从五六世纪开始，东南亚许多国家就曾借用梵文或巴利文作为记载工具创作过一些佛教文学作品。如上所述，东南亚海岛地区室利佛逝一度还成了大乘教派的中心。但是由于海岛地区后来改宗伊斯兰教，今日并无佛教文学传世。只是从少数古爪哇语文学作品中还能看到某些佛教影响的影子而已。如恩蒲·丹杜拉尔的《阿周那凯旋》和《梭打梭玛》分别取材于《罗摩衍那》和《佛本生故事》，都与众不同地有意抬高了佛陀的地位。传入越南北部的主要是大乘佛教。在13世纪越南文字未创造产生之前，也曾借用汉语、汉字创作过许多属于大乘教派禅宗的文学作品。随着佛教在越南的传播与发展，佛教曾被立为越南的国教；某些名僧曾被封为国师，如：万幸法师；许多僧侣成了文坛的著名人物，如：满觉、卿喜、保觉等。而在缅甸、泰国、老挝和柬埔寨诸国却完全不同，11世纪后上座部佛教逐步占据了主导地位，不仅各国语言中吸收了不少佛经文字——梵文、巴利文的词汇，尤其是巴利文的词汇，而且从这些国家开始有书面文学以来直至19世纪中叶，佛教文学一直非常兴旺，在各自文坛上也都曾占据了主导地位。这些国家的佛教文学大多是从翻译注释佛经开始的，把它译成地道的本国文字，或者用本国

① 关于印度史诗《罗摩衍那》在东南亚的影响详情可参见张玉、裴晓睿：《印度的罗摩故事与东南亚文学》，北京：昆仑出版社，2005年版。

文字进一步阐释佛教教义，以达到传教弘法的目的。后来则或用散文，或用诗词；有的以佛经故事为素材进一步拓展发挥，有的援例阐明佛教教义；有的则假古讽今、借古喻今，顾此而言他。各国都出现了各具民族特色的比较丰富的佛教文学。如：泰国国王帕耶立泰1345年写成的《三界经》、缅甸高僧信摩诃拉达塔拉1523年创作的四言叙事长诗《九章》、老挝关芒梯17世纪中叶所著寓言故事集《休沙瓦》、柬埔寨阿里雅基牟尼·朋1856年所著长诗《真那翁的故事》等等均是著名的代表作，对他们本国文坛都曾产生过长远影响。①

在建筑方面印度宗教的影响也非常广泛，从一般民居到大型宗教建筑都有。我们则可举东南亚的三个著名古迹为例。

婆罗浮屠 这是一座塔坛，位于今日印度尼西亚中爪哇日惹以北42公里处。婆罗浮屠的名字源自梵文，意为“山丘上的塔”，也有的学者解释为“婆罗门教的塔”。又因供奉的佛像遍布塔身，故又有人称之为“千佛塔”。据考建于8世纪末至9世纪上半叶夏连特拉王朝极盛时期。10世纪山查家族取代夏连特拉家族当政迁都东爪哇，加之民众信仰的变化逐步荒芜，11世纪初附近的火山爆发，全塔被火山灰覆盖，逐步被埋入地下。19世纪初殖民政府根据当地的民间传说发掘出该塔。1973年8月至1983年2月印尼政府在联合国教科文组织资助下和欧、美、日等国专家协助下对该塔进行了一次大整修。这座世界第一的塔被世人誉为东方四大奇迹或世界七大奇迹之一，1991年被联合国教科文组织列入世界文化遗产名录。它是在土丘的基础上用约200万块巨大石块砌成的，最大石块约重1吨。整座巨塔呈锥形，分为十层，塔的底座呈四方形，总体积为5.5万立方米。6层以下为方形，7至9层为圆形，最上一层是个钟形大塔。塔基正方形边长为113米，占地约1.5公顷。原塔高度为42米，后因雷击塔尖受损，现塔高41.5米。从塔基向上有东南西北4条台阶式通道，直达最高层。塔基基坛四周布满了160幅浮雕，内容都是表现六道轮回因果报应的一些故事内容的。后来为了加固，外围加砌了一层基坛，将浮雕隐于其中。第一层平台离地面高出约7米。方形各层在主壁与边栏之间是宽约2米的回廊，回廊两侧也布满了浮雕画面，据统计共有2500幅。各层还建有石壁佛龛共432个，每个佛龛中皆有莲花座及一尊盘足趺坐的佛像。在方形平台之上是3层圆台，圆台四周共建有钟形小塔72个，每座小塔内皆有一尊佛像。在第3层圆台中央是一座直径16米的覆钵形塔。

吴哥古迹 柬埔寨的吴哥古迹也是东方四大奇迹之一。包括了吴哥窟和吴哥城，即所谓的“小吴哥”和“大吴哥”两部分。吴哥窟占地约200公顷，它既是国王生前的寝宫，又是国王死后的寝陵，后人又称之为吴哥寺。建于苏利耶跋摩二世（1113—

---

① 关于印度宗教文化对东南亚文学的影响详情可参见梁立基、李谋主编：《世界四大文化与东南亚文学》，北京：经济日报出版社，2000年版。

1150年在位）至家耶跋摩七世（1181—1220年在位）期间，历时近90年。有红土围墙环绕呈长方形，长1025米、宽802米、高4.5米，围墙外有长1500米、宽1350米的壕沟，沟宽约190米，正东、正西各有一座砂石铺成的桥通向吴哥窟的东门与西门。桥头两侧立有两头石狮，桥栏上各刻有七头“那伽”一条。吴哥窟西门是正门，门廊长达250米，门廊正中有三个门洞，门洞上方各建一座石塔，塔上刻有各种人物或动物造型。进入门中是一个可容数千人的广场，中间是直通主体建筑的一条长350米的大道。它建在长332米、宽258米的石基平台之上，由三层回廊、次第升高的塔群组成。环绕底层平台的长廊共约800米，处处是高约2米的取材于印度两大史诗的浮雕。吴哥城，柬埔寨原文音为“吴哥通”，意即：伟大的城市。现存的吴哥城是阇耶跋摩七世时代的遗迹。城呈方形，长宽均为3公里，城墙是用巨大红石块砌成的，高约7米，厚3.8米。墙外有宽约100米的护城河。五座城门之上各建有一座高塔，上有面向四方的佛像。门的两侧有三象头形石刻。有宽15米的桥横跨在护城河上，桥的两侧各有27尊高约25米的天神、魔鬼等的石像。正门通道两侧前端是七头巨蛇石雕。城的四面正中各有一座门，东门北侧500米处又开了一座名为“胜利门”的门，从胜利门有路直通王宫。城内寺庙、宝塔、皇宫等，庄严雄伟，栉比鳞次，蔚为壮观。仔细观察其中有婆罗门教的成分，也有佛教大乘教派的成分。1992年被联合国教科文组织列入世界文化濒危遗产名录。

塔城蒲甘 蒲甘位于缅甸中部伊洛瓦底江东岸。原来此地仅有19个村寨。849年彬比亚王在位时开始建城，至1287年蒲甘王朝灭亡，一直定都于此。城墙用砖石砌成，高约10米，宽约4米，城的四周有12个门，城外护城河宽约30米。今日城墙大多已不复存在，仅存城的正门达拉巴门，人们尚可从这座门的情况，推断出当时城设计得多么宏伟，建筑工艺是多么精湛。城内的宫殿、市井、民居等等皆已无迹可寻。今日人们能看到的却是一望无垠的、代表了印度教佛教等许多教派的、风格各异的大大小小的佛塔，低则二三米，高则数十米，千姿百态。有一首缅甸民谚说：“牛车轴声响不断，蒲甘佛塔数不完，若问总计有多少？四四四六七三三。”虽然它有很大的夸张成分。但是据缅甸考古局的统计在仅有41.44平方公里的蒲甘地区之内确实曾有过大大小小佛塔5000多座，平均每平方公里有佛塔120座，目前尚存2217座之多。这些都是1057年阿奴律陀王大力推行上座部佛教至1287年蒲甘王朝灭亡这200年间陆续兴建的。身处蒲甘，的确是“手指之处必有浮屠”。故今日世人喻之为万塔城。这幅图景正是佛教文化早期在缅甸传播、兴盛的见证。尤其是如果仔细考察蒲甘一带佛塔，如：瑞喜宫、阿南达、他冰瑜、古标基、敏格拉等，就可以更进一步了解蒲甘王朝几百年中各方面的发展，印证不少传说或历史故事。蒲甘佛塔还曾刻有许多碑铭。后世人们对这些碑铭进行了发掘、整理、研究，将这些碑文统称为“缅甸蒲甘碑铭文学”，它既是缅甸文学的滥觞，又是缅甸早期历史的重要证据。像 1112 年刻的《妙齐提碑》（即《亚扎古曼碑》）对研究缅甸历史、语言、文学、习俗都有重大意义，尤其是确定了长期无法证实的蒲甘王朝早期几位国王继位的年代；1249 年刻的《加苏瓦王公告碑》使人详细地了解到当时的行政、法律的情况；约刻于 1287 年的《信第达巴茂克碑》补充了现存史料的空白，对元缅战争结束情况描述得非常清楚，从一个侧面也说明了当时僧侣的重要地位和蒲甘王朝灭亡的真实原因等等。

（本文载江苏省东南亚研究会《东南亚之窗》，2009 年第 3 期总第 12 期，第 42－51 页。）

佛教文学的源与流
——评南传佛教地区佛教文学的发展

一

佛教始创于公元前6世纪。古印度北部迦毗罗卫城净饭王之子乔答摩·悉达多苦于无法排解人世生老病死等种种烦恼，又不满当时的婆罗门教的限制束缚，遂于29岁时出家修行。35岁时在菩提树下悟道得法。他成佛后，四处云游说法，教化有情众生，组建僧团，创立佛教。人们尊称得道的悉达多王子为释迦牟尼、释尊或佛陀，即佛教之教主。他悟道正果的法即佛教之教理，在释尊教化下还有了一批追随者弟子僧伽，即佛教之教团。自此佛、法、僧三宝俱足，佛教遂立。

佛教的分期有多种说法。我们认为如下分期法较为合理。即：佛教自释尊创立开始到他入灭后百年的第二次结集之时为原始佛教期。从第二次结集时开始释尊的弟子们对释尊定下的律有了不同的理解，逐渐形成了许多派系，直至3世纪龙树时为部派佛教期即上座部佛教（小乘佛教）发展期。龙树至7世纪法称时为大乘佛教发展期。自法称时起为密教时期和佛教的衰微期。①

据考释尊在世时已有了少数成文可颂的佛教律藏经典。在释尊80岁涅槃入灭后，弟子们为了忆颂他的教诲，先后几次召集一批大德长老举行结集。到了公元前3世纪第三次结集时佛教的经（释尊及其弟子们宣讲的佛教教义）、律（释尊为他的弟子僧团制定的法则规矩）、论（对佛教教义的阐释论证）三藏——佛教的典籍经文全集才真正定型。由于后来发展成的教派不同，三藏经文也有了某些不同。主要有巴利文三藏（上座部南传佛教或俗称小乘佛教三藏）、梵文三藏（北传佛教，即大乘佛教三藏）等。再以后才出现了不同文字译成的三藏经。而佛教的三藏经文常常是利用通俗的故事、生动的语言来阐明论点的。所用文体也很丰富，有韵文诗歌体，有白话散文体，也有韵散杂糅体。所以说三藏经就是最初的最基本的佛教文学作品。

① 圣严法师编述：《印度佛教史》，福建莆田广化寺出版，第42页。

二

巴利文三藏从南印度传向锡兰（今斯里兰卡）、缅甸、泰国、老挝、柬埔寨、越南南部以及中国西南一些少数民族地区形成了今日盛行南传佛教地区。这一地区的佛教文学与源于印度本土的巴利文三藏并不完全相同，又有了一定的发展，且影响甚大。

佛教传入上述地区是有一个过程的。公元前 3 世纪以前，佛教只在印度境内传播。孔雀王朝阿育王在位时国势大盛，在信仰方面他立佛教为国教，且独尊上座部教派。为了巩固他的统治，进一步扩大他的势力范围，还在组织了第三次结集之后，派出一批大德高僧分率九个僧团，到印度境内边远地区和印度毗邻各国传播佛教。阿育王首先派其子摩晒陀长老等率僧团去锡兰（当时称为楞伽国，即今日之斯里兰卡），又派须那迦长老、郁多罗长老率僧团去金地（即今日缅甸与泰国南部一带），派摩诃勒弃多长老率僧团去臾那世界（即今日缅甸、泰国、老挝等国北部和中国西南一些少数民族聚居区）。这就是上座部佛教传入这个地区的开始。公元 1 世纪以后大乘佛教在印度境内开始兴起。随着印度境内王族争霸，一些王族不得已流亡国外寻求发展，在东南亚一带建立了一些国家或王朝，他们同时也带来了大乘佛教和婆罗门教。后来密教教派也传入了这个地区。使得早已传入上述地区的上座部佛教一度势力大减，趋于衰落。12、13 世纪时上座部佛教又在这一地区复兴，并逐步占据主导地位。其影响也渐渐深入各个领域，直至今日。

随着佛教在这一地区的传播，作为佛教经典的三藏经，尤其是巴利文三藏经在这一地区传播开来。从公元前 3 世纪至公元 10 世纪除有原文（即巴利文或梵文三藏）流传外，在这一时期的后半段有些地方也有将巴利文或梵文作为自己民族的记载工具，并创造出某些佛教文学作品的。因为上座部佛教在这一地区占据主导地位的时间更长，所以巴利文更多地被人们所用。在巴利文以及南印度文字的影响下，这一地区许多民族才先后创造出自己民族的文字。用巴利文写作的有斯里兰卡的《岛史》、《大史》、《千篇故事集》，泰国的《清迈五十本生》等。

公元前 1 世纪斯里兰卡伐多伽摩尼·阿巴耶在位期间，500 位大德高僧在斯里兰卡中部小镇玛德勒举行了历时三年余的第四次结集，将全部巴利文三藏原文和用僧诃罗语写成的注疏刻在贝叶之上。[①] 5 世纪中期印度境内巴利文三藏经文散佚，佛教大师佛音长老专程到斯里兰卡，将僧诃罗语三藏注疏等又译回巴利文，带回印度。途中还曾在缅甸的南部停留，巴利文三藏注疏等再次传入这一地区。尤其是《本生经》（即佛本

① 季羡林主编：《东方文学史》上册，长春：吉林教育出版社，1995 年版，第 242 页。

生故事）得以更加广泛传播。①

《岛史》成书于4世纪，作者不详，从语言风格不一、内容不够连贯来看，并非一人所写。全书22章，皆为叙事诗。写了释尊生平，佛教建立，第一、二、三次结集（对第二次结集内容记载尤详）和斯里兰卡初期的历史。②

《大史》成书于五六世纪，作者为斯里兰卡的摩诃那摩长老。全书用史诗体写成，共37章。写了印度和斯里兰卡早期佛教传播与发展史。后来又有人写了《大史》的续篇《小史》，记叙其后斯里兰卡王朝兴衰与佛教的发展直至17世纪。学者们往往将两者统称为《大史》。③

《千篇故事集》成书于1世纪前后。是当时斯里兰卡学者仿照《本生经》的写法，用僧诃罗语写成的一部故事集，含故事94个。5世纪罗陀波罗长老将其译成巴利文。14世纪初吠提诃长老又对巴利文译本进行了加工润色，并增加了9个故事，改名为《趣事河》。14世纪末达摩揭蒂又将该书故事增加到155个，再创作为《妙法庄严》一书。④

《清迈五十本生故事》成书年代至今仍考察不清，由清迈一高僧仿照《本生经》的写法用巴利文写成。流传至今传本颇多。据考，故事原型多是清迈一带民间故事。该书所述故事在南传佛教地区影响较大。⑤

三

11世纪以后，上述南传佛教地区各民族文字逐步成熟，上座部佛教在这一地区重新振兴并逐步取得主导地位，该地区的佛教文学也有了新的发展，不再用巴利文或梵文写作，而改用本民族文字。大多是从用本民族文字翻译注疏三藏佛经开始的。进一步阐释佛教教义传道弘法。如：柬埔寨在上座部佛教传入大盛时就兴起过“解经文学”。缅甸、泰国也曾有过不少高僧名士写过一些佛经注疏。再如：12世纪末斯里兰卡作家古鲁卢高弥所作《法灯》就是《大菩提史》的注疏，系统阐明了佛法要义。他的另一部作品《甘露》则对释尊的生平分阶段地进行了仔细描述等等。后来所用形式更加多样，有的用散文，有的用诗词，以佛经故事为素材进一步拓宽发挥。或为阐明教义弘法，或为借古喻今论事，使得这一地区各国各族的佛教文学更加呈现出不同的民族特色。

---

① 梁立基、李谋主编：《世界四大文化与东南亚文学》，北京：经济日报出版社，2000年版，第241页。
② 季羡林主编：《东方文学史》上册，第242页；任继愈主编：《宗教词典》，上海：上海辞书出版社，1981年版，第522页。
③ 季羡林主编：《东方文学史》上册，第243页；任继愈主编：《宗教词典》，第47页。
④ 季羡林主编：《东方文学史》上册，第243、626页。
⑤ 梁立基、李谋主编：《世界四大文化与东南亚文学》，第254-267页。

但影响最为深远的是巴利文经藏《小部》十五部经书中的第十部经书《本生经》。《本生经》人们又多称其为《佛本生故事》。实际这些故事绝大多数本来是印度民间流传的故事，释尊为了生动地宣讲佛教教义，将这些故事与自己前世挂钩。后来弟子们将他讲过的547个故事集中起来编成了《本生经》。原文用巴利文书写，其中人生357个、神生65个、动物生125个，故人们常常统称为五百五十本生故事或五百本生。开始这些故事的传播是从讲经布道者开始的，口耳相传，逐步为许多人知晓。后来有的用雕塑、绘画等艺术形式把这些故事表现出来，保留在佛塔寺庙之中。至今世上某些古佛塔寺庙里保存的壁画浮雕等就是证明。也有用真人表演形式进行宣传的。如我国名僧法显就曾记叙过5世纪初他在斯里兰卡所见到过的这种简单演出，他写道："王使夹道两旁作菩萨五百身已来种种变现：或作须大拏，或作睒变，或作象王，或作鹿马。如是形象，皆彩画庄，状若生人。"又如缅甸现代著名作家吴登佩敏在一篇文章中也这样写过："我们小时候，每逢区里做佛事……还能看到大车剧。所谓大车剧就是每辆大车上表演一幕戏，四五辆大车就可组成一部戏了。可能是沿袭蒲甘时期佛塔中一块釉片砖画表现一幕，四五块砖画表现一部本生故事的方法，用到大车上了。"[①] 当这些国家、民族的书面文学出现以后，有的用本民族的文字译出了《本生经》或其中个别故事。有的则把佛本生故事作为写作素材进行再创作。在南传佛教地区先后出现过多种《本生经》译本，有各种不同文字的全译本、节译本、选译本、单篇译本外，还有缩写本、扩写本、改写本等等。像我国傣族五百五十阿銮故事据考就全部（有人认为只是部分）源自《本生经》。[②]

尤其是《本生经》某些情节曲折动人的故事更成为各国各族文人墨客反复采用的写作素材。这些故事也成了这一地区妇孺皆知的故事。

比如《本生经》第547号故事，即最后一个故事《须大拏本生》，说的是释尊前世曾是一位极其大度乐善好施的国王，他的名字叫须大拏（按当代音译，也有译作维丹达亚的）。他为了避免国内动乱造成生灵涂炭，宁愿自己抛弃荣华富贵和王位到林中修行。最后甚至连自己的骨肉子女、心爱妻子也可忍痛舍给他人。这个故事在上述地区各国各族几乎都有单译本。还有不少以此为素材创作的作品。缅甸先后就有过以这个本生故事为题材的长诗4部、剧作1部。[③] 1482年泰国阿瑜陀耶王朝时僧俗学者曾奉命集体据此故事情节，用巴利文、泰文相间写成一部长诗《大世词》（巴利文为原文，紧随其后的泰文是译文，两者逐行相间写成）。17世纪帕昭松探国王在位时，为了便于一般百姓理解该诗内容，又命大臣们重写此诗，名为《大世赋》。巴利文照录，一段巴利

---

① 梁立基、李谋主编：《世界四大文化与东南亚文学》，第244－245页。

② 西双版纳傣族自治州民族事务委员会编：《傣族文学简史》，昆明：云南民族出版社，1988年版，第231－232页。

③ 梁立基、李谋主编：《世界四大文化与东南亚文学》，第246页。

文原文结束后，紧跟其后是一段泰文的译文，逐段相间写成。后来还有不少作家也根据《须大拏本生》写出许多诗作，人们统称为《讲经大世诗》。泰国人习惯在做佛事时诵读此诗，而且认定凡能在一天之内连续聆听完这部长诗者就行了大善，积了大德。所以这部长诗在泰国非常有名。① 我国傣族故事《维先塔腊》实际就是《须大拏本生》的傣文译作。②

又如《本生经》542 号故事《大隧道本生》讲的是：释尊前世是一位智者，虽然他才 7 岁，却能连续判明人们难于解决的 19 个疑难问题，于是被国王任命为重臣。这个故事是人民熟知的故事之一。老挝有一部流传极广的故事集《玛诃索德》其实就是这个本生故事的老挝文译本。③ 再如《本生经》531 号故事《拘舍本生》讲拘舍王子心地善良，多才多艺，但奇丑无比。他的王妃帕巴沃蒂却是位沉鱼落雁闭月羞花的绝代佳人，且性格高傲，根本看不上拘舍。拘舍终于以他的勤劳、智慧与勇敢赢得了帕巴沃蒂的芳心和纯真的爱情。斯里兰卡僧诃罗语诗歌中最杰出的、由 15 章 770 颂写成的长诗《皇冠宝石诗》就是用这部本生素材重新创作而成的。④ 东南亚还有不少作品是综合多部本生故事的内容写成的。如：柬埔寨的长篇诗歌《真那翁的故事》有 12 集之多，讲述释尊前世曾是国王、婆罗门、商人、妇女、大象、猴子时的善行。是综合许多佛本生故事编写而成的，塑造了一个新主人翁形象。⑤ 斯里兰卡著名的散文诗《皈佛》是博采佛经内容引用多部本生故事写成的。⑥ 同样，号称为缅甸第一部小说的《天堂之路》也是将多个本生故事融汇在一起写成的。⑦ 由于佛经故事传播甚广深受佛教徒的喜爱，所以仿照者也大有人在。上文所述斯里兰卡的从《千篇故事集》而《趣事河》，再到《妙法庄严》都是按《本生经》写法写成的。曾被缅甸贡榜王朝敏东王作为伪经付之一炬的《清迈五十本生》更是模仿得惟妙惟肖难辨真伪。以巴利文三藏为基本源头发展起来的佛教文学，在封建王朝时代（11 世纪至 19 世纪中叶）南传佛教地区曾在文坛占据主导地位兴盛一时。到了近现代这种兴盛之势才不复存在。

四

到了 19 世纪中叶以后，南传佛教地区大多已不再是封建王朝时代。佛教的社会地位有所变化。佛教文学不再像以前那么兴盛，纯佛教文学作品已不多见。但因佛教已

---

① 栾文华：《泰国文学史》，北京：社会科学文献出版社，1998 年版，第 17 - 18 页。
② 西双版纳傣族自治州民族事务委员会编：《傣族文学简史》，第 213 页。
③ 季羡林主编：《东方文学史》上册，第 656 页。
④ 季羡林主编：《东方文学史》上册，第 628 页。
⑤ 季羡林主编：《东方文学史》上册，第 662 页。
⑥ 季羡林主编：《东方文学史》上册，第 625 页。
⑦ 姚秉彦、李谋、蔡祝生：《缅甸文学史》，北京：北京大学出版社，1993 年版，第 57 页。

深入人心，所以佛教与佛教文学的影响仍无处不在。

有以颂扬佛陀释尊、阐释佛教教义、弘传佛法精髓为目的的纯佛教文学作品。如：斯里兰卡现代著名诗人S·玛亨德（1901—1951年）就曾写过不少歌颂佛教古迹的诗歌，他描绘金鬘大塔历史的长诗《金鬘诗》竟长达351节。斯里兰卡另一著名作家马丁·魏克拉玛辛诃（1891—1976年）也是个虔诚的佛教徒，他在晚年写的一部传记体中篇小说《轮回的解脱》中，将释迦牟尼写成了一个具有伟大品格的历史人物。[①]

作者并不一定是有意识地弘扬佛教，只是借用佛教典籍中的故事作为素材进行创作，我们也可举出不少实例。如：19世纪末20世纪初缅甸戏剧空前发展，一些文人写了不少供剧团演出，且可供人们阅读欣赏的剧本，这些剧本的素材大多是取材于佛本生故事的。著名缅甸现代作家德钦哥都迈（1875—1964年）早期创作生活中也写过这类剧作80余部。[②] 再如：号称斯里兰卡“小说之王”的阿·西尔瓦（1892—1957年）1941年曾发表一部长篇小说《月光》，写的是一豪门子弟失恋后厌弃城市生活避居偏远小村，在一农家当长工，最后终以其勤劳勇敢赢得了房东美貌女儿的芳心。仔细分析这正是取材于《本生经》第531号故事《拘舍本生》的情节。斯里兰卡另一著名作家萨拉特江德拉（1914—　）1956年曾写过一部在斯里兰卡戏剧史上具有划时代意义的剧本《玛纳梅》。剧情大意是：玛纳梅王子从师学艺艺成后，偕新婚王妃——老师的女儿回国。途中遇正在行猎的维狄王。维狄王见玛纳梅王妃美妙绝伦，欲夺之，遂与玛纳梅王子厮拼。玛纳梅王子不慎手中宝剑落地。王妃捡起，却将剑柄递给维狄王。维狄王顺势拿起宝剑将玛纳梅王子杀死。王妃甘愿随维狄王而去。维狄王见王妃如此忘恩负义见异思迁，便弃她而去。[③]实际这个故事原型就是《本生经》第374号故事《小弓术师本生》。

因为佛教已是这一地区人们现实生活的一个组成部分，所以不少作品也联系到佛教相关的某些内容。比如：缅甸著名作家德班貌瓦的小说《穷乡僻壤》、佐基的小说《他的妻》等等都涉及到和尚问题。当然，有的作家甚至会因此招惹到麻烦。像缅甸现代著名作家吴登佩敏1937年曾写过一部无情鞭挞披着袈裟的色鬼并狠狠嘲讽了那些狂热的善男信女的《摩登和尚》，顿时掀起了一场轩然大波，狂热的教徒们到处围攻谴责作者，直到作者表示道歉才了事。[④] 在泰国1886年功姆銮皮期巴里察贯模仿英国小说写成一篇名为《沙奴的回忆》的短篇小说，被誉为泰国第一篇短篇小说。小说本身并没有涉及佛教问题，但因为小说一开始在交代故事发生地时用了曼谷著名的真实佛寺的名字，该寺主持方丈大为光火，闹得社会上沸沸扬扬，最后还是泰国国王下了手谕，

① 高慧勤、栾文华主编：《东方现代文学史》下册，福州：海峡文艺出版社，1994年版，第1047－1054页。

② 姚秉彦、李谋、蔡祝生：《缅甸文学史》，第198页。

③ 季羡林主编：《东方文学史》下册，第1344－1345页。

④ 姚秉彦、李谋、蔡祝生：《缅甸文学史》，第218、221、250－251页。

风波才算平息。①

佛教的价值观、道德观深入人心，所以在不少作品中也有所体现。如：被誉为缅甸第一部现代小说的《貌迎貌玛梅玛》② 虽然很明显是受到法国大仲马《基督山伯爵》的直接启发和影响，但是主题思想却完全是佛教观点了。作者詹姆斯·拉觉（1866—1920 年）在书的开头写道："故事是真实的，而且很像菩萨的过去生萨那伽王的经历，在遇到重大灾难的时刻，能够像个真正的男子汉那样坚韧不拔地奋斗。……这是所有渴求知识的人和良家子弟所应知道并值得记取的。"我们知道萨那伽正是《本生经》539 号故事中的主人公。缅甸最受读者欢迎现代作家之一的摩摩茵雅（1944—1990 年）的许多作品中都蕴含着佛教哲理。她自认为最好的代表作《玛杜丹玛莎意》中主人公就是两次削发为尼两次蓄发还俗命运多舛的妇女，最后的出路还是出家修行。再如：泰国也有类似情况。在泰国 1900 年出现了第一部西方现代小说的翻译作品《复仇》，不久，就出现了泰国作家自己写的第一部现代小说《解仇》，极力宣扬佛教的忍让宽恕精神，反对复仇。③ 泰国早期现代文学中以国外为背景写小说的开拓者是蒙昭·阿卡丹庚·拉披帕（1905—1932 年），他 1929 年发表了极富盛名的长篇小说《人生戏剧》。从作者选择的这个作品名字也可以看出作者认为人生是一出无常的戏剧。这与佛教的基本教义是有着某种关系的。④

还有不少作家把维护佛教传统与民族独立斗争大业结合在一起。比如：缅甸现代著名作家德钦哥都迈就明确说过："我要我的诗歌，使我们的缅甸、使佛祖的宗教大业发扬光大！"⑤

五

随着佛教的传播，佛教文学也传入了南传佛教地区。当上座部佛教确立了在这一地区的主导地位之后，巴利文三藏就更深入地在这一地区传播开来。

开始只是出于传播佛教的目的，借用巴利文原著而已。随后出现了本地人士运用巴利文写作的佛教文学。其后出现了本地本民族各种文字的佛经译本，尤以《本生经》的译本最多，影响最大。再后又出现了一些模仿《本生经》的作品或借用本生故事改写的作品。当然有些改写的作品，其目的已经不是有意识地明确地为了传播佛教而写了。

---

① 栾文化：《泰国文学史》，第 154 – 157 页。
② 中译本名为《情侣》。[缅甸] 詹姆斯·拉觉：《情侣》（李谋、姚秉彦、蔡祝生译），太原：山西人民出版社，1985 年版。
③ 梁立基、李谋主编：《世界四大文化与东南亚文学》，第 250 页。
④ 高慧勤、栾文华主编：《东方现代文学史》上册，第 568 – 569 页。
⑤ 高慧勤、栾文华主编：《东方现代文学史》上册，第 499 页。

随着佛教文学在这一地区的传播与发展，其影响也不仅仅限于文学范畴之内。

（一）语言文字的影响

南传佛教地区（斯、缅、泰、老、柬、越南南部、我国西南一些少数民族聚居区）各国以及原生活在越南中部、南部的占婆，我国西南傣族等无一不是曾经借用巴利文作为他们的记载工具的。后来他们的文字也都是借用印度南部字母开始创造出来的。且至今都有不少巴利文借词，尤其是佛教方面的词汇。不仅如此，这些国家或民族的语言中还存在着不少典故或成语都是源自佛经的。

（二）文学创作手法方面的影响

1. 人们最早翻译佛经是用与译文相间写出的办法。即使是译一句话，也是按每个词分译后，再把它们连缀在一起写成的。各国各族无不如此。形成了一种独特的译经文体。直到后来为了使一般读者容易理解，有时才用一段原文一段译文相间办法写成。这就是泰国《大世赋》出现的缘由。

2. 韵散杂糅体。南传佛教地区作品中大多有一种韵散杂糅体。这种文体实际也源自佛教文学。《本生经》原典中只有偈陀颂诗，今日流传于世的是公元 5 世纪佛音长老从僧诃罗语三藏注疏重新译回巴利文的《本生经注疏》。这部著作就是用韵散杂糅体写成的。由于佛本生故事传播甚广，这种韵散杂糅体也成为这一地区古代文学中重要文体之一。就是在近现代文学中也有实例。典型的例子有：缅甸作家德钦哥都迈就曾创造了一种诗歌与散文相间写成的杂文体取名为“注”，诸如《洋大人注》、《猴子注》、《狗注》、《孔雀注》、《咖咙注》等，分别讽刺洋人、英帝国主义者、卖国求荣的走狗，歌颂爱国民族精神、抗英农民起义。

3. 框架式或连串插入式的结构，即大故事中套小故事或系列故事。佛本生故事就是典型的这种系列故事。这种文章结构通过各种途径已传遍世界各地。南传佛教地区也不例外，像泰国的《清迈五十本生故事》、老挝的故事集《休沙瓦》和柬埔寨的古典长诗《真那翁的故事》等都是。

（三）哲学观、道德观、价值观方面的影响

佛教的基本思想是因果轮回，善恶有报。佛教的哲学观、道德观、价值观也通过佛教文学的传播与发展影响了南传佛教地区的文坛。这种例子真可谓俯拾皆是。在这一地区的古代文学中尤为明显。众所周知这一地区古代文学中主要是两大类：佛教文学和宫廷文学。而宫廷文学也同样受到佛教思想的影响。因为这一地区盛行上座部佛教，有的国家上座部佛教是国教；有的国家或地区上座部佛教虽不是国教，但也有着

极其特殊的崇高地位。所以佛教思想无所不在。到了近现代这一地区的文学作品的内容与形式都大大丰富了，但仍有不少受佛教思想影响的影子。总之，可以说佛教思想一直是这一地区文学创作的指导思想之一。影响了许多作家创作时的主题取向。这还影响到文化的各个领域和层面，比如：教育、艺术等等。我们还可以预言在未来相当长的一段时间里这种影响仍将继续存在，绝不会在短期内消失殆尽。这种影响甚至还会进一步影响到现代化的进程。宗教与现代化的关系是极其复杂的。宗教既可促进现代化的进程，又可能成为现代化的障碍。佛教也是如此。只要处理得当，佛教和佛教文学对南传佛教地区的现代化还是可以起到积极的促进作用。

（本文系笔者参加 2001 年 5 月 16～18 日由北京大学东方学研究院、东方文学研究中心联合举办的“2001 年北京大学东方学国际研讨会”而发表的。）

东南亚的佛教文学

一、佛教文学的由来与发展

据传公元前6世纪印度迦毗罗卫的释迦族王子乔答摩·悉达多为摆脱人世间各种苦恼在菩提伽耶菩提树下静坐思维，悟道得法，时年35岁。他成佛后，四处云游说法，自创佛教，组建僧团，直至80岁涅槃。后人尊称其为释迦牟尼，意即释迦族的圣人。释迦牟尼在世时主张用教徒们的方言传教。他本人传教时主要用的是摩揭陀语。在他涅槃后佛教徒弟子们为了共同忆诵他的教导以确定佛教经典，先后几次召集众多大德高僧举行结集。到了公元前3世纪第三次结集时，佛教经、律、论等三藏即佛教的典籍全集才真正定型。当时使用的仍是摩揭陀语。所谓经藏就是佛及其弟子宣讲的佛教教义；律藏就是僧团的规定与法则；论藏是对佛教教义的论证阐释。1世纪大乘佛教兴起，这一派的教徒弟子们又开始广泛使用梵语或混合梵语传教。这样才进一步形成了后来的两种不尽相同的佛教典籍全集——上座部教派即南传佛教的巴利文三藏（按斯里兰卡传统说法巴利文即摩揭陀文的又称，虽然学者们经过认真发现比较两种语言并不完全相同，但人们皆称之为巴利文三藏）和大乘佛教即北传佛教的梵文三藏。而佛教徒僧侣们为了宣传自己的宗教，吸引人们信教，在编写三藏经文时往往非常注意语言的活泼生动，文体也常常不拘一格。这就是最早在印度出现的佛教文学。随着佛教的传播，其他一些国家尤其是佛教盛行的一些国家后来也出现了它们各自的佛教文学。当然所谓佛教文学并非一定是那些传经布道之作。有的作者在作品中明确地表露了佛教哲学观、世界观的也应纳入这一范围。

虽然佛教文学中一些经典大多是深奥、繁琐和晦涩的。但是佛教反对婆罗门教的种姓等级观念，倡导众生平等的思想；反对愚昧，颂扬智慧；认为事物有其自身因果规律，不以个人意志为转移，有一定的辩证思想。这些都表现了那个时代的一种进步思潮，反映了那个时代的历史发展、社会状况、经济生活、人文风貌、道德观念与思想意识。尤其是佛教经典中为了阐明佛教教义描述的一些故事更是提供了进行道德教育训诫的诸多例证，生动地表明了佛教的处世主张。有的歌颂赞誉了善良；有的讽刺鞭鞑了邪恶；有的嘲弄讥笑了陈腐，有一定的现实意义。所以把佛教文学放在佛教发生发展的年代中去看，时至今日这些佛教文学作品仍不仅有其文学鉴赏价值，而且有其社会价值，成了一些国家文学史上相当重要的一个组成部分。

佛教本来只在印度境内传播。到了公元前 3 世纪印度孔雀王朝的阿育王统一全印度，立佛教为国教，独尊上座部教派。在华氏城命目犍连子帝须长老主持佛教第三次结集。结集后派了一批高僧分率九个僧团到古印度各地和毗邻国家传教。其中分别派其子摩晒陀长老等到楞伽国（即今日斯里兰卡）、须那迦和郁多罗长老至金地国（即今日下缅甸和泰国南部一带）、摩诃勒弃多长老赴臾那世界（即今日缅甸掸邦、泰国、老挝等北部）弘法。上座部教派遂传入南亚各地和东南亚一带。

据上座部教派南传佛教经典《大史》等记载：公元前 1 世纪斯里兰卡国王伐多伽摩尼·阿巴耶（公元前 103—前 77 年在位）在斯里兰卡中部玛德勒小镇举行了第四次结集，重新安排佛教经典次序，用贝叶全文记录成第一部巴利文三藏经文并用斯里兰卡当地的僧伽罗文写出了注疏。这也就成了流传至今巴利文三藏的原本。斯里兰卡从此也成了上座部南传佛教的中心。公元 1 世纪大乘佛教兴起后，印度境内的佛教主要成为大乘教派，佛经语言也改为梵文。

概言之，东南亚佛教发展的第一个时期是在公元前 3 世纪首次从印度传入，最初是上座部教派。其传播路线先是自印度向南部的斯里兰卡，再从印度、斯里兰卡向东部的缅甸、泰国南部地区，随后又从缅甸、泰国南部地区向缅甸、泰国腹地以至柬埔寨、老挝等地发展。后来佛教又逐步衰落。东南亚佛教发展的第二个时期是从公元 1 世纪左右开始的。1 世纪以后印度一些王族后裔先后到东南亚一带创建新的王朝。其中第一个建立的就是在今日柬埔寨一带的扶南。随着这些印度王族的到来，婆罗门教、佛教又传入了这一地区。且两教并行不悖。佛教则以大乘佛教为主。尤其是到了五六世纪以后佛教在这一地区传播更盛。7 世纪位于今日印度尼西亚苏门答腊的古国室利佛逝就曾是一个大乘佛教的中心。大乘佛教从半岛地区的柬埔寨和海岛地区的室利佛逝再向东南亚其他地区迅速扩展。但是各种教派并存，也包括上座部教派和密宗。这种情况一直延续到 11 世纪。东南亚佛教发展的第三个时期是 11 世纪以后直至今日。11 世纪中叶上座部教派首先在半岛地区的缅甸得以重新振兴。缅甸的蒲甘一度成了上座部教派的中心。随着缅甸政治势力的扩张在 11 世纪末叶上座部教派也进入泰国境内。13 世纪泰国势力大振。不仅使泰国成了主要信奉上座部教派的国家，而且促使上座部佛教又传入了柬埔寨和老挝，也成了柬、老两国的主要教派。可以说，到了 13 世纪以后在东南亚半岛地区即中南半岛上座部教派占据了主导地位。大乘佛教仅在越南北部还有着绝对的优势。在其他国家则只剩少数人仍信奉大乘教派。而在海岛地区即马来群岛地区则由于伊斯兰教和基督教的传播，原有的佛教影响程度急剧锐减，只剩下极少数信奉者，而且这些人信奉的主要是大乘佛教。这种情况一直延续至今。

随着佛教传入东南亚地区，与佛教有关的神话传说故事等也传入东南亚且产生了很大影响。在佛教进一步传播后，该教的两种典籍全集——巴利文三藏和梵文三藏也先后传入东南亚地区。尤其是印度高僧佛音（亦称之为觉音或佛陀瞿沙）遵师嘱在410至432年间赴斯里兰卡求法，学习上座部教义，将斯里兰卡当地的三藏僧伽罗文注疏全部译成巴利文。晚年将巴利文三藏并所译巴利文三藏注疏全部带回印度。他在返回途中曾到达金地。从此巴利文三藏开始传入中南半岛缅甸与泰国南部一带，后来又逐步传入缅、泰腹地和老挝、柬埔寨等国。此事影响更是深远。早在东南亚各国各族文字尚未形成前，从五六世纪时开始东南亚许多国家就曾借用梵文或巴利文作为记载工具创作过一些佛教文学作品。越南则在13世纪本民族文字未创造产生之前，也曾借用汉语、汉字长期创作过许多汉语文学作品，其中一些是属于大乘教派禅宗文学的。早在越南李朝（1009—1225年）时在1018年就曾派道清和尚到中国迎请三藏经，北传大乘佛教的三藏经文遂传入越南。随着佛教在越南的传播与发展，佛教被立为越南的国教；某些名僧曾被封为国师，如万幸法师；许多僧侣成了文坛的著名人物，如满觉、卿喜、保觉等。虽然如上所述大乘教派也在很早传入今日印度尼西亚的苏门答腊等地，而且当时的室利佛逝一度还成了大乘教派的中心。但是今日并没有佛教文学传世。只是从少数古爪哇语文学作品中还能看到某些佛教影响而已。如：恩蒲·丹杜拉尔的《阿周那凯旋》和《梭打梭玛》分别取材于《罗摩衍那》和《佛本生故事》，都与众不同地有意抬高了佛陀的地位。而在缅甸、泰国、老挝和柬埔寨诸国却完全不同。不仅语言中吸收了不少佛经文字——梵文、巴利文的词汇，尤其是巴利文的词汇。而且从这些国家开始有书面文学以来直至19世纪中叶，佛教文学一直非常兴旺，在各自文坛上都曾占据了主导地位。这些国家的佛教文学大多是从翻译注释佛教经典开始的，把它译成地道的本国文字，或者用本国文字进一步阐释佛教教义，以达到传教弘法的目的。如：柬埔寨在上座部佛教传入后就曾兴起过一种“解经文学”；缅甸、泰国等不少文人译过佛教文学名著，某些高僧也写过不少佛教经典的注疏等。后来则或用散文、或用诗词；有的以佛经故事为素材进一步拓展发挥，有的援例阐明佛教教义；有的则假古讽今、借古喻今，顾此而言他。使得这几国都出现了具有各自民族特色的比较丰富的佛教文学。如：泰国国王帕耶立泰1345年写成的《三界经》、缅甸高僧信摩诃拉达塔拉1523年创作的四言叙事长诗《九章》、老挝关芒梯17世纪中叶所著寓言故事集《休沙瓦》、柬埔寨阿里雅基牟尼·朋1856年所著长诗《真那翁的故事》等等均是著名的代表作，对它们本国文坛都曾产生过长远影响。

二、佛本生故事在东南亚

在东南亚影响最为深远的佛教文学作品是《佛本生故事》。《佛本生故事》又称作《佛本生经》或《本生经》，是南传佛教巴利文经藏五部中《小部》十五部经书的第十部经书。据传释迦牟尼在世向人们讲经布道时，常常联系到他自己一些前生故事。通过讲述他的前生——国王、婆罗门、商人、智者、天帝释、梵天等等人或神，以至各种各样的动物所做过的善业功德的故事，来阐明佛教的基本教义——善恶有报，因果相应等。后来弟子们将他讲过的前生故事547个集中起来编成此部经书。实际上这些故事绝大部分都是早已在印度民间流传的寓言或童话。印度的各个宗教教派都曾利用其中一些故事把它改造一番写入各自教派的经典中，以便生动地宣传自己的教义。佛教创始者释迦牟尼也不例外。相传当时释迦牟尼讲法时是用偈陀颂诗的形式讲的。后来经过他的弟子们追记注释才成了今日《本生经》这样的形式。每篇均由今生故事、前生故事、偈陀、注释和对应等五部分组成。《本生经》巴利文原文为Jataka，过去人们音译为阇陀伽，意即：佛的前生故事。可见前生故事部分最为主要，且这部分故事性最强。到了公元前3世纪印度孔雀王朝阿育王在位时大力弘扬佛教，这些佛本生故事遂广为流传。当时建成的印度婆噜提大塔和桑其大塔周围石门上都有一些佛本生故事的浮雕，而且有的还标出了Jataka佛本生故事这一专有名词就是证明。547个故事篇幅长短悬殊甚大，内容纷纭庞杂，人物多寡不一。概括地说这些故事不外乎宣扬容让忍耐、乐善好施、斋戒有素、尽忠尽孝、大智大勇等等高贵品质。547个故事中有人生357个、神生65个和动物生125个。人们常简称其为五百五十佛本生故事。但是如果仔细对比，可以发现其中有三四十个故事与前后其他故事相同或近似，所以实际其中只有故事五百个左右。该书按每个故事中所含偈陀颂诗的数目多寡分成22卷；第一卷是独颂卷，各有一首偈陀颂诗，共有150个故事；最后一卷称之为大卷，每个故事都是含90首以上偈陀的，有10个故事，其中最长的两个故事竟各有1000首偈陀之多。不少人也经常把《本生经》最后一卷的10个故事与其他故事分列称之为十大佛本生故事。

随着南传佛教的传播，佛本生故事首先传到斯里兰卡。后又从斯里兰卡传往现在缅甸、泰国的南部孟族聚居区（古称金地）一带。进而传入缅甸、泰国、老挝、柬埔寨等国，再传到周边其他地区包括我国西南一些少数民族地区。当然当时大乘佛教也曾由印度直接传入海岛地区苏门答腊、爪哇一带，7世纪下半叶当地的室利佛逝王朝和后来的夏连特拉王朝都是著名的佛教王朝。某些佛本生故事也随之传至这些地区，9世纪建成的婆罗浮屠大佛塔上的一些浮雕就是证明。只是因为后来伊斯兰教在海岛地区盛行，原有影响的其他迹象随着时间的推移现在已经难以再发现罢了。

佛本生故事传播的方式最早是口耳相传，讲经布道者为宣传佛教教义讲述这些故事。后来这些故事又被形象地表演出来，有的开始只是一种形象的造型，逐步形成了某些剧目。比如我国名僧法显就曾记述过5世纪初他在斯里兰卡见到过的这种简单表演。他曾这样写道："王使夹道两旁作菩萨五百身已来种种变现：或作须大拏，或作睒变，或作象王，或作鹿马。如是形象，皆彩画庄挍，状若生人。"① 后来佛本生故事传到东南亚其他国家时也是如此。像缅甸当代著名作家吴登佩敏在他一篇文章中就曾这样记述说："我们小时候，每逢区里作佛事，……还能看到大车剧。所谓大车剧就是每辆大车上表演一幕戏，四五辆大车就可组成一部戏了。可能是沿袭蒲甘时期佛塔中一块釉片砖画表现一幕，四五块砖画表现一部本生故事的方法，用到大车上了。"当这些国家书面文学出现以后，有的先后把佛本生故事译成本国文字，有的则把这些故事变成文人们创作的素材，再创作出许多新作。我们知道东南亚最早的文字载体是贝叶，事实上这也是从印度传来的。贝叶不易长久保存，所以，至今尚未见年代较久的这类出土文物。东南亚最早的文字记载当今尚能见到的只有碑铭上的文字记载了。早期东南亚碑铭中有些是直接借用古印度文字梵文或巴利文镌刻的。后来东南亚各国的文字陆续出现，遂有了用本民族语言刻写的碑铭，其中最典型的是缅甸和柬埔寨。缅、柬两国早期文学都称之为"碑铭文学"。碑铭文字都比较短小精炼，至今尚未发现有全文记述佛本生故事的。但是佛本生故事的影响却在这些碑铭中到处可见。从与这些碑铭同时或先后问世的壁画雕塑中，也可见到许多佛本生故事的内容。如：缅甸蒲甘现存的壁画文（写于壁画下方的简短说明文字）、佛像陶片文（将佛本生故事形象泥塑成砖块或制成佛像，釉面砖下方也刻有简要说明）等更是一些直接的物证。

佛本生故事在缅甸、泰国、老挝和柬埔寨等今日仍主要信仰上座部佛教的国家中广泛传播开来。在这几个国家里既有巴利文原本，也有各自国家的全译本或节译本、缩写本，还有根据国情不同增删的改编本。说起五百五十佛本生故事，在这些国家真可谓是家喻户晓、妇孺皆知。文人墨客、僧俗作家在古代创作文学作品时往往也取材于此。当然上述佛本生故事547个并非每个都是常被人们引用或取材的。缅甸古代诗人曾专门创造了一种描写佛陀故事的长篇叙事诗体——比釉。有缅甸学者曾对缅甸古代诗人们写过的所有比釉诗进行过统计。有趣的是这些比釉诗只与《佛本生故事》中60个故事有关。实际上在缅甸文人们用各种文学形式描写或引用佛本生故事内容时也大多取材于这些故事，并非547个故事个个都用。而常用的则更少，像十大佛本生故事等。我们进而观察泰、老、柬各国也是如此。以《佛本生故事》第547号即最后一个故事《须大拏本生》为例，讲的是释迦牟尼前世须大拏（今日亦音译作维丹达亚）

① 转引自季羡林：《比较文学与民间文学》，北京：北京大学出版社，1991年版，第126页。

曾是一位非常乐善好施的国王，他甚至把自己的儿女、妻子都施舍于人。早在缅甸蒲甘时期兴建的拍雷佛塔壁上有釉片佛像砖画，547 个故事都标明了序号和名称，其中就有《须大拏本生》；劳加太班佛窟中也有描绘该本生故事内容的 82 幅壁画，下方都附了孟、缅文的简短说明文字。另在蒲甘时期的某些碑文中也写有愿将自己、妻子、儿女献给佛的内容，可见该故事对当时世人影响之大。后来缅甸不仅有这个故事的全译本，还有不同作者取材于这个故事写成的长诗四部和剧作。在泰国阿瑜陀耶王朝时僧俗学者奉王命集体于 1482 年据此故事写出了著名的《大世词》，17 世纪帕昭松探国王在位时为了能使人们更容易理解其内容又命大臣们再编写出一部《大世赋》。所谓“大世”就是指释迦牟尼成佛前最后的伟大一生。后来不少作家也根据这个故事的内容先后写出过许多诗作，被后世统称为《讲经大世诗》。泰国人习惯在作佛事时念颂此诗。认为谁能在一天之内连续听完这部本生，就积了大善，做了大功德。但是《大世词》、《大世赋》太长，很难连续听完。再如 542 号故事《大隧道本生》，讲述释迦牟尼前世曾是一位智者，年仅 7 岁的玛诃索德（此系音译，原意即：大隧道）连续判明了人们难于解决的 19 个疑难问题，被国王遴选为大臣的故事。老挝有一部广为流传的故事集《玛诃索德》，就是这部故事的改写。在老挝人民心目中玛诃索德这个名字也成了智慧的化身。人们互相祝福时也往往会说“祝您成为一个像玛诃索德一样的智勇双全人物”之类的话。

三、佛教文学对东南亚文学的影响

如上所述，东南亚的缅甸、泰国、老挝和柬埔寨等四国成了南传上座部佛教盛行的国家，且这几个国家的佛教文学都曾一度在文坛成了一个主要部分，这本身就表明了这种影响的直接结果。现在我们再从东南亚文学本身的几个方面看这种影响的深远程度。

（一）属语言文字方面的影响

如上所述，早在东南亚各国文字产生之前，佛教已传入东南亚地区。最早东南亚各国曾借用过梵文、巴利文作为记载工具创作过一些佛教文学作品。所以当这些国家或民族文字和书面文学出现后，梵文、巴利文借词很多，还有一些词汇是通过对梵文、巴利文词汇意译后变成它们自己民族所用词汇的。不仅如此，由于源自印度的佛教文学的传播，使得一些佛教文学名著中的人物或故事在许多国家也有了很大影响。如：《须大拏本生》中须大拏的名字已经成了慷慨之人的代名词；《大隧道本生》中玛诃索德的名字成了智者的代称等等。再如不少成语或俗话也是从佛教故事演变而来的。今日缅甸语中就有“把刀柄递给强盗”（意为：当内奸，源自佛本生故事第 374 号）、“说是猫善人，拉的是耗子屎”（意为：伪善者，源自佛本生故事第 128 号）、“不要以为有峰的就是好公牛”（意即：不要以貌取人，源自佛本生故事第 232 号）、“做郭达拉王之梦”（喻自己处于不利处境，源自佛本生故事第 77 号）、“打碎神锅”（喻挥霍无度而一贫如洗，源自佛本生故事第 291 号）等等。

（二）属文体学范畴的文学创作手法方面的影响

人们最早翻译佛经的办法是原文和译文相间的。即使是译一句话，也是按词这样分译后连缀在一起成为一句译文的。所以一般人在读佛经的某种文字的译文时，往往不知所云，相当费解。只有了解了这一规律后才能逐步适应。上述东南亚各国古译佛经经文无不如此。后来出现的一些所谓“解经文学”也往往是原文与注释相间写成的。如上文提到的泰国《大世词》就是用这种办法写成的，对一般人来说比较难懂，后来帕昭松探国王才下令大臣重写出《大世赋》的。缅、泰、老、柬各国语言中至今仍有不少梵文、巴利文的借词尤其是佛教词汇，仔细分析有些词现在看来是一个词，但它的一半是梵文或巴利文的音译，而另一半则是意译部分，也说明了这种影响的存在。

上述东南亚几个国家古代作品中都有一种韵散杂糅体。即：用韵文与散文相间行文。甚至散文部分就是韵文部分的进一步诠释与补充。这一点也与《佛本生故事》有着密切关系。众所周知，巴利文《佛本生故事》原典中只有“偈陀”一部分。所谓偈陀就是颂诗。描述每个故事的偈陀长短不等。实际上这些偈陀只是所述故事的梗概或关键所在。传道弘法的高僧只要记颂若干颂偈陀，就可临场发挥讲明该故事。传到斯里兰卡后才开始出现僧伽罗文的注释本。到 5 世纪佛音长老到斯里兰卡求法才译成今日传世的含韵散两部分的巴利文《佛本生故事》。这种韵散杂糅文体的作品在上述诸国古代文学作品中可以很容易地举出许多实例来，就是在近现代文坛上也有。典型的一例是缅甸现代著名作家德钦哥都迈。他曾独创了一种称之为“注”的杂文体，诸如：《洋大人注》、《猴子注》、《狗注》、《孔雀注》、《罢课注》、《咖吮注》等等，分别来讽刺洋人、英殖民主义者、卖国求荣的走狗，歌颂民族精神、反英罢课运动、抗英农民起义等。这一系列“注”闻名于缅甸文坛，受到人们的高度评价，是一批反映 20 世纪初叶缅甸独立运动的爱国主义名著。都是用诗歌和散文相间的形式写成的，是名副其实的韵散杂糅体。

再有文章结构方式是所谓的“框架式”或“连串插入式”。即：故事中套故事，一个故事引出另一个故事，或者是有着某种联系的系列故事等等。虽然这种结构方式当今在世界各国文学中大多都能找到，但是追本溯源这种方式源自印度，古代印度故事文学多采用这种办法。而印度故事文学中成书最早的就是《佛本生故事》。这种文章结构方式通过各种途径才传遍世界各地，也传到了东南亚各国。用这种结构方式写成的东南亚文学作品中最典型的例子是《清迈五十本生故事》。[①] 其他例子也很多。上文已经提及讲述佛祖释迦牟尼给他从弟讲经的老挝著名故事集《休沙瓦》和描绘佛祖前生曾是国王、婆罗门、商人、猴子、大象等等时广积善业的柬埔寨著名古典长诗《真那翁的故事》采用的都是这类结构方式。

其他佛教文学的创作方法有的也影响到东南亚。佛教经典中不少是关于道德标准的教诲。《法句经》就是一部格言诗集。这类格言诗句的写法也影响到这些国家。如：泰国著名的《帕銮箴言诗》等就是格言诗代表；缅甸古代曾盛极一时的书信体诗文——密达萨也明显受此影响，不少僧俗作家写出了很多名句格言。印度古代诗歌包括《佛本生故事》等在内都常用假托飞禽捎书带信的形式写作。在这种影响之下，斯里兰卡在14至16世纪曾出现过大量的“禽使诗”。在缅甸古代也有作家写过不少“鹦鹉信使诗”。

（三）属主题学范畴的创作思想方面的影响

众所周知，佛教的基本思想是因果轮回，善恶有报。这种佛教的哲学观、价值观也通过佛教文学的发展与传播，影响到这些国家的文坛。例子俯拾皆是，在古代尤为明显。虽然在缅甸、泰国、老挝和柬埔寨除了佛教文学外都有宫廷文学或世俗文学，但是这些类型的文学也无一不受到佛教思想的直接影响。比如老挝古代文学中诗体小说是世俗文学中一种相当重要的文体。描写的内容大多是爱情、英雄等等。但是在表述为人处世的道理时无不贯穿了佛教的观点。像普塔可萨占《祖父教孙子》、乔东达《孙子教祖父》、因梯央《因梯央教子》等都是。

这种影响直至现当代仍然如此。比如：早在19世纪末叶缅甸就有了某些西方小说的译本，现代小说的形式开始传入缅甸。被誉为缅甸第一部现代小说，写于1904年的《貌迎貌玛梅玛》（中译本译为《情侣》）基本情节取自法国大仲马的《基督山伯爵》，但主题思想却完全不同了。因为《基督山伯爵》宣扬的是复仇，而这是与佛教思想相悖的。所以作者笔下的这部小说主题不再是报恩复仇，而是歌颂善者。虽然主人公宽恕了恶人，而恶人却终遭报应染病身亡。在该书开头写道：“故事发生在（贡榜王朝）沙耶瓦底王至蒲甘王在位期间。故事是真实的，而且很像菩萨的过去生——萨那伽王的经历，在遇到重大灾难的时刻，能够像个真正的男子汉那样坚韧不拔地奋斗。最后不仅可以摆脱苦难，而且到一定的时候还会发财致富，并与久别的从小相亲相爱的情人重新团聚。这是所有渴求知识的人和良家子弟所应知道并值得记取的。”可见作者是

① 参见李谋：《〈清迈五十本生故事〉在东南亚》，载北京大学东方学系编《东方研究——一九九八年百年校庆论文集》，北京：蓝天出版社，1998年版，第605－617页。

有意识地把第539号佛本生故事《摩诃萨那伽本生》中的萨那伽王作为模特儿，将主人公貌迎貌写成那样一个真正的男子汉的。又如：当代缅甸作家中最受欢迎的女作家之一摩摩茵雅，在她的许多作品中人们都可明确地感受到佛教思想的存在。她自认为她的最佳代表作——小说《玛杜丹玛莎意》中的主人公就是一位两次削发为尼两次蓄发还俗命运多舛的妇女，最后脱离苦难的唯一出路仍是舍弃尘俗出家修行。再如在泰国也是1900年开始出现西方现代小说的翻译作品。第一部现代翻译小说是《复仇》。而不久以后，出现的泰国作家自己写的第一部现代小说是銮威拉巴利瓦的《解仇》。这部小说与《复仇》相反，完全是从佛教哲学观出发写成的，符合广大泰国人民的宗教观和哲学观，因而轰动一时，受到泰国读者的普遍欢迎。

当然值得注意的一点是，这些影响是完全民族化了的。它们分别结合本地区、本民族的人文、社会乃至地理自然等方面的特色进行了再加工、再创作。结合它们的具体情况将原故事、原情节进行了取舍增删，从而创作出一大批它们各自民族或国家的文学作品，而且其中有许多是深受群众喜爱的传世之作。最典型的例子是《罗摩衍那》，故事本身原是宣扬印度教的。佛教经典《佛本生故事》中也收录了这个故事，即461号故事《十车王本生》（两者内容繁简不同，有些情节也不一致）。到了东南亚一带各国虽用了《罗摩衍那》的素材，但是再创作出的有关各种作品，其思想明显与原作不同，而是贯穿着佛教思想的。描述的地理环境也不再是印度的，而是这些国家的具体环境了。

（本文载于青岛大学学报《东方论坛》1999年第3期总第43期，第14－18页。）

《清迈五十本生故事》在东南亚

《清迈五十本生故事》在泰、老、柬、缅等东南亚国家，甚至在我国西南傣族等少数民族聚居区、南亚的斯里兰卡等地都有流传。其中个别故事则传播更广。该文集原稿的写法、结构与源自印度的《佛本生故事》一样，也含：今生故事、前生故事、偈陀、注释与对应等五个部分。《清迈五十本生故事》并非源自印度的佛典，只是由清迈一僧人效仿《佛本生故事》用巴利文创作出的赝品。所以组织了第五次佛经结集的缅甸贡榜王朝的敏东王（1853—1878 年在位）曾下令将流传于缅甸境内的《清迈五十本生故事》文本作为伪经付之一炬。

该文集的作者真实姓名与生平虽至今仍未能考证清楚，但各国说法一致，即：由清迈一高僧用巴利文所著。成书年代则众说纷纭，前苏联学者弗·柯尔涅夫认为可能最早的手稿是 1589 年老挝寺院中的文本。但是从泰国今日流传的早期神话可以看到不少与该文集故事相同。缅甸早在蒲甘王朝 1265 年镌刻的一方《固达达牟蒂碑》的 21～22 行上所写咒词中已写到："但愿其在人世间受到东帕梅达王与妻子儿女分离之苦。"（按：东帕梅达本生故事正是《清迈五十本生故事》之一）从这些实例来看，足可肯定《清迈五十本生故事》成书年代远早于 16 世纪后期。当然目前已发掘到的版本尚都是较后一些时间的抄本。这大概与东南亚一带各国人民古代所用的文字载体都是贝叶，难以长久保存之故有关。据世界各国学者作过的考证，已知有：老挝塔銮寺院版（1589 年）、泰国拉康寺院版和阿仑寺院版（年代不详）、缅甸曼德勒地区逝多林寺院版（1807 年）等。目前留传于各国的译本出版年代则更晚。如：缅甸国内现有 1911 年版，泰国则为 1923 年版等等。该文集中的故事以泰国清迈为中心传往东南亚一带，甚至更广的地区。其中不少故事又作为再创作的素材，反复多次为各国文人所用，创作出不少各国的各种文体的佳作，甚至是经典性名著传诸于世。但该文集各种版本之间差异较大。版本之间进行比较，可以发现：有些故事相同；有些故事主要情节一致；有些竟毫无相似之处。且故事先后排列顺序不一。甚至虽然该文集名之为"五十本生"，有的版本所含故事并非整整 50 个，有的甚至远远超过 50 个多达 61 个。故事流传的范围也很有趣，有的在各国广为流传；有的则在若干国家内传颂；有的则仅囿于某个国家或地区内为人所知。

在泰国，人们熟悉的许多早期神话故事，经考证皆可见于《清迈五十本生故事》文集之上。目前除发现有上述拉康寺院与阿仑寺院抄本外，还有1923年由帕松玛莫欧姆拉潘汇编出版的《清迈五十本生故事》泰文版。长期以来这些故事也成了泰国佛教文学所采用的创作素材来源之一。不少文人，包括一些名作家都用其中某些故事内容再创作，警世诲人，且不乏传世之作。比如：《清迈五十本生故事》中的《萨姆塔寇本生》故事内容就曾由帕玛哈拉查克鲁、帕纳莱和波拉玛奴期期诺洛等三位著名诗人先后续写，历时200年，于1840年完成了一部长篇故事诗，被誉为泰国“堪禅体诗歌之冠”。

在老挝，《清迈五十本生故事》流传也很广。有的学者推断《清迈五十本生故事》作者本人就是一位在清迈的老挝僧侣用巴利文写成的。前苏联学者弗·柯尔涅夫认为在《清迈五十本生故事》的一些人所共知的手稿中，最早的手稿仅有6个故事，是在老挝寺院写出的。另据一些学者实地考察，老挝的一些寺院壁画中就有《召树屯》故事情节的形象写照。在老挝，人们常把该文集中的《召树屯》与《十二姐妹》两个故事编织在一起讲述。这些都足以说明《清迈五十本生故事》中的一些故事早已在老挝广泛流传的事实。

在柬埔寨，《清迈五十本生故事》这部巨著也流传甚广。甚至有些地方竟与一些故事直接挂上了钩。如：金边王宫前的一座小山，有人就说是十二姐妹被挖掉眼睛后投进的那口井的所在地。柬埔寨的洞萨里湖湖边也有一些地方的名字就是为纪念那个故事中主人翁而命名的。对柬埔寨古代文学中佛教文学部分深入考察，就可以发现不少名著，如：《索昆唐王子的故事》、《格龙苏皮密特》、《少年波果儿的故事》、《加姬王后》等等素材都取自这本文集。

在缅甸，《清迈五十本生故事》传播既早又广。上文已讲到在1265年缅文碑刻中，已有该文集个别故事内容出现，证明这些故事早已传人缅甸，为众人所熟悉。以后在缅甸彬牙王朝萨杜英格勃拉大臣（15世纪中叶）所写《格言》中又有过“不要娶离过两三次婚的女人，不应交还过两三次俗的和尚”的名句。实际这也是出自清迈五十本生故事中的《杜甘玛亚扎本生》故事。阿瓦王朝僧侣诗人信埃加达玛底（1439—1552年）用了540号佛本生故事部分情节写成一首题为《射箭》的比釉诗（一种长叙事诗），其中也夹用了清迈这部文集中《杜达努本生》、《达塔达努本生》的部分故事内容。东吁王朝著名诗人卑谬纳瓦德基（约1498—1588年）用杜达努本生故事中女主人公玛娜哈意为题写成一首比釉诗。到了良渊王朝时，诗人巴德塔亚扎（1684—1754年）更是直接用了《清迈五十本生故事》中几个故事的素材写成《杜沙》、《恩情》、《玛娜》等比釉诗和《红宝石眼神马》剧。间接受到清迈这部文集影响的就更多了。比如：

写于1760年前后的神话畅想小说《宝镜》。剧作革新家吴金吴（1773—1838年）的一些源自神话素材的剧作等等。直到现当代还有人借鉴该文集中某些故事编成戏剧搬上舞台，如在缅甸现代闻名遐迩的戏剧大师吴盛格东就是其中的一位。

下面我们再来谈谈该文集中几个故事的内容与传播情况。

顾名思义，《清迈五十本生故事》主要是与佛教教义积德行善联系在一起的，以此来弘道布法。比如：其中的一个故事《沃丁古利本生》（按巴利文原意为《手指轮回本生》，泰文版为第20号故事，而缅文版则为第37号故事）有两种文本，所述故事情节差异不大。话说从前因古利国有名富商，造了一艘大船与千名商人一起出海经商。在到达一座岛屿时，发现当地庙宇中有一尊佛像断了一根指头。他把佛像手指精心修复了，并给当地一位妇女一些钱财，请她经常向佛像供奉香火。由于积此善行，富商死后投生成了波罗奈城的王子。而随他出海经商一起行善的千名商人也分别投胎到该城众大臣家中。王子即位为王之后，千名商人投生而来的众人也成了侍奉他左右的大臣。当时有一百零一个国家的君主集他们全部力量，举十八路大军前来攻打波罗奈城。来者声势浩大，王子却未带一兵一卒，只身一人出城迎敌。只见王子伸出手指比划了一番，一百零一国的君王与将士皆大恐，四散溃逃。最后各国皆表示对波罗奈国永远纳贡称臣。很明显这个故事情节并不曲折，但它却是个典型的佛经故事，目的也显而易见，在于规劝人们行善积德，以求来世享用福果，说明积什么善因，定会获什么善果。

当然这部文集中传播更广、影响更大的是那些更富人情味的，情节曲折引人入胜的故事。下面我们再举几个实例来谈 。

清迈五十本生故事中传播范围最广的一个故事大约要算《杜达努本生》（按巴利文原意也可译为《善财本生》，全篇故事原文为103颂）。话说从前，在北潘查拉国为王的是阿蒂萨温达。王后山达黛维生下一王子。王子出生时皇城四面自然冒出四只装满金子的金罐，因此王子命名为杜达努（意即：善财）。王子生得一表人才，长大成人后练就一身好本领，精通弓箭骑术。在京城东边有一大湖，湖中有一名叫瞻部塞达的龙王。龙王护佑着这个国家风调雨顺五谷丰登。在北潘查拉国东面，与其接壤的是大潘查拉国，在那里却闹着饥荒，百姓纷纷逃出了该国。大潘查拉国国王命一婆罗门作法去将瞻部塞达龙王抓来为自己服务。龙王闻讯请求一猎人设法保护他。猎人杀死了前来作法拘捕龙王的婆罗门，龙王为了谢恩，将猎人带回龙宫游玩七日并赠其无数珍宝。还许诺猎人如有需要时，一定鼎力相助。一次猎人狩猎时发现林中一景色秀美的池塘，询问林中仙人，得知住在给洛达山顶的杜玛律大王七位紧那意（一种鸟身人面的仙兽）公主常飞来此处沐浴玩耍。猎人想捉住一位紧那意公主献给杜达努王子。猎人向龙王借来了龙索捉住了七公主中的大公主玛娜哈意，将她带回，献给了杜达努王子。王子与公主成婚，幸福美满。边关发生叛乱事件，王子奉王命出征平叛。国师婆罗门蛊惑国王杀死玛娜哈意祭神以解国家之难。玛娜哈意只好逃走飞回自己的国家。王子凯旋回朝不见爱妻，决意去寻。历尽千难万险，用了七年七月七日终于到达给洛达山顶，找到了玛娜哈意。俩人团圆，双双返回北潘查拉国。泰国神话故事《帕树屯》实际就是上述故事的翻版。基本情节一致，只是人物的名字与地名略有差异罢了。在泰国还有一种说法，和老挝的传说一样。老挝把这个故事称作《召树屯》，且常把清迈五十本生故事中的两个故事编织在一起。把上述故事男女主人公说成是另一故事《十二姐妹》中两个主人公的转世。在缅甸，《杜达努本生》故事也是流传较早和较为广泛的一个故事。如上述，早在阿瓦王朝时信埃加达玛底就曾把这一故事和540号佛本生故事的部分情节编在一起写成过一首名诗《射箭》。到东吁王朝时期另一诗人卑谬纳瓦德基又用这个故事女主人公的名字为题写成了比釉诗《玛娜哈意》。良渊王朝诗人巴德塔亚扎也以此故事为素材于1741年写成了比釉诗《杜沙》。但略有不同的是女主人公的名字变成了杜沙，她是山神七个女儿中最小的一个，为了爱情主动放弃了舒适的天国生活来到人间与杜塞达亚扎王子结合，并生有一子。故事后半部的情节与上述本生故事相同。诗人写这部作品非常成功，描写细腻典雅，一直为后人称道。在柬埔寨，1804年诗人翁萨拉本·依用这个故事的素材，创作了一首高棉文长篇故事诗《少年波果儿的故事》。说的是一个出身贫寒的少年波果儿，天帝释因陀罗非常同情他，使一海岛公主与他婚配。婚后二人感情甚笃，生活美满。国王对此嫉妒万分，遂抓走了波果儿。公主无奈逃回了海岛。波果儿回到家中不见爱妻，心急如焚。历经千难万险，渡海寻找公主，经一巨鸟引路，到达海岛。正值公主沐浴，波果儿暗中将戒指放入公主沐浴用的水罐。公主知道波果儿来了，二人重新团聚。最后波果儿带着公主返回自己的国家，波果儿当上了国王。这部长诗也成了柬埔寨流传至今为众人所熟悉的名著。另外，应该指出的是，这一故事还远非仅在东南亚地区流传。在我国少数民族中，藏族、蒙族、傣族等都有类似故事流传。尤其在傣族聚居区，这个故事经过长期辗转流传，形成了许多异文，有:《召树屯》、《召树屯与楠吾诺娜》、《孔雀公主》、《楠兑罕》、《召洪罕与楠拜芳》、《召西纳》等。其中有故事，也有叙事长诗，在现代还被改编成木偶戏、舞剧、电影等等，深为广大群众所喜爱。

《萨姆塔寇本生》(按巴利文原意可译为《海声本生》)，故事说从前在梵天城鞶图塔达为王，生一子，因该王子出生时大海发出巨响，故取名为萨姆塔寇达。十六岁成年时已学会十八般技艺，加之一表人才，故远近闻名。当时兰玛普罗城主有一公主名为鞶图玛迪，貌若天仙。该公主听到萨姆塔寇达王子才貌出众的消息，非常爱慕，渴望与其相见。一次兰玛普罗城主拜祭神坛，公主借机参拜，并祝祷众神能佑她与萨姆塔寇达王子结成秦晋百年之好，若能如愿将重修神坛。萨姆塔寇达王子出巡，遇从兰玛普罗来的四名婆罗门，得知鞶图玛迪公主美貌出众招引了众多王子前往求婚的消息，也决心到兰玛普罗城去。后兰玛普罗城主被萨姆塔寇达王子美妙的琴声所迷，遂将女儿许配给他。王子公主成婚幸福美满，重修神坛还愿。一次两位仙人因为口角打将起来，其中一位受了重伤倒在御花园中。王子为他治愈了伤。仙人为了表示感谢，将一把可以腾云驾雾飞天的魔剑赠给了王子。王子与公主带上魔剑飞往大雪山去玩。他们在一块宝地酣睡休息之时，一位仙人拿走了他们的魔剑。醒来后王子公主只好继续徒步前行，艰难万分。在过大海时，没有船只，二人只找到一根枯树干，乘它过海。途中遇大浪劈来树干一分为二，二人也因之分手。公主遇到一漂来的竹筏，公主乘竹筏到了岸边。公主抵达一座城市之后，用自己的红宝石戒指换了钱，请木匠修了一座七层阁楼，并请画工把自己生平经历画成几幅图画，画在楼中墙上。她请每个来到阁楼的人赏画进食。再说王子在大洋中落难，天帝释为此对护海女神百般呵斥。这些话被偷走魔剑的仙人听到了，知道自己错偷了贵人的宝物，慌忙把魔剑送回王子手中，并表示歉意。王子有了魔剑飞回岸边，打听妻子下落。王子到达公主所建七层阁楼处，看到楼中画，百感交集，凄然泪下。王子公主团圆，双双返回家园。这个故事在泰国各族人民中广泛流传。帕纳莱国王 25 岁生辰时，举国庆贺，国王希望将这个故事写成诗歌，为皮影戏演出时配音，帕玛哈拉查克鲁奉命执笔，但未完成便故去了。帕纳莱国王觉得有头无尾非常遗憾，亲自动手续写，也未完成即驾崩。又过了 160 余年，曼谷王朝三世王时，波拉玛奴期期诺洛亲王又动手续写，于 1840 年终于写成了泰国的一部长篇名诗。该诗先后经三位诗人历 200 年之久“接力”完成。续写的作者继承了前者的风格特点，又力图超过先人，创作态度严谨，精益求精，所以全诗整体和谐，风格一致。被人称之为“堪禅体诗歌之冠”。同样泰国另一著名诗人西巴拉（约 1658—1693 年）写的叙事长诗《阿尼律陀》所用素材也源自《萨姆塔寇本生》，只是有些情节略有不同罢了。泰国还曾把这个故事搬上了舞台。缅甸，除在缅文版《清迈五十本生故事》中列于第 6 个故事，叙述甚详外，据考有作家也曾以这个故事主人公萨姆塔寇达王子为名写过一首比釉诗。后来贡榜王朝词曲创新作家妙瓦底敏基吴萨（1766—1853 年）又写过《萨姆塔寇达》剧并配了词曲。

《东帕梅达本生》故事讲的是：从前，东帕梅达王在赞巴城为王。其弟拟篡位，王得知后，怕这样会造成无辜生灵被杀戮，遂决心只身弃国出走。王后知王心意，也决心带二子随王一起出行。在到达一河边时，国王无力将王后、王子一起带过河去。遂将二王子安顿在岸边后，先泅水带王后过河。当国王返回原处时，两位王子已被两位渔夫抱走不知去向。国王痛心不已。当国王再泅水到达对岸找王后时，王后又被一过路商船船主带走。国王失去三位亲人非常难过，到达呾叉始罗城在一花园中昏昏睡去。时值呾叉始罗城国君病逝，无嗣。大臣们派出神车寻找继位嗣君。神车在王昏睡处停住，遂被带回呾叉始罗城继位为王。后来两渔夫前来献宝，并将两王子也献予国王。

国王虽未认出是自己亲子，但安排在左右好生照料。船主带走王后以后，虽然多次想收王后为妻，但她因天神佑护一直难以近身。一偶然机会二王子外出遇母，母子重逢相认非常亲热。船主在国王面前诬告两王子拟对自己妻室不轨。国王闻言大怒，命人去斩两王子。后听贤臣相劝，召见两王子问明原委，才得以与王后、两王子重新团圆。这个故事传入缅甸甚早，如上文所述早在1265年缅甸一方碑铭上已有此故事出现。在柬埔寨这个故事也流传较广，虽然在柬埔寨高棉文本的《清迈五十本生故事》和缅甸文本中这个故事的序号不一，但内容几乎完全一样。而且在1798年由诗人高萨特巴蒂·高以《格龙苏皮密特》为题写成了一部长叙事诗。原来的故事情节在诗人的笔下又得到了高超的艺术加工，非常成功。全诗语言优美，生动感人。既保持了高棉古诗的风貌，又使柬埔寨读者深切感到诗人独特的创新，成了柬埔寨文学史上一部占有重要地位的名著。

《达塔达努本生》（按巴利文原意即：《七箭本生》）话说从前波罗奈国大梵授为王，王后给达尼和一万六千王妃皆未生子。王和王后祈告神灵求赐一子。感动上苍，天帝释化作一鹰叼来一枚枣子，王后食后怀孕。王后顺手将枣核掷于地上，被一老母马吞食，母马遂也怀胎。王后生下一王子，被命名为达塔达努（意为七箭），长大后精通箭术，无人能比。母马生了一匹有红宝石般眼睛的神驹，能腾空飞天，日行万里。王子十六岁时，老王驾崩。登基之日，王子骑着红宝石眼神马腾空飞天而去。神马带着王子飞到了另一个国家，该国国王膝下有一美貌公主名叫西拉巴芭。神马带王子飞入公主寝宫。王子公主倾心相爱，二人暗结良缘。不久被老王发现，将王子召至御前，命其演示箭法，王子每射出七箭，皆能按老王要求射中。王大喜，遂同意王子与公主正式婚配。王子公主生活美满。一日，王子思念母后，决意返回故土。公主要求相随。王子公主乘红宝石眼神马飞回故土途中经魔王之林，红宝石眼神马不敌魔王被俘，王子公主则逃出徒步前行，乘船渡海，船破二人分离。王子到达魔王之妹魔女统治之岛，上岸后巧遇少时相识之表妹，随后又遇魔女，先后又与表妹、魔女成婚。通过魔女关系从魔王处骗回红宝石眼神马。王子乘神马又找到了公主，返回故土，与母后见面。后又将表妹与魔女接回宫中，登基过上了幸福生活。这个故事在泰国人民中广泛传颂，是一著名神话，名之为《帕素塔努与娘吉拉巴帕》。这个故事传入缅甸也较早，阿瓦王朝时期已有诗人将此故事部分情节写入诗中。到了良渊王朝时期，诗人巴德塔亚扎曾先按这个故事情节写过一篇叙事长诗，后又以此为素材写成了缅甸文学史上的第一部剧作《红宝石眼神马》。

《加姬王后的故事》也是《清迈五十本生故事》之一。但是缅文版《清迈五十本生故事》中却未见这个故事。故事说：从前波罗奈城一国王有一水性杨花貌若天仙的王后，名叫加姬。国王嗜棋如命，非常喜欢与人对弈。一只金翅鸟迦楼罗变成一英俊少年前来与国王下棋。金翅鸟与加姬相遇，一见钟情，携加姬王后飞回天宫。但每日仍来到王宫陪国王下棋。国王心中疑惑遂派谋臣设法探寻加姬下落。谋臣化作鸟虱，藏在金翅鸟翅下，来到天宫。谋臣借金翅鸟飞往王宫陪国王下棋之时，在天宫也与加姬情意缠绵地暗渡陈仓。后来谋臣又藏在金翅鸟翅下返回王宫，当着国王和金翅鸟之面，弹奏一曲，唱出加姬的下落和隐情。金翅鸟见事情败露，遂将加姬送回。国王嫌弃加姬之不贞，将她放在木筏之上，任其漂流而去。此后，加姬又先后嫁给商人、海盗和王子。国王驾崩，他的谋臣继位为王。这位昔日的谋臣今日的国王又想起与他情意缠绵的漂亮的加姬王后。因此，这位国君与那位占有加姬的王子发生了战争。国君得胜了，加姬又回到了他的身旁。过上了幸福安宁的生活。故事似乎意在喻对君王不忠者必遭恶报，鞭笞对丈夫不贞的荡妇淫娃。但并未能赋予加姬一付可憎可鄙之面孔。在客观上却向读者展示了一个被上层社会百般玩弄多次遗弃的可怜女性的形象。这个故事在流传过程中似乎大多只讲到金翅鸟送回加姬，国王将她流放为止。在泰国，著名诗人昭披耶帕康在曼谷王朝一世王时期（1782—1809 年）写过一首故事诗《加姬》，该诗写到加姬被放逐而止。全诗篇幅不长，但词句优美、韵律和谐、形象鲜明、寓意深刻，是泰国文学史中的一篇佳作。在柬埔寨，流传的这个故事内容大体相同。也被乌栋王朝一位著名的国王安东改写成一长篇叙事诗，名为《加姬王后》，完成于 1813 年，故事也是写到国王将加姬置于竹筏之上流放，加姬落入滚滚江水之中而结束。该诗记事叙人生动活泼，想象丰富且颇具哲理。也成了柬埔寨文学史中一篇力作。

《清迈五十本生故事》中还有不少非常生动的故事，其中有些就是泰国的著名神话故事。当然有的故事一些情节也有着各种各样不同的说法。如上文曾提过的一个故事名叫《十二姐妹》讲：一人得十二个女儿，因无力养活她们，把她们放逐林中。她们被女夜叉收留。后逃走，十二女被国王立为王妃。夜叉也化作美女迷住国王。国王听信女夜叉的谗言，命将十二女全部挖掉眼睛，打入冷宫。十一女的眼睛被挖掉，只有小妹瞒过了刽子手，保留下来一只眼睛。小妹生的一子若干年后长大成人。女夜叉又设计想害死小妹之子。叫他带封信交给自己的女儿小夜叉。信中写明：这个年轻人到了你那里就把他杀掉。一修道仙人为他把信改写成：这个年轻人到了你那儿就嫁给他。青年与小夜叉结合了。青年在夜叉国发现了母亲和姨妈们的眼睛。青年偷回这些眼睛使母亲和姨妈们重见光明。小女夜叉悲痛而死，老女夜叉也气绝身亡。国王悔悟，十二王妃复位。这也就是泰国著名神话故事《帕罗森与娘刚丽》。又如清迈五十本生故事文集中的《金色的海螺》故事，就是泰国神话故事《桑通》。一位王后生下了一只金色的海螺，国王受一王妃挑唆将王后与海螺一起逐出王宫。后来海螺内走出一个小王子桑通（意即：金色的海螺），国王得知又根据谗言将桑通投入大海。桑通在大海魔宫中长大，且得到了几件宝物，返回人间寻母。恰逢国王正为七位公主择婿。桑通成了小公主的驸马。在天帝释因陀罗的帮助下，桑通的父王也受到因陀罗的点拨，处决了进谗的王妃，将桑通之母重新接回宫中。桑通又继承了父位遂成两国之主。泰国曼谷王朝二世王菩陀勒拉（1736—1809 年）就曾据此创作了宫外民间诗剧《桑通》，生动、活泼、诙谐，诗句也不拘一格。再如：《老虎与牛犊》的故事，也就是泰国神话故事《卡维》，泰国帕纳莱国王在位时帕玛哈拉查克鲁曾据此写过一首堪禅诗《舍阔》（意即虎与牛）。泰国曼谷王朝二世王又据此写成过诗剧。故事说从前有一只老虎与一只牛犊和睦相处，亲如手足。一位仙人深受感动，遂将两者点化成人，虎为兄，牛为弟。二人随仙人习文练武，功力大增。艺成后二人下山，约定有难将相互救助。在摩揭陀国，弟杀死魔怪被招为驸马，弟让驸马之位和美貌公主予兄，继续前行。弟又在另一国中杀死了魔鸟，救出了另一位公主，与公主成婚。另一国老王为夺得与弟成婚的公主，施魔法将弟置于死地。虎兄得知后，救活了牛弟，烧死了老王。弟与公主重新团聚，在该国即位。这个故事似乎意在歌颂忠诚与友谊。

通过这部文集上述一些典型故事的比较，我们可以得出的结论是：

第一，《清迈五十本生故事》的作者模仿了印度本土出现的《佛本生故事》的结构与写作方法。内容大都宣扬一个中心思想，即：佛教的轮回无常，善恶有报。且故事中出现的地名、人名皆托用佛经中常见的名字。可见源自印度的上座部佛教文化对泰、老、柬、缅等东南亚国家文化底蕴的影响深远。

第二，众所周知，成书于公元前 3 世纪的印度《佛本生故事》中共包括 547 个故事。传到各国的传本都比较统一，内容一致。甚至序号都完全一样。虽然《清迈五十本生故事》成书时间肯定晚于《佛本生故事》许多。但是流传至今的传本颇多，很不统一，故事数目不完全一致，甚至故事前后的顺序也不尽相同。说明这部文集所含故事原系民间传说，尚未经文人反复加工，形成较固定的内容与模式。进一步分析，可以认定这些故事本身源自今日泰国清迈附近一带，与源自印度本土的《佛本生故事》在内容、艺术手法等方面皆有所不同。所以这些故事虽然很似源自印度，连人名地名也一样，但在东南亚各国流传过程中，当地人们大多并没有认为是外来故事，而认定它是地道的本地神话故事。当然即使我们发现东南亚一带各国的某些神话、故事与《清迈五十本生故事》中所述雷同或近似，也难以判定何者出现在先，何者出现在后；何者为源，何者为流。

第三，这些故事反映了东南亚一带各国的社会风貌、阶级矛盾与人们的价值观、道德观和美好的遐想。所以其中不少故事的情节成了各国文人瞩目的再创作素材。而各国作家利用这些素材再创作出的作品，实际上又经历了一个进一步民族化的过程，所以有关这些故事的各国不同体裁的作品又体现出一些不同的民族特色。

第四，可以发现《清迈五十本生故事》中那些纯粹反映佛教宗教观的故事流传面并不广，影响也不大，有的甚至除了巴利文原书或某种文字译本上有所叙述以外，实际上鲜为人知。而其他故事因为反映了现实生活中的矛盾、冲突与善恶斗争，对未来充满了丰富美好的遐想，富有诗情画意，故事大多都写成大团圆式的结局，体现了人们对美好生活的向往，所以这些故事有着旺盛的生命力，在人民中广泛流传，妇孺皆知。经过文人再创作后的作品，大多也成了各国文学史上的一些名篇或传世佳作。

（本文最初发表在北京大学东方学系、东方文化研究所编《东方研究——一九九八年百年校庆论文集》，蓝天出版社，1998 年版，第 605 – 617 页；后作为该书第二编第五章编入梁立基、李谋主编《世界四大文化与东南亚文学》，经济日报出版社，2000 年版。）

评缅甸第一部小说——《天堂之路》

本文拟以缅甸第一部小说《天堂之路》为例，分析缅甸小说的发展以及《天堂之路》在缅甸文学史上的地位。

一、作品产生的年代

13世纪末叶缅甸的蒲甘王朝没落衰亡后，缅甸各主要民族均为建立各自独立的政权而奋斗，缅、孟、若开、掸族等都参加了这场角逐，即使在同一民族中各个地方势力也在分庭抗礼。故缅甸史称之为“战国时期”。由于各政权自立的需要，很注意对外联系和各自管辖地区的经济发展。阿瓦王朝的创立者德多明帕耶、明基苏瓦绍盖王就在建立行政体系的同时注意税收的征募工作。注意“在无田的山林中开垦”。后因连年战事致使1375年粮荒，大批难民逃往东吁。1386年以后，缅族与孟族争霸的四十年战争又使经济遭到一定的破坏。此后孟养德多王时经济又有所恢复，主张大力种植农田不让其有所荒废。据那腊勃底王在位时1458年刻的一方碑文得知当时设有棕榈税和制盐税等，1481年刻的另一方碑文中还写有车税、渡口税、度量衡税、建筑税等。[①] 阿瓦王朝明康第二（1482—1501年）在位末年，当时阿瓦王朝的势力已不如14世纪下半叶以后建立起的阿瓦王朝极盛之时。“实际上在明康第二尚未当政前的摩诃底哈都拉王在位时就曾镇压过东吁、卑谬的叛乱。到了明康第二在位年间更是割据、暴乱不断。色林、央米丁、卑谬等地的封建势力分庭抗礼。在北方镇压了美都鄂耶乃的来犯。此后，也不得不承认东吁的明基纽称王。”[②] 在缅甸“战国时期”随着生产与商业贸易活动的发展，以及各个地方势力割据长期固守的需要，出现了许多小城镇，这种城镇除了市井之外还包括了周围一带的村落与农田。以这种城镇作为行政基层单位成了这一时期缅甸行政制度的一大发展。所以缅甸史书中常常可以看到“得楞三十二谬”[③] 等说

---

① ［缅］缅甸纲领党组织部编：《基础缅甸政治史》第一卷，1970年版，第334－336页。

② 《基础缅甸政治史》第一卷，第318页。

③ 谬，Myo，缅文“城镇”。孟族地区三十二镇。

法。我国明代朱孟震所著《西南夷风土记》[①] 中也有相应的记述可寻，说："江头城外有大明街，闽、广、江、蜀居货游艺者数万。……交易，或五日一市，十日一市，惟孟密一日一小市，五日一大市。盖其地多宝藏，商贾辐辏，故物价常平。……城郭，有雉堞而无楼橹。孟密、准古、缅甸、普干、普坎、得亚（即土瓦）、洞吾、等温（Donwun 棠温）、白古（摆古、勃固）、马高、江头皆古城也。惟摆古乃莽酋新筑，然高者不过十余尺，大不过三数里。惟缅甸、摆古、江头差宏阔耳。普坎城中有武侯南征碑，缅人称为汉人地方。江头为门十二，东入者东出，西入者西出，南北如之，或出入不由故道者罚之。夹道有走廊三十里。至摆古、等温城，每日中为市，市之周围，亦有走廊三千余间，以避天雨。器用陶瓦、铜铁。尤善采漆画金，其工匠皆广人，与中国侔。……自（白）古江船不可数，高者四五丈，长至二十丈，大桅巨缆，周围走廊。常载铜铁瓷器往来，亦闽广海船也欤。"尽管 13 世纪末马可波罗、15 世纪中叶尼可罗·迪·康蒂、1496 年希罗诺摩·迪·桑托·斯特范诺等著名的西方人士都到过缅甸，但是直到 16 世纪初时西方与缅甸的贸易尚少。此时缅甸对外交往中另一个主要对象则是南印度人尤其是锡兰人。但这些交往主要是佛教方面的。当时缅甸境内思想活跃，包括佛教内部的派系之争也很厉害。随之而来的是形成了缅甸第一个文学大繁荣时期。文学体裁更加多样，描写手法也更加丰富。

二、作者

《天堂之路》是缅甸著名的僧侣作家信摩诃蒂拉温达在公元 1501 年间写成的一部缅甸古典小说。

信摩诃蒂拉温达（1453—1518 年）在缅甸人民心目中是一位诗圣，在古代众多的文学家中他是位首屈一指的人物。幼名貌纽。15 岁时作为沙弥拜师于那米林法师门下。20 岁时晋升为大和尚，法号蒂拉温达[②]，他精通佛典，学识渊博，才思敏捷。所以曾被尊崇为国师。阿瓦王朝的明康第二王在京都修寺庙一座名之为"亚德那贝曼"[③]，供他挂单。

他一生中创作颇丰，而且其中有些作品还是缅甸文学史上的"第一"，比如：他 1491 年写成的比釉诗《修行》，就是缅甸的第一首比釉诗，开创了这种以描述佛经故事为主的四言长篇叙事诗体裁；1501 年明康第二驾崩，其子瑞南觉欣即位，当年他写

---

① 《西南夷风土记》系 1585 年朱孟震任四川按察司时所撰，全文仅 4500 字左右。但所述翔实若不亲临其境恐难写成。故后人有疑为系明代征缅刘綎属下某人所写，后被朱氏收入文集。此处文字转引自余定邦、黄重言编：《中国古籍中有关缅甸资料汇编》上册，北京：中华书局，2002 年版，第 352－354 页。

② 蒂拉温达，Thilawintha，巴利文意为"高尚的戒承"。

③ 亚德那贝曼，Yatanarbheitman，缅甸文意：宝宫。

成了《天堂之路》这部人们称之为缅甸第一部的古典小说；1502 年又编写成了缅甸第一部编年史——《名史》。

三、作品内容概要

《天堂之路》这部小说讲了佛教徒们用以教育子女的八个榜样性人物：两位长老、两位居士、两位长老尼和两位女贤人的故事。在讲述中又插入了阿拉瓦伽神魔和巴瓦伊婆罗门及其弟子两个长篇故事和许多小故事，故事叙述过程中也多有交叉或重叠。而将这些故事联系在一起的主要人物则是乔答摩佛和以前出现过的几尊佛。为了叙述的方便，我们把该书讲述的十个主要故事分别简述如下：

舍利弗长老 在十万无央数劫前、阿诺玛陀悉佛时代曾是个婆罗门，名沙罗陀。后出家为僧，法号素罗西。与目犍连长老的前世是好友，都到阿诺玛陀悉佛前祝祷过，愿成为来世乔答摩佛的左右大弟子。他曾有一世是统治南岛的素拉尼梵授王，当时佛祖的前世名叫大隧道的智者，是素拉尼梵授王的敌人毗提诃王的大臣。毗提诃王死后，智者大隧道来到彬萨拉利国。素拉尼梵授王却把国家全部交给了智者管理。可见他对学者是多么地尊重。到了乔答摩佛成佛时，他投胎到王舍城附近的乌巴岱沙村名叫尤巴舍利的女婆罗门的腹中。出生后就取名为乌巴岱沙，出家后法号舍利弗，成为乔答摩佛的右侧首席大弟子智慧第一。他尊重师长，如对他的启蒙老师阿说示长老；他敬重同门，如对同为佛祖大弟子说法第一的富楼那长老；他谦虚谨慎，如对他提出意见的小沙弥；他宽恕待人，如对待对他很不礼貌的愚僧；他关心帮助他人；他善于讲法等等都是他的长处。

目犍连长老 在十万无央数劫前、阿诺玛陀悉佛时代曾是个富翁，名叫悉利沃陀纳。得到阿诺玛陀纳佛对他的授记：在乔答摩成佛时将成为左侧大弟子。到了乔答摩佛成佛时，投胎到王舍城附近拘礼达村目犍梨女婆罗门腹中。与舍利弗长老两人同时出生。因是拘利达村的首位男子就被命名为拘利达。在他出家时，因母名人称其为目犍连。聆听过佛讲的排除困倦之法之后不懈修炼，成为乔答摩佛的左侧首席大弟子神通第一。他曾到地狱、神国讲法；他教训龙王；他训喻沙弥众僧；他也去天庭提醒天帝释忘却的佛法等等都使他名声大振。

质多富翁居士 在巴杜牟达耶佛时生长在汉沙瓦底一个高贵的家族之中。曾敬佛许愿：将来成为乔答摩佛时的能讲法的大弟子。迦叶佛时转世成为一猎人，狩猎时见一位长老，命人回家取来斋饭，又收集了林中花朵献给长老。释迦牟尼佛祖时代，他转世到摩揭陀国密实伽丹达城一富翁家中。出生时全城降下了五彩缤纷的花雨，父母遂为他取名为质多。见到第一批悟道的五比丘之一的摩诃男拘利长老。质多在该城安巴达卡罗玛花园中建一寺院，供奉四物，请长老在此挂单，聆听教诲。密实伽丹达城距佛祖所在的王舍城甚远。质多用500辆牛车满装布施物品，招呼两千余人一起去王舍城。在佛陀身边停留了一个半月，进行了布施，听佛讲法，修行成了居士尊者。他能和佛陀大弟子们就深奥的佛法真谛相互问答，得到了广泛的赞誉。

诃塔拉瓦伽居士 在十万劫波前、巴杜牟达耶佛时代曾是汉达瓦底国一施主，听佛讲遵从交友四法的人将成为佛的大弟子，遂大量施舍，祝祷来世成为佛的大弟子。乔答摩佛成佛时转世为阿拉维国的阿拉瓦伽国的小王子，沦为阿拉瓦伽神魔的食物。在即将被神魔吞噬之时，神魔聆听佛法悟道，把他献给佛祖。人们遂称王子为诃塔拉瓦伽。后佛陀又对他讲法使之悟道，成了佛的俗家大弟子之一。

凯摩长老尼 在十万劫波前、巴杜牟达耶佛时代曾是汉达瓦底国富翁之女，聆听佛法，守戒修禅，佛将她置于最有学识女罗汉的首位。拘那含佛在世时曾是一位富有的高贵妇女，与其他二女为僧众建造精舍并捐赠价值上千的僧用法器。迦叶佛在世时她是波罗奈城吉基国王七位公主中的大公主达马尼。乔答摩佛在世时她成了达格拉国玛陀意公主，成年后，成了王舍城频婆娑罗王的王后。人称凯摩王后，她的肤色金黄非常漂亮，喜人。虽然频婆娑罗王是佛的施主，但是凯摩听说“佛祖不赞扬漂亮的人，嘲讽迷恋色尘是现世轮回的罪恶”，所以不敢去谒见佛祖。频婆娑罗王设法引导她去见佛祖。佛祖变化出一个由年轻逐渐变老的美丽侍女形象使她悟道。皈依佛门后，因见多识广能讲深奥奇特诸法，成了乔答摩佛的智慧第一的女弟子。

乌巴拉温长老尼 早在十万劫波之前、巴杜牟达耶佛在世时也是汉达瓦底国一位名门之女。曾祝祷愿成为乔答摩佛女大弟子中的神通第一。迦叶佛在世时，是佛祖施主吉基国王七公主中名为达马纳拘答之女。后来各世命运低迷，从高贵名门穷苦没落变成不甚富裕的门第。有一世竟连买条花裙子的钱也付不起，她在人家干了三年活，好不容易才得到了花裙子。看到一位僧伽被歹徒洗劫一空身披树叶，就把自己的花裙撕了一半施舍给僧人，随后又把另一半也奉献了。后来到了神国。从神国又转世成了底维梨国阿里塔补罗城的有八亿钱财的迪梨蒂威萨富翁之女翁马丹蒂，美貌出众，凡见到该女的人没有一个不失态动心的。马丹蒂成为底维梨国王的王妃。以后再转世到了一贫困人家，在田间见到一位辟支迦佛，用自己戴的一朵莲花盛着五百粒米花放到佛的钵中，祝祷能得子五百。果然后来她转世成胎于莲朵之中，被一位出家人收养，出家人把手指放入她口中，乳汁就流了出来，就这样把她喂养大。女儿美貌出众像仙女一般。出家人为她取名为巴杜马瓦蒂，波罗奈城的国王封她为王后，为大王生下五百王子，王子们长大皆顿悟成辟支迦佛飞天而去。巴杜马瓦蒂王后饱受与五百孩儿辟支迦佛分离之苦而死。再次转世到了王舍城伊迪吉利山脚一小村人家。她在为丈夫去送饭时，途中遇到来化缘的八位辟支迦佛，造成她向前世所生的五百辟支迦佛施斋的一次机缘。乔答摩佛时她转世成为舍卫国富翁之女乌巴拉温。她皈依佛门后成为佛的首席神通广大的女弟子。

女施主欧德拉 在十万劫波之前、巴杜牟达耶佛在世时曾是汉达瓦底国名门之女。做了许多善事，祝祷能成为今后乔答摩佛祖身边的多闻第一的大弟子。在迦叶佛成佛后乔答摩佛尚未成佛期间曾转世成为波罗奈国王的家人。看到一位驼背的辟支迦佛，在女伴中模仿驼背的样子取笑。在这以后各世就成了驼背的人。乔答摩佛在世时她成了乌德那王达玛瓦蒂王后的侍女。因此得名欧德拉，又因为她是个残疾人也叫做库祖德拉。一次，为达玛瓦蒂王后去买花，正值卖花男子家施斋，佛祖在讲法。她用心记下了佛所讲的法悟道。回到达玛瓦蒂王后处，又对王后等人转述了佛讲过的几次法的内容。后来被佛置于善讲法的女大弟子之列。

女贤人难陀摩多 在乔答摩佛时代是位于王舍城南韦路甘陀伽城的一位富婆。她能背诵佛在王舍城巴达纳泽蒂亚寺中回答十六位出家人问题时念诵的名为“天堂之路”的二百五十颂偈陀。一日她正背诵天堂之路偈陀，被路过的多闻天王听见。天王对她大加赞扬，并送给难陀摩多取之不尽用之不竭的装满红谷的一千二百五十座粮仓。因此也成了乔答摩佛时代著名的一位俗家女弟子。

阿拉瓦伽神魔的故事 一日阿拉瓦伽王去林中狩猎，中午返回时误入阿拉瓦伽神魔的地界榕树之下。四大天王曾答应阿拉瓦伽神魔“凡中午时分进入榕树树荫的人都由他来处置”，因此凡这种时刻进入榕树树荫的人都被阿拉瓦伽神魔吃掉了。国王看到神魔可怖的样子，全身都僵直了。国王对神魔说：“你要是放了我，我保证每天都给你送来一个人和一锅饭。”“我不送来的那天，我待的地方就由你来统治。”就这样国王不间断地派人为神魔送食送了十二年。开始时送犯人，后来又送老人，再送小孩儿供神魔食用。佛祖为了神魔悟道来到神魔地界。神魔用尽各种伎俩威吓、攻击佛祖。又问些难于解答的深奥问题，想难倒佛祖。但这些攻击都被佛祖一一化解了。对所问问题也一一作了解答，趁机讲述了佛法。最终使神魔悟道。神魔悟道之时，正巧阿拉瓦伽王子作为神魔的食物被送到神魔眼前，神魔遂把王子献给了佛祖。

巴瓦伊婆罗门及其弟子的故事 迦叶佛在世时波罗奈城有位能干的木工师傅和他的徒弟们用轻巧的木板安上机关造了能飞的大鸟。将妻子家人们装进大鸟腹中，一起飞向大雪山，在山脚下建立了格塔瓦哈那国。木工师傅称王，徒弟们当了大臣，国家兴旺发达。后来，波罗奈城与格塔瓦哈那两国建立起亲密友好的关系。一次，格塔瓦哈那国王向波罗奈国王送了价值连城的八块红布料。波罗奈国王回赠写着颂扬三宝和修行诸法内容的贝叶。听到佛正在波罗奈城的好消息，格塔瓦哈那国王手下大臣们争着去谒见佛陀，但当他们到达波罗奈城时佛陀刚刚涅槃，就都在当地出家修行不再返回。只有大王的一个甥儿得到了佛祖曾经用的水杯，又请了一位会三藏的长老和他一起回国。大王建塔供奉佛陀水杯，终生行善。乔答摩即将成佛时木工师徒们又转世到了舍卫国婆罗门种姓家中。木工师傅成了巴德纳底拘萨拉王的国师巴瓦伊婆罗门。前世的徒弟都成了现世的弟子。一个狡猾的婆罗门想向巴瓦伊索要财物，叫嚣若他不给就砍下他的头。巴瓦伊不知如何应对。此时正巧乔答摩成佛，巴瓦伊忙叫弟子们代他去佛祖处请教。他的甥儿回来向他转述了佛祖所讲的法。弟子们和他自己皆成正果。

全书讲述的八个主线人物的故事长短不一，最长的是舍利弗长老和目犍连长老的故事，大约各用了五六千字的篇幅（这里所说皆按译文计），诃塔拉瓦伽居士的故事最短，不足1000字。在讲上述八个主线人物故事时又插入了不少故事，有不少只是一句话带过，也有的是用一定篇幅讲的。其中有两个故事着墨最多，甚至大大超过了对主线人物的描述。阿拉瓦伽神魔的故事，竟有大约1.5万字的篇幅。巴瓦伊婆罗门及其弟子的故事也约有7600字之多。

四、作品的成就及其意义

中外文学家们对小说下的定义很多。现仅举两个有代表性的说法为例：

一个是《中国大百科全书》上所说的："小说起源于古代的神话传说。""以散体文的形式表现叙事性的内容，通过一定的故事情节对人物的关系、命运、性格、行为、思想、情感、心理状态以及人物活动的环境进行具体的艺术描写，是小说的基本特征。""故事情节是小说的第一要素。""人物性格的刻画是小说的另一要素。""对人物的生活环境，特别是社会环境的具体描写，也是小说不可缺少的要素。"小说要具备以上三要素，但在文体上与诗歌，在内容上不受舞台时空的限制方面与剧作，在艺术虚构上与纪实文学、传记等皆有不同。①

另一个是《简明不列颠百科全书》对小说（Novel）的解释："小说的定义可以说是一种艺术或技巧，它通过文字对人类生活作有教育作用或娱乐作用的表现，或者作两者兼而有之的表现。"小说的构成因素有：情节、人物、场景或背景、叙述方法和观点、篇幅。②

两者所述基本一致。概言之，小说是通过人物的塑造和情节、环境的描述来概括地表现社会生活的一种叙事性文学体裁。而神话、传说、民间故事与小说的萌芽与发展是有着密切关系的。无论是东方还是西方各个民族都是如此。当然小说的种类很多，这和它产生的地域和时间背景都有着密切关系。

《天堂之路》取材于佛经故事和传说，经过再创作而成。从作品本身分析大体上是

① 《中国大百科全书·中国文学》Ⅱ，北京：中国大百科全书出版社，1986年版，第1085页。

② 《简明不列颠百科全书》第2卷，北京：中国大百科全书出版社，1985年版，第297页。

与小说的定义符合的，基本具备了小说的几个因素。而且这样的写法在缅甸过去的文坛上从来没有过，所以人称其为第一部缅甸小说。缅甸小说的产生与发展的确也与世界上这种文体产生发展的过程相一致。也是由神话、传说、民间故事逐步发展而来的。也是从讲故事开始发展的。只不过缅甸在其自身文化形成初期就受到与他相邻的两大文化体系的影响。尤其是印度的宗教文化的影响。所以看今天尚存的缅甸神话、传说也好，民间故事也好，绝大多数都已明显地打上了印度文化的印记。像缅甸大神摩诃吉利兄妹二神和他的家族七位神明几乎已经被人们全都忘记了。《三个龙蛋》的传说也早已被专门“批判”过了。[①]《拇指哥儿》这样的民间故事知道的人也越来越少了。实际上这些神话、传说、民间故事才是地道的缅甸本土的神话、传说和民间故事。但这些目前已经很难找到，为数有限。今日还能看到的神话、传说和民间故事大多都是从印度传入的，或者是用佛教价值观改造过的了。缅甸书面文学就是在这样一个环境下开始萌发的。最早的是碑文和壁画文，缅甸有句俗语说“缅甸文学始自碑文”，碑文大都是佛事记录或祈祷、诅咒的内容。壁画文则全是对佛本生故事画的简要说明。到了14 世纪阿瓦王朝建立以后缅甸诗歌才开始蓬勃地发展起来。由于佛教的思想深入人心，统治阶层也需要用佛教价值观来维系整个社会的发展。佛教的高层人士一些名僧长老也想在统治者的协助下进一步宣扬佛教，所以到 15 世纪末这种真正贴近群众宣讲佛法和佛教价值观的本生故事小说一出现，就受到了缅甸各界人士的欢迎。这对维系社会使之巩固与发展有着深远的意义。

《天堂之路》整部小说除在最前有一短短的楔子外，分成四章 87 节，实际上正文只有 85 节，最后两节是作者对读者读此书后的祝愿和写明写作时间与作者的名讳而已。全书按译文计仅有 6 万字左右。比起在这以前出现的缅甸文学作品来说有了长足的进步。因为此前的壁画文只是短短几句说明文字。碑文虽然相对长了一些，但是修饰性的语言也不多。《天堂之路》采用了“拿来主义”的办法，内容是佛教的传说故事，表现手法也用的是印度古典小说与故事的习惯手法，即：故事套叠式的结构。佛教传入缅甸后，最初僧侣讲经就是用先把巴利文或梵文的偈陀背诵一遍之后，再逐句逐字地用缅甸文解释一番的办法。《天堂之路》一类佛本生小说也沿袭了这种办法。诗歌与散文相间来写。（1）诗歌部分直接引用了巴利文的偈陀（每句八个音节，大多四句一颂，个别也有六句一颂的）。（2）在每颂偈陀之后，再分段或按字写出巴利文原文和缅甸文对应的释义。原书的这部分在译文中只好略去了，因为照译会显得过于重复和繁琐。（3）接着再用缅甸文完整地讲述议论一番。有些内容作者认为没有必要抄录

① 《琉璃宫史》的作者们在该书第三编第 117 节骠绍梯王中，用了较大的篇幅“批判”了三个龙蛋的传说是不可能的，以“消除人们对骠绍梯王乃龙蛋所生等一类无益说法的疑惑”。参见李谋等译注：［缅］《琉璃宫史》上卷，北京：商务印书馆，2007 年版，第 157 – 166 页。

相关的巴利文偈陀时，就不再用上述三段式的写法，直接用缅甸文叙述或议论了。从《天堂之路》整部小说来看主要是用十个不同主人公的故事串联起来写成的，将它们串联在一起的主题线索当然比较清晰，那就是佛教的道与法，还有佛教的世界观和价值观。而将这些本来没有太多关联的故事串联在一起的人物线索是佛陀。这部小说的整体结构看来并不太协调。其一，它开宗明义说出有八个主要人物，但在叙述故事时反而突出了次要线索中的两个主人公，对这两个人物故事的描写甚至大大地超过了那八个主要人物。而且相比其他八个主要人物的故事情节更加生动曲折。我们注意到今日缅甸常见的一些《缅甸历代文学作品选》中往往选用《天堂之路》的片段也是阿拉瓦伽神魔故事和巴瓦伊婆罗门及其弟子的故事中的部分文字。其二，叙述这些人物时相互很不匹配，它们所用笔墨篇幅之间相差十余倍，有的用了万字有余，有的则不足千字，像诃塔拉瓦伽居士的故事就过于简单了，似乎根本就没有什么动人的情节可言。但是我们从它是缅甸第一部小说这点出发，就不能更多地求全责备了，因为它这个第一带来的意义是无论如何也抹杀不掉的。从今天能透过这部小说来了解缅甸古典文学发展历程来说这也是一项非常现实的意义。

（本篇原载北京大学东方文学研究中心、东方学研究院编《东方研究》(2009)，黄河出版传媒集团阳光出版社，2010 年版，第 67 – 74 页。）

文学

WENXUE

缅甸诗歌

所谓歌者是人类劳动过程中的产物。诗则比歌出现得略晚。换句话说，诗是有着更加严格繁多规则的歌。也可以说诗是源自歌，进一步发展而来的。古代的诗大多可以作为歌来吟咏演唱。所以诗与歌常常连在一起来谈。

现在就简要地谈谈缅甸诗歌问题。

根据考古得知缅甸文是在蒲甘王朝（1044—1298 年）初期才出现的。当时曾用白话文把施舍善行刻于石上留传后世。所以人们说："缅甸文学始自蒲甘碑铭"。在这些碑铭白话文中也有带韵脚诗味的文字。比如：勃邻马梯莱辛碑文、莱陶佛塔碑文和格宋欧寺碑文等等之中都有这样的文字段落。所以应该说在蒲甘碑文中已经出现缅甸诗的萌芽了。也有虽然并未记于碑铭之上，但人们留传记载下来认为是蒲甘时期的某些诗歌。人们一般把描述各种内容或长或短的四言诗称之为"林加"。据考，迄今发现的蒲甘时期的"林加"仅有三首：《卜巴神山》、《翠湖颂》和阿难多都利耶大臣的《自然律》。①

彬牙时期（1299—1363 年）缅甸诗歌的水平无论在内容方面还是在写作技巧方面都比蒲甘时期有了提高。应该说这是蒲甘时期人们不懈努力的结果。主要描述武士们演练挥舞盾牌表现英勇精神的"加钦"——舞盾歌和记述季节、典仪等内容的四言诗体"雅都"——赞歌是彬牙时期诗歌的标志。

阿瓦时期（1364—1526 年）除了彬牙时期出现的"加钦"和"雅都"诗更加发展之外，又出现了宫中哄孩子的"埃钦"——摇篮歌、季节诗的先驱描写山林美景的

---

① 这是相传缅甸最古老的三首诗，为便于读者欣赏，译成中文附后：

《卜巴神山》啊！卜巴神山，高耸入云端，林深密，终年百花园，香意浓，金枝娇玉兰。
啊！花魁玉兰，国色人人赞，赛花女，婀娜美婵娟，念郎君，天涯何时还？
啊！两小无猜，青梅戏竹马，手足情，情如并蒂莲，爱奴家，痴心永不变。
哎！幽怨难诉，情意缠绵，热恋那宦门后，红衣碧伞，翩翩美少年。

《翠湖颂》碧波水寒，源自山间。粼粼闪烁，脉脉清泉，幽幽芬芳，婷婷玉莲。
磐石岸边，妙语声喧，百鸟栖止，仙境神潭。

《自然律》一人发展，他人遭难，此乃世俗，规律自然。
金殿堂皇，卿相两厢，王权富贵，水泡大洋。
慈悲洪恩，今日赦臣，众生万物，皆难永存。
跪奏至尊，人生如轮，重逢不咎，无常谛真。

“多拉”——林野颂、重点描述帝王霸业的“茂贡”——记事诗和以佛陀史、五百五十佛本生故事为主要情节，内容丰富且使人得到艺术美感的描述佛陀轶事的一种四言长诗——“比釉”等诗体。阿瓦时期出现的“比釉”诗不仅数量大而且是一些极其精彩之作，所以可以称该时期为“比釉”的年代。

在阿瓦王系衰落的时候正是东吁王系开始兴起之时。从明吉瑜开始东吁各王为建设巩固国家、民族团结进行了努力。有时还把境外之地收为自己的属国，为了国内安定团结进行征讨。所以东吁时期（1527—1596 年）是个战火纷飞的年代。在战争年代出现的诗歌是以战争为背景的诗。可以发现在当时所著的诗歌中雅都、埃钦等有了发展，一种叫“安钦”——拉纤歌的诗体新涌现了出来。

良渊时期（1597—1751 年）的诗歌大多写战争与王公。不仅用以前出现的一些诗体写作，还出现了“鲁达”——长声调、“哦钦”——带呼语的歌、“纳丹”——神曲、“丹钦”——怀旧歌、“丹报”——三行短诗等新诗体。但是在该时期诗歌中最著名的两种是“德耶钦”——乐歌和“嗳钦”——全声调。作家巴德塔亚扎大臣为了使人们看到、理解并同情山野间农民、贫苦人们的生活写出了很典型的“德耶钦”诗。东敦信宁梅以及一些不知名者写出了农村的诗歌“嗳钦”诗。可以说“德耶钦”诗人把“德耶钦”作为一种“展示”，而“嗳钦”诗人们用“嗳钦”当成一种“道白”来描绘缅甸农村的习俗。

到了贡榜时期（1752—1885 年）雅都、埃钦、茂贡、比釉等传统诗体继续流行。有的在描述内容与写作技巧等方面有了不同，也有的仍和以前一样。还出现了像“雅甘”——谐趣诗、“达钦”——雅歌、“霍萨”——布道诗、“修莱”——剃度诗等新诗体。既有长诗又有短诗。以前已出现的安钦、嗳钦、哦钦、德耶钦等短诗体仍然应用，但新创造的称作“德塌”——十八行连韵诗的短诗体尤为盛行。增加了“欧钦”——哀歌、“尼钦”——叹歌等歌体诗和两折诗、三折诗、四折诗等折体诗。其中“东钦”——花炮歌、“垄钦”——拔河歌是表现民俗的诗。而“大鼓曲”、“峦钦”——抒怀歌是乡野农村的诗。此时诗体繁多，因此有的人称贡榜时期为文学集锦时期。

纵观封建王朝时期缅甸诗歌大多是写佛、写王室的。大多是少女赞、郎君赞、抒情之作、描写山水之作、季节颂之类。明显存在着内容不广泛的缺陷。诗人大多是宫廷人士和宗教界僧侣。写作时也并非源自诗人见闻，有感而发。更多的是引经据典煞有介事地去写。写作目的无外乎是希望成为国王赏识的文人或者是为了弘扬佛法。当然并不是说当时没有描述其他内容的诗歌。但确只有少数。因为不是写佛、写王室内容的诗，在当时作为不登大雅之堂之作被抛在角落。有的则因为没有记录在贝叶之上而散佚了。

英国殖民统治时期（1886—1941 年）19 世纪末叶缅甸王朝覆灭，沦落大英帝国手中。这一时期缅甸诗体大多采用以前出现的三行短诗、两折诗、“丹秋”——美声四折诗、德塌、嗳钦等等。新出现的诗体不多，只有八言诗、四折长诗等。特点是缅甸政治情况大多反映在漫画配连韵诗和四折诗中。再有为了取得人类的公正、团结、自由和平等竭尽自己身心全力为之奋斗的德钦哥都迈老先生用四折长诗来反对帝国主义争取民族解放，这一时期在缅甸诗歌史上树立了里程碑。20 世纪 20 年代末表现世界情况、缅甸所处环境、缅甸社会、缅甸文化的称之为实验文学诗歌的新诗出现在文坛上。

综观第二次世界大战时期（1942—1945 年）缅甸诗歌史，诗作甚少，歌曲比诗更加盛行，但因为反映了战争年代的影子，内容还是比较丰富的。

独立前夕（1946—1947 年）出现了表现战时经历、政治问题、阶级观点、爱国情感等等内容的诗歌。诗人们在实验文学诗歌基础上沿着新诗的道路继续前进，也可以见到德贡达亚、基埃等诗人根本不用那种严格三谐韵押韵法，而用比较宽松的妖笑韵押韵法写出新的想象，描绘新的事物的诗。

在当代（1948 年至今）人们不仅用诗歌表达个人生活体验、社会观，也把它作为国家与人民斗争的文学武器。诗歌作为人民之窗、人民灯塔，来组织鼓励人民群众在德智体诸方面得以提高。从 20 世纪 50 年代起开始出现了缅文翻译诗歌。孟加拉文豪泰戈尔的诗、波斯大诗人欧玛尔·海亚姆的四行诗集都从英文译成了缅文，也译了日本、中国、德国的诗。在翻译世界各国诗歌时有的用了缅甸诗体，也有新的充满西欧风味的诗句进入了缅甸诗歌领域。某些后来人就按照这些原则写起了更加易写和自由的自由诗和无韵诗。

封建王朝时期过后进入现代，缅甸的新诗内容广泛，诗人根据个人见闻自由地有感而发。诗人也来自各个不同阶层。写作诗歌的目的也多种多样。诗歌的笔调也不再完全模仿经典的腔调，而与人民更贴近了。

所谓诗者就是用节奏、比喻等等把美好的想象、美好的感受表现出来的语言组合。在诗中高度利用了语言的力量。实际上词汇是最难驾驭的艺术品。一个词在同一时间里担负着三项工作。词汇担负着声音与组成句子的任务。诗人基于个人的感受，用词汇表现韵律、节奏和形象，按不同诗体拓展诗歌题材，表现主题，写出诗来。一首好诗必须是音调美、语言美、想象美、含义美的结合。

缅甸语中有称之为升声（低平）、降声（高降）、低声（高平）和止声（短促）等四声。升声 18 种、降声 18 种、低声 18 种、止声 10 种，共有 64 种，称之为 64 韵。

而在作诗时往往将声音又分成起声（平）与伏声（仄）两大类。缅甸语四声中升声 18 种属起声，而其他三者降声 18 种、低声 18 种和止声 10 种都包括在伏声之列。写诗时应以起声开始的地方用伏声写就不好，听起来就不好听。同样应该用伏声字结尾处用了起声字也会听起来不顺耳。只有起声、伏声字交替地使用才好。即使不是逐字交替，也不能一连串地连续用许多起声字或伏声字，这样听起来才可能悦耳。可以读一些著名的诗作来进行验证。有时候连续用几个起声字或伏声字也可能悦耳，但这种情况很少，只能认为是种例外。

缅甸诗体约有七八十种。大致可分为五类，即：三行短诗、折体诗（分节诗）、连韵诗、四言诗和杂体诗，而大多为四言。

缅甸诗歌中有两种基本写法：四言和非四言。而四言句的押韵法按各句中的第几字押韵可分成如下七类：

一、4—3—2 式（即三谐韵，还可进一步分成严格三谐韵、指针韵、尾异韵、首异韵）

二、4—3—1 式（即特殊三谐韵）

三、4—3 式（此处所列三、四、六、七等四种押韵法皆称为妖笑韵。所谓妖笑韵者尤指第四种押韵法）

四、4—2 式

五、4—1 式（即首尾韵）

六、3—2 式

七、3—1 式

上述押韵法中应尽量避免“外宁”和“夸涛”韵。所谓“外宁”韵者就是在应押韵的地方连续用同音同形相同字母拼写的字。所谓“夸涛”韵就是在应押韵的地方相隔一或二处就出现同音同形相同字母拼写的字。在四言诗和三行短诗中皆采用上述押韵法。非四言诗则各有不同的内韵或尾韵押韵法。

（此文摘自李谋编写的缅甸语言文化方向硕士研究生教材油印讲义《缅甸诗歌》中缅文双语对照导言部分的中文稿，北京大学外国语学院东语系，2000 年 5 月。）

缅甸的实验文学运动

实验文学运动是缅甸文学界20世纪30年代发生的一场意义相当深远的运动。它与缅甸革命紧密相关，对现代缅甸文学的发展起了很大作用。它的余波一直影响到今日缅甸文坛。

一、实验文学运动的历史背景与由来

缅甸从1885年全部沦为英国殖民地时起，进入了一个黑暗时期。1885年以后的30余年，英文在缅甸社会上占据了特殊地位，缅文几乎濒于绝灭的边缘，有人甚至称当时为缅甸文学史上的外国人统治时期。

第一次世界大战期间，由于世界范畴民主革命的思想以及十月革命成功的影响，1916年缅甸出现了第一个民族主义的爱国团体“缅甸佛教青年会”，缅甸人民开始觉醒了。1920年缅甸的大学生因反对英国当局制订的大学法而罢课。各地相继成立了国民学校，学生们也重新学习到本民族的历史与文化。国民教育唤起了青年学生们的民族自豪感，播下了实验文学的种子。

实验文学的开拓者们不仅大都受过国民学校的爱国教育的熏陶，而且后来都上过大学，精通英文。英国浪漫主义诗人华兹华斯、雪莱、济慈等人的抒情诗，莎士比亚、肖伯纳以及莫里哀的剧本等这些缅甸文坛没有的文学形式、风格，尤其是这些作家的民主思想，都深深地影响了这些爱国青年，使他们眼界开阔了，创作思想丰富了。他们决心也要用新的文学形式反映那些一直不受人重视的“微不足道”的真实生活的主题。同时他们还从国外的刊物中接触到东方的古典和现代文学作品。譬如：中国的古典诗歌，印度的史诗。中国新文学的主将鲁迅、郭沫若的作品，印度泰戈尔的反帝爱国作品都使他们获得了一定教益。

1921—1922年间缅甸学者吴佩貌丁出任仰光大学缅文系系主任。他深感当时仰光大学缅文教学水平的低劣与一个觉醒起来的民族很不相称。在他的努力下，仰光大学开办了高级缅文班（后来实验文学运动开拓者之一德班貌瓦就是高级缅文班第一位毕业生)，并且提倡开展对缅甸古典文学、尤其是碑铭的研究。蒲甘碑铭清晰、简洁、通俗的文风对实验文学运动的开拓者们有很大影响。1928 年吴佩貌丁又与弗尼瓦尔等人创办了缅甸教育传播协会，并出版了《文学世界》月刊（英、缅文)，提倡科学，介绍外国科学知识和文学名著，也鼓励缅甸青年们从事文学上的新探索。已经蜚声文坛的吴龙（即后来的德钦哥都迈）的四折长诗、吴貌基的缅甸历史小说、吴腊的现代小说，虽然从文学形式上并没有什么创新，但他们真挚的爱国情感却进一步激励了缅甸广大群众，尤其是影响了这些从事文学工作的爱国青年们。

1930 年缅甸成立了更加广泛的反帝爱国组织——我缅人协会（即：德钦党)，更加明确地提出了“缅甸是我们的国家，缅文是我们的文字，缅语是我们的语言，热爱自己的国家，提倡自己的文字，尊重自己的语言”的口号。

总之，除了当时的国际环境的客观条件外，可以概括地说：一、缅甸国内古典文学洗练简明朴实的文风，老一辈爱国作家们的作品；二、外国尤其是西方浪漫主义与现实主义作家们的创作思想；三、缅甸爱国反帝运动的高涨。在这三者的直接影响下，实验文学运动终于在缅甸文坛上出现了。

二、实验文学运动的发展与特点

在实验文学尚未兴起的 20 世纪 20 年代，缅甸文坛上的文学形式主要是古典诗歌。如：两节诗、四节诗、“峦钦”、“得埸”、“雅杜”等。讲求对称，段落、字数、韵脚都有严格的规定。写其他形式的作品也常间杂以这类诗词。写作风格上喜欢追求表面的华丽词句，矫揉造作，冗长繁琐。内容上，虽然封建王朝时代的宫廷、宗教、爱情三大主题，因时代的变迁已有所改变，但仍不太注意反映生活现实。正如德班貌瓦 1928 年 12 月在《太阳报》上发表的一篇文章谈到的那样：“现在杂志中都列有诗歌一栏，但这些诗歌栏里不是‘郎君颂’，‘少女颂’，就是‘雨颂’，‘天堂颂’之类，每份杂志都是如此，每期都是如此，使人无意再看，厌烦极了。”当时还流行把外国的一些二流作品改头换面改写成的缅甸小说——供有钱人茶余饭后解闷的消闲文学作品。

20 年代末期，大学的一些青年不满缅甸文坛这种毫无生气的现状，开始试探适合于新的宣传对象——大众的，便于宣传民主、自由、独立思想的文体与风格。早期的实验文学作品发表在大学生自办的一些油印刊物上。最早的作品发表于 1928 年左右。

到了 30 年代初期，实验文学开始形成了一股力量。缅甸教育传播协会专门出版了《实验文学作品选》，把这些青年的诗歌、小说等汇集成册单独出版。“实验文学”这一名词本身就是在吴佩貌丁编辑出版第一册实验文学作品选时，在他亲笔撰写的序言中提出来的。本着“试探时代的喜好”之意取名为“实验文学”。从此之后，“实验文学”在缅甸的影响逐渐扩大，遂形成了整个30年代的“缅甸实验文学时期”。

“实验文学时期”大体还可分成前后两个阶段。1935、1936年以前可以说是这一运动的初期。1936年至1940年左右是它的发展时期。初期代表人物主要都是当时的一些大学青年学生。如：德班貌瓦（吴盛丁）、大学貌丹新（吴埃貌）、佐基（吴登汉）、敏杜温（吴温）、吴纽、固达（吴都昂）等人。这些人分成两派。一派以吴埃貌、吴纽等人为代表，更加推崇缅甸古典文学，主张恢复缅甸古典文学，譬如碑铭那种朴素的文风。维护缅甸的固有文化。另一派以吴盛丁、吴登汉、吴温为代表，受到浪漫主义的影响较大，认为不论事务大小有感受就可以写。两派的主张汇集到一起形成了当时实验文学的特点，即：简明、清新、朴实，有着浓郁的生活气息。既冲破了传统形式的种种羁绊，也一改那种消闲文学的不良倾向。

随着缅甸独立运动的深入，1936年又爆发了大学罢课运动。这以后实验文学已逐步占领了缅甸文坛，为社会所接受。1937年吴努、德钦丹东等人创办“红龙书社”，翻译出版了大量进步书籍。如：吴努翻译了《资本论》的部分章节、德钦丹东的《新缅甸》、吴漆貌的《独立斗争》等政治书籍的出版也直接影响到风靡缅甸文坛的实验文学作品。这一时期的代表人物除了原来一些实验文学的开拓者佐基、敏杜温以外，还有貌廷（吴廷发）、登佩（吴登佩敏）等人。这一时期可以称为实验文学运动进一步发展的时期。特点是：实验文学运动开拓者们所提倡的文风更加成熟，作品内容上也有了长足的进步，爱国反帝的内容开始多了，直接反映了社会的政治生活，不少作品很有战斗性。

三、实验文学运动中的主要作家及其代表作

德班貌瓦（1899—1942年）原名吴盛丁，是实验文学运动的最早的开拓者之一。他在仰光大学毕业后，当了政府的低级官员，写过不少短篇作品，其文体独具一格。在他的短篇作品中大都以区警官貌鲁埃为主人公，但情节往往比较简单，似乎是对所见所闻的经历或事实的简单描述，既像小说又像特写。所以缅甸文学宫为他出版的一本选集的序言说，他的作品既不是文章，也不是小说，只好称之为小说文章。他描写某件事往往通过人物的思想活动及言行来表现，用了前因后果、矛盾对比，或者细腻描写的手法。句子极短，用了大量当时流行的新词和口语，比较生动。如《水浮莲》虽然未能写真正的下层人民大众，但还是反映了一定的社会现实或政治内容。在《投票之前》中，描写英国人安排在缅甸进行投票，决定印度与缅甸是否分治。政界人物以至僧侣之间，普通老百姓之间都为这个问题争得难解难分，作者含蓄地表明印缅分治与否实际毫无区别，但在英国政府的欺骗下，人们都无谓地争论着忙碌着。

大学貌丹新（即吴埃貌教授，1905—1985 年），他的创作特点是注意继承缅甸固有诗歌传统，用传统的格调表现以前不登诗歌之门的一些生活小事。如：兰花、小鸟、黄昏之类。词汇丰富，读起来颇有缅甸古诗的味道。通过描写这些小事来抒发自己向往独立、自由的思想情感。同样，他当时写的短篇小说也没有直接反映爱国反帝思想的。譬如：他的代表作《宝刀》，写一个青年非常崇拜大盗宝刀波莫底，一天，青年遇见了杀掉宝刀大盗的蒲甘侯，误认为他就是宝刀大盗，坚持要拜他为师。青年为了要显示自己是个勇敢的人，只身去抢了一位宫女家中的财物。蒲甘侯引导青年认识什么才是真正的勇敢。最后，蒲甘侯把财物全部还给了物主，和青年一起回蒲甘城去了。这篇小说发表于 1934 年。类似于故事新编。很明显，作者想用这个故事寓意要消灭侵略者，并且告诫人们不要认贼作父，做那些伤害百姓的事。

佐基（1908—1990 年）原名吴登汉，曾任仰光大学图书馆馆长。他的作品善于想象，用词大众化，铿锵有力，节奏感明显，爱国思想较浓。早期也多写一些花草虫鱼之类，提倡写实，用描写自然景物的办法抒发追求自由的感情。比如，他的诗《缅甸的紫檀花》、《鸭》、《云雀》就属于这一类。他还通过歌颂自己民族的历史、传统文化来表达自己的爱国情感。如：《古代蒲甘》、《泼水节》等等。他的另一类诗歌则直接表达了反帝思想。例如：他在《我们的国家》一诗里，开头谈到缅甸是个土地肥沃物产丰富的国家，但人民却过着贫困的生活，在诗的最后一段，世人发出了号召：

起来吧！缅甸人。
莫泄气，别灰心。
大家团结一致，
聪明无限，力量无比！
让咱们奋斗到底！
这是谁的田野？
这是谁的稻米？
负起责任，搞好工作。
用咱们的智慧齐心努力。

敏杜温（1909—2004 年），原名吴温，曾任仰光大学翻译及出版部主任、仰光大学缅文系教授。他的抒情诗音调很美，用词生动。他喜欢用婉转的手法表达自己的爱国情感。比如，《亲爱的姑娘》一诗这样写道：

脱掉羊毛衫，
穿上土布衣。
亲爱的！请你理解我的心意。
如果你厌恶我这装束，

我将难过无比。
我听亲爱的妈妈讲过独立的问题。
咱们不需要那些鬼怪电影；
也不想打扮得洋里洋气。
咱们要在独立的路上，奋斗到底！
为走向解放，加倍努力！
亲爱的，别再安于受人奴役。
让咱们携手奋起！
别去理睬那些洋纱时装，
一起穿起土布衣。

他还为孩子们写了大量的儿歌。朴实、生动，鼓励孩子们爱祖国，求上进，在缅甸非常有名。他的短篇小说的代表作是《昂大伯骗人》等。

貌廷（1909—2006年），原名吴廷发，在仰光大学毕业后，当过镇长、外交部助理秘书。宣传部副秘书等职。后辞职成为一自由新闻工作者。他的家乡在下缅甸三角洲一带。他比较熟悉农村的生活与景色。他的写作特点是描写细腻，尤以描写缅甸农村生活逼真、生动而著名。他在1935—1936年间前后写过七八篇以农村为背景的小说。主人翁都以哥当为名。秃顶、黢黑、其貌不扬、喜欢跟女人鬼混的哥当跃然纸上。虽然小说本身只停留在写实阶段，没有很大的现实意义，但是他的“哥当”在那时非常出名，而且使读者了解到当时农村生活现实的一些侧影。他在实验文学时期还写过一些诗。但他更加成熟著名的作品还是写在抗日战争时期。

登佩（1914—1978年），即吴登佩敏。他的创作特点是语言洗练，创造过不少生动的新词，善于长篇描写。他写过许多部长篇小说和回忆录。使他一跃成为缅甸文坛风云人物的是他在1936—1937年间写成的中篇小说《摩登和尚》。他大胆地用生动的笔触尖刻地揭露了一向被人们非常推崇的佛教界的黑暗一面。把那些披着袈裟，到处招摇撞骗，实际上荒淫无度的衣冠禽兽——花和尚，暴露在读者面前。因为击中要害，当时在缅甸引起了很大反响。作者也因此得了个“摩登和尚”的绰号。实验文学时期他的代表作还有一部长篇小说值得一提，就是发表于1937年底，描写1936年大罢课运动中学生生活的长篇小说《罢课学生》。主人公是一位学生领袖纽吞。小说里写了当时大学的种种学生，有爱国的积极投身于政治斗争的；有死读书的；有毫无理想饱食终日的等等。当即将去上大学的当意问纽吞学什么课目才能使自己的缅文有所长进，并能使自己了解国家大事时，纽吞回答说：“你要想了解国家大事吗？那你就别上大学，不如回家自己去读书。”“现在在大学学什么都一样。学英文，尽学那些跟社会现实完全相反、毫无用处的，使咱们变得伤感、空虚、迟钝的内容。学历史，尽学那些向咱们灌输英帝国主义思想的文章。……学咱们的缅文，也尽学那些没有创造性的东西，大多是情书，描写爱情那一套。……所以选些简单的容易学的，早一点通过考试就得了。”这一席话正是作者直接对当时殖民主义教育制度的批判。加尼觉吴漆貌在当时就曾评论过：“如果哥登佩打算写一部像照相一样反映1936年罢课过程的小说，那么我想说，他的目的完全达到了。”

四、实验文学运动的意义与影响

如上所述，实验文学运动在文学上还不够成熟；运动的开拓者们用文艺这一武器直接投入轰轰烈烈的反帝独立斗争尚不够。但是这一文学运动，对缅甸文学内容、形式的革新起了巨大作用，使文学逐步重新回到人民群众中来。

第二次世界大战爆发后，1942年战火逐步蔓延到了缅甸。日本取代了英国，入侵和掠夺缅甸，使得缅甸国内局势动乱。延续十年左右的实验文学运动没能获得应有的进一步发展而中断，但它一直影响着现当代缅甸文学。我们从战后缅甸文学发展情况可以清楚地看到这一点。一方面实验文学运动中的老将继续写出了一些优秀新作。如：貌廷的剧本《烈士的母亲》、中篇小说《鄂巴》都明显地反映了当时的政局。《鄂巴》尤为著名，至今“鄂巴”一词仍常常被人作为缅甸农民的代词。吴登佩敏也写出更多的作品，长篇小说《旭日冉冉》、回忆录《战争时期的旅行者》等。另一方面，有更多的青年作家接受了实验文学运动的思想影响，付诸文学创作实践，并且取得了可喜的成绩。作家丁莫在谈到战后缅甸文学时说：“描写叙述的方法是按实验文学走过的路，仅仅有些发展罢了。”作家貌逊意也说：“战后的诗歌使用新的经历把实验文学诗歌又推进了一步。诗歌形式仍与实验文学时期相近。”我们从内达意、敏友威、巴莫纽内等诗人的作品中，就可以看到实验文学运动老一辈作家的风格和笔调。更多的作家，其中也包括一些五六十年代以来才出名的作家则各有不同的创新。譬如：创造不同新词，开始号召“新文学运动”的德贡达耶，他的笔调就被人称之为“实验文学的再实验”。杜阿玛在1963年为一诗集作序时也谈到：“这些青年虽然用了佐基、敏杜温的描写手法，但他们比佐基、敏杜温的思想更解放了。”文学评论家貌达努在他1970年发表的一篇论文中更明确地把这些作家统称为新实验文学的作家。

（本文原载《外国文学研究》季刊1979年第4期，第117－121页。）

附：关于实验文学运动对佐基的访谈录

李姚：1920年学生罢课的起因是什么？当时的情况怎么样？为什么貌廷说，实验文学运动与这次罢课有关呢？

佐基：1920年英国政府准备制定仰光大学法。按照仰光大学法的规定，学制延长一年，学生们认为这是有意拉长学习的时间就罢课了。罢课并不重要。重要的是人们组成了国民教育委员会，在全国各地建立了国民学校跟公立学校唱对台戏。在国民学校教授以前公立学校从不讲的缅甸历史，也重视讲授缅甸文学。所以国民学校毕业的学生比从其他学校毕业的学生更有爱国心。有的毕业生专心从事政治事业，有的则从事缅甸文学写作。第一批实验文学作者大多都是国民学校毕业的学生。所以可以说实验文学是与罢课运动有关联的。

李姚：还有其他促成出现实验文学运动的因素吗？

佐基：第一次世界大战结束后，在缅甸开始出现"温达努事业"（温达努意即维护民族事业）。英国政府越压迫，爱国情绪越强烈。人们希望从被奴役的生活中挣脱出来。产生了热爱国家、热爱自己的文化、热爱自己的文学的情绪。可以说想独立、爱国的心就是其他的因素。

李姚：实验文学运动没有出现以前，吴腊、比莫宁和德钦哥都迈老先生等知名人士的作品与实验文学有什么联系吗？

佐基：可以说实验文学的写作者们也效法了这些老先生们的作品，从这些老先生们的作品中汲取了力量。他们尤为尊重德钦哥都迈的作品。

李姚：实验文学运动是从哪年开始的呢？在《实验文学三人作品选》的序言里写为1928年。而在今年1月出版的《文学宫》杂志副刊《金缅甸》上有吴翁佩写的一篇文章"当代缅甸文学"，该文章中说1930年前后出现了"实验文学"运动。作家貌廷也说：实验文学是从1930年左右开始出现的。谁说的更准确呢？

佐基：1928年实验文学作者之一的佐基发表了两篇作品。当时在学生们中间这两篇很有名气。这两篇开始是发表在手抄刊物之上流传。当时，佐基是住在仰光大学勃固宿舍楼的一个学生。他自己手抄一份《汉沙之镜》刊物。上述那两篇作品就在这个刊物的创刊号上发表了。一篇是诗歌《缅甸紫檀花》，另一篇是小说《亲爱的人》。我想如果说这两篇是最初的尝试是不会错的。德班貌瓦的文章也出现了，我想德班貌瓦的某些文章可能1928年以前就出现了。1930年或1931年前后作出这样努力的力量更强大了。敏杜温名气大起来了。貌廷、登佩敏等人也出现了。力量大增。

李姚："实验文学"这个词是源自什么出现的呢？是谁第一个用了这个词呢？

佐基："实验文学"这个词是后来才出现的词。把德班貌瓦、佐基、敏杜温等人写的小说等集中起来编成一本书出版。编辑的人是吴佩貌丁教授，他第一个用了这个词。吴佩貌丁在他的前言中说：取试探时代的喜好之意，将这些小说等呈现给大家。人们喜欢那本书，学生们更是喜欢。

李姚：那个时代其他作家和实验文学有什么关系？举例来说：有人说那个时代吴登佩敏也曾支持过实验文学运动。为什么说吴登佩敏所写的《摩登和尚》不在实验文学之列呢？怎么认定那个时代的文学是不是实验文学呢？实验文学都有什么特点？

佐基：外界还有德钦哥都迈、莱迪班蒂达、比莫宁、泽亚、仰纳等人的作品。人们也喜欢他们的作品。出现了实验文学的时候，读者多了一种新喜爱。我认为，吴登佩敏的作品也是一种实验文学作品。外界的德钦哥都迈写爱国诗篇。吴貌基写历史小说。比莫宁、泽亚、仰纳等人大都写翻译小说。泽亚善于描写农村生活。第一批实验文学作者们是青年。曾较深入地学习过英国文学。特别喜欢的是英国的诗人华兹华斯、雪莱、济慈等人的抒情诗。喜欢肖伯纳的剧作。也喜欢莫里哀的剧作。比起爱情小说来说，他们更喜欢自然。也更重视缅甸习俗、缅甸文化。要改造时代的缺陷。也注意观察周围环境与生活。希望用社会主义的观点去观察。我的意见是《摩登和尚》之类作品也属于实验文学之内。我想说，直至今日所写的作品还保留着实验文学的不少气息。

李姚：貌廷说，在实验文学继续进一步发展的过程中，读了泰戈尔的《吉檀迦利》和中国等东方邻国的文学作品，使得实验文学运动更加深入和发展了。他所说的中国诗歌是中国古诗还是其他什么人的诗？

佐基：在实验文学的时代人们读泰戈尔的诗、中国的古诗，都是些英文的译文。很少见到当代中国诗歌的译作，大家没有机会读。我也没有读过。约 1925—1926 年我从加尔各答出版的一种英文杂志上看到了中国新文学运动的情况，从那个杂志上知道了鲁迅、郭沫若等人，也看到了几小段中国诗歌译文。使我很兴奋，我把我看到的内容还曾写成一篇文章在缅甸《发展》杂志上发表。

李姚：实验文学对后世出现的缅甸文学作品有什么影响？都体现在哪些方面？

佐基：我认为，实验文学在文学思想、写作方式等方面都为后来者打开了眼界，使人们敢动笔了。实验文学把那些没有必要的以前限制抛到了一边。当时，这种做法受到了围攻与嘲弄。实验文学的作者们并没有理睬那些责难与嘲笑，仍旧从事他们的写作。举些例子来说：他们嘲笑，实验文学运动所写的内容都是些"小事"；与文学的"高雅"不相称；仅仅是些青年们的习作，无法与以前那些作品相比；不是真正的诗歌，还不会写；在押韵的时候，押的并非真正同韵字等等。但第一批实验文学作者们却按照自己的信念仍旧写着，驳斥那些指责。过了四五年之后，那些评头品足的人们大概也谈论累了。到世界大战结束后，又出现了重新想读实验文学作品的人们。有的人也想在这个基础之上再作进一步的努力，直到今天仍有人在这方面努力着。路，有平坦，也有曲折。还需要继续观察。这些就是我的一些看法。你们还可以再向别人请教请教。

（本篇是1959年2月间李谋、姚秉彦在缅甸仰光大学留学时用缅文信件向时任仰光大学图书馆馆长佐基请教实验文学运动有关问题，佐基所做答复的摘录。在编辑本书时，笔者将这篇译文附在《缅甸的实验文学运动》文章之后，作为一个补充说明的材料。李、姚在原求教信中写道：“老师：上个月在大学笔者协会举办的文学讨论会上谈到了实验文学运动。关于实验文学运动，学生们还有些不太清楚的地方，想向您请教。学生们的问题如下：…… 向您表示敬意！学生貌貌盛、貌貌新 1959年2月3日”。貌貌盛、貌貌新是当时缅甸老师们给李、姚二人起的缅文名。同月11日佐基复了信：“貌貌盛、貌貌新：现在老师答复你们的问题如下。看过以后，用笔把你们所提出的问题和我的答复重抄一遍给我，我想留个底儿。”）

缅甸著名诗人剧作家吴邦雅

蜚声缅甸文坛的剧作家、诗人吴邦雅①，不仅是缅甸妇孺皆知的人物，更因1963年世界和平理事会曾将其列为世界文化名人来纪念，而举世瞩目。

吴邦雅和英国文学大师莎士比亚的名字联系在一起并非笔者杜撰。早在1900年左右，缅甸文学界一位名作家兼新闻工作者吴瑞久首次提出了“吴邦雅是缅甸的莎士比亚”的说法，（吴瑞久对莎士比亚有过一定研究，还亲自把莎氏名著《威尼斯商人》、《如愿》两个剧本改写成缅甸小说）并得到缅甸许多作家的赞同。诚然，吴邦雅的文学成就不能与世界文豪莎士比亚相匹敌。但如果将两人详加比较，并从吴邦雅在缅甸文学史中应有的地位来分析就不难看出这种比喻说法绝非无知妄言。

一

吴邦雅1812年出生于缅甸中部实垒镇一村长世家。其父吴妙特瓦在沙耶瓦底王（我国史书亦有称其为孟坑者）未获王位之前曾为王之太师。据说诗人之乳名貌波西（意为：击鼓小儿）就是沙耶瓦底王亲授之名。6岁时开始在寺中读书。8岁时剃度出家当了小沙弥，法号为僧邦雅比达扎。20岁时在王都阿摩罗补罗的巴莫寺正式受戒为僧。1837年沙耶瓦底王登基后曾请吴邦雅还俗，并拟将原许封给吴邦雅父亲的实垒、帕坎两镇赐封给他。因当时吴邦雅父亲已去世。然而吴邦雅当时却不愿还俗，遂返回实垒任寺中方丈。后又在王都巴莫寺挂褡。由于女施主经常出入寺中，诗人为她们赋诗、讲道、看病，因而引起当地镇守怀疑，流言蜚语颇多，于是诗人不得不脱掉袈裟。1841年沙耶瓦底王巡幸德贡（即今之仰光）。当时，吴邦雅也随之赴德贡，在巴罕寺再度出家。后又返回上缅甸，居于阿摩罗补罗或实垒寺中。1852年敏东王登基，诗人时年已40岁，不久还俗在王储加囊亲王门下任内廷诗人。敏东王非常喜欢他的文学才华，遂令御弟加囊亲王割爱，将吴邦雅召进宫内任侍茶官，御赐“敏拉丁卡亚”（意为：温文尔雅无以比拟者）勋衔，并赐育西村食邑。1866年因被控参与敏贡、敏空岱

---

① 吴邦雅按缅甸人习惯用拉丁文拼音办法拼写成U Ponnya，文中所引诗歌、文章皆按原文直接译出。

王子叛乱事件而被害身亡，年仅55岁。又有一说，当时诗人被人暗中营救脱险，后隐居于毛淡棉一带，1875年才亡故。

二

诗人所生活的年代正值缅甸封建王朝日趋衰落的年代。当诗人仅12岁时，英帝国主义就发动了第一次英缅战争，直接动用军队，侵占了缅甸的部分国土，从而改变了缅甸王国独立闭关的状态。当诗人40岁时，英帝国主义又发动了第二次英缅战争，鲸吞了缅甸的半壁河山。敏东王废黜了其异母之兄蒲甘王，自立为帝以后，主动宣布停止对英作战，甘心屈于外侮一心偏安。虽然他表面上拒绝英方提出划定“英缅边界”的要求，但暗中却向英方表示：决不会下令臣民去滋扰生事，有肇事者可通知缅方，一定友好地进行处置。非但如此，当1854—1856年间克里米亚战争爆发，英国吃紧，把下缅甸驻防英军抽调去印度。敏东却说：“当一位朋友（指英国）遭难时，我绝不对它进攻。”1857年英属印度籍士兵发生兵变。敏东不仅不趁机收复国土，反而为因兵变出现的印度难民捐赠救济款1000英镑。一味妥协让步，带来的只是英帝国主义的步步紧逼。敏东对内为了维护其王朝统治，发展了一些现代工业；公布了一套新的税收制度；举行了闻名世界的第五次佛经结集；迁都曼德勒。但只是搞了一些虚假繁荣，没能解决其封建统治的固有矛盾。统治集团内部矛盾日益尖锐，最后竟爆发了敏贡和敏空岱王子的叛乱事件。以致王储加囊亲王被杀以后，敏东王确立不了新王储。加之官吏腐败，缅甸的谷仓——下缅甸三角洲一带已沦入英帝手中，当时的缅甸民不聊生，贫困万分，不少农民为生活所迫竟逃往英属下缅甸。

三

诗人的右臂是先天性残疾，左手却写得一手好字。苦难的年代、生理的缺陷等不如意的事往往都会成为砥砺人才锋芒的硎石。他聪慧过人，博读经书，文学造诣很深。所著诗文往往构思新颖，用词优美，尖刻有力，诙谐幽默，令人有入木三分之感。他写作经常是一气呵成。比如：著名的《巴东玛》剧本便是一夜之间写成的。不仅如此，他还是个多产作家，作品数量大，体裁也很丰富多彩。

他先后写过“茂贡”诗（记事诗）4篇，其中以《珍宝河志》最为著名，写于1862年，记载了曼德勒一运河之开凿。讲道故事诗30篇，以讲解佛教教义为目的，但也多有寓意。虽多取材于佛本生经故事，但因经过作者精心再创作，比喻生动，描写细腻，笔调风趣，寓意深刻，形象栩栩如生，跃然纸上，深受读者喜爱。其中之代表作，首推《六彩牙象王》。象王之妃误以为象王偏爱他象，妒忌成疾郁郁而死，再世投胎成一王后。她为报前世之仇，撒娇求国王以重金聘猎手捕杀象王，以便截六彩象牙做自己耳饰。应选猎手跋山涉水，历 7 年 7 月 7 日至象王住所，搭毒箭暗射象王。象王中箭后询猎手为何加害，猎人告以实情。象王听后决定牺牲自己，舍给象牙，并指引道路令其返回。在这故事诗中，诗人对王后的妒忌、国王的昏庸、猎夫的粗犷和卑劣、象王的慈爱宽容都作了绝妙的描写。整个故事一环紧扣一环，引人入胜，确实是缅甸文学史上难得的一部杰作。“密达萨”（书信体诗文）约 60 篇，虽然大都系诗人自身来往书信，所涉内容繁多，但读起来并不枯燥。且为我们了解作者生活的年代以至作者的思想、主张，提供了很多旁证材料。其中《回复》、《香艾草油》、《没有追求女性》数篇最为突出。文白相间，以诗为主，书写流畅，感情奔放。所著剧本数其说不一。最多说为 8 部，少则说为 5 部。其中有的取材于佛本生故事，有的则取材于传说故事，但都有所影射，有所隐喻。如：《巴东玛》剧本，相传系诗人应加囊亲王所求而写。敏东王沉溺女色，正名皇妃竟有 57 人之多，而非正式纳为后妃者则更是不计其数，宫内生活十分糜烂，甚至两名皇妃淫乱丑闻广传宫外。为了进谏国王，诗人写了此剧。《卖水郎》剧本则为劝国王与加囊亲王不要不和。描写了一赤贫如洗的卖水人与同命运之卖水女结成良缘，为了取回藏在城墙缝中的血汗钱——四个铜板，不顾赤日炎炎在荒郊奔走。国王见此情景，召来询问，愿赐八个铜板劝其勿再去取，卖水人不愿。国王再加倍赏赐，卖水人仍不愿意。最后国王立他为王储。卖水人当了王储还是取回了那四个铜板。一次，国王与王后在御花园游玩，国王枕王储腿部酣睡。王储竟萌篡位之念，三次想动手弑君，终因良心发现未动。国王醒后，王储以实言相告，国王不予追究反而决定隐居逊位，王储参悟决心出家。学者们一致认为《卖水郎》一剧系吴邦雅剧本中最杰出之佳作。他还先后写过数百首其他各种体裁的诗歌。

四

从上述诗人吴邦雅的生平简历、生活年代和作品简介中，读者可以看到吴邦雅和莎士比亚一样都是剧作家兼诗人，都是多产作家。但以为仅仅因此才将吴邦雅和莎士比亚的名字联系在一起的，那就未免太牵强附会了。因为缅甸文学史上剧作家兼诗人的不乏其人。多产作家也绝不仅吴邦雅一人。为何单单誉吴邦雅为缅甸的莎士比亚呢？我们认为可以结合以下几方面进行一番剖析。

吴邦雅被后世缅甸人誉为缅甸的莎士比亚。首先是他能大胆地对当时社会进行批判和对人民表示无限同情。众所周知，莎士比亚作品为资产阶级的兴起作了有力的舆论准备。莎士比亚对当时的社会进行了深刻的分析、描绘和批判，对社会下层广大人民群众的疾苦表示同情。而吴邦雅生活的年代正值缅甸王朝走向没落之时，他作品虽然表面上似乎都是佛教或宫廷文学，但仔细观察，便可发现他总是运用犀利的笔锋对社会恶习、腐败现象以至对宗教或宫廷内部的黑暗面进行无情的揭露鞭笞，有时还隐约地对当代政治以至对当时的王朝皇帝敏东王表示不满，同时也对贫苦人民表示了同情。如《化缘租船金》（书信体诗文）中有这样的诗句：

鳄鱼背积灰土，田螺壳里无肉。
腰系一层单布，饭食隔日入肚。
每日清水充饥，举世无比穷苦。
向穷汉们化缘，讲遍佛经劫数，
即使口干舌断，倒毙讲坛成佛，
一碗雪白大米，亦难真正收获。

《卡加务里亚》（讲道故事诗）中有如下的描写：

树叶盖顶，围上笆篱，
立于四周，苇杆芦荻。
炎日之下，猪圈狼藉，
砖头作枕，空地无席，
土当被褥，病体难移。

在《卖水郎》一剧中也有多处关于穷困生活的描写。

虽然吴邦雅笃信佛教，入空门为僧，但对宗教界那些恶习深恶痛绝。比如：一女施主米瑞娣明明舍给他一桶煤油，却假说是一桶贵重的艾草油。在他致函女施主米瑞娣时没有直接怪罪，也没有暴躁发火，而是采用了另外一种办法幽默挖苦。这便是著名的《香艾草油》（书信体诗文）的由来。文中写道：

香艾草油，在世不长，
死后轮回，费人思量，
变成煤油，来到世上。
吾师不知，亦未提防。
佛陀一尊，心中敬仰。
善心施舍，香油供上，
斜捧油桶，直浇佛像。
可怜吾佛，其味难当。
只好缩头，无法评讲，
紧锁双眉，强忍此脏。

当时一些人为佛像贴金也是如此，只图自己贴金部位比他人显著，竟不顾一切乱来。一位叫做吴兼披的施主在给佛像贴金时，竟将佛像一侧耳朵踩掉。诗人风趣地以佛像的口气写道：

只缘贴金一小张，
踩断吾身金耳长。
奉劝施主吴兼披，
速还吾耳免惆怅。

对那些不能循佛门之法胡作非为的僧侣，他更是厌恶之极，曾痛骂他们是牛。在一首“雅甘”诗（谐趣诗）中，这样大胆地写道：

佛历未始阿罗汉，
脱身尘世参禅人。
饥肠辘辘餐野果，
袈裟僧衣裹真身。
成串念珠颈间挂，
牛头系铃比喻真。

从这几句诗中我们也可看出吴邦雅机智过人。为了不致被人责难他攻击佛教，巧妙地在这段诗中写上“佛历未始”的字样，似乎是讲很久以前的事，又好像是讲现在的某些僧侣。

吴邦雅对宫廷中的黑暗面也不放过，为了影射宫中名声狼藉的后妃，他在《巴东玛》剧本的末尾写下如此淋漓的诗句：

米花蘸毒，眼镜蛇王，
欲壑难填，污秽难当，
见异思迁，敢杀夫郎。
蛇类鳄鱼，舌分两岔，
一个夫君，其愿难偿。
脚踏双船，反复无常，
不论善恶，不思短长。
好似烈火，熊熊正旺，
添火之物，全部烧光。
何只凡人，猪狗无妨，
来者不拒，可做情郎。

据说他笔下《六彩牙象王》中的王后也是借以暗讽当时非常跋扈的辛漂玛信王后的。

吴邦雅厌烦那种过分卑恭的神态，所以他在《回复》（书信体诗文）中，曾明确写道："如贫僧为了自身幸福，用那晦暗的神色，错讲过：救助吾！成全吾！照应吾！支持吾！之类言辞，甘愿割掉贫僧舌头。"

他看不惯那样吹捧帝王的过分言辞，就故意对皇帝也过分地吹嘘一番。如在《珍宝河志》一诗中他写过这样的词句：

集梵天千万张口，
据经典撰写诗文，
即令此颂扬吾王，
亦难尽德威洪恩。

对他的本意，看来敏东王也有一定察觉，曾说过："貌邦雅对朕捧得太过分了！"

他看到半壁河山受洋人百般蹂躏，当政者却不思中兴，只图享乐，国力日益衰微，处于岌岌可危的地步。所以在《回复》一文中他也曾明确地表达了这种忧国忧民的心情。

国事官场，变化无常。
凡此种种，前途渺茫。
吾似天神，慧眼智囊。
人间俗事，尽悉端详。
世运将终，不再久长。
投生俗间，男子儿郎。
追逐官场，无边奢望。
吾师有意，退避一旁。

吴邦雅堪称缅甸的莎士比亚的第二个原因是他有着敏锐的洞察力，并善于利用旧素材推陈出新寓以新意。大家知道莎士比亚的作品许多都是利用原有的材料加以改编而成的。但是他在改写过程中加入了自己的想象，增添了新的内容，进行了艺术的再加工。同样，吴邦雅的许多作品也是根据佛本生经故事改写成的，但他也并非单纯沿袭旧传说，而是经过文学的再创作，为晓谕世事而作。是根据现实的需要，精心选择现成材料的。上文我们提到的吴邦雅一些代表作，如：《巴东玛》（剧本）、《卖水郎》（剧本）、《六彩牙象王》（讲道故事诗）等都属于这一类。

缅甸人之所以用缅甸的莎士比亚这样的桂冠形容吴邦雅的另一个原因是：他们两人都是著名的语言大师，在运用各自民族的语言时都有独到之处，都充满了浪漫主义色彩。他们作品的许多语汇都是脍炙人口的佳句，广为人们传颂，列入了各自民族语言的精华部分。莎士比亚是世界杰出的语言大师。他吸取了人民语言的营养，融汇了古代和当代的语言精华。同样，吴邦雅也是缅甸有名的讽刺诙谐的文学巧匠。譬如：他写过一篇诗《牛》，全文如下，我们从中可以看出他的博学和才干。

世间家畜中，牛是无价宝。
使役且可食，著诗详细表。
远近皆适用，耕地又运草，
压场碾玉米，榨油把车套。
牛奶经加工，美味不胜收。
酸乳并干酪，奶脂及黄油。
牛粪可拢火，制陶莫需愁。
粪灰肥田地，庄稼定丰收。
剥皮食其肉，炸炖可品尝。
若谈吃牛肚，脾腰和小肠，
加些柠檬汁，凉拌味更强。
大肠更鲜美，煨煮烹炒香。
蹄儿牛头肉，米醋须适量。
舌条赛神食，烤食世无双。
牛角做小盒，还可造笔筒。
书写用毛笔，耳毫能制成。
骨灰混树胶，器外涂一层，
竹木藤制品，美观且平整。
皮可制褥垫，帽靴与鞭绳，
大小各鼓面，也使牛皮绷。
剩下一牛尾，用途也不小，
尾毛织张网，牧童去捉鸟，
喝过牛尾汤，缺奶妇女好，
乳汁如涌泉，夫君吸不了。

正因为他的诗文有以上几方面的特点，吴邦雅在缅甸文坛赢得了这种最高的美誉。同时也像莎士比亚那样曾受到缅甸同期文学家们的嫉妒和攻击。也正因为这些特点，得罪了缅甸统治阶层，成了他最后死于非命的真正原因。总之，吴邦雅虽然是位诗人，后期又当了宫廷诗人，但他的作品并没有局限在佛教文学或宫廷文学的范畴之内，而有广泛的群众基础，具有大众性和深刻的不朽的社会意义。

（本文署名为李谋、姚秉彦，姚秉彦系北京大学缅甸语教授。本文原载北京大学东方语言文学系编《东方研究》论文集（1982），北京大学出版社，1983 年版，第 244－253 页。）

“缅甸独立斗争的月志”
——试评德钦哥都迈的诗歌创作

德钦哥都迈是缅甸杰出的爱国诗人，他曾用大量诗篇鼓舞、教育和歌颂人民。他的许多作品都直接反映了当代缅甸人民的斗争，深受大众的爱戴和尊敬，在缅甸近代文学史上极负盛名。他的影响至今仍深深地扎根于当代缅甸社会之中。

一、诗人的生平简历

诗人原名吴龙，1875 年 3 月 14 日生于缅甸卑县。从小在寺庙中读书。19 岁时因父亲去世，母亲无人赡养而辍学。初在仰光当排字工人，后任校对，并开始了写作生涯。后又任报社编辑等职。1920 年仰光大学罢课，人们组织了教育委员会，成立了巴罕国民学院。他辞去了《太阳报》编辑的职务，出任国民学院的缅文与历史教授。1923 年国民学院停办后，又任《德贡》杂志编辑。1934 年参加我缅人协会（又称德钦党），[①]任名誉主席，改名德钦哥都迈，继续投身争取独立、反英抗日的斗争。1948 年缅甸独立后，老先生虽因年事已高，写作显著减少，但参加政治活动的热情却从未减弱，积极从事和平运动。1950 年获缅甸政府所授“文学艺术卓越者”荣誉称号。1950—1951 年间世界和平大会（缅甸）成立以后，被选为主席。1952 年代表缅甸人民出席了在北京召开的亚洲及太平洋区域和平会议，还访问了欧洲一些国家。1955 年获苏联斯大林和平奖金。1960 年又获德意志民主共和国东柏林汉堡大学名誉博士的称号。诗人生前曾任缅甸作家协会名誉主席，缅甸国内和平委员会主席。1964 年 7 月 27 日病逝，享年 89 岁。

---

① 缅文“德钦”即主人的意思。

二、诗人所处的年代及其创作活动

德钦哥都迈生活的年代，正是缅甸社会发生巨大动荡的年代。缅甸从独立自主的王国沦为英帝国的殖民地，经过了不屈不挠的流血斗争，又重新获得了独立。这是一个苦难重重的年代，是一个充满了民族矛盾、阶级矛盾的年代。随着时代脉搏的跳动，诗人开展了他的创作活动。他写过不少剧本、文章，一部小说和上百首的诗歌。他写过十余部诗歌与散文间杂的长篇著作，文体独特，取名为“注”或“注详释”①，在缅甸文坛颇负盛名。“老先生的创作生活，从一开始就同政治难以分开，老先生的四节诗使缅甸文学史中的诗歌部分焕然一新。”② 一改缅甸旧诗歌多局限于写佛本生故事、宫廷轶事和爱情生活的的那种局面。

他的创作活动大体可分为三个阶段。

第一阶段从他 19 岁当了排字工人步入社会起至 1911 年。因为他从小在寺院读书，深受佛教思想的熏陶。10 岁时亲眼目睹缅甸末代皇帝锡袍王被英人劫持的情景。一颗强烈的爱国主义的种子深深地埋在了未来诗人的心里。尽管当时他还年幼，“但他深知全民族都沦为外国人的奴隶了，感到无比悲伤。当皇帝走下郭威码头，他就跑到寺庙里祈祷说：弟子投生在此乱世，但愿佛祖保佑弟子来世勿再沦为被奴役的民族之列。”③ 最初写作时，用“瑞当塞耶龙”为笔名先后写了 80 余部取材于佛本生故事的剧本，其中最有名的要数《老虎觐拜大金塔》。后来又改用“貌达玛迪”为笔名在报刊上发表一些描写大自然景色，抒发个人情感的“季节诗”。还写过《毛淡棉沧桑史话》、《毛淡棉指南》、《诗论》等。总之，这一阶段他的创作多限于佛教文学范畴之内，作品的现实意义尚不明显。

第二阶段是从 1911 年以后他进入《太阳报》任编辑，一直到 1948 年缅甸获得独立。这是缅甸近代史上民族开始觉醒，独立斗争风起云涌的时代。1911 年，一些青年知识分子创办了《太阳报》，开始宣传独立、自由思想。不久，诗人应聘到报社工作，这使他有更多的机会接触到民族独立等新思想，进一步开阔了眼界，了解到世界局势。从而激发了幼时就已潜在其内心的爱国思想。当时知识界和官吏因受殖民文化的奴役影响，不少人患有“恐英崇英症”，甚至连名字前传统性称呼“吴”、“哥”、“貌”等也不愿意要了，而以“密斯脱”相称。他为了嘲弄这些人，唤起人们的民族自尊心，选择了当时深为广大群众熟悉的《卖玫瑰茄菜的貌迈》小说中的主角、诡计多端的骗

① 注，即注释。在缅甸常用于注解巴利文著作，尤其是对佛经作释。作者运用这种形式不仅叙史，而且抒情，以此达到喻古讽今的目的。注详释，即对注的进一步解释和发挥。

② 佐基、敏杜温：《文学世界》（缅文），仰光：汉沙瓦底出版社，1949 年版，第 177 页。

③ 吴登佩敏：《吴龙传》（缅文），仰光：白鸽出版社，1953 年版，第 15 页。

子——貌迈这个名字，前面冠以“密斯脱”三个字作为自己的笔名，称为“密斯脱貌迈”。他在1914年写了《洋大人注》，无情地嘲讽假洋鬼子，同时描述缅甸光辉历史和灿烂文化，以激励民族精神。这篇著作像一颗重磅炸弹，极大地震动了“密斯脱”阶层。

从这时起，他的创作活动就与当时缅甸人民的斗争紧密地结合起来了。他与人民同呼吸，共命运。不但热情地歌颂人民的斗争，而且还不断以自己民族的光荣历史激发人民的爱国主义思想，鼓舞人们的斗志。这时，他的作品已趋于成熟，进入了创作的极盛时期。

这个时期，他的代表作有：1919年发表的讽刺和揭露英国官僚统治，激发人民爱国热忱的《孔雀注》，1922年写的谴责英殖民者破坏缅甸民族独立运动的《猴子注》，1924年又进一步写了《猴子注详释》，1924年写了《狗注》，用狗比喻那些卑鄙无耻出卖民族利益的政客们，1927年又写了歌颂学生罢课斗争的《罢课注》，1930年以当时爆发的塞耶山领导的农民起义运动为背景写了《咖咙注》，[①] 1931年加入我缅人协会后写了论述缅甸民族历来就是自己国土的主人，号召人们起来斗争的《德钦注》等等。

此外，老先生出任巴罕国民学院缅文和历史教授期间还专门为学生们编写了《简明琉璃宫史》。校订重版了缅甸史籍《琉璃宫史》。

抗日战争时期，老人一直从事地下活动，颠沛流离，没能写出更多的作品，只发表过一些文章，他曾公开讽刺日本人“恩赐”的“独立”是“穿着牛鼻绳的独立”。

第三阶段是从第二次世界大战以后缅甸取得独立至老人逝世。这一阶段老人积极从事国内和平运动和世界和平运动。因年迈没有更多长篇著作，发表过一些单篇诗歌。

这一时期的代表作有：《烈士陵园》，于1948年写成，对民族领袖昂山等人被帝国主义走狗杀害表示沉痛的哀悼。1952年写了《和平呼吁书》一诗，呼吁全国各派团结一致，停止内战。同年还写过《访华长诗》，赞扬了中国和中缅友好等。1950年出版的《梦幻注》是老先生最后一册成本的长篇著作。

三、诗人主要作品概述

他生活在充满着民族矛盾的水深火热的年代，目睹自己民族饱尝种种蹂躏。他担心自己民族的命运，深知缅甸人民的愿望，为现实生活中种种问题所吸引，所激发，表现出强烈的爱国热忱。“吴龙用他的四节长诗记载了近代史实。吴龙是一位具有文学匠心的人，他为争取独立竭尽了自己的灵感。吴龙的四节长诗都是政治的诗。他用诗歌颂古代缅甸人民的聪明才智，鼓励自己的民族为挣脱外国人的统治桎梏而斗争。如

① 咖咙系一神鸟名。农民领袖塞耶山曾以此为自己绰号，起义内部不和，遭镇压失败。

果我们要研究独立斗争所经历的艰苦历程，就必须研究吴龙的四节诗。可以说，吴龙的四节长诗就是（缅甸）独立斗争的月志。”①

1913—1914 年间，缅甸民族独立运动正处于低潮，西方文化取代了缅甸传统文明。诗人为此而忧虑，写了《洋大人注》。其中包括著名的诗有：赞扬曼德勒成立赴国外传教协会的《赴国外传教》和热情歌颂上缅甸村落保持自己民族文明的《上缅甸的婚礼》。诗人联想自己民族过去兴旺的历史，对比今日之缅甸，心中泛起了愁思。他在《波梅皇后》这首四节诗中写道：

忆往昔，阿瓦朝，
繁荣昌盛民乐业。
摧枯拉朽驱黑暗，
名震南瞻部洲。
看今朝，堪回首，
往事犹如东流水。
滚滚而去不复返，
怎不令人愁。

第一次世界大战结束，德国方面战败。英帝国主义曾许诺战后将给予各殖民地以自治权，战后却食言，宣布只给予印度自治，引起了缅甸人民的极大愤慨。诗人就在这时发表了《孔雀注》。但那时，他对英帝仍抱有幻想，所以当缅甸佛教青年协会酝酿派人赴英请愿时，他写道：

着意诉真情，
奉劝英王朝。
公平合理我所求，
善心同情愿尔有。
吾人此去无奢望，
但求体谅此衷肠。

并衷心祝愿吴布、吴巴佩、吴吞新等代表去伦敦请愿要求自治能如愿以偿。诗人写道：

欣闻有人赴英伦，
任重道远佩、布、新，
但愿解得众人灾，
胜利回归缅国门。

当缅甸人民代表去英伦请愿时，缅甸上层分子却与英殖民当局勾结，在仰光柔美

① 吴翁佩：《当代缅甸文学》，载《金色缅甸》（缅文），仰光：文学宫出版社，1958 年版，第 30 页。

里大厦召开了一次所谓“群众大会”，并打电报给英国政府，表示不支持赴英代表。缅甸佛教青年协会为了反击出卖民族利益的上层分子，于1919年8月17日也在仰光柔美里大厦举行群众大会支持赴英代表，反击上层分子所搞的投降活动。参加这次大会的不仅有仰光各阶层人民，而且还有来自全缅各地的代表。诗人也参加了这次大会，被群众高昂的政治热情深深感动。1919年9月他在太阳杂志上发表了以《记1919年柔美里会堂全国大会》为题的四节诗一首，他写道：

东、西、南、北来自四方，
柔美里中集英良。
不分城和乡，
不论派与党。
众人拾柴火焰旺，
同心同德坚如钢。
僧、俗、老、少斗志昂扬，
力争公平待我邦。
无人来作梗，
心地均善良。
目标一致步稳当，
奋发图强世颂扬。

可见当时诗人已看到群众的力量。但他一方面希望国内各阶层进一步团结起来争取独立，另一方面对英帝国主义却仍抱有幻想，希望它能大发慈悲，恩赐独立。

但实际情况是，1920年国内各地的缅甸佛教青年协会虽然联合组织成统一的组织——缅甸各团体总会。但在组织上并没能把各团体力量真正统一起来，各抒己见，宗派主义严重，甚至有相互攻击的情况。而帝国主义与以前一样没有丝毫妥协让步。

在1922年发表的《猴子注》中，我们就可以看到诗人曾一度彷徨产生后退思想。他写道：

瑜伽塞耶迈，
评史讲诗又坐禅。
一腔热情，
愿把乾坤转。
死神促命短，
为民炼金今失算。
想起后人事，
难把愁思断。

难！难！难！
身陷漩涡难自拔，
空自发悲叹！
疾恶胜似仇，
分歧意见争不休。
团体分裂，
民生一旁丢。
无法辨香臭，
“双头制”、“自治策”难择优。
脸上虽带笑，
心中暗自愁。
愁！愁！愁！
抛却欲念贪瞋痴，
天堂乐无忧！

但诗人对祖国对人民一片赤诚的心却没有减弱。现实生活进一步教育了他。他又用自己的笔进行战斗了。诗人在1924年写成了《狗注》。把那些不顾民族利益的败类比喻为狗。他写道：

蒂拉温达①《修行》诗，
哲理名言比喻真。
偏有狗一群，
性好逐腥臭。
相互撕咬难解分，
到处分裂心如焚。

1927年发表了诗人热情记录1920年大学罢课运动的长篇著作《罢课注》。诗人歌颂了蓬蓬勃勃发展的学生运动。他写道：

骨肉情深无尽头，
抽刀断水水更流。
遇难时，靠亲友。
遥望缅王未难时，
为师勤学又好求。
无畏学生为国忧，
奋起苦斗人员多。

---

① 高僧摩诃蒂拉温达（1453－1518年）是缅甸阿瓦王朝一位著名诗人。

表我心，愿争首！

1930 年沙耶瓦底的农民在塞耶山领导下，高举起抗英起义的大旗。广大农民不怕牺牲的精神和帝国主义对起义的血腥镇压再次教育了诗人，写成了《咖咙注》。至此，诗人才彻底抛弃了对帝国主义不切实际的幻想。所以当我缅人协会成立，诗人就以无比兴奋的心情，毅然站进这一行列，进行斗争。他的诗也有了更大的提高，更加清晰、明朗，战斗力也更强了，在 1934 年以后写成的《德钦注》就可以反映出他这一思想上的变化。他写道：

涅槃已近二千五，
何人还能霸我土？
顺天应时显佳兆，
天降“德钦”擎天柱。

我缅人协会受到广大人民的支持。1935 年在柔美里大厦举行了全国大会。《德钦注》中诗人对这次大会有如下描述：

欣喜若狂时运转，
今日有机缘。
柔美里大厦，
上下全缅各地，
故友重相见。
罢课檀越男与女，
法坛僧侣众圣贤。
又遇昔日众弟子，
兴奋且爱怜。
魔罗尽泯灭，
佛祖霞光万缕，
普照我人间。
盛情邀我实皆[①]来，
众人推我当主席。

为了宣传“德钦主义”，诗人经常四处演讲，并写诗进行鼓动，比如他的一首诗中写道：

傀儡领袖逞凶狂，
联合政权一言堂，
忍将全缅众平民，

① 实皆，上缅甸一地名。

如剿盗匪与群氓。
我缅人会德钦党，
深受煎熬倍凄惶。
任凭折磨不屈服，
宁愿粉身气宇昂。

诗人一直关怀着缅甸青年一代成长，把希望寄托在他们身上。所以当1936年仰光大学罢课，涌现出一批学生领袖，并成为我缅人协会新生骨干力量时，诗人非常高兴地写下了《德钦大学》四节诗，其中有如下诗句：

政事纷纭，
小人实可恨。
富者不仁多蛮横，
敲骨吸髓丧理性。
往事人间，
缅甸国威震。
祖先遗我一金甄，
缅甸大地望无垠。
今日我居祖传地，
不许外人占半分！

缅甸独立前夕，民族领袖昂山等人被帝国主义谋害。诗人非常悲痛，同时也对帝国主义无比憎恨，发表了著名的《烈士陵园》诗，其中有这样的诗句：

举国上下，
万众一心齐向前。
哗啦啦，
谁思量，
大旗折，
可怜七位烈士遭暗算。
面对陵园，
为师向烈士礼参。
恨悠悠，
临胜利，
受煎熬，
作恶歹徒得势逞凶顽。
呜呼昂山，

胜利之花早凋谢。
凄惨惨，
事未竟，
入黄泉，
宝阁尖顶未登留遗憾！

缅甸独立不久，又爆发了内战，为了实现国内和平和保卫世界和平，诗人不顾年迈体弱奔波于国内外。他呼吁缅甸各界人士为了民族和国家利益，消除隔阂，重新团结起来携手前进。1952 年发表了《和平呼吁书》一诗明确地表达了老人的心愿：

四岁余，
近五载，
不见安定日，
但闻灾难多。
前车行，
后人鉴，
莫蹈咖咙[①]辙，
愿君明裁决。
抗外侮，
迫眉睫，
当机应立断，
全民要团结。
齐踊跃，
莫畏怯，
同心又同德，
方能消灾祸。

四、德钦哥都迈的创作特点

（一）人称德钦哥都迈的作品“读之可以知其世”。诗人对祖国的衷心热爱，对人民的真挚同情，对帝国主义的切齿痛恨，对独立自由的炽烈向往，加上他精湛的艺术表现手法使他创作的作品充满了强烈的生活气息，忠实地反映出社会现状和历史脉搏。使缅甸文学的现实主义达到了一个新高度。这是他有别于其他同时代缅甸作家之处，也正是其难能可贵和杰出之处。

① 指 1930 年被英帝国主义镇压了的塞耶山领导的农民起义。

（二）德钦哥都迈的作品都是散文和诗歌并用。而其诗歌则绝大部分用四节长诗书写。虽然在他写作的年代，现代小说形式已经开始突起，但写作技巧上受到传统写作形式很大影响，大都文白相杂。当时社会上盛行的剧作中也往往夹杂了很多诗歌，颇受群众喜爱。诗人也采用了这种写法。至于他多写四节诗的原因则是因为四节长诗比缅甸其他古诗体较为自由。每首分成四节，前两节一韵后两节另一韵。第一、三两节至少三句，多则不得超过七句。第二、四两节至少七句，多则不限，字数除二节最后一句四字，第四节开始一句为三或四个字以外其他各句都是七至十五六字之间的长句。可以使诗人感情得以充分抒发。

（三）德钦哥都迈是一位博闻强记，熟谙缅甸文学、历史以及佛教经典的学者。丰富的生活经验、渊博的知识修养、刻苦辛勤的努力使诗人在艺术上拥有出众的才能。他不仅将繁星般的社会现象和丰富变幻的思想感情压缩在诗歌精练的形式里。而且还经常引用不少典故，使读者从中得到不少教益和知识。

（四）他作品的形象不仅生动而且新鲜，富于独创。他的主要著作的书名就很醒目。诗人把美丽、温柔、高贵的孔雀比喻为自己的祖国；把狡黠的帝国主义比喻为猴子；把背弃人民利益争权夺利的政客比喻为狗等等。使人们一目了然、永志难忘。

此外，诗人的作品几乎都是用口语书写，显得非常自然生动。更好地发挥了诗歌的表现力与感染力。

（这篇文章署名为姚秉彦、李谋，原载于北京大学东方语言文学系编《东方研究》论文集（1983），北京大学出版社，1985 年版，第 329 – 338 页。）

评缅甸当代著名作家敏杜温

如果你问缅甸人：哪一位是目前健在的最有影响的缅甸作家？如果你问研究东南亚文学的学者：哪一位是当今在世的最具代表性的缅甸作家？你将得到一个共同的回答：那就是今年已经89岁高龄的老作家敏杜温（Min Thu Win）。

敏杜温是个博学的学者，他不仅是个诗人、小说家、文学评论家、儿童文学家，还是一位缅甸语言学家、缅甸文工具书的编纂者。敏杜温原名吴温（U Win）曾用过梅嘎温、珊多达、貌杜温等笔名。1909年初生于下缅甸汉沙瓦底县的滚千贡镇。幼时在寺中就读。11岁转入镇上的国民学校。13岁时开始写诗。15岁又转至仰光圣约翰学院学习，读完十年级。1920年20岁时入仰光大学，一年后就作为学士班优秀生毕业了。后在大学中边当助教边学习，1936年获硕士学位。开始写作时，以古体诗为主。入大学后投身于实验文学运动。身体力行是一位开拓者，也是现代作家们的带路人与先导。1936年赴英国留学，在牛津大学、伦敦大学先后共学习三年，在英国学习过梵文、巴利文、藏文等课程并获学位。二战期间返缅。1944年缅甸国家教育旗帜协会宣布成立，开始着手编纂缅文词典，任主编。战后缅甸独立，编纂缅文词典工作移交仰光大学负责，他也随之出任仰光大学翻译出版部主编。1952年又赴美国纽哈文耶鲁大学进修一年。1961年起任仰光大学缅文系教授、系主任，直至退休。他在仰光大学任职期间先后兼任过缅甸研究学会杂志编委、巴利文词典编委，他还是缅甸文学宫词汇审定专家组成员、缅甸知识百科全书编委会成员、缅甸法律翻译委员会成员。退休后，20世纪70年代曾赴日任客座教授，在日本协助编写出版了《缅日辞典》。他不仅编纂词典、教授缅文、进行写作，还进行有关学术研究工作，也发表过少数译作，参加一些社会活动。在他81岁时又被选为人民议员，可见他在群众中的影响。他的文风和写作手法影响了缅甸一代作家。直至今日仍是人们推崇的学者之一。虽然他现在已年迈，但仍笔耕不辍，间有新作发表。

他的作品成集出版的有：诗集《胜利花》、《茵雅湖上的艄公》，儿歌集《写给貌奎们的诗》，小说集《实验文学三人集》（与德班貌瓦、佐基合著），故事集《儿童故事》、《好人好事》，文学评论、论文集《文学世界》（与佐基合著）、《花与枝干》和

《缅甸文缅甸文化》。还有不少诗文散见于报刊杂志之上。他还著有《缅甸正字典》和主编《大学缅语词典》五册（含词头为缅甸文前七个字母的词条，其他部分据传初稿也已完成，但因故未能正式出版）。

早在1936年，他的20首诗及代表作小说《昂大伯骗人》就曾以《敏杜温诗文集》为名，合集出版过英、缅文对照本，由英国缅甸学家卢斯教授作序，卢斯等人译成英文。1950年伦敦出版的杂志《亚洲地平线》也曾发表过他的《茵雅湖上的艄公》一诗译文。他的诗和小说等为世界各国读者所瞩目。60年代初他的小说《扎耳朵眼仪式》的中译文在我国《世界文学》杂志上发表。70年代末以后，他的小说、诗歌先后入选多种中译本的译文集中，有关他的生平与作品评介也有文章发表，词条辑入《中国大百科全书·外国文学卷》等辞书中。所以他的名字对我国读者来说并不陌生。

结合其作品，不难看出他的写作有以下几方面的特色。

一、对孩子们有着深厚的爱心

他着意为孩子们写作，写儿歌、也写故事，深受缅甸青少年们的欢迎。在缅甸，注重儿童文化素质的培养，充满爱心为儿童进行写作的作家不多，敏杜温可以说是其中的一位先驱。他着眼于未来，注重对儿童少年品德的培育，对他们的深情切意是令人起敬的。翻开《写给貌奎们的诗》一书，他在前言中这样写道："孩子们，想必你们听过清晨小鸽子们的叫声吧！清晨那种悦耳清脆的鸽子叫声好听极了，不是吗？你们的声音也像小鸽子一样甜美。你们不想像小鸽子那样唱歌吗？想，是吗？叔叔为你们写了些歌。凯叔为叔叔的歌配了曲，还记下了乐谱。最喜欢你们的巴巴基爷爷又和凯叔一起把歌译成了英文。已经故去的著名画家吴巴年还为每首歌画了图。在他们大家的帮助下，叔叔的歌才像现在这样丰采多姿了。现在这些带着他们和叔叔情意写成的歌为你们出版成书了。孩子们，读吧！唱吧！尽情地欢乐吧！愿早晨的孩子们幸福欢乐茁壮成长！"短短几句话，他对孩子们倾注的爱心与希望已经跃然纸上了。缅甸作家仰昂在一篇评介敏杜温的文章中也提到曾向敏杜温问及为什么想起要写儿歌，他回答得很简单："我当过老师，当时教学大纲中规定要教会孩子们唱儿歌，可并没有这种课本，我就想我得为孩子们写点诗才行。"可见他作为一位教育家的自我责任感，他充分意识到要使自己的民族、国家发展兴盛，教育第二代，对儿童少年的培养是极其重要的，所以他用他那对孩子们的一片赤诚爱心写下了一首首让孩子们奋进向上的歌。他注意到孩子们的特性，写他们喜闻乐见的事物，如：萤火虫、老鼠、鹦鹉、仙鹤、壁虎等小动物，孩子们玩的游戏"捉迷藏"、"抓子儿"、"穿防线"，日常接触到的"田间小茅棚"、"摇篮"、"卖花人"，甚至孩子们自己用一截截莲茎做成的"莲茎项链"

等等都被他写成了一首首儿歌。不仅如此，他还很注意寓教育于儿歌之中，诸如：乐善好施、尊敬师长、热爱劳动、待人接物讲文明有礼貌等等都写进了诗句。尤其是他特别注意让孩子们了解继承缅甸的传统文明。比如他题为《守戒》的一首儿歌这样写道：

顶着红色斋饭盆的妈妈，
明天清早要去古刹。
妈，您可别把我一个人留在家，
您一去，我会闷煞。
孩子，你在庙里如果淘气，
法师定会训斥把你打。
妈，我绝不淘气，
戴着念珠像法师那样静坐下。
带我去吧！我要去，妈！

这是典型的一幅缅甸日常生活画面。他还为孩子们写了不少故事。有的是古代传说，有的是新编故事，有的则取材于印度、俄国等国的寓言，如：长舌妇、皮革匠、三个小偷、能如愿以偿的螺号、神琴、斧子和奶饭、公鸡和豆粒、聪明的狗、小羊、兔子智者、猴子和大鸟等等。

他的小说《昂大伯骗人》也是以一个孩子貌漆为主人公写成的。小学生貌漆看到牙雕师昂大伯在刻一个漂亮的女演员像很想要。昂大伯说拿一元钱来就送给他。貌漆信以为真，舍不得吃点心，把每天妈妈给自己买点心的钱一分一分地积攒起来，可区长来要那雕像，昂大伯却表示刻好就白送给区长。幼小的心灵听到这些话，心如刀割，一病不起死去了。

虽然来源取材各有不同，但敏杜温都用了孩子们易懂的生动语言，完全按缅甸的传统习俗去叙述，去描写。吸引孩子们的兴趣，启发他们的智力，让他们懂得善恶美丑。1965 年缅甸文学宫举办儿童文学讨论会时他还专门宣读了一篇题为“缅甸儿童文学史”的论文，参加了讨论。在缅甸文坛为儿童写作的作家中他是年长的一位，又很成功，影响较大，所以有人认为他是缅甸儿童文学创作的第一人。

二、充满着缅甸风情的景物描写

敏杜温的家乡是个介于城乡之间的小镇，一个典型的下缅甸小镇。家乡的幽雅环境深深印刻在他的脑际。加上他开始读书时正值缅甸民族情绪高涨时期，在镇上的国民学校、在仰光大学他都深受这种强烈的民族情绪所感染。他要为民族而写。所以家乡的种种美景就不断地在他的作品中显现。从他幼年时模仿古诗习作开始，一直到他的作品臻于成熟时期，对家乡景物风情的描写像一条红线贯穿其中。如他在1929年写的一首诗《林中的路》：

明媚美景一片，
山岗葱郁，
溪流缓缓，
微风拂面，
怡人林野，
鸟儿啼鸣婉转。

蒲桃树上，
食鼠蛇卷曲盘卷。
枣树林边，
小蜥蜴一双结伴。
在烧过荒的旱田里，
支起捕兔的网绊。
榕树荫下，
笛声悠扬，
歌声不断。
那是，
牧童哥儿，
自娱怡然，
抛掷着小木棍儿好不悠闲。
但是，
心上人没在身边，
姑娘啊，
真叫我思恋。

再如1933年他写的《新年的水》一诗：

新年，新年，
新年的水，
好友们泼水在新年。
大家泼水，
来相唤。

朋友！朋友！
莫来唤。
在这轮回人世间，
我用洁净的水，
只愿泼向一人的身边。

是谁？是谁？
别逼问。
那是远方的心上人。
左思右想确实情，
但难启齿告同伴。

他的作品往往都有一股浓郁的缅甸乡土气息，这不由得使人想起他的小说《扎耳朵眼仪式》。区长大闺女要扎耳朵眼儿了。这可急坏了甲长吴随拉。因为吴随拉知道这时不送件像样的礼物，是过不去的，正如另一位甲长吴达瓦说的那样："……人情大过债！把当官的巴结好了，一切都好办。老兄！咱们还是记着点：只有顺着他们，管保你万事亨通！"事在人为，最后还是想出了办法。把老婆死前剪下的那束三尺多长乌黑油亮的头发作为礼品。又悄悄地找管庙堂的香火，从庙堂仓库里借出一身别人还愿捐赠的漂亮上衣和长筒裙。就这样吴随拉在向区长送礼的那天出尽了风头。以上就是这篇小说的梗概。情节虽很简单，作者却写得非常生动。比如，小说结尾这样写道：

……他这一身打扮得多么大方！多么神气！多么端庄！全场的人个个看得出神，甚至连区长太太也对他看个不停。值班文书轻轻地打开吴随拉送来的贺礼，接着提高嗓门儿，用有节奏、字音准确的声调高声宣布金银匠街甲长吴随拉，送三尺多长假发一束！话音刚落，立即响起区长太太亲热的招呼声：我的甲长！请到区长席上入座。喂！波瑞！快引甲长入座！吴随拉两手摸着胡子，他显得多么得意呀！

小说在我们眼前似乎生动地展现出一幕幕画面。吴随拉刚获知这个消息时急得抓耳挠腮；想办法时又转忧为喜，暗自得意；去庙里借衣时怕人知晓偷偷摸摸；去参加典礼受到人们另眼相看时，又摸着蓄在唇上的小胡子趾高气扬了。文字不长却把当时缅甸农村小镇行贿送礼的习俗，社会上人们之间的金钱利害关系和虚伪都写得淋漓尽致了。所以缅甸读者读了他的作品，都细细品味，因为作品激起了他们强烈的民族情感。外国读者读过他的作品，则反复揣摩，从中了解到缅甸的种种民族风情与性格。

三、他的民族自豪感、爱国心溢于言表

他的这种情感的表现并非像某些作家那样开门见山，坦然相见，也不像某些作者那样情绪激昂，词句铿锵。他善于以情动人，运用较为委婉的手法。这也可略举小例说明之。如他 1938 年发表过的诗《胜利花》：

他头上戴着胜利花；
我头上戴着胜利花。
在咱们国度里，
姑娘们递过来的
盛开不谢的
胜利花！
当和风吹来
黄金的时刻就要到来啦！
晨鸡报晓放光华，
咱们愉快地行进在大地上。
朝着胜利的大鼓前进，
迎着朝霞敲响它。
让咱们一起前进，
戴着胜利花！

再如 1931 年写的诗《亲爱的姑娘》：

脱掉羊毛衫，
穿上土布衣。
亲爱的！
请你理解我的心意。
如果你厌恶我这装束，
我会难过无比。
我听
妈妈讲过
独立的道理。

咱们不需要那些鬼怪电影，
也不想打扮得洋里洋气。

我们要在独立路上迅跑。
为获得解放加倍努力！

亲爱的！
别再安于受人奴役，
让咱们携手奋起，
别再理睬那些洋纱时装，
一起穿上土布衣。

他在1946年发表的诗《盼独立的日子》中这样写道：

阴暗潮湿，
结夏以后，
雨季将过，
无比明媚，
天空万里晴。

我
在黑暗中，
路难行，
倍熬煎。
何时独立见光明？

在他诸多的文学评论文章中也有不少是评论历史上某些作家作品革命性和爱国情感的。如：《敏塞金色的土地》、《德钦哥都迈和他的一首诗》、《假如德钦哥都迈没有写作过的话》等篇都是。他希望自己的民族能奋起，自己的祖国能富强。我想这也就是为什么他年过八旬还积极参加竞选人民议员的初衷。

四、深沉的意境与和谐的乐感

他的每篇作品，无论是诗还是小说，或是为孩子们写的故事，都非常注意意境的深沉与乐感的和谐。即使是论文，他往往也要把题目写得富有诗意或谐音押韵。他的诗句喜用重叠、排比等手法。往往是格式美与音韵美俱备。像他1932年写的《她的喜悦》：

他的脸庞啊，
像一轮皓月，

白皙洁净，笑容可掬。

他的风度啊，
像夜间和风，
潇洒从容，彬彬有礼。

他的声音啊，
像小溪流水，
轻柔婉转，娓娓动听。

又如，他 1934 年发表的题为《长鼓声》的一首诗一开头就这样写道：

咚！咚！咚！
山岗村那边，
杜瑞梅、吴耶千家中
响起了布施的
长鼓声……

凡见过缅甸布施情景的人，读到这首诗，就会有身临其境听到远处响起布施鼓声的感觉。他写的儿歌更是如此，通俗而且乐感很强，所以孩子们乐于接受。他还为孩子们写了字母歌，使孩子们唱着唱着就能记住这些字。他年轻时写的诗当然也和其他年轻人一样离不开爱情的内容。难得的是他在抒发个人爱国情感鼓舞民族精神时也很注意意境的描写和乐感的问题。所以读他的作品，绝无乏味之感，而常是朗朗上口，易于记忆，是一种美的享受。

五、学识渊博、治学态度严谨

敏杜温的缅文功底很深，不愧曾是一位常年编写缅文工具书的主编。他对一些词语了解透彻，且运用自如，所以他的作品中用词都是非常考究和丰富的。许多抒情、描写的语句会使读者感到恰到好处。这也表现在他的一些译作上，比如他虽不懂中文，但当他知道 1960 年陈毅副总理发表了数首访缅中文古体诗时，出于对陈毅副总理的敬意，也出于热衷于中缅友好的信念。当时他就把我和我的一位同窗学友（当时我们正在仰光大学缅文系留学）找到他的办公室，叫我们逐字逐句地把陈老总的诗解释给他听。他详细地记录了下来。不久他的陈毅访缅诗章数首在刊物上发表了。令人惊讶的是他虽不通中文，但译文却非常忠实原文，而且译得贴切得体且韵脚工整。

他在大学读书的年代知道了中国唐代诗人白居易写过不少好诗。当他 1961 年随缅甸大学教授代表团来华访问时就专门购回一部中文本《白香山诗集》，20 世纪 80 年代初期他曾请中国赴缅的一名留学生将其中《骠国乐》一诗译给他看，他把那首诗的译文收了下来。当他知道 1988 年我再次赴仰光中国驻缅使馆任职时，又找到了我，说："我很想译这首《骠国乐》，可是只看那位留学生给我的译文还不清楚，无法动笔。"我理解老人的心意，答应他我将尽力帮忙。过些日子我将该诗中文每个字的字音、字义，以及每句全句的释义，详细地标注在中文旁交给他时，他高兴极了，非常满意。果然不久，他在 1989 年 5 月号缅文《秀玛瓦》杂志上全文发表了《骠国乐》的译文，并写了一篇评介文章。令人叹服的是他的译诗也用了七言体，只是译文比原文多了一倍的篇幅；即用两句译原文一句。且韵脚工整，忠实原文。随后他又用同样的办法译成了白居易的《观刈麦》、《新丰折臂翁》、《卖炭翁》等诗，但尚未见正式发表。从他译陈毅、白居易诗这两件事来看，也可见他治学态度的严谨。

（原文写于 1997 年底，发表在北京大学东方学系编《东方研究》（1996、1997 年合刊）上，蓝天出版社 1998 年版，第 267－278 页。直到 2004 年敏杜温老先生不幸辞世后，此文的缅甸文译文才得以在当年年底缅甸仰光出版的英缅文双语译文杂志《The International》上发表。）

交往与关系

JIAOWANG YU GUANXI

从文化视角看中国与东南亚关系

一

谈到文化，人们对这个名词有着多种多样的理解和阐释，19 世纪末以后还出现过几大学派，如：进化论学派、历史地理学派、结构—功能学派、符号—文化学派等等，但是至今仍未能有一个世界学者们公认的完整的定义。综合大多数学者的意见，可以说文化是一种复合体，既包括了人类活动所创造的物质成果，也包括了人类在创造物质成果的过程中发挥的智慧与所持的理念，即精神力量。上述一种文化的两大部分既有区别又浑然结合成一个整体，前者为后者的发展提供了基础和经验，后者又为前者的丰富提供了动力与支持；前者是表象，后者是根本；前者即所谓的物质文化，而后者则包括了精神文化与制度文化等两大方面。当然文化还可以按照不同的标准与界定方法有许多不同的分类法。

文化与社会的关系是非常密切的。两者之间又是相互依存促进的。文化的发展肯定伴随而来的是社会政治方面的兴盛、经济方面的发达与其他各个方面的进步；文化的颓败一定会使得社会在政治方面腐化、经济方面退步甚至使社会体制衰亡。社会政治方面的强盛、经济方面的发达能为文化的发展与进步提供一个良好的基础与客观条件，但并不一定能促成文化真正地向着良好的方向发展。

正因为文化与社会之间有着上述这种辩证关系，所以我们可以从古往今来的许多历史事件中看到这方面的实证。某种文化停滞、衰亡了，整个社会、民族、国家也随之颓败消失了；某个民族、国家的社会政治或经济体制在某种突发的非正常因素干扰冲击下衰落了或者遇到了严重的挑战，但它的精神文化是先进的坚强的，也可以挽救一个民族、国家于危难之中，起死回生。这些例子比比可见。

世界上各个民族、国家在不同地域、不同时期创造出不同文化，而他们所创造出的文化也维系了这些民族、国家的不断发展与存在。各种文化本身都不是静止不变的。除了其本身长期形成的文化积淀外，由于各个时期来自各个地域的政治、经济因素的作用，不断撞击、影响、交融，而创新，而发展。文化是人类所创造的，也是为人类所用的。某种文化为了自身永具活力并不断向前发展，除了绝对不能否认或拒绝其他文化对自身的影响之外，还要主动承袭、改造、调整自己的传统文化，发扬优势良性文化，摒除腐朽劣性文化，吸纳适时先进文化，抵制颓废畸形文化才行。

二

如上所述，为了社会的进步，文化必须保持活力，而不同文化间的交流又是使一种文化得以发展的必备条件之一。地区、国家间关系的文化因素尤为重要。因此在我国与东盟建立了战略伙伴关系的今天，我们有必要分析一下中国文化与东南亚文化之间的关系、交流与异同。以进一步促进我国与东盟以及东南亚各国的共同发展。

中国和东南亚地域相连，人种相通，环境相似，经历相仿。众所周知中国文化是世界上四大文化体系之一。而东南亚文化则是世界上一种相当有特色的亚文化体系。所以两种文化之间在各自发展过程中相互影响与融合有着密不可分的关系。

首先，我们分析一下在上述两地创造文化的最根本因素——人。两地文化都是多民族交流融合的产物。而且从至今两地发现的人类石器时代文化遗址遗物有许多相同相似的特色。通过比较语言学、人类生物学等方面研究获得资料的比较与整合，可以得出的结论是：中国、东南亚两地生活着的民族中有相当一大部分是同宗同源的，甚至就是称谓不同的同一民族而已。根据今日民族学谱系的划分，大多属于操南岛、南亚和汉藏等三大语系的某些语族或语支语言的民族。

其次，两地文化植根的自然环境与经济基础是近似的。从自然环境方面看，两地分别大都属于温带和亚热带，气候适于农业发展，森林植被面积较大，有不少河流谷地土质肥沃。从经济基础方面看，两地都是以农耕文化为主导发展起来的文化。所以与其他文化相比其特色之一是发展历史长，具不可割断的延续性。尽管东南亚的历史没有中国历史长，但也是具有延续性的。表现为社会形态变化是渐进的，没有明显的断裂，往往是含混的或是“藕断丝连”式的。比如：两地的封建制社会中长期存在着奴隶就是一例。两地都面临着海洋，但长期以来形成的不是向外扩展的外向型经济，而是一种内敛型的经济。

再有，两大地域社会的发展经历也是相仿的。在古代，这两大地域的绝大多数地方奴隶制社会发展得并不充分；经历封建社会的时间较长；在封建社会高度发达即将迈入资本主义社会之时，因外部势力强行进入而沦落为殖民地半殖民地社会；多个帝国主义国家在这一带角逐、掠夺，使得这两大地域的民众身处水深火热之中，使得社会发展曾一度滞缓；经过居住在这一地区内的各国各民族的团结奋斗与抗争，直到20世纪50年代中叶以后中国和东南亚各国才陆续摆脱了帝国主义者们的欺凌、奴役、盘剥，走上了独立自主的发展道路。

三

正因为上述几个因素，中国和东南亚的关系是非常密切的，交流是多方面和多层次的。下面我们就从交流的通道、途径与媒介、内容等方面作进一步的分析。

交流的通道 因为两大地域的陆地毗邻、水域相连，所以自然通道很多，难以计算。古代有两条主要通道，其一是早在2500年前就已经开通的从我国川、滇出发，经缅甸，到印度的后来人们称之为中国西南的陆上丝绸之路。这条通路在我国的第一部史书《史记》上就有明确的记述。说公元前122年张骞奉王命出使大夏时发现早在他出使前，商贾们已经开通了四川与印度之间经云南、缅甸的一条商路。[①]根据许多中国学者的推断，这条商路远在公元前四世纪就存在了。[②]另一条是起自中国南方沿海港口，经过南中国海，到达东南亚，继而进入印度洋，进而到达阿拉伯半岛、非洲东海岸一带。据考中国先民早在距今5000至7000年前就造出了舟筏桨楫。[③] 我国古籍中也有“道不行，乘桴浮于海”（《论语》），“刳木为舟，剡木为楫，舟楫之利，以济不通，致远以利天下”（《易经》）等记述，可见中国先民早已开始学习驾驭船只探索在水域中航行的技术。公元前221年，秦朝统一中国后航海事业蓬勃发展，秦时徐福率船队远航日本，西汉时中国船队已从广州出发航至东南亚乃至南亚各国，南海丝绸之路全面开通。《汉书·地理志》还明确记载了从我国广东出发到达东南亚诸地行程所需的时间长短。这两条主要通道的开通，不仅使中国与东南亚两地的交流更加便捷频繁。而且使得中国和它相隔万里的南亚、西亚、非洲乃至更远的欧洲等地开始建立了联系与交往。东南亚不仅成为中国与之交流的一个重要伙伴，也成了中国与其他地区交流的媒介或中转站。从而使东南亚成为世界主要各大文化体系交叉交流的要冲，使人类文明得以更大更快地发展。东南亚也成了世界各大文化的交汇之地。到了近现代，随着科技的进步与发展两地之间交流的通道更加多样，除增加了许多陆海通道以外，还开通了航空通道和电信通道。

交流的途径与媒介 最早的交流途径是民族迁徙。即指由于自然环境的变化与谋生的需求，从公元前5000年新石器时代直至公元初前后的这5000年间，中国大陆与东南亚地域之间先后出现的几次民族成批迁徙浪潮。如前所述，经过多学科的研究得知生活在中国与东南亚两大地域的多种民族之中的大多数是同宗同源的。虽然迁徙的走

---

① 参见《史记》卷116《西南夷传》。

② 方国瑜：《古代中国与缅甸的友好关系》，载《东南亚》1984年第4期；陈茜：《川滇缅印古道初考》，载《中国社会科学》1981年第1期；徐治、王清华、段鼎周：《南方陆上丝绸之路》，昆明：云南民族出版社，1987年版。

③ 浙江余姚河姆渡遗址出土过一只陶舟和六支木桨。另其他相近的杭州等地也出土过新石器时代的木桨。

向至今尚有不同主张，但是人种相通这是绝大多数学者所认同的。

其二是商旅往来。随着2500年前西南丝路和其后不久南海丝路的开通，两地的商贸往来直至今日从未间断。只是因外部条件的不断变化，使得这种往来的频繁程度与规模大小因时因地而异罢了。而且不仅有两地的直接贸易，还包括了许多转口贸易甚至有过路贸易。

其三是政治交往。从秦汉时期开始中国与东南亚之间有所接触，有所了解。我国史籍中可以看到不少这类记述，另从古代东南亚各国称呼中国的名字往往与“秦”“汉”两字有关也可得到间接证明。我国唐代开始两地关系密切。到了我国明代中国与东南亚政治交往中发生了一个具有世界性影响的重大事件，即1405年至1433年这28年间的“郑和七下西洋”。东南亚既是郑和前三次远航的目的地，又是郑和后四次往返国内外的中间站。郑和率万名官兵、百艘巨舰远航，抵达或经过东南亚绝大多数国家，使中国与东南亚直接进行了多方面的交流，意义非同一般。1407年明王朝设立了翻译边远地区民族及邻国语言文字的专门机构——四译馆。缅甸馆就是该机构设立的八馆之一。不久又增设了针对泰国的八百馆和暹罗馆。这也是我国建立的第一座设有东南亚语言专业的语言学校。当时曾聘用过不少缅甸或泰国来华使节到校任教，培养懂得相关语言的译员“通事”。

其四是战事冲突。中国与东南亚之间在历史上也曾发生过几次小范围的短暂冲突与战事。其中规模相对较大的是我国元朝元世祖忽必烈（1260—1295年）在位年间对占城、爪哇、蒲甘发动的战争。出征人员滞留当地也在某些方面促进了中国与当地的交流。

其五是政情变故。历史上有过多次一些人员逃亡对方，促进了交流的例证。第一次在我国宋朝末年，一些宋朝遗老逃往国外，形成了历史上中国向东南亚移民的第一次浪潮；其后又先后有南明遗臣率兵逃往东南亚越南、柬埔寨等地，桂王永历帝则率众进入缅甸避难事；清末太平天国起事失败遗将外逃，刘永福率黑旗军一度避入越南境内协同抗法；抗日战争全面爆发我国不少文人志士流亡东南亚进行救亡活动；1949年国民党政权崩溃，一些人士逃往海外，李弥则率部从云南外逃金三角一带。在各个历史变革时期东南亚也有来到我国寓居的人士，只是相对旅居东南亚的华人华侨而言就少得多了。

其六是侨居客乡。除了上述商旅往来、政治交往、战事冲突、政情变故等原因使得一部分人员流落客乡外，还有不少是因生计所迫寄居他乡，或被掳掠挟裹至异域出卖劳力的。尤其是清朝末年鸦片战争以后国力衰微民生艰辛，中国南方沿海各省不少破产农民被当成“猪仔”，外卖到东南亚及其他各国，成了所谓的“契约华工”。云南等省的民众也有因生计所迫奔往毗邻的东南亚各地谋生的。

交流的内容 交流内容有两大方面，一是物质的，另一是精神的。我们只能择其重要者举些实例来谈，无法涵盖全部。

物质文化方面由中国传入东南亚的有：

栽培稻 我国浙江余姚河姆渡遗址出土了几千年前世界上人类所用的最早稻种，还同时出土了稻谷生产所用的多种工具以及非常有特色的稻穗纹陶盆。证明了早在7000年前我国长江下游的原始居民就已掌握了稻谷的栽培育植技术。不仅我国的考古学家农业学家们对此有过肯定的论证，而且已逐步被世界绝大多数学者们所接受。[①] 随着稻谷的种植，中国的农具、灌溉、使用耕牛等农耕技术以及在高地修建梯田体系等整个稻作文化都传入了东南亚，产生了直至今日的深远影响。

陶瓷 早在一万年前我国处于旧石器向新石器时代过渡时期，中国先民们开始制造使用陶器。东汉时期（25—220 年）又在陶器的基础之上发明了瓷器。直至今日出土的东南亚新石器时期的陶器多为几何形印纹陶，且在质地、造型与纹饰等方面也有不少相似相同之处。汉时中国与东南亚之间海路航线开通，随着人员往来与贸易活动的发展，中国陶瓷传遍东南亚。中国史籍中不乏有关唐宋以后中国陶瓷制品大宗输入东南亚的记载。[②] 中国陶瓷技术也逐步外传，13 世纪末泰国素可泰王朝兰甘亨王在位时曾招聘约 500 名中国陶瓷工匠赴泰在宋加洛设窑烧瓷。[③]

丝绸 驰名中外的中国丝绸早在公元前 4 世纪时开始外传，正因为如此，地处中国西南丝路与南海丝路中间站的东南亚是最早传入中国丝绸的地方，丝绸极大地丰富了当地的服饰文化。

茶叶 中国的茶文化大约从公元前 1 世纪时开始传入东南亚。东南亚各地也大都有饮茶的习惯。后又引进了中国的茶种和种茶技术。东南亚成了中国茶文化传入西方的中介地。东南亚有些国家还进一步发展了茶文化，比如：缅甸就有吃“拌咸茶”[④] 的习惯，和西方的“咖啡文化”相结合又有不少人喜欢喝奶茶。

物质方面经东南亚传入中国的有：

棉 不论是草棉还是木棉原产地都不是中国。我们日常使用的棉花大约是公元前 2 世纪开始从东南亚输入的。随着棉花的输入，棉花纺织技术也传入中国。

---

① 《从河姆渡遗址出土稻谷谈亚洲栽培稻的起源》，《光明日报》1978 年 12 月 6 日；由多名西方东南亚学者合作，1992 年出版的在世界上享有很高学术声誉的《剑桥东南亚史》也认定：“根据公认的考古证据，稻谷首先是在全新世早期气候比较温暖的条件下，在扬子江低地地区的某个地方培育成功。”，载［新西兰］尼古拉斯·塔林主编：《剑桥东南亚史》第一卷（贺圣达等译），昆明：云南人民出版社，2003 年版，第 73 页。

② 提及这方面情况的书籍不少，如：叶文程著《中国古外销瓷研究论文集》（紫禁城出版社，1988 年）、彭适凡著《中国古代印纹陶》（文物出版社，1989 年）等。王介南著《中国与东南亚文化交流志》（上海人民出版社，1998 年）一书中转引了宋代朱彧《萍洲可谈》描述当时广州码头“船舶深阔各数十丈，商人分占贮货，人得数尺余，下以贮物，夜卧其上。货多陶器，大小相套，无少隙地”的盛况，还提到《明史》中记载，仅明洪武十六年（1383 年）明王朝就曾赠予占城、暹罗和真腊瓷器各 1.9 万件。参见该书 127 页。

③ 参见姚楠主编：《东南亚历史词典》，上海：上海辞书出版社，1995 年版，第 230 页所载“宋加洛瓷器”条。

④ 缅甸人喜欢食用用泡好的湿茶叶加入少许油炸蒜片、炒豆、芝麻、麻油、盐等拌成的小食品。

槟榔和一些香料作物 原产在东南亚一带，也较早地传入了中国。

甘薯、烟草、玉米和橡胶 皆原产于南美。甘薯、烟草和玉米等农作物都是16世纪至17世纪间经东南亚传入我国的；橡胶树则更晚，到了20世纪初才开始从东南亚引进我国。

还有些事例尚难考证它们是从哪一方传到哪一方的。比如，我国南方广大农民群众祖代一直居住的干栏式房屋，在广大东南亚地区也是如此，草木结构的高脚屋，上层住人下层储物或圈养家畜家禽；我国西南许多少数民族妇女和今日东南亚地区各族的绝大多数妇女都穿着筒裙（有人称之为统裙或筒裙，我国古代称为干曼者）。我们只能认为这些是我国西南民族和东南亚的一些主体民族共同创造的物质文化。

精神文化方面：

语言 正如上述我国与东南亚的许多民族同宗同源，所以不少民族所操语言之间本身就有着"亲缘"关系。有些语言虽不属同一语系语族，但是因为人员往来接触频繁，尤其是客居东南亚的华人社会的形成，华人华侨所操的不同的汉语方言对当地的语言产生了这样那样的直接影响。东南亚的主要语言中几乎都有汉语（有的是某种汉语方言）的借词。有的语言如越南语等借词尤多。由于民族间的长期接触，汉语中也出现了少量来自东南亚主要语言的借词。①

文字 中国的主要文字——汉字对东南亚各国的影响却相对小得多，只有越南在13世纪中至20世纪初曾使用过的仿照汉字创造出来的民族文字——喃字是一个实例。

文学 在东南亚口头文学中就可明显地看出与一些中国神话传说相近的实例。最典型的我们可以举出三者：其一是民族起源，东南亚各族有不少说成是"龙的传人"的。其二是稻作起源，中国和东南亚各族有不少相似的谷物起源神话。其三是洪水神话，各国洪水神话的母题和情节也是非常相近甚至是相同的。中国文学直接影响到东南亚文学的有两个方面：其一是对中国作品的翻译，19世纪下半叶中国古典通俗小说译本在东南亚风行一时，影响最大的是《三国演义》；20世纪50至80年代港台武侠小说译本又在东南亚盛行。另一是东南亚当地的汉语或华语文学，其中越南文人创作的汉语文学历史最长。随着东南亚各地华文报纸的出现，其他各国的华语文学在20世纪初诞生，开始就受到中国新文学思潮的影响，30年代东南亚华语作家们开始强调"本地意识"和"本地色彩"，抗日战争前后东南亚华语文学曾相当繁盛。中国文化对东南亚各国文学的影响还出现了几个个案，很有意思。其一是越南的字喃文学。它借用了中国文学的某些诗体，又在这基础上创造了具有民族特色的新文体，题材也大多是借用中国的，但内容贴近生活，为人们喜闻乐见。如广为人知的《金云翘传》就是一部

① 参见《汉语与东南亚诸语的接触关系》，载赵杰：《东方文化与东亚民族》，北京：北京语言文化大学出版社，2000年版，第217－227页。

代表作。其二是从19世纪末到20世纪60年代出现在印度尼西亚的华裔马来语文学。是中国文化、西方文化和印度尼西亚本土文化相互影响作用下产生的一种独具一格的文学。用通俗马来语从翻译改写中国古典小说和西方小说开始，后又多取材于当时当地的真人真事反映社会诸多方面的矛盾，在创作技巧方面打破了马来古典文学的模式。创作思想等方面有不少中国文化影响的印记。① 其三是泰国出现了一个“三国文体”。泰文《三国》实际是《三国演义》浓缩本，译文简洁流畅，比喻生动，带有特殊的中国韵味，又符合泰人习惯。所以泰国人视其为土生土长本民族的文学佳作。这种译文风格被后人称之为“三国文体”。后来问世的一些散文著作就是依照这种手法写成的。

艺术 从我国西南和东南亚发现的早期人类创造的岩画就可以发现两地的绘画艺术早就有着相似相通之处。表演艺术方面就更丰富了，根据我国史料，早在公元初始时杂技艺术就从掸国传到我国演出，一些具东南亚民族特色的歌舞、乐器等也于以后的几个世纪中先后传入中国，对中国的演出艺术产生了某些影响，注入了新鲜内容。② 中国的乐舞和某些剧种也很早就传入了东南亚，我们从东南亚出土的铜鼓鼓面的花纹图案中就可得到一些启示，而东南亚流传至今的皮影戏、布袋木偶戏等都是从中国传去的。

宗教信仰 在原始信仰方面两地就有不少相同相似的内容，佛教在两地均有发展，但教派不同，相互间又有不少交流，源自古印度的佛教传入中国的是大乘佛教即北传佛教，而传入东南亚半岛地区的是上座部教派即南传佛教（俗称小乘佛教），大乘佛教从中国再次传入东南亚地区，小乘佛教则经东南亚又传入中国西南少数民族地区。

思想道德观念 精神文化方面最深层次的影响是思想与道德观念的影响。我们知道中国文化是伦理型文化，主张天人合一、和谐发展，包容性很大。著名的儒家思想是其代表思想。后来经过长期的吸纳融合发展，更具有了儒释道三者合而为一的特色。因为中国文化是比东南亚文化发展更早的一个文化体系，两者又有很多相似相同的发展条件和基础，所以中国文化在思想、道德观念方面对东南亚文化的影响不容忽视，虽然这种影响往往是比较模糊的甚至是有些捉摸不定的，但的的确确是存在的。中国目前对内的创造“和谐社会”，提倡坚持以热爱祖国为荣，以危害祖国为耻；以服务人民为荣，以背离人民为耻；以崇尚科学为荣，以愚昧无知为耻；以辛勤劳动为荣，以好逸恶劳为耻；以团结互助为荣，以损人利己为耻；以诚实守信为荣，以见利忘义为

---

① 法国学者克劳婷·苏尔梦曾用她亲身调查所得的丰富材料于1981年在法国用英文出版了一本专著《印度尼西亚华裔马来文学》；也可参见梁立基：《印度尼西亚文学史》下册，北京：昆仑出版社，2003年版，第339－368页，《华裔马来语文学》一章。

② 如我国史书载有：120年掸国王遣使“献乐及幻人，能变化吐火，自支解，易牛马头。又善跳丸，数乃至千”。（范晔《后汉书》）；802年骠王子率舞乐团访唐，有乐工35人，乐器19种32件，舞蹈者们打扮得“缨络四垂，珠玑粲发”，正是“玉螺一吹椎髻耸，铜鼓一击文身踊；珠缨炫转星宿摇，花蔓抖擞龙蛇动”（欧阳修、宋祁《新唐书》，白居易《白氏长庆集》）；爪哇“咸通（860－873年）中，献女乐”（罗日褧《咸宾录》）等。

耻；以遵纪守法为荣，以违法乱纪为耻；以艰苦奋斗为荣，以骄奢淫逸为耻的“八荣八耻”；对外要执行“与邻为善，以邻为伴，富邻睦邻”政策，正是中国文化的核心思想、道德观念在当代的具体体现。而今日东盟内部“互不干涉”也好，对外所倚重的“十加一”、“十加三”以及将更多国家纳入它的“对话伙伴”也好，实际都是从“和谐”、“包容”等思想观念发展而来的。从这个基本政策的对比就很难说两种文化体系之间没有相互交流和影响的关系。

四

把中国文化与东南亚文化进行比较，我们可以得出的结论是：总的说来中国文化肇始比东南亚文化要早得多。但是把各个阶段的两种文化相比，还是可以看出许多相似相同之处，反映出两者之间的某些关系，也可发现某些不同之处值得我们深入思考与研究。

史前文化 在中国与东南亚发现的旧石器都是有别于非洲欧洲手斧类的以砍砸器、刮削器为主的中国型石器。而东南亚石器出现比中国稍晚，但比中国石器体型较小、制作简单，又因就地取材，质料更加多样。进而东南亚与我国华南都相继出现了特征相近的磨制石器与绳纹陶器。大约距今3000年左右东南亚石器时代的居民在海岛地区和半岛地区的洞穴中都创造出不少岩画。大多是用红赭石画在洞窟内的岩壁之上的。虽然各地发现的岩画的规模大小不一。但是几乎都是以狩猎为题材的，反映了各地居民的渔猎生活和原始信仰，画面中主要是当地的各种动物如：牛、象、狗、鱼等，还有多处画有太阳的形象，表现了对太阳的崇拜，有的岩画上还有着生动粗犷的一些人物形象。而我国云南澜沧江一带也发现过多处原始岩画，画面上也大多有人、牛、狗、太阳等形象。两地发现的岩画的风格非常相近。出现在石器时代晚期和金石并用时期的东南亚的巨石文化是比较有特色的。这种文化表现了当地民族的某种原始信仰。巨石文化遗址在今日印度尼西亚、越南、老挝和马来半岛一带都有多处发现。主要特征是“单个或成群的石柱、桌石、石座、石地坛和各种类型的石棺、石墓等以及石像”。独具特色的是老挝查尔平原的石瓮群。大大小小的高1.5米到3米的石瓮遍布在广大平原之上。据考这些石瓮可能是一些骨灰坛。一些学者对东南亚巨石文化的源流进行了推断论述，但至今尚无令人信服的结果。因为中国原始社会并没有发达的巨石文化。而东南亚的巨石与南印度、地中海、太平洋诸岛、秘鲁巨石文化间有无联系也缺乏证明材料。这种巨石文化是否就是源于当地呢？的确是个值得思索的课题。[①]

早期文化 我们所指的是大约从公元初始至10世纪前后的文化。随着铜铁器的应

---

① 贺圣达：《东南亚文化发展史》，昆明：云南人民出版社，1996年版，第37－60页。

用，东南亚的栽培农业发展起来。源于华南的稻作文化传入东南亚地区，稻作文化也成了这一时期东南亚文化的一个主要特征。这一时期东南亚各地的基层村社普遍存在，以村社为基础的早期封建国家在东南亚各地建立，所以村社文化又是这一时期东南亚文化另一主要特征。再有虽然东南亚地区的国家初步建立，但与之为邻的两个大国——中国与印度都已形成强大统一的封建王朝。中国与印度都与东南亚发展了贸易与政治关系。中国与印度乃至欧洲非洲之间的往来也都经过东南亚。所以东南亚文化在形成期就深受中国、印度两大文化的影响，这也是东南亚文化的另一特点。由于种种条件的影响，东南亚在原始信仰的基础之上更多地接受了印度的宗教型文化，在这一时期里几乎整个东南亚地区都接受了印度的印度教和大乘佛教的影响。而中国以儒家思想为代表的伦理型文化却对这一地区影响得较少。

古代文化 指从公元11世纪至19世纪初的文化。这时东南亚广大地区已有了很大发展，先后在各地出现了若干个封建集权王朝。从较单一的宗教型文化发展成多元的宗教型文化，整个东南亚地区大致分成四个以不同宗教为主要信仰的区域，即以信仰儒释道三教为主的越南（曾称为安南、交趾、大越，19世纪初始称越南）和新加坡（曾先后称之为龙牙门、单马锡、信诃补罗等，近代以后始称新加坡），以信仰上座部佛教为主的缅甸（先后为蒲甘、阿瓦、东吁、贡榜王朝）、泰国（先后为素可泰、阿瑜陀耶、吞武里、曼谷王朝）、老挝（当时称澜沧）和柬埔寨（先后为真腊、吴哥、柬埔寨），以信仰伊斯兰教为主的今日印度尼西亚、马来西亚和菲律宾所在的东南亚海岛地区（当时曾先后有许多小的著名王国在此地区出现，如巴赛、满剌加、苏禄等）。16世纪以后由于西班牙的武装入侵使得菲律宾中部和北部的文化逐步变成以天主教文化为主的文化。且在某个区域内为主的宗教在其他三个区域内也有某些影响。而中国文化是在多种民族深厚的民族文化的积淀之上经过长期的融合发展起来的伦理型文化，儒释道三者合一是其中心思想，而其他宗教信仰也被其包容在内得到各自发展的空间。所以可以说中国和东南亚这两个文化体系都是多元包容性的文化，这是它们的一个相同点。

近现代文化 19世纪中叶以后，两地文化又有了某些新特色。东南亚各国的王朝政府（泰国除外）先后被西方列强所灭，殖民各国在各地建立了殖民政府，强行输入西方文化，东南亚各国传统主流文化丧失了政治上的保护受到打压。原有的政治体制荡然无存，经济结构也被摧毁，文化教育方面不仅机构有所改变，教育内容上也有很大变革。泰国虽然保持了独立，但1855年被迫与英国签订《英暹条约》，此后又与法、德、意、美等国订立类似条约，承认列强在泰拥有某些特权，主权也受到很大侵害。各国的社会经济都有所发展但是在许多方面是殖民地性的、畸形的。文化方面也一样，许多与本土文化格格不入的或者是大相径庭的思想等强行融入或者取代了原有文化，但其影响结果却是多方面的、复杂的，既有消极的颓废的，也有积极的进步的。原有传统文化积淀的种种因素受到压抑，而西方文化因素的影响却急剧膨胀。东南亚近现代文化显现出外源性甚强的特点。政治文化方面发展尤快。19 世纪中叶以后中国被西方列强势力所吞噬、劫掠与欺凌，也沦落为西方各国的半殖民地。这一时期的中国文化特色也和东南亚文化相似。1945 年抗击日本法西斯取得最后胜利，第二次世界大战结束。中国和东南亚各国都陆续摆脱了帝国主义的奴役，重新取得了独立地位。社会、政治、经济等方面都获得了空前的新发展。在文化方面中国和东南亚各国非常注意发扬优秀的传统文化，摒除那些颓势文化影响，有意识地继承、培育、发展各自的民族文化，取得了很大的进展。

总而言之，我们要了解中国文化与我们的近邻东南亚文化间的渊源。要考证两个文化体系之间交流的通道、媒介、内容与影响。要分析两大文化在各个时期的特点、交流与异同。就可以更清晰地知道中国与东南亚关系的源远流长；明白中国与东南亚关系密切的内在因素；更好地促进中国与东南亚关系的进步；进一步实现中国与东南亚各个方面的交流合作、发展、共赢。

（本文写于 2006 年 11 月，是笔者参加 2006 年 12 月在广西南宁举办的第二届中国—东南亚经济合作论坛暨中国东南亚研究会第七届年会而发表的论文。）

中国文化与东南亚文学

中国大陆东部与东南面临苍苍茫茫的太平洋；西南是地形复杂险峻，素有“世界屋脊”之称的青藏高原，以喜马拉雅山脉与南亚印度次大陆相邻；西北横亘着极目无垠的戈壁沙漠，又由阿尔泰山脉形成了一道难于跨越的天然屏障，将这块大陆与中亚隔开；北部则是蒙古高原。所以可以说在远古由海洋、山脉、高原、沙漠等环绕隔绝的中国大陆是一个相对独立的封闭环境。而在其中部却有着极为广袤开阔的内陆腹地，尤其是黄河、长江两大河谷流域地带。是人类极易繁衍生息，开拓发展之地。

据世界考古发掘研究，中国大陆南部可能是世界人类最早的发祥地之一。800 万年以前这里已有人类的先祖——腊玛古猿存在。先后在这里还发现有生存于98 万至75 万年前的蓝田猿人、73 万年前的元谋猿人、46 万至 23 万年前的北京猿人等。在北京周口店龙骨山山顶洞穴发现了距今 1.8 万年的新人化石——山顶洞人。从其各种基本特征判断这就是蒙古人种的祖先原始黄种人。可以说早在旧石器时代晚期，山顶洞人文化无疑是中国文化的萌发阶段。在新石器时代（公元前 5000 年左右），黄河与长江流域几乎同时出现了比较发达的原始农业。截至目前发现的文化遗址有河南渑池县仰韶村的仰韶文化和浙江余姚县河姆渡的河姆渡文化。仰韶文化出土的陶器上已出现大量的各种式样的符号，可能就是中国原始文字的萌芽。

新石器时代中国境内的各种文化经过长期的发展、影响、撞击和交融，逐步形成了公元前2800 年至公元前2300 年左右出现于黄河流域的山东、山西、陕西、河南、河北以至长江流域的湖南、湖北等多处的文化遗址。它们的总体特征比较一致，被人们统称为“龙山文化”（因此类文化遗址首先发现于山东章丘的龙山镇故名）。当时原始农业已发展到比较繁盛的阶段。龙山文化也成了中国文化的基础与源泉。

约在公元前30 世纪初至公元前21 世纪初年之间中国传说的五帝时期（即：黄帝、颛顼、帝喾、唐尧和虞舜），尤其是这一时期的后期唐、虞时代中华民族开始正式形成。此后进入夏、商、周三代。到了商代（公元前1600—前1046）后期已有较发达的青铜文化，且出现了甲骨文。据考甲骨文的单字已有4000 个左右，已是一个较成熟的文字体系。到了周代产生了明确的“中土”、“中国”的概念，到了秦、汉，中国文化体系正式形成。它定型为以儒学为正宗，兼纳百家，融汇佛、道的伦理型文化。

中国文化，人们又称之为中华文化、华夏文化。有人也以中国的主要民族汉族为代表，进而简称之为汉文化。但这一文化绝非单指一个汉族的文化而言。因为中华民族本身就是生活在黄河、长江流域的诸多民族经过长时期的交流、融合形成的统一民族。中国文化也包容了生长繁衍在这块土地上各个民族各种文化的精髓。中国文化在历史的长河中不断吸收、不断融合、不断发展，延续不断，进而成了世界四大文化体系（所谓世界四大文化体系指中国文化、印度文化、阿拉伯—伊斯兰文化和西方文化）。

中国文化体系形成后首先直接影响到东亚地区，甚至朝鲜半岛（包括今日之朝鲜与韩国）、日本、越南等国的文化完全成了这个体系中的一员。不仅如此，中国文化体系也向其他地区传播或施加影响，与其他文化体系进行交流与融合。早在我国西汉年间（公元前 138 年和公元前 119 年）大探险家张骞两次奉王命出使西域诸国，开辟了今日人称之为丝绸之路的陆路中西交通大干线。这条交通干线不仅是商旅往来之路，也是文化交流之路。中国文化体系与其他文化体系的交往从此时开始。东汉时班超又继张骞之后再通西域，对中西交通往来与文化交流也起了极大的促进作用。在我国西南丝绸之路开辟的同时，南海交通也继之兴起。早在我国《汉书·地理志》中已有记载。到东汉桓帝时，西方的古罗马帝国已通过波斯湾、红海同中国进行海上往来了。到了我国唐朝中国文化处于巅峰时期更是非常注意对外的往来，文化交流大盛。到了 15 世纪中叶，明代王朝的航海事业空前发展，郑和七下西洋更使得中国文化远传至印度洋、非洲东部一带。近代以来西方文化随着西方列强的坚船利炮进入中国，中国文化受到历史上最有力的冲撞和挑战。但中国文化并没有被吞噬、削弱。而是一面逐渐吸收融合了西方文化的一些有益的积极因素，一面承继发扬了中国文化固有的传统精髓，再次稳定发展直至今日。

中国文化体系非常丰富，包含了诸多方面的内容，不能在此一一赘述。但通过各种现象分析我们认为其主要特征有如下几点：

其一，中国文化是封闭、平和、稳定的文化。如上所述中国文化是在中国这样一个相对独立封闭的自然环境中发展形成的。从其民族的形成、文化的萌发时起，直至整个文化体系的初步形成时止，都未受任何其他外来文化的干扰影响，而是在其境内由多种民族、多种文化相互交汇融合，发展起来的。这一点与其他文化体系的发展历程完全不同。在我国秦、汉以前，战国时有诸子百家，出现过百花齐放、百家争鸣的局面。但到了秦、汉开始“罢黜百家独尊儒术”，就确立了儒家思想在中国的主导地位。虽然后来在 1 世纪左右随着中西交通的开辟，印度的佛教传入中国。但是外来的佛教并未能取代儒家思想占据主导地位。反之进入中国的佛教却被中国文化所融合和改造，有别于印度佛教而成了顺从于中国文化封闭性的，强调“依自不依他”的中国佛教了。2 世纪在中国又有本土的道教兴起。逐步形成了儒、佛、道的三位一体，处处表现为人们遵礼守法务实思安的心态。在中国文化体系形成之后也曾与世界其他文化体系进行交流。但是在对外的交往中一直抱有防范侵扰，维护固有传统的心态。对外来文化往往是取其精华，融合改造之，为我所用。表现了中国文化体系极强的融汇力。扩展自身文化的影响则采取顺应自然怀柔致远的态度。只有积极防范之心，并无强行拓张之意。所以在整个历史发展的过程中不论是其主动吸收的外来文化如印度文化，还是被迫接纳的外来文化如西方文化，中国文化体系都能很好地融汇其中的一部分，但仍保持自身传统不变继续稳定发展。就这样，中国文化具有无与伦比的延续性，从未出现过断层。

其二，“天人合一”的思想。往往是赞颂人与自然的和谐，强调人与环境的一致，崇尚中庸之道，向往有着贤明君主、廉洁官吏，人人安居乐业的理想社会的。强调人的自我修养、自我完善、自我超越，以达到人与人之间、人与自然之间的和谐一致。在我国儒家孔孟学说中，老庄及道教教诲中，乃至中国流传的佛教主要教派——禅宗的主张中也大多都是强调人的内心世界反省，追求达到最高道德规范境界的。这一点与种姓制度观念影响深远的印度文化、主张冒险开拓征服的西方文化都有着明显的差异。

其三，中国文化有别于其他宗教性浓重的文化。在中国虽然也有过原始宗教信仰；出现过源自本土的宗教，如道教等，甚至有人把儒家学说也奉之为儒教；世界几大宗教——佛教、伊斯兰教、基督教等也都先后传入中国，且佛教的影响一度很大。但这些不同的主张和不同的教义都被融入中国文化体系这一总体之中。这一点与那些主要信奉某种宗教的国家截然不同。众所周知，宗教大多排他性较强，在主要信奉某种宗教的国家，往往该种宗教的最高神明就是社会的最高主宰，该种宗教的教义也是维系社会的总精神支柱。而在中国却不同，一直没有形成一个超越社会之上，具有绝对权威的神学体系。没有一个被奉为至尊主宰一切的信仰。维系社会的总体精神支柱是中国文化中的道德规范、伦理观念和价值准则。

作为中国文化的重要内容之一的中国文学也以历史悠久、丰富多彩而闻名世界。中国诗歌从西周初年到春秋中叶就已盛行，有“风”、“雅”、“颂”等多种形式和风格，成就斐然，《诗经》是中国第一部诗歌总集。到了盛唐的律诗，中国诗歌发展登峰造极，甚至深刻地影响朝鲜、日本、越南等周边各国的诗歌发展。中国散文也独具特色，以先秦历史散文和诸子百家的理论文为发端，经南北朝的骈文、志怪小说，唐代的传奇、变文，宋元的话本、杂剧，到明清的章回演义小说，有过一个非常丰富多采的历程。其中尤其是明清小说——中国的古典通俗小说传遍世界，影响颇大。

下面我们再来谈谈东南亚。虽然东南亚这个名词到二战期间才出现。包括东南亚十国在内的“大东盟”更是直至 1999 年 4 月 30 日才正式宣告形成。但是仔细对该地区进行分析观察，包括中南半岛（中印半岛）和马来群岛两大部分的东南亚地区自成一个独立的地理单位。整块地势有些像盆地，边高中低。中南半岛的西北、北部与东北皆有高山环绕。半岛上有多条自北向南纵贯奔流的江河，它们是：伊洛瓦底江、萨尔温江、湄南河、湄公河和红河，都源自中国，分别注入印度洋的莫塔马湾（旧译马达班湾）、太平洋的泰国湾和南中国海。南侧有环抱半岛的弧状火山脉形成的马来群岛。这一地区绝大部分地处热带，气候炎热、潮湿，山清水秀，土地肥沃，物产丰富。这就是东南亚文化发展的自然条件。

东南亚的人类化石至目前为止大多发现于爪哇。荷兰人类学家欧仁·杜布瓦 1891 年在爪哇岛梭罗河中上游的特里尼尔发现了“爪哇直立猿人”的头盖骨等化石。德国考古学家孔尼华 1934 年至 1941 年间又在爪哇梭罗河上游先后发现了“莫佐克托猿人”化石。表明这两者都与 1927 年发现的“北京猿人”、1963 至 1964 年间发现的“蓝田猿人”有着密切关系。所以不少学者认为世界东方的人类源自中国华南地区，分别向南向北演化发展成为今日中国北方和东亚以及中国南方和东南亚一带的各个民族。比如日本就有西田龙雄等不少学者认为日本民族之根在中国云南。中国著名学者巴人在他的《印度尼西亚古代史》中也提到：“印度尼西亚人应该说是‘混合种族集团’，这大概是一致的结论。这种混合从考古学方面来看，怕主要是由中国南下的蒙古利亚种族和存在于印度支那的尼格罗—澳大利亚大种族系统的各种族相互混合的结果。”新加坡学者邱新民先生在其所著《东南亚文化交通史》一书中更明确地写道：“我们以为东亚及东南亚的人类摇篮，在中国的平原丘陵地带，即我们上章所说的东方伊甸园。人类生活在东方伊甸园中，由森林古猿而猿人而原人而真人，演化成现代人，在生活中所累积的经验，形成具东方型的文化特征。但因文化的交绥，以及风土驯化的作用，文化型的形成，容或有地方性、民族性的区别，惟就整体说，主流不变，如爪哇地方所发现的石器，共生的动物群，与北方所发现的为同一体系。而发展的中心，应是广西及云南东部，分别向北向南扩展，爪哇所发现的化石人类体系，是由中心南展演化。”可惜的是直到目前为止由于种种原因，我国华南地区与爪哇之间广大的中南半岛一带考古发掘尚很不够。可以预见待考古的进一步发掘与研究，必将使上述学者们的这一推想更进一步被证实和丰富。

大约在公元前 4000 年左右东南亚进入新石器时代。这时中国的龙山文化在中国东南沿海发展，已出现了磨制石器和轮制陶器。陶器上有绳纹、篮纹、方格纹、弦纹等纹饰，甚至已出现镂孔陶器。龙山文化随蒙古人种的马来—波利尼西亚语族人和孟高棉语族人进入东南亚，前者分布在马来半岛和马来群岛，而后者则分布在中南半岛一带。就这样龙山文化沿海岸南下或循海路扩散至整个东南亚地区。一路自中国沿海至中国的台湾，再南下到菲律宾；而另一支则水路并进，经中南半岛、马来半岛再进入马来群岛。这可以从东南亚已经出土的新石器时代的方角石锛等石器与几何印纹陶器及作坊遗址等得到印证。在印度尼西亚的苏门答腊、爪哇等地的考古发掘中已发现有两种石斧源于中国南方。印度尼西亚历史学家穆罕默德·耶明在《六千年红白旗》一书中说："锐角圆石斧和石矢等首批文物由北方流传到我国，而后传播到太平洋各岛…… 史前研究材料表明，这种文化影响来自中国南方的云南。"在缅甸马圭发掘出来的石器也与中国周口店出土的石器相似，而在缅甸瑞波出土的环石则近似于中国的仰韶文化。据信东南亚当时的居民以农耕为生，兼事渔猎，文身（直至现在东南亚一带一些居民仍有此遗风），以树皮为衣，在高地据冢或建冢而居，在平地则建干栏而居（干栏式房屋至今仍是东南亚建筑文化特征之一），土葬，信奉龙蛇。至公元前2000年左右种植水稻的习俗已从中国传入东南亚地区。在公元前后或公元初东南亚已进入金石器并用的时代，又有侗台语族人和藏缅语族人从中国方面迁入。铜鼓文化与巨石文化这时也成为这一地区的文化特征之一。从铜鼓的纹饰可以窥出当时社会某些方面的粗略面貌，比如：服饰、竞渡、舞蹈、太阳崇拜以及杀人祭等等。巨石文化则反映了一些民族当时存在着的原始性崇拜，即祖宗崇拜的情景。以上就是东南亚现有百余种民族先后出现与徙来定居的简单过程。这也可使我们得出结论：这一带居民虽种族纷杂，但他们之间有着密切关系，大多同出一源，属蒙古人种，这也就构成了东南亚文化某些独有的共同特征的底蕴与基础。同时，也可使我们了解东南亚文化为何包含不少与中国文化相似内容的原因。

在东南亚文化形成发展的过程中，因东南亚历史开始较其相邻地区——世界两大文化体系中心所在地中国与印度要晚得多。当其历史初始之时，中国、印度早已发展成为举世公认的文明大国。因此，随着民族、国家、地区之间的交往，东南亚古老文化也必然受到中国、印度两大文化体系的滋润或影响而进一步发展。印度人来到东南亚一带可能始自公元前3世纪或更早一些时候。印度人沿海岸向东到达东南亚的一些口岸地方。印度的婆罗门教（后改为印度教）、佛教等印度文化进一步传入这一地区。8世纪左右阿拉伯人的商船开始来到东南亚地区，这就是阿拉伯—伊斯兰文化传入这一地区的开端。到了14世纪以后，在马来半岛与马来群岛一带阿拉伯—伊斯兰文化取代了印度佛教或印度教文化。1510年葡萄牙人攻占了印度的果阿，1511年又占了马六甲，这也是欧洲人第一次侵入东南亚。在葡萄牙人向东扩张的同时，西班牙人也开始横渡大西洋向西发展。麦哲伦在西班牙国王的资助下于1521年到达菲律宾，并宣布拥有菲律宾群岛的统治权。葡萄牙人、西班牙人都大力传播基督教教义。这是西方文化进入东南亚地区的开始。在西方各国不断侵略下，菲律宾最先沦为殖民地。此后除泰国名义上一直保持着独立外，其他东南亚各国于19世纪中叶也先后沦为殖民地。这使得本来就色彩丰富的东南亚文化又添加了一层西方文化传播的痕迹。东南亚各国人民经过长期反抗艰苦斗争在第二次世界大战后终于脱离了帝国主义的桎梏走上了独立的道路，取得了各自的发展。

可以说东南亚文化是集世界四大文化之大成。它也在多种文化在此不断撞击、融合、交汇的过程中得到了独具特色的发展。在古代，它一方面接受了东方三大文化体系（中国文化、印度文化与阿拉伯—伊斯兰文化）的综合影响，确切地说，中国文化和印度文化影响在先，阿拉伯—伊斯兰文化影响在后，而且各地所受影响也不均衡并不尽相同；另一方面又反映了东南亚本地区的特色和各不相同的民族特征。东方三大古老文化就像三种不同的颜色，从各自的发祥地逐步蔓延开来，东南亚正处在这三种不同色彩的边缘与交错之处，相互重叠影响，衬以东南亚各国固有的民族文化的底色，就构成了一幅五彩斑斓的绚丽景观。到了近现代，由于西方文化的传入与影响，这一画面就显得更加缤纷多姿了。这种独特的文化又影响了社会、政治、经济等各个方面的发展。在当今世界格局新态势中，不少学者都对东南亚的发展极感兴趣，认为东南亚很可能会成为多元化世界中的一极。东南亚文化的各个方面也日益被世人瞩目。

同样东南亚文学也非常丰富多彩。以前很少有人对东南亚各国文学进行对比研究。经过比较与分析可以发现东南亚文学也存在着不少的共同特色。东南亚文学有着辉煌的过去，也有着灿烂的今天。只是因为东南亚民族众多，许多东南亚国家通用的语言文字不为世上更多的人所掌握，对它们不甚了解罢了。东南亚文学古代以诗歌为主，诗体多样，成就斐然，近现代以来东南亚文学也逐步融入世界文学的大潮之中，有了不小发展且有不少共同特色。

下面我们就来看看世界四大文化之一的中国文化对东南亚文学影响的种种表现。

通过文化交流的种种途径，中国文化影响到东南亚的各个方面，当然也影响到东南亚文学。如上所述中国与东南亚有着密切的族缘关系。今日分布在东南亚各国的百余种民族是分属于操汉藏、南亚、南岛等语系语言的民族。但追根溯源他们大多是早在几千年前从中国大陆分成若干批徙来定居的蒙古人种。许多民族相互之间都有着历史联系与渊源。所以从今日东南亚各国流传至今的口头文学的诸多神话传说中，我们可以发现许多相近或类似之处。虽然我们已无法考证清楚这些神话传说它们形成出现的时间孰先孰后，它们传播的路线走向、变化的本末源流。但它们之间的确存在着某些内在关系是完全可以肯定的。

举例来说，创世神话中越南的《天柱神》、菲律宾的《阿陶的故事》① 与我国神话

① 季羡林主编：《东方文学史》上册，长春：吉林教育出版社，1995年版，第445页。

所谓混沌初始盘古开天辟地之说①就颇为相似。缅甸的《月中老人》和越南有关月亮的传说②好似我国一些月亮神话的综合。③ 洪水后兄妹再殖人类的神话则不仅在我国有，在东南亚的越南、老挝、缅甸、菲律宾等国也有类似的神话多篇。东南亚还有一些神话传说是解释中国与东南亚民族之间关系的。缅甸神话《三个龙蛋》说缅甸古代皇帝骠苏蒂与当时中国皇后都是龙蛋中孵出的兄妹。菲律宾《苏禄岛及其初民的诞生》说苏禄岛人是一卵生的菲律宾男人和一从竹节中生出的中国公主结合所生的后代。越南神话《貉龙君的故事》讲貉龙君是建瓯貉国（今日之越南）的雄王之父，而貉龙君本人却是神农氏之孙、洞庭湖龙女之子，也间接道出了中国与越南两国人民是同祖同宗的。除了这些讲民族之间“族缘”关系的神话外，东南亚各国几乎都对龙十分推崇，有不少关于龙的神话，认为自己民族出自龙种。这一点与中国人一直认为自己是“龙的传人”绝非偶然巧合。一些学者在分析东南亚农耕文化时认为当地人们种植稻谷是某些民族从华南徙往东南亚时带去的习俗。我国南方和广大的东南亚地区都流传着相似的谷物起源神话，似乎也在一个侧面作出了证明。上述这些例证都足可说明中国与东南亚各国神话传说之间存在着的某些内在联系。在东南亚好多古老的民间故事中似乎也能看到中国文化与东南亚的某种联系。像中南半岛一带民间故事中的兔子和马来群岛一带的小鼷鹿和中国许多民族民间故事中兔子的性格是基本一致的，它聪明、正直、狡黠，有时还喜欢恶作剧。又如缅甸的《貌波与老虎》、柬埔寨的《鳄鱼与车夫》、老挝的《老虎与道士》和印度尼西亚的《鳄鱼与野牛》所表述的基本情节与主题思想都与中国的《东郭先生与狼》是一样的。再如东南亚一带几乎都有在中国各地普遍存在的蛇郎故事即女嫁蛇的故事，只是经脱头、套尾、增删、变异、改编，致使很多情节略有差异罢了。我们不仅可以从东南亚口头文学中发现中国文化与东南亚文学的密切关系，在东南亚书面文学中也是如此。正如上述，因为中国与东南亚之间有着地缘、族缘的关系，而且中国古老文化的形成又早于东南亚文化千年以上，所以我们可以发现东南亚各国的书面文学曾对汉语文学进行了语言文字、形式体裁、题材情节等多方面的借用，受到汉语文学的深刻影响。但在各个国家、各个时期又有着一定差异。

由于东南亚地区正处于中印两大文化中心地带之间，加之本地文化发展进程较中印两大文化体系为晚。所以这一地区在其文化初步形成阶段直接借用邻近地区中国或印度语言文字作为本民族书面交际工具的例子不少。东南亚国家中受中国文化直接影

① 见《艺文类聚》卷一引《三五历纪》：“天地混沌如鸡子，盘古生其中。万八千岁，天地开辟。阳清为天，阴浊为地。盘古在其中，一日九变，神于天，圣于地。天日高一丈，地日厚一丈，盘古日长一丈，如此万八千岁。天数极高，地数极深，盘古极长。”

② 季羡林主编：《东方文学史》上册，长春：吉林教育出版社，1995 年版，第 447 页。

③ 西晋傅咸《拟天问》中曾写道：“月中何有？玉兔捣药。”《酉阳杂俎・天咫》记有月中仙人吴刚伐桂故事。

响的典型是越南。越南在其本民族文字未产生之前就是借用汉语汉字作为其民族书面交际工具的。早在公元初始即我国东汉时汉语汉字就在当时越南的上层人士中广泛应用，越南的汉语文学也逐步发展到了一个相当高的水平。作者中，上至皇帝君王下至大官小吏以及高僧名士都有。到了7至9世纪我国唐代时，越南的汉语文学已很发达。作品不仅有官场文牍材料、歌功颂德文章，也有个人抒怀感兴之作。而且与我国古代一样，以诗赋韵文为主。虽然13世纪以后越南的民族文字——字喃开始普遍使用，字喃文学已产生，但越南汉语文学却一直仍保持着它的官方、正统文学的地位，且有所发展。19世纪下半叶、20世纪越南语拉丁化文字出现，越南的汉语文学在文坛仍占有一席之地，直至20世纪中叶。包括近现代越南一些著名革命活动家潘佩珠、潘周祯、胡志明等都有不少著名的汉文诗作。总之，通过借用汉语汉字发展起来的越南汉语文学起到了越南文学的奠基作用，成了越南文学的一个不可分割的部分。而且汉语文学直接促成了越南民族文字——字喃和越南民族文学的产生。13世纪至19世纪在越南盛行一时的字喃文学是东南亚各国对汉语文学形式、体裁和题材、情节借用的突出实例。尽管关于字喃产生的确切年代学者们至今也还是考证不清，争论不休，是3世纪还是8世纪，抑或是13世纪。但可以肯定的是字喃本身是利用汉字，采取形声、会意、假借等方法，经过一个长时间的创造、修改、完善的过程才定型的。13、14世纪字喃终于能比较广泛地付诸使用了，字喃文学应运而生。经过15、16、17几个世纪的巩固发展，到了18、19世纪字喃文学才迎来了它的黄金时期。不仅如此，字喃文学所用的体裁也没有离开汉语文学。字喃文学初始阶段用的“国音诗”体，或所谓的“韩律诗”体，就是借用我国讲究平仄的“七律”体。后来字喃文学独创的“双七六八体”，也没有完全离开中国“七言”诗之本，实际上就是越南“六八体”与中国“七言”诗结合的产物。后来又发展成用字喃写韵文小说，称之为喃传。再有字喃文学中一大部分又是借用汉语文学作品的题材或情节的，可以说作者们是在“借中喻越”，《金云翘传》就是突出一例。总之，越南的字喃文学在中国文化直接影响下曾有过辉煌的成就，出现了一大批卓有成就的作家和不少传世的佳作。

东南亚的其他国家虽然没有像越南那样直接借用过汉语汉字，也没有像越南那样有长期占据文坛正统地位的汉语文学。但是中国文化和文学的影响也是相当深远的。这种交流影响有多种途径，其中有一个主要途径就是通过世代定居这一地区的中国移民。随着几个世纪以来中国人定居东南亚的人数剧增，成分逐步有所改变，不再像早期那样都是一些远涉重洋的商人、被拐卖到南洋的契约华工和无奈到海外谋生的破产农民与手工业者，也有不少是落难流亡的政坛人士。中国人在当地经济地位也逐步有所改善，他们开始注意子女的华文教育问题，希望继续维系中华文化传统。于是在华人中开始出现了有知识的青年一代。一些华侨华人开始利用自己的母语——汉语进行写作。开始出现了使用汉语而扎根于东南亚当地社会的华文文学。尤其是到了 20 世纪 20 年代和 40 年代抗日战争时期，不少中国进步知识分子和著名作家因逃避政治迫害或到国外从事抗战工作，曾先后到达东南亚各地任教、办报，滞留东南亚一带。他们充当了文化交流的使者，也根据自己的亲身经历创作了不少以当地华人生活为背景的作品。从而加强了中国与东南亚的文学交流，在一定程度上影响了东南亚的华文文学文坛，促使了东南亚各国华文文学的大发展。但各国华文文学的发展并不平衡。其中以新（加坡）华（文）文学、马（来西亚）华（文）文学最为发达。印（度尼西亚）华（文）文学、菲（律宾）华（文）文学、泰（国）华（文）文学等次之。缅（甸）华（文）文学等则力量较弱，发展不很充分。从时间上看东南亚的华文文学在 20 世纪 50 年代最为发达。在这以后，随着东南亚各国的独立以及华侨双重国籍问题的解决。华文文学已经从原来的侨民文学完全变成当地华裔公民或所在国华族的文学。由于各国对华裔、华族、华人政策的不同，各国的华文文学遭遇也不同。有的则完全被挤出文坛无立身之地或濒于灭亡，如缅华文学；有的还在继续发展，如新马华文文学；有的则受到较大限制和压抑，处境艰难，如印尼华文文学。上述东南亚各国的华文文学虽然发展的历史并不很长，但它在东南亚各国民族觉醒、摆脱帝国主义桎梏、争取独立的过程中起到了团结华侨华人与当地民众同仇敌忾的作用，且传播发展了华人华族自身的文化。这方面的功绩都是不容忽视和不可抹杀的。

中国文学作品首先传入东南亚的是多部中国古典通俗小说，而且流传范围很广。大约从 17 世纪中叶，中国地方戏曲伶人、说书人也到了东南亚一带，通过他们的演唱使不少中国的古典通俗小说的故事内容在东南亚广为传播开来。老一辈华侨华人也向孩子们讲述这些故事。就这样这些故事也进一步传到当地群众之中。到了 19 世纪用当地不同语言翻译或改写中国古典通俗小说在东南亚许多国家形成了一股热潮。且这股热潮一直延续至 20 世纪。东南亚有多种中国古典通俗小说翻译或改写的文本，且对东南亚文学的发展有着多方面深远的影响。东南亚各国翻译这些小说从一开始就大多注重意译。不少译本把难译的或者当地人难以理解的内容略去不译，成了节译本，或浓缩改编本。许多人物和情节也当地化了，所以当地人甚至认为其中一些故事就是本地本民族的故事。在中国古典通俗小说中《三国演义》可算是对东南亚影响最大的一部，在东南亚各国出版过多种译本。它那种行文流畅、情节紧凑、比喻生动的散文文体为各国文坛带去了新意。在泰国就由翻译《三国演义》而形成了一个新文体被称之为“三国体”，且有人还依样画葫芦创作出一些其他历史小说，如泰国现代文学中就出现有《资本家版三国》、《咖啡馆版三国》和《乞丐版三国》等等。又如在缅甸我们虽然至今尚未发现较早时期的中国古典通俗小说的译本，但是缅甸作家们还是接触过中国这些作品的，而且还有一些受到这些作品影响的痕迹。1913 年缅甸吴腊（1866—1921

年）的小说《茉莉花》在每章结尾常写下两行诗来概括前文吸引读者继续向下看，这是传统的缅甸古典宫廷小说等从未有过的，而是中国章回小说典型的手法。再如《喻世明言》中的《梁山伯与祝英台》的故事在印度尼西亚曾先后辗转译成了多种文字出版，且改编成多种地方戏剧上演，几乎风靡了整个印度尼西亚，成了妇孺皆知的故事。

到了现代，东南亚各国先后独立后，用当地文字翻译介绍中国文学作品的工作又有所发展。中国的古典通俗小说仍受到东南亚各国的青睐。重译的新版本不时问世。明、清古典小说中被称之为“四大奇书”的《三国演义》、《西游记》、《水浒传》等又有新译本出现外，以前从未被东南亚译介过的《红楼梦》也开始译成东南亚各种文字出版。我国现代著名作家鲁迅、郭沫若、茅盾、曹禺、巴金等人的不少作品被介绍给东南亚各国。除了一些古典和现代的严肃作品外，中国港台现代作家所写的武侠小说也曾一度风靡东南亚地区，几乎各国都出现了武侠小说的热潮。在印度尼西亚、越南、泰国、柬埔寨、缅甸都是如此。有的在报刊上翻译连载，有的出版单行本。而且出版的种类多印数大。比如缅甸最早翻译的港台武侠小说是在1974年9、10月间出版的。翻译武侠小说的数量及所占全年翻译作品总量的比例逐年上升。1981年为68部，占42%；1982年为86部，占49%；1983年为100部，占45%；1984年为150部，占58%；1985年甚至达到274部，竟占到72%。[①] 而且这些国家还通过电影电视等现代媒体进一步促成了港台武侠小说的传播。如金庸在1975年12月出版的《射雕英雄传》的后记中提到：“《射雕英雄传》作于1957年到1959年，在《香港商报》连载。……曾拍过粤语电影，在泰国上演过潮州剧的连台本戏，目前香港在拍电视片集；曾译成了暹罗文、越南文、马来文（印尼）。”在这种影响下，接着在一些国家也出现了当地的土著武侠小说，如：印度尼西亚小说家汉达瓦利的《青龙剑》等。

中国文化对东南亚文学的影响除表现在上述几方面以外，还表现在更深层次的思想观念方面，也就是道德观、价值观、是非观等方面的借鉴与影响。这方面华裔马来语文学是个典型例子。首先这种文学的作者是华裔，他们自身的文化底蕴是中国文化，尽管他们是用马来语进行创作的，但非常自然地将中国文化的影响融入其作品之中。所用语言虽是当地下层人民的语言，但又大量吸收了英语、荷兰语等外来语，还掺有很多我国闽南方言。甚至在构成句子时也受到汉语语法结构的一些影响。它是在中国文化、本地文化和西方文化相互影响下产生的一种特殊文学。它对推广马来语、促进印度尼西亚民族共同语——印度尼西亚语的形成，对马来语文学更加贴近现实社会生活走上现代发展之路、丰富印尼—马来文学等都作出了巨大贡献。成了印尼—马来文学发展链条中的一环。这种思想观念方面的借鉴实例还可在东南亚各国文学中找到不少。比如在我国出现五四新文化和新文学运动之后，东南亚各国也先后出现过类似的

① 《翻译文学研讨会论文集（一）》（缅文），缅甸文学宫出版社，1990年版，第90页。

新文学运动或流派，像20世纪20年代末缅甸兴起的“实验文学运动”，30年代印度尼西亚出现的“新作家派”和“西方派”与“东方派”的文化论战，30年代越南实力最强影响最大的文艺团体“自力文团”等等。

（本文载于陈炎、陈玉龙主编《魏维贤七十华诞论文集》，北京大学出版社，2000年5月，第86－100页。）

中国文化与缅甸

中国与缅甸民族同属蒙古人种，且山水相连，所以我们可以发现不少两国神话传说、民间故事相似的实例。如：中缅都说月宫有一女神、一老人和一只兔子；对月食中国早有天狗食月之说①，缅甸故事除了增加一些细节外，狗吞月这一点是相同的②。再如：过去中国皇帝自命真龙天子，而在缅甸曾有一个《三个龙蛋》的传说③，说的是缅甸蒲甘王朝开国君主骠绍梯与中国皇后皆系天帝之子太阳神与龙公主所生。

我国《史记》载张骞使大夏见到当地有蜀布、邛竹杖事，并提到“西夷西”。据史学家考，西夷西乃指缅甸、印度一带，说明汉时已存在着一条由四川经云南、缅甸北部进入印度的通道。《后汉书》中记有掸王曾三次派使节与中国通好，在公元120年还派来杂技团。④唐代地处今日缅甸境内的骠国曾是我西南边疆南诏王朝的属国。南诏王自称骠信⑤，也是关系密切的明证。南诏802年入使长安带来骠国太子所率使团及乐工35人，唐代几位名诗人都写过有关骠乐的诗⑥，可见当时此事是轰动京城长安的。宋代史籍中出现“蒲甘”国名，元代史籍中开始有了“缅国”之名。在明代以后我国涉及缅甸的史籍专著更多，粗略统计明代约有50种史书札记，清代约有70部典籍文册记有缅甸有关的内容。

缅甸的史籍虽不多，但在其最著名的几部史书中，如《缅甸大史》、《琉璃宫史》等都记有与我国交往的史实。刻于1300年左右的《信第达巴茂克碑文》⑦ 记载蒲甘一高僧奉命出使至大都与元朝议和经过。缅甸保存至今的贝叶册中有一部是1670年左右写成的《华人莅缅各地记》⑧，篇幅不长，但可以说是迄今发现缅文中最早一部“缅中

① 参见“天狗食月”条，载《中国神话传说词典》，上海：上海辞书出版社，1985年版，第464页。

② 《月食》故事，载施咸荣译、［缅］貌廷昂（Dr. Htin Ang）：《缅甸民间故事》，北京：人民出版社，1957年版。

③ 参见《华人莅缅各地记》（缅文）、《琉璃宫史》上卷（缅文）。参见李谋等译注：《琉璃宫史》上卷，北京：商务印书馆，2007年版，第160－161页。

④ 有个别学者如陈孺性认为此处的掸国系指今日叙利亚，但并未得到大多数学者的赞同。

⑤ 骠信，意：骠人之王。

⑥ 唐代白居易《骠国乐》、元稹《骠国乐》、胡直钧《太常观阅骠国新乐》与唐次《骠国献乐颂》等皆记其事。

⑦ 李谋译：《信第达巴茂克碑文》，载《中外关系史译丛》第一辑，上海：上海译文出版社，1984年版，第72－75页。

⑧ 1955年前后由著名缅甸诗人德钦哥都迈校订，缅中友协铅印出版。中译文请参见［缅］佚名《华人莅缅各地记》（李谋译），载《南洋资料译丛》2008年第3期，第67－80页。

关系简史”，从上古叙述到明永历帝被送回云南处死为止。贡榜王朝诗人越马沙纳瓦德的《中国使节莅缅记》诗篇，记述了中国使节抵缅受到隆重接待的情景。

因为英国殖民主义者统治缅甸多年，出于他们统治的需要，有意淡化中缅文化渊源；蒲甘王朝以后确立了上座部佛教在缅甸绝对统治的地位，而在中国佛教思想没有影响如此深远，且所奉佛教系北传的大乘教派；由于今日缅甸经济实力与科技水平的限制，考古发掘研究工作尚很薄弱等原因，至今发现的有关两国文化渊源的文物尚少。但有一点可以肯定：虽然今日我们能看到历史上印度文化对缅甸的影响大于中国文化，但中国文化传入较印度文化要早，且早期就对缅甸产生了巨大影响是毋庸置疑的。

自古中国西南就有了一条陆路通往中亚乃至欧洲，后人称之为“西南丝道”，经过缅甸而行。到15世纪以后才又开始出现中国通往东南亚（其中包括缅甸）以至更远的海上通道。人们通过陆路或海路，前往缅甸经商。

唐代樊绰《蛮书》载：“海赕贾客至永昌徼外骠国经商，而骠国亦遣使至海赕贸易。”

《明史》亦载：“流寓汉民，是亦往来烟瘴货贩之徒。”

中国运往缅甸的主要是丝绸，至明代还输缅白盐。从缅甸贩回的是玉石、棉花等。这种陆路边境贸易关系历代都有发展，只是在战争年间尤其在第二次世界大战期间被迫中断。到缅甸现政府1988年9月执政以来，随着两国的对外开放，开始重视经济发展，两国边贸有了新的发展。海路交通开通以后，中国通过海路运往缅甸的有广东丝绸、蓝布、针线、瓷器、茶叶等。缅甸港口有丹老、大光（仰光）、勃固等。

缅甸瑞波民歌《大鼓曲》就有这样一段唱词：“你进城干什么?”“去买广东产的带穗波浪纹筒裙。”

阿瓦王朝诗人信摩诃蒂拉温达在诗中曾创造过一句后人用的成语“去中国卖针”（意为“班门弄斧”）。

再如《琉璃宫史》载1450年阿瓦王曾将“中国税银”赐给丹兑侯等。这些都是中缅贸易的侧面写照。

在元、明、清三代，中缅也发生过几次战争。元朝曾兵进蒲甘，缅王逃走被后人称之为“畏华人逃跑之王”。明代1441年派王骥、1584年派刘挺两次征缅，抵阿瓦。清代乾隆皇帝野心更大，1765年至1769年曾连续派兵出征，战将败死无功，后议和。这几次战事都是我封建王朝统治者为其扩张野心所驱而战，无正义可言。但客观上也使得更多的中国人到达缅甸，不少士卒还因种种原因滞留未归。再如明末永历帝朱由榔率众千余人逃难入缅，后朱由榔被引渡回国处死，但其随从大多滞居于缅。

缅华裔考古学家杜生诰在1906年发表的一篇题为《缅文中的汉语词汇》[①] 的论文

---

① Taw Sein Ko : Chinese Words in the Burmese Language , The Indion Antiquary XXXV July 1906, p. 211 -212. 中译文可参见［缅］杜生诰:《缅语中的汉语词汇》(李晨阳译、李谋校)，载《中国东南亚研究会通讯》1996年1、2期合刊。

中写道："事实上不能否认公元4 世纪时佛教已经由中国介绍到缅甸……在公元最初几个世纪中国僧侣在太公、卑谬和蒲甘用中文传教，同时印度僧侣以梵文布道。但是中国政治影响正处于上风，所以中国僧侣传教较占优势，收获也更大。"接着他在文中举出了佛爷、僧侣、涅槃、罗汉等缅文词为例，说明缅语佛教词汇中不少源自汉语的借词。如：瓜子、豆腐、箸、包子、油炸鬼、舢舨等，其他不少蔬菜花果因系从中国传入，为与当地所产近似的物品区别，就在这些名词前面统统冠以"德由"二字（意即中国）。其他诸如：中国公祠（会馆）、中国灯笼（宫灯）、中国上装（对襟上衣）、中国鱼（鱿鱼）、中国蚂蝗（海参）都成缅文中的专有名词了。

又据杜生诰考证，蒲甘寺庙的拱形辐射状门源自中国。缅式楼阁的屋檐也与中式宝塔有关。缅敏东王 1856 至 1860 年建曼德勒都城时，不少华侨工匠参加了营建工作，御花园系中国工匠设计建造的，故后人称之为"中国花园"。再有我国百叶窗在缅广泛应用，故名之为"中国帘"。

绸缎是中国主要出口品，成为缅人广为喜爱的衣料，并成为馈赠佳品。缅史载 1474 年缅王曾以绸筒裙赠狮子国王。18 世纪王都阿摩罗补罗建有丝织业，由华侨经营，原料由云南输入。1812 年波道帕耶王为防丝绸短缺还曾下令严禁欧人贩中国丝绸离缅。

从缅甸北部陆路或南侧海港都有中国商人带茶叶入缅，14 世纪中叶部分傈僳、崩龙族人从云南移居缅境掸邦也把种茶术带进。现代缅人普遍喜饮清茶。在城市也喜用冲奶茶办法喝红茶。目前缅掸邦茶已能供缅甸国内所用。但不少人仍喜用中国所产茶叶作为馈赠礼品。

中国瓷器进入缅甸约在明代。丹老曾出土永乐铜钱和 250 多件完整明瓷，勃生河口也出土过中国瓷器。缅人视中国瓷器为珍品。1960 年中缅边界条约签订，中国政府特制带"中缅友好"字样的大、小磁盘赠缅方边民被传为佳话。

缅语"纸张"（setgu）一词源自阿拉伯语，故估计中国造纸术传至中亚后，由大食商舶再传入缅甸的。但缅甸古代所用书写糙纸折"波勒拜"却是傣族南迁由中国传入的。二战前缅人生活所用纸张、纸制品包括宗教用的色纸、蜡纸、灯笼、爆竹等皆由商人贩自中国。缅独立后，我国还曾援缅建成锡当纸厂等，以解决缅用纸之需。

中国文学介绍到缅甸时间较晚，目前所知 1894 年《包公案》、《聊斋志异》中一些故事被缅人与华侨合作译成英文在缅出版，但当时影响有限。20 世纪 20 年代末 30 年代初部分仰光大学青年看到西方现实主义、浪漫主义作品，也看到译成英文出版的东方文学巨匠泰戈尔、鲁迅、郭沫若等人的作品，对他们的文学思想产生一定影响。开展了一场"实验文学运动"。50 年代初期缅甸一些进步作家又受到毛泽东《在延安文艺座谈会上的讲话》的深刻影响，在缅甸文坛展开了一场"新文学运动"。1952 年缅甸作家曾向去访的中国学者说，当时译成缅文发表的中国作品已不下百篇。鲁迅、蒋光慈、秦兆阳、刘白羽、赵树理等名家的作品都在其内。我们可以发现中国文学在体裁、写作技巧以及题材等方面对缅甸文学作品都有过某些影响。总之，缅甸翻译中国文学作品日益增多，从缩写、改编到全文译出；从短篇到长篇；从现代作品到古典名著；从小说、诗歌、剧作以至到个别相声脚本；从译介到借鉴；从介绍中国文艺理论到用缅文撰写中国文学史。都说明中国文学之花在缅甸文坛中生根开花得以传播的事实。

由于两国民族间有着共同的或是相近的文化基础，加上双方又有过类似的经历，两国之间情感交融，非常亲近。如：缅甸民族英雄昂山将军在1939至1940年间被英国政府通缉，在缅难以活动，决心潜往国外求援。即与另一人化妆成华人，经华侨协助乘全部都是中国船员的挪威“海利”号轮奔赴厦门，本拟设法进入中国内地寻求与中国共产党联系，因言语不通被日本特工发觉秘密送往日本。日本侵缅时，当时作为自由同盟负责人之一的吴登佩敏等也是设法潜入中国，在重庆秘密会见了周恩来，探讨抗日问题。这些事实都说明两国人民有着共同的命运，所以在关键时刻往往就会想到向对方寻找经验、方法或出路的心态。

总之，由于中缅两国间通路开辟，人员交流，商旅往来，战事接触，两国文化也得以交融产生了种种影响。在这种交融影响的过程中华侨起到了很大作用。中缅陆路交通始自汉代，随商贾往来，部分华人开始移居缅甸。缅北一带一些老华侨往往称中国为“汉朝”，自称“汉人”，显然系汉代遗风流传至今的结果。下缅甸的闵侨、粤侨则多来自海路，自称“唐人”，称祖国为“唐山”，有稽可考从海路来缅的华侨大约始自明朝，大批迁来是在18世纪。缅语称中国人为“德由”（Tayout），据伯希和考，因南诏大理国古称 Dai-lion，后讹传称之为 Tarok。缅人将中国与南诏大理混为一谈，此即今日“德由”一词的由来。也有人认为：元代入缅大军中以突厥族居多，于是缅人从那时起用突厥（Turk）泛指中国人，语音演变，遂成今日之“德由”。缅甸又泛称中国为 Pyigyi（意即大国），至今仍是一种对中国的专称。又因华侨与缅人相处甚笃非常亲密，且不少华侨在缅甸娶妻生子，和睦美好，又有了传至今日的缅人对华人、华侨的美称“胞波”（Paopaw 意为同胞），早在1813年英人编纂的《缅英词典》中已收入此词条，并说明乃缅人称华人专用。今日缅人还常用此词，往往称华人为“胞波基”（基意为大、老）、华人小孩为“胞波雷”（雷意为小）、华人姑娘为“胞波玛”（玛意为女性）等。这些足以说明广大华人华侨与当地缅甸人水乳交融的关系。可以说华侨正是中国文化与缅甸文化融汇发展的纽带。

（此文原载北京大学东方文化研究所编《东方研究》（1994），天地出版社，1995年版，第282－287页。）

中国文学与缅甸文学

中国与缅甸是山水相连的邻邦。据学者们的考证，缅甸境内的各个民族大都是很早以前分批从中国境内迁徙而来的。[①] 两国民族绝大多数同属蒙古人种，直至今日仍有一些民族跨境而居。这在两国早期口头创作，神话、故事等等之中也有一些佐证。比如：中国与缅甸关于月亮的传说就很相似，说月宫中有一女神，一位老人在不停地舂米，还有一只兔子在老人身边。关于月食，中国古时有天狗食月之说，缅甸的传说除了有些细节不同外，狗吃月亮这一点是全一样的。[②] 再如：两个封建王朝时期的统治者们都认为自己是天帝之子神龙的后裔，这也是相同的。缅甸甚至还有一个《三个龙蛋》的传说来说明两国君主本是亲属的。[③] 中缅两国自古以来关系密切，这大概也就是在缅甸文中有个对中国人专用的词汇——“胞波”出现的缘由吧！两国人民相互交往和了解的最根本的条件是语言，否则就是人们所熟知的公元 802 年骠国音乐舞蹈团一行 35 人赴中国长安演出进行文化交流，[④] 1285 年缅甸高僧信蒂达巴茂克奉命不远万里来大都（今北京）和谈[⑤]等等都是不可能发生的事了。随着历史上贸易的开展，华侨的移居以及两国官方的联系，两国相互交往趋多。在两国文学作品中也反映了某些交往情况。比如：中国唐朝的白居易、元稹、胡直钧、唐次等四位诗人都写过诗文记述骠国音乐歌舞团在长安演出的盛况。清朝乾隆年间阮元写过一首《翡翠欲效乐天乐府诗》描述了 18 世纪中叶中缅玉石交易的情况。缅甸著名诗人信摩诃蒂拉温达写的《离东敦枝》一首四言长诗中就有“举例来说，到中国卖针”一句，后来就形成了一个类似于中国“班门弄斧”的成语“去中国卖针”；缅甸瑞波一带流传的民歌《瑞波大鼓曲》中有这样一段歌词：“你进城去干什么？去买广东产的带穗的波浪纹筒裙。”[⑥] 可见中国的针、

① 这一主张是在 20 世纪 30 年代首先由研究缅甸的著名英国学者卢斯博士提出的。后来这一观点也被大多数缅甸知名学者丹吞博士、波巴信等和其他国家的学者所接受。

② 可参见缅甸《月亮老人》与《月食》故事，载［缅］貌阵昂：《缅甸民间故事》，施咸荣译，北京：作家出版社，1957 年版。中国《嫦娥奔月》、《吴刚伐桂》、《玉兔捣药》、《天狗食月》等故事可见袁珂编著《中国神话传说》。

③ ［缅］《琉璃宫史》第 1 卷，缅甸联邦政府宣传部，1993 年版，第 193 – 194 页。

④ 见《新唐书·骠国传》。

⑤ 《信蒂达巴茂可碑文》，见《缅甸碑铭集》第 3 卷第 271 号碑文照片。伦敦：牛津大学出版社，1939 年版。

⑥ 引自《广东带穗的波浪纹的男筒裙》一文，载缅中友协第二届缅中友好周专刊《文化与友谊》（缅文），1954 年版。

丝绸等手工制品传入缅甸已有相当长的历史了。缅甸贡榜王朝越马沙纳瓦德的记事诗《中国使节莅缅记》则直接记述了中国使节抵缅受到隆重接待的情景。但是两国文学之间的交流却晚得多了。

19 世纪初精通汉语的蛮暮土司作为缅甸的使者曾多次出使中国，且将中国的《康熙字典》、《本草纲目》等书带回缅甸。[①] 19 世纪以来，缅甸人开始通过英译本对中国文学有所了解。如：1894 年缅甸人 J. A. 貌基和一位署名粟敦宏（译音）的华侨，把中国文学作品《包公案》和《聊斋志异》中的一些故事，直接从中文译成英文，取名为《天朝之镜》，由仰光德瓦茨印刷厂出版就是一例。[②] 中国文学作品译成缅甸文最初始于何时，现已难于查考。但中国文学开始被缅甸文学界关注是 20 世纪 20 年代末或 30 年代的事。当时缅甸实验文学运动的开创者们在英文刊物上看到了鲁迅、郭沫若等人的作品，对他们的创作思想影响不小。[③] 中国文艺思想在缅甸文学界产生更大影响是在第二次世界大战以后 20 世纪 40 年代末 50 年代初，当时缅甸出版的《星》杂志在 1946 年提出了创作新文学的口号。该刊物曾用大量的篇幅介绍中国文学作品及文艺思想。缅甸新文学运动蓬勃开展，中国文学作品在这样的背景下，被大量介绍给缅甸读者。1952 年缅甸作家曾对到缅甸访问的中国学者说：到当时为止已用缅甸文翻译发表了不下百篇的中国作品。[④] 如鲁迅、蒋光慈、秦兆阳、刘白羽、赵树理等人的短篇作品都是在这一时期由缅甸著名作家德贡达亚、杜阿玛、曼丁、德钦妙丹等人翻译发表的。当时发表这类译作较多的杂志有：《星》、《新文学》、《人民》等。最早成册出版的缅译中国文学作品是 1947 年德都译老舍的《骆驼祥子》。20 世纪五六十年代成册出版的有：1950 年貌西都根据剧作《白毛女》改写的小说，1953 年敏昂、拉吴合译的袁静、孔厥《新儿女英雄传》，1953 年谬温译鲁迅的《阿 Q 正传》，1956 年德钦妙丹译刘白羽的《火光在前》，1962 年妙丹丁译曹禺的《日出》，1964 年德钦妙丹、貌奈温译陈昌奉的《跟随毛主席长征》，1965 年貌貌丁译周立波的《暴风骤雨》，1965 年吴哥哥基译周立波的《山乡巨变》，1965 年梭棉译茅盾的《子夜》，1966 年觉莱尼（敏昂）译郭沫若的《屈原》，1966 年貌貌丁译柳青的《创业史》等。同期缅甸著名作家敏杜温还先后在杂志上发表了中国陈毅副总理访缅友好诗篇和侯宝林的著名相声脚本《夜行记》。60 年代中国外国文学出版社也翻译出版过《中国民间故事选》等。进入 70 年代，在缅甸除了有 1974 年苏奈出版社出版的貌奈温选编的《鲁迅小说选》等译本外，1975 年德都编译的《世界短篇小说选》中选了 14 国 36 篇作品，其中包括中国著名作

---

① 余定邦：《中缅关系史》，北京：光明日报出版社，2000 年版，第 192 页。

② 根据法国学者苏尔梦在法国找到的英文档案材料。

③ 1958 年 8 月至 1961 年 6 月笔者本人在仰光大学缅文系留学期间曾几次向当时任仰光大学图书馆馆长的吴登汉（佐基）当面请教有关缅甸实验文学运动的一些问题，这就是他当时强调的一点。

④ 山吞《缅甸文学与新中国》一文，载 1951 年曼德勒出版的《人民杂志》第 21 期。

家鲁迅的《药》等四篇。1973年貌廷在其编写出版的多卷本《世界文学简编》中，专门用了半卷的篇幅（约合中文八九万字）简要地评介了中国文学上各个时期著名文学代表人物和作品。缅甸最早翻译中国武侠小说是在1974年，80年代上半叶在缅甸文坛兴起了翻译中国武侠小说热。其数量与占当年翻译作品总量的比例呈逐年上升趋势，1981年为68部，占42%；1982年为86部，占49%；1983年为100部，占45%；1984年为150部，占58%；1985年为274部，占72%；1986年215部，占68%。[①] 虽然这类小说的文化品味并不高，其社会意义也不大，但这也表明金庸、古龙、梁羽生等人的作品受到缅甸一般读者的青睐，成为他们的主要消闲读物。80年代在缅甸诗坛，不少诗人译介了我国当代著名诗人艾青等人的诗。到80年代末90年代初缅甸文坛对中国文学的译介又有了新发展。中国古典文学名著被一些著名作家译成缅甸文。如：1988年新力出版社出版了九卷本妙丹丁译曹雪芹、高鹗的《红楼梦》，译者也因此第三次获得缅甸民族文学奖的翻译文学奖。1989年敏杜温译白居易《骠国乐》全文，在秀玛瓦杂志第5期上发表。据笔者所知后来妙丹丁还译了施耐庵的《水浒传》，敏杜温译了白居易的《卖炭翁》、《新丰折臂翁》、《观刈麦》等多首名诗，但可惜至今仍未见正式发表。

值得注意的是：一、译者大多是缅甸当代著名作家。他们中间不少人是新文学运动的骨干力量；二、大多数人是从英译本转译的。有少数是华裔作家（如：拉吴、谬温等人），它们是从中文直接译出的；有的则是华裔人士与缅甸作家合作完成的，像《新儿女英雄传》缅译本就是一个非常成功的例子，著名作家敏杜温在翻译陈毅、白居易的诗时也是在详细了解了原作的字、意、韵以后才动笔翻译的；三、所译作品大都是名人名篇。

随着缅甸文学界对中国文学的关注与了解，我们还可以发现中国文学在题材、体裁以至写作技巧等方面对某些缅甸作品的影响。比如：鲁迅曾写过《故事新编》借古喻今，其中许多篇章是表现爱国情绪和抒发对当时酷政的不满。同样我们也可在20世纪30年代实验文学作家们的作品中看到类似的情况，佐基《蒲甘集》、德格多貌丹新《宝刀》等篇也都取材于古代故事，表现了爱国主义思想的主题。又如：貌廷的《鄂巴》也明显受到鲁迅《阿Q正传》的影响。我们从两篇小说的开头部分对两个主人公的介绍，鄂巴与地主吴达刚、阿Q与赵太爷的关系，鄂巴的结尾与阿Q的胜利等几个方面都隐隐约约可以发现某些相似之处。鲁迅在《阿Q正传》中对阿Q饱受摧残的遭遇寄予同情，表现了哀其不幸怒其不争的感情。貌廷《鄂巴》中的鄂巴也被塑造成一个逆来顺受的农民形象，他令人可怜同情，同时也使人感到不满可笑甚至气愤。所以尽管两个典型人物所处的典型环境并不相同，但的确有着某些共同之处，难怪有些缅

① ［缅］《翻译文学研讨会论文集》（一），缅甸文学宫出版社，1990年版，第90页。

甸华侨曾把《鄂巴》这一书名译成《阿八正传》。[①] 再如：敏新有一部专门描写缅甸下层人民生活的短篇小说集《在马路上》，其中有一篇《谢谢》，说作者路过一高坡，见一对卖柴人夫妇吃力地推着满满一车柴上坡。作者慨然上前相助。车推上坡后，卖柴人仍顺势继续推车向前。正当作者暗地责怪卖柴人竟然连声谢谢也不说时，卖柴人夫妇这时停下车深情地回过头来看了他一眼。从那深情的目光中他体会到劳动人民对别人的感激往往是埋在内心深处，而不是挂在口头上说些客套话。作者这时才感到自己的渺小，领悟到卖柴人的真挚情感。这件事使他获益匪浅，作者认识到应该是自己感谢卖柴人夫妇。看过这篇小说就会使人自然而然地联想起鲁迅的小说《一件小事》中所写的作者与车夫的形象。两篇内容虽不同，但都是通过一件小事以作者的自身感受与劳动人民的情感作对比，得出自己渺小而劳动人民伟大的结论。再举个例子：1913年缅甸作家吴腊发表了小说《茉莉花》，一改缅甸以前佛教小说或宫廷小说的传统写法，在有些章的结尾处往往写下两行诗句概括全局。这显然与中国章回小说在每章结尾"正是……"或"诗曰……"之类的写法有一定关系。

总之，缅译中国文学作品日益增多，从缩写、改编到全文照译；从翻译短篇到翻译长篇巨著；译文的体裁从小说到剧作、诗歌，甚至到相声脚本等等文学形式；从翻译现代作品到翻译古典名著；从翻译中国文学理论文章到撰写中国文学史并系统评介中国文学作品，中国文学在题材、体裁、写作手法等方面已或多或少影响到了缅甸文坛，这一切都反映了中国文学之花在缅甸文坛这个百花园中生长、开花、结果的情况。

下面再来看看缅甸文学在中国的情况。

早在1407年中国明朝时创办的有史以来第一所外国与少数民族语言学校——四译馆（初期曾称四夷馆）就开设有缅甸语课程。并聘来自缅甸的使臣作为专家执教，以培养精通缅甸语的人才。流传至今还有当时编写的《简明缅汉词典》（原名《四译馆译语》，其中一部分是写缅甸语的，有几种不同版本流传至今，收词千余条，用汉字拼音注释）。在现代翻译介绍缅甸文学的历史中，一些侨居过缅甸的中国作家们如艾芜、许地山、聂绀弩等人以及在缅一些华裔作家曾发挥过作用。他们曾在缅甸当地发行的华文报刊上发表过一些缅甸作品的译文，并编写出版过某些学习缅甸语的书籍和词典，都直接促进了缅甸文学向中国的传播。

缅甸华侨著名作家黄绰卿在他的《缅华文艺运动》[②] 中提到1933年缅甸的文化界人士发起缅华文艺运动时说："《椰风》响应当时马华文坛的号召，开展'此时此地的文艺'运动，作品内容注重写地方现实，以文艺为政治斗争的武器。椰风社有三位社员通晓缅文：一位静亮，他开始介绍缅甸的节日风俗和缅甸戏剧，后来他整年内把

① 参见黄绰卿：《中缅两国人民友好文化交往》一文，载1960年10月6日缅甸仰光出版的《新仰光报》（中文）。
② 郑祥鹏编：《黄绰卿诗文选》，北京：中国华侨出版公司，1990年版，第261－263页。

1930年缅甸文学运动的《时代尝试集》全部译登了。一位亚虚，他写过许多缅甸人民宗教生活的素描，也译过一些缅甸民间故事。一位柯子，他也译缅文作品，他写的诗歌较多，充满了地方色彩——他们都很早就致力于缅甸文学的翻译工作。”

在中国国内对缅甸作品的译介大约始自20世纪40年代末50年代初。初期一些译者因不谙缅语遂借助第三国语言进行翻译。如：施咸荣译貌阵昂《缅甸民间故事》（1957年4月作家出版社版，译自英文）、谭得俅等译缅甸诗人诗集《人民需要明朗朝霞》（1958年9月人民文学出版社出版，选入德钦哥都迈等13人的15首诗，译自俄文）。从缅甸文直接译成中文的始自20世纪50年代末，第一个缅文直译成中文的作品是北京大学缅甸语专业师生集体翻译的貌廷著的《鄂巴》（1958年11月人民文学出版社出版）。缅文短篇小说译文载于中国刊物上始于60年代初期，最早的是林煌天译佐基的《玛丁老头》和敏杜温的《扎耳朵眼仪式》在《世界文学》杂志上先后发表。到了70年代末80年代初直接译自缅文的文学译作也逐步多了起来。除了在各种刊物上间而有些缅甸短篇小说或剧作发表外，出版的单行本也有所增加。如：林煌天编译《缅甸短篇小说选》（1981年6月外国文学出版社版，共收20位作家的22篇作品）。先后出版的长篇小说有：戚继言译八莫丁昂的《鄂奥》（1965年5月作家出版社版）、贝达勉译吴登佩敏的《旭日冉冉》（1982年8月北京大学出版社出版）、李谋等译詹姆斯拉觉的《情侣》（1985年7月山西人民出版社版）、姚秉彦等译加尼觉玛玛礼的《不是恨》（1985年贵州人民出版社出版）、计莲芳等译德格多蓬内的《别了夏日之夜》（1986年2月重庆出版社版）等。这时从缅文直接译成的中文诗歌也开始出现在中国学者写作的文学评论文章或编译的诗集中，如：李谋《缅甸的实验文学运动》（载《外国文学评论》1978年第4期）中有实验文学诗歌数首，华宇清编外国历代著名短诗欣赏集《金果小枝》（1985年6月黑龙江人民出版社版）中收入了《卜巴神山》、《翠湖颂》、梅贵《短短的烟袋》、吴邦雅《更胜一筹》、塞耶佩《金钱》、佐基《戴缅甸紫檀花的姑娘》与敏杜温《她的喜悦》等缅甸古今9首名诗都是实例。不仅如此，还可以发现一些缅甸古典作品也开始被中国翻译工作者们译介给中国读者。如《信第达巴茂可碑文》（李谋译）、[①] 信摩诃拉达塔拉《九章》诗片段（蔡祝生译）、吴邦雅《卖水郎》诗剧（李谋译）等[②]，当然如果扩大一些范围来看，文学以外的其他译著就远比笔者所提到的例子多多了。

在这里笔者还想用点笔墨谈谈《琉璃宫史》的翻译问题。众所周知《琉璃宫史》是1829—1832年间缅甸编写的一部权威性史学巨著，也是现代以前东南亚本土出现的一部最优秀的历史著作。当然从某种意义上说它也是一部散文文学的巨著。因为在它

① 译文见《中外关系史译丛第一辑》，上海：上海译文出版社，1984年版，第72－75页。
② 译文见季羡林主编：《东方文学作品选》上册，长沙：湖南人民出版社，1986年版，第503－525页。

的最前面几编中就有不少神话、传说和佛教故事，其他章节也有不少是写得非常生动的。所以它不仅有史学价值，也有文学价值。因为它涉及的学科较广，有缅甸史、缅甸与周边国家关系史、佛教、文学等各个方面，又是一百多年前所写的，所以要翻译它有一定的难度。至今世界上尚未见有全译本问世。中国史学界也早已对这部名著有所耳闻。中国几位从事缅文翻译的同行在20世纪80年代初开始了这部名著的翻译工作。笔者本人也有幸参加了。虽然翻译初稿的时间不长仅用了一年多。但是进一步修改、核校、查勘、注释、统稿的工作量远比想象的要大得多，加上大家各自都有必须完成的其他工作，所以断断续续直到1997年初才将译稿完成，并编写了几个附录，交商务印书馆编辑审稿。商务印书馆编辑仔细地看过全稿后，建议再与缅文原稿核校一遍并将书中所有年代（书中所写年代有佛历、缅历等）一律注明公历年份。笔者按照出版社的建议，再次进行了加注和审校工作，2003年终又将这部80万字的译稿交出版社正式出版。①

缅甸文学在中国的译介工作进一步深入还表现于自20世纪70年代末80年代初开始中国各种外国文学刊物上先后发表过不少有关缅甸文学研究与评介的文章。1982年5月问世的《中国大百科全书·外国文学卷》中列出了不少有关缅甸文学的条目。到了80年代中期中国的外国文学研究工作者们开始加强了对东方文学的总体综合研究。先后出版的各种版本的东方文学史、东方文学词典中大都用了较大篇幅介绍了缅甸文学的地位与某些著名作家作品。如：朱维之等主编的《外国文学简编（亚非部分）》（1983年6月中国人民大学出版社版，1998年1月，2004年3月又两次大篇幅地修改增补成梁立基等主编的《外国文学简编（亚非部分）修订本》和《外国文学简编（亚非部分）第三版》）、季羡林主编的《东方文学史》（1993年吉林教育出版社版）、高慧勤、栾文华主编的《东方现代文学史》（1994年1月海峡文艺出版社版）、梁立基、李谋主编的《世界四大文化与东南亚文学》（2000年9月经济日报出版社版）等。中国对缅甸文学的研究到90年代也更加深入。如吴文慧译貌阵昂的《缅甸戏剧》（1992年3月中山大学出版社版，译自英文）、姚秉彦、李谋、蔡祝生合著的《缅甸文学史》（1993年7月北京大学出版社版）等都是有力例证。

纵观中国文学和缅甸文学两者在对方国内译介的情况，与两国密切的关系相比尚有很大的不足。分析造成目前状况的原因是：其一，两国国内精通对方语言、熟悉对方情况的人尚少。以前缅甸人精通汉语的人甚少，绝大多数译者是借助英文译本来翻译中国作品的。中国作品已译成英文的又只是少数，加上两次翻译使原文的本来韵味与内涵大打折扣。虽然在中国译成中文的缅甸作品大多数是直接从缅文译成的。但懂得缅甸语的中国人本来就是极少数，能够从事文学作品翻译的人更少。其二，受到出

① 本书编者按：《琉璃宫史》中译本已于2007年3月由商务印书馆正式出版。

版商的制约。出版商认为不可能盈利的译作再好也不会出资出版。所以有些作品虽然水平很高，很值得译介，甚至已经译成也无法出版。其三，人们普遍不太重视翻译作品，尤其是对译作的译者不重视。致使一些具备译出上乘佳作能力的人往往也不愿意用许多精力去搞翻译。所以尽管有不少评介性文章或对不同国家文学进行比较的论文，但是著名作品的译本却往往无法看到。其四，外国文学界往往轻视东方文学，主观地认定缅甸等东方国家的文学就是没有欧美文学水平高，也在一定程度上影响了出版商和读者。

在20世纪50年代以后，两国作家之间也建立了直接的联系。经常有作家代表团互访。缅甸现代著名作家德钦哥都迈、佐基、敏杜温、德贡达亚、吴登佩敏、加尼觉玛玛礼、妙丹丁等人都曾先后到中国访问过，而中国名作家曹禺、茅盾、老舍、周扬、季羡林等也到过缅甸。当代两国作家自1990年以来几乎每年都专门组成作家团相互进行访问。这种作家界的往来更是直接促进了两国文学与文化方面的交流。他们在访问回国后写过不少介绍对方的观感、随笔、游记等等，体裁也多种多样，有诗歌、散文、专论，甚至有的作家在出访后还出版了访问专辑。

随着中缅两国友好关系的发展，随着人们文学欣赏能力的提高与文学欣赏需求的增大，也随着两国翻译队伍的成长，相信必将有更多的中国文学与缅甸文学作品被介绍到对方。而且由此也促进世界范围内更多国家文学的交流，使世界文学更加发展。

（此文的缅甸文原稿与英文译稿曾在2002年9月瑞典哥德堡“缅甸研究及其未来：学者与决策者们的意见”国际学术研讨会上发表。略加补充写成此稿后，笔者又以此稿参加了2004年8月中国外国文学学会东方文学分会在山西太原召开的“东方文学比较研究学术研讨会”，后载于王邦维主编《比较视野中的东方文学》论文集，北岳文艺出版社，2005年版，第77－86页。）

中国与缅甸文学的关系

一、中国与缅甸的关系源远流长

中国与缅甸是山水相连的邻邦。据学者们的考证，缅甸境内的各个民族大都是很早以前分批从中国境内迁徙而来的。① 两国民族绝大多数同属蒙古人种，直至今日仍有一些民族跨境而居。比如：汉—果敢；傣—掸；瓦—拉瓦；景颇—克钦等都是。甚至今日在缅甸已经消亡的民族骠族，据考也与中国的白族是同源的。② 在两国上古流传至今的一些早期口头创作之中似乎也能找到一些“佐证”。比如：中国与缅甸关于月亮的传说就很相似，说月宫中有一女神，一位老人在不停地舂米，还有一只兔子在老人身边。关于月食，中国古时有天狗食月之说，缅甸的传说除了有些细节不同外，狗吃月亮这一点是完全一样的。③ 再如，缅甸成语“船帮刀刻”与汉语成语“刻舟求剑”的故事，缅甸成语“水牛旁弹琴”与汉语成语“对牛弹琴”都如出一辙。④ 元初东南亚一带出现了一些民族的早期国家。中国史学著作出现之始，就对当时中国与东南亚一带国家的交通有所记录，据考所载某些地名就处在今日缅甸境内。⑤ 中国古代一些史籍还具体记载过汉代（120 年）在今中缅边境一带存在过的掸国曾派杂技团来访。⑥ 到了中国唐代（802 年），处于今日缅甸中部的骠国派出歌舞团一行 35 人访问长安更是中缅交往历史上的一段佳话。不仅 945 年刘昫撰《旧唐书》、1060 年欧阳修、宋祁撰《新

---

① 这一主张是在 20 世纪 30 年代首先由研究缅甸的著名英国学者卢斯博士提出的。后来这一观点也被大多数缅甸知名学者丹吞博士、波巴信等和其他国家的学者所接受。

② 李谋、李晨阳：《骠人族属探源》，载《北京大学学报》（哲学社会科学版）1997 年第 3 期，第 122 – 129 页。

③ 可参见缅甸《月亮老人》与《月食》故事，载［缅］貌阵昂《缅甸民间故事》，施咸荣译，北京：作家出版社，1957 年版。中国《嫦娥奔月》、《吴刚伐桂》、《玉兔捣药》、《天狗食月》等故事可见袁珂编著《中国神话传说词典》，上海辞书出版社，1985 年版。

④ 我国战国末年秦相吕不韦集合门客共同编写的《吕氏春秋》慎大览 · 察今中载：“楚人有涉江者，其剑自舟中坠于水，遽契（刻）其舟曰：‘是吾剑之所以坠。’舟止，从其所契者入水求之。舟已行矣，而剑不行，求剑若此，不亦惑乎。”比喻拘泥成例，不知道跟着情势的变化而改变看法或办法。战国时庄子及其后学著《庄子》，流传至今有晋郭象注本等。《庄子 · 齐物论》“非所明而明之”郭象注“是犹对牛鼓簧耳”。讥笑说话的人不看对象；也用以讥笑听话的人听不出所以。

⑤ 如：公元前 104 年至公元前 91 年司马迁撰《史记》、公元 1 世纪班固撰《汉书》等。其中一些地名：西夷西、邑卢没国、谌离国、夫甘都卢国等，据考皆在今日缅甸境内。

⑥ 范晔撰《后汉书》卷五一。

唐书》中对这次访问的使节、行程以及乐器、歌曲等进行了详细的记录，而且当时的白居易[①]、元稹、胡直钧、唐次等多位著名诗人都分别写诗描述骠国乐曲演出的经过与轰动长安的盛况。到了8世纪当今缅甸的主体民族缅族的先民靡莫人才从中国云南一带进入今日缅甸境内。[②] 公元849年彬比亚王建成蒲甘城，缅族为主体的缅甸第一个统一王朝——蒲甘王朝自此开始。缅族王朝建成后缅甸与中国的交往日益增多，关系密切。自然而然，也反映到文学领域中来。

二、缅甸人笔下的中国

我们来讨论“缅甸人笔下的中国”这个问题，其实也包括流传至今的某些神话传说。著名的缅甸《琉璃宫史》就录有下面这样一则故事：

伽拉那伽龙王的孙女、花龙之女赞底来到人间持斋守戒，住在马垒山，与太阳神王子发生关系，有了身孕。太阳神王子又离她而去。赞底龙公主临产前派白鸦去找太阳神王子。

王子包了一粒红宝石让白鸦带回交给龙公主。白鸦在归途中看见一伙商人在野餐。本性难改的白鸦打算捡食商人们吃剩的食物，便将宝石包放在树杈上。商人和船主们发现白鸦放在树杈上的宝石包，将其取出，换上一块干粪放回原处。白鸦吃完忙取了包回去送给龙公主。龙公主见到干粪，非常伤心，便将龙蛋生在山边，然后返回龙国。

此时，天神指引一位猎人来到龙公主产蛋的地方。猎人发现龙蛋十分高兴，便将龙蛋捡起。时大雨滂沱，溪流四溢。当猎人过溪时，手中龙蛋掉入水中，一枚金蛋在摩谷贾宾一带裂开，变成红宝石矿藏。

一枚青蛋漂到顶兑国生出一位公主，公主长大后，被顶兑国王立为王后。另有史籍记载，青蛋漂到妙香国，有的则说漂到太公国。众说纷纭，很不一致。

还有一枚白龙蛋沿着伊洛瓦底江漂到良吴，被每开敦村人骠族老夫妇在河边发现捞走，拿给杜云山麓的修道仙人看。仙人学识渊博，看了白蛋说道，此蛋非同一般，乃一宝蛋也。蛋中生出之人必定神通广大，才智过人，相貌不凡，能制胜大地上一切顽敌。且将弘扬佛法。骠族老夫妇听罢喜出望外，便将蛋好生藏起。到时果然生出一位神通广大，才智过人相貌不凡的男孩。老夫妇像亲生儿子般养育他。（这个男孩长大成人后就成了缅甸蒲甘王朝初期著名的君主骠绍梯）[③]

---

① 白居易的《骠国乐》，已被缅甸当代著名诗人敏杜温译成缅文在1989年5月出版的缅文杂志《秀玛瓦》上发表。

② 岑仲勉：《据史记看出缅、吉蔑（柬埔寨）、昆仑（克伦）、罗暹等族由云南迁去》，载《中山大学学报》1959年第3期；李谋：《缅族源流考析》，载《北大亚太研究》第5辑，香港社会科学出版社，2001年版。

③ ［缅］《琉璃宫史》（缅文版）第1卷，缅甸联邦政府宣传部，1993年版，193－194页；李谋等译注：［缅］《琉璃宫史》上卷，北京：商务印书馆，2007年版，第160－161页。

缅甸国家图书馆馆藏有一部佚名人士所撰题为《华人莅缅各地记》的贝叶册[①]，其中也有这个故事的缩写版。

缅甸与中国皇帝都是出自太阳神的后裔。

据说当时住在地下一由旬（由旬，缅甸长度单位，一由旬相当于20.48公里）处守护四尊佛祖所用金杯的名为伽拉之龙有一女。该龙女米松蒂来到南岛玩耍，遇天帝释之孙、太阳神之子，因前世姻缘，结为伉俪。怀胎足月，生下三只蛋来。

（一）一只蛋在众神护送下到达妙香国（古代缅甸对中国或云南大理的称呼）生出一女，成为皇后。

（二）一只蛋在出生之处破碎，成了红宝石。

（三）一只蛋顺伊洛瓦底江漂走。（后成为缅甸皇帝骠绍梯）[②]

人们根据缅甸这个《三个龙蛋》的传说，讲古代两国君主曾是兄妹。甚至有学者认为，这就是缅甸文中对中国人专用的词语“胞波”出现的缘由。[③]

缅甸史籍中也记有缅中两国密切交往的一些事例，譬如，早在公元11世纪时蒲甘王朝的阿奴律陀王就到过中国迎取佛牙。

笃信佛教的阿奴律陀王思忖：妙香国——中国有一颗神圣的佛牙，如果能向乌底勃瓦（缅语称南诏王或中国皇帝为Utibwa乌底勃瓦）索得这颗佛牙让众生顶礼膜拜，佛教定会更加发扬光大，众生也将在佛教长存的整个五千年中受益无穷。遂尽起全国兵马，亲率四员神骑骁将及瑞品基、瑞品艾兄弟，分水陆两路，每路3600万人，径向中国进发。抵后，乌底勃瓦紧闭城门，拒阿奴律陀于城外。……

阿奴律陀愤然说：朕堂堂一国之君来到此地，乌底勃瓦竟不相见，亦不接风宴请，岂有此理?！于是，传瑞品两兄弟来到御前，说道：“汝二人夜间潜入乌底勃瓦宫中。乌底勃瓦睡在一水动轮机之中。乘其熟睡时，用吸管将水轮机中的水吸尽，用白灰在乌底勃瓦身上划上三道白线，然后在墙上写明：吾王陛下驾临此地，为何不见，也不宴请？再如此，则三道白线即刀落之处。”瑞品兄弟遵王命，夜间进宫，依言办妥。天明后，阿奴律陀又召见江喜陀说：“朕亲临此，乌底勃瓦对朕不敬。朕命你用绳索将月天神像捆起，用阿彝陀摩神鞭鞭笞之。”月天神像用铜铸成。身躯高大。腰围四人合抱，是上自乌底勃瓦下至全国臣民崇奉之神像。江喜陀遵照王命，毫无惧色，用绳索将神像捆住，用阿彝陀摩神鞭猛抽。

月天知道：阿梨摩陀那（古代蒲甘另一名）蒲甘国王为瞻仰佛牙而来。乌底勃瓦

---

① 该贝叶册实即一本记述从上古至17世纪的缅中关系简史。约在1951年间由缅中友协名誉主席德钦哥都迈校订后，由缅中友协印成一本小册子在缅甸出版。该篇全文由李谋译成中文，在《南洋资料译丛》2008年3期上发表。

② 《南洋资料译丛》2008年3期第67页。

③ “胞波”缅文原意是：一母所生的，专指华人华侨。参见陈炎：《“胞波”的由来》，原载1979年7月12日《人民日报》；后编入《陈炎文集》上，北京：中华书局，2006年版，第275－276页。

和他的臣民既不相见亦不宴请，为此迁怒于我。遂喊道：痛煞我也！月天的喊声就像在乌底勃瓦及所有妙香国民众的耳际响起。

乌底勃瓦看到瑞品兄弟在自己身上划的三道白灰线和墙上的字大惊。此时又传来月天的喊声。乌底勃瓦和所有民众就像自己的肉将被吞噬一般，皆惊恐异常。乌底勃瓦遂带来许多礼品，在大臣们簇拥下来见阿奴律陀，说道："实不知阁下驾临，惊闻月天呼喊方知此事。"

阿奴律陀王说："吾来贵国非为财物而来，是拟向贵国求取佛牙，望能迎回供奉，以求超世幸福。"乌底勃瓦说："如佛牙愿巡幸贵国，只管迎去。"从此，两王相处交谈融洽亲密。

自该日起，三月之中，乌底勃瓦每日即用金甗、银甗、金锅、银锅、金盆、银盆、金盏、银盏等器皿烹饪菜饭款待阿奴律陀。阿奴律陀也每日携许多供品到安放佛牙之地虔诚礼拜。佛牙具32大相、80种好、6道光轮，具有无比崇高之威德，升上太空，云游天际。阿奴律陀王虽屡次头顶宝盘，虔诚求拜，但佛牙始终留于天际，不肯降于盘中。

阿奴律陀见状，心情不悦，异常伤心。天帝释见阿奴律陀王如此伤心，知此王必将承担发展佛教大业之任。天帝释遂取一尊碧玉佛像，使其与佛牙一起在天际云游。然后，降落在国王头顶的宝盘内。……两位国王愉快亲切地话别。阿奴律陀王带着天帝释赠予的碧玉佛像回国。①

当然，缅甸史籍所记也有近于荒诞，令人费解的地方。如：中国皇帝竟睡在水轮机中。这大概是他们认为中国皇帝乃"真龙天子"，引申出来的结果吧！

还有，后来在蒲甘敏加拉佛塔出土过一方弥足珍贵的缅甸碑文：

……缅历647年（公元1285年），（那腊底哈勃德）王驻跸卑谬以西莱甲。王谕阿南达比西、摩诃勃：汝等往探中国人之动向。阿南达比西与摩诃勃商议，此事关系重大，无人出使，又无人能写金叶书。遂上奏道，此事请信第达巴茂克参与方可。王遂召见，命余负责此事，令勿在德胜、汉林一带滞留，即写金叶书，往见中国皇帝（忽必烈）。中国皇帝说，此金叶书，不像王诏，似大臣所写。且不论来使为王所派或……所差。令其前来见朕。蒲甘国王金叶书中写明，勿拘留来使，此乃朕之使臣。特写金叶书，命其出使贵国。余进入中国境内。中国皇帝已派雪雪的斤亲王率兵两万，并有来自七十座寺庙之高僧般若达摩加、悉利达摩加等进军蒲甘，暂驻于顶兑国（太公之古称）。因时值雨季，暂滞留该地。在汉林之僧众赠余礼物并告余，我国皇帝陛下渴望与高僧相见。且乐善好施。望高僧规劝吾皇陛下，勿再令吾等去蒲甘传教。余离开他

① ［缅］《琉璃宫史》（缅文版）第1卷，缅甸联邦政府宣传部，1993年版，第250－253页；李谋等译注：［缅］《琉璃宫史》上卷，北京：商务印书馆，2007年版，第208－211页。

等驻地，在押赤夏坐。缅历八月继续登程往大都（即今日北京）。缅历十月（1286 年 12 月或 1287 年 1 月）抵达。中国皇帝大悦，与余寒暄，不问国是。最后始谈及政治。皇帝说，大师，朕派兵两万及高僧，旨在弘扬佛教也。余奏曰：大王之所有将士、僧众获米粟始能生存。米者，国家昌盛之本也。若大王之将士只能砍食棕榈，则必腹痛致死，残余僧众亦不敢进入国中，逃往林野濒于绝境。此即大王所竟之业乎？园丁为树浇水，使其成长，不应采其嫩芽，待树木结果时再取果食之。大王系愿求来世成佛之人，不应使乔答摩佛祖之圣教受损。大王征服国家甚多，且均系大国。擔泊（蒲甘之古称）乃一区区小国，又信奉佛教，深得佛陀之爱怜，请勿派将士进驻。待吾等种好稻谷，丰收时再进不迟。余如此上奏后，中国皇帝道，大师所言亦为朕着想。大师返回时，望将逃散之僧众召回，劝人们安心耕种，待丰收安定之时告朕。余遂返，获预期结果。……①

它为蒲甘末年与中国元朝交战，最后曾与元朝和谈成功的史实提供了确凿的证据，弥补了缅中两国史籍记载的不足。

在古代反映缅甸人如何认识中国和缅中关系的作品中以散文居多，上面我们已经举了三个实例。但是这类作品绝非仅有散文一类，韵文类也有不少。比如：蒲甘末年“应苏涅王之邀，中国乌底勃瓦表示：愿扶王室正宗为王。于缅历 662 年（公元 1300 年）派丹盛登辛、约达登辛、毛达登辛、毛亚贝登辛四将率军 90 万进军缅甸。”掸族三兄弟“遂将觉苏瓦杀死。将王的首级给中国军队看，说：王族已绝！中国将军们说：王族既绝，吾等也该班师回国了。送给我们一些礼物吧！三兄弟道：礼物是要送的。请帮我们挖条渠吧！中国将军们说：请指明挖渠地段。相传在指明地段之后，中国军队为了显示力量，日落西山才开挖，黎明前一条长 700 达、宽 2 达、深 2 达的渠道（达，缅甸长度单位，约合 3.2 米。此渠即称之为顶兑渠者）已挖好。据说在挖渠时被铁铲铲伤碰断的手指、脚趾集中起来足有十大筐之多。三兄弟准备了许多礼物送给中国将士。中国人接受了礼物就回国去了。”②“围解之日，缅营欢宴，三兄弟之幼弟僧哥速（又译底哈都）即席歌舞庆功，歌词由彼自撰，云：‘秦人来自山径兮，怒吼兮怒吼；弩箭密如暴雨兮，奔流兮奔流。’”③

缅甸著名僧侣诗人信摩诃蒂拉温达（1453—1518 年）写的《离东敦枝》一首四言长诗中就有“举例来说，到中国卖针”一句，后来就形成了一个类似于中国“班门弄斧”的成语“去中国卖针”。瑞波一带流传的民歌——《瑞波大鼓曲》中有这样一段

① 缅甸原文见《缅甸碑铭集》第 3 卷，第 271 号碑文照片，英国牛津大学出版社，1939 年版；李谋译：《信第达巴茂克碑文》，载《中外关系史译丛》第 1 辑，上海：上海译文出版社，1984 年版。

② ［缅］《琉璃宫史》（缅文版）第 1 卷，缅甸联邦政府宣传部，1993 年版，第 365 页；李谋等译注：［缅］《琉璃宫史》上卷，北京：商务印书馆，2007 年版，第 306－307 页。

③ G. E. 哈威：《缅甸史》（姚楠译注），北京：商务印书馆，1957 年版，第 122 页。

歌词："你进城去干什么？去买广东产的带穗的波浪纹筒裙。"[①] 可见中国的针、丝绸等手工制品传入缅甸已有相当长的历史了。

缅甸贡榜王朝越马沙纳瓦德（1755—1840 年）的茂贡诗（记事诗）《中国使节莅缅记》更是直接地详尽记述了中国使节抵缅受到隆重接待的情景。

到了 20 世纪 40 年代末缅甸获得独立、新中国成立之后，两国人员来往不断。在 20 世纪 50 年代缅甸不少名人、作家在访华后都曾出版专辑发表观感。如：达贡达亚《乾陀罗》[②]、吴登佩敏《再见吧，旧时代！》、瑞吴当《我亲眼目睹的新中国》、吴翁伦《在中国的四十天》、耶博丁貌《人民中国》以及吴仰纳、杜阿玛等人的访华专著，从不同侧面再现了缅甸人心目中的中国。缅甸的著名爱国诗人德钦哥都迈在 1952 年参加过亚太和会后访问中国，也写了一首《访华长诗》，热情颂扬了中国人民取得的巨大成就。

1954 年时任缅甸总理的吴努应邀率团访华，回国后他写了访华观感，并组织其他六位团员也撰写了文章，从各个不同角度介绍中国情况，以《中缅友谊——乾陀罗访问记》为名出版了一本访华录。

有的作家则利用自己所长写了一些长短诗篇或抒发自己的情感，或歌颂两国人民间的友情。比如：20 世纪 30 年代缅甸实验文学运动的代表人物之一佐基在 1961 年 9 到 10 月间访华期间就有感而发写下了《进昆明》、《重庆的山》、《鲁迅故居》、《十月一日人民盛会》、《十月一日焰火晚会》、《长城》、《面人赵阔明》、《杭州西湖》和《回家途中》等九首短诗。仅举出其中两首为例，供读者欣赏。

长城

庞大啊！绵长！
顺着山势伏卧着
守卫国家的巨龙！

回家途中

人民群众安定无忧，
勤勤恳恳地工作，
豪放远大的理想，
愿在美丽北京的朋友们健康！
祝你们更加富强！

---

① 引自《广东带穗的波浪纹的男筒裙》一文，载缅中友协第二届缅中友好周专刊《文化与友谊》（缅文），1954 年版。

② 按"乾陀罗"系缅甸古时对中国的称谓，有人亦意译为"妙香国"。华人曾将德贡达亚所写此书译成中文，名之为"我们的芳邻，中国"。

三、介绍到缅甸的中国文学

19世纪初精通汉语的蛮暮土司作为缅甸的使者曾多次出使中国，且将中国的《康熙字典》、《本草纲目》等书带回缅甸。[①] 19世纪以来，缅甸人开始通过英译本对中国文学有所了解。如：1894年缅甸人J. A. 貌基和一位署名粟敦宏（译音）的华侨，把中国文学作品《包公案》和《聊斋志异》中的一些故事，直接从中文译成英文，取名为《天朝之镜》，由仰光德瓦茨印刷厂出版就是一例。[②] 中国文学开始被缅甸文学界关注是20世纪20年代末或30年代的事。当时缅甸实验文学运动的开创者们在英文刊物上看到了鲁迅、郭沫若等人的作品，对他们的创作思想影响不小。[③] 但中国文学作品译成缅甸文最初始于何时，现已难于查考。中国文艺思想在缅甸文学界产生更大影响是在第二次世界大战以后20世纪40年代末50年代初，当时缅甸出版的《星》杂志在1946年提出了创作新文学的口号。该刊物曾用大量的篇幅介绍中国文学作品及文艺思想。缅甸新文学运动蓬勃开展，中国文学作品在这样的背景下，被大量介绍给缅甸读者。1952年缅甸作家曾向到缅甸访问的中国学者说：到当时为止已用缅甸文翻译发表了不下百篇的中国作品。[④] 如：鲁迅、蒋光慈、秦兆阳、刘白羽、赵树理等人的短篇作品都是在这一时期由缅甸著名作家德贡达亚、杜阿玛、曼丁、德钦妙丹等人翻译发表的。当时发表这类译作较多的杂志有：《星》、《新文学》、《人民》等。最早成册出版的缅译中国文学作品是1947年德都译老舍的《骆驼祥子》。20世纪50、60年代成册出版的有：1950年貌西都根据剧作《白毛女》改写的小说，1953年敏昂、拉吴合译的袁静、孔厥的《新儿女英雄传》，1953年谬温译鲁迅的《阿Q正传》，1956年德钦妙丹译刘白羽的《火光在前》，1962年妙丹丁译曹禺的《日出》，1964年德钦妙丹、貌奈温译陈昌奉的《跟随毛主席长征》，1965年貌貌丁译周立波的《暴风骤雨》，1965年吴哥哥基译周立波的《山乡巨变》，1965年梭棉译茅盾的《子夜》，1966年觉莱尼（敏昂）译郭沫若的《屈原》，1966年貌貌丁译柳青的《创业史》等。同期缅甸著名作家敏杜温还先后在杂志上发表了中国陈毅副总理访缅友好诗篇和侯宝林的著名相声脚本《夜行记》。60年代中国外国文学出版社也翻译出版过《中国民间故事选》等。进入70年代，在缅甸除了有1974年苏奈出版社出版的貌奈温选编的《鲁迅小说选》等译本外，1975年德都编译的《世界短篇小说选》中选了14国36篇作品，其中包括中国著名作

---

① 余定邦：《中缅关系史》，北京：光明日报出版社，2000年版，第192页。

② 根据法国学者苏尔梦在法国找到的英文档案材料。

③ 1958年8月之1961年6月笔者本人在仰光大学缅文系留学期间曾几次向当时任仰光大学图书馆馆长的吴登汉（佐基）当面请教有关缅甸实验文学运动的一些问题，这就是他当时强调的一点。参见本书第198–200页所载《关于实验文学运动对佐基的访谈录》。

④ 山吞《缅甸文学与新中国》一文，载1951年曼德勒出版的《人民杂志》第21期。

家鲁迅的《药》等四篇。1973 年貌廷在其编写出版的多卷本《世界文学简编》中，专门用了半卷的篇幅（约合中文八九万字）系统地评介了中国文学上各个时期著名文学代表人物和作品。缅甸最早翻译中国武侠小说是在 1974 年，80 年代上半叶在缅甸文坛兴起了翻译中国武侠小说热。其数量与占当年翻译作品总量的比例呈逐年上升趋势，1981 年为 68 部，占 42%；1982 年为 86 部，占 49%；1983 年为 100 部，占 45%；1984 年为 150 部，占 58%；1985 年为 274 部，占 72%；1986 年 215 部，占 68%。① 虽然这类小说的文化品味并不高，其社会意义也不大，但这却表明金庸、古龙、梁羽生等人的作品受到缅甸一般读者的青睐，成为他们的主要消闲读物。80 年代在缅甸诗坛，不少诗人译介了我国当代著名诗人艾青等人的诗。到 80 年代末 90 年代初缅甸文坛对中国文学的译介又有了新发展。中国古典文学名著被一些著名作家译成缅甸文。如：1988 年新力出版社出版了九卷本妙丹丁译曹雪芹、高鹗的《红楼梦》，译者也因此第三次获得缅甸民族文学奖的翻译文学奖。1989 年敏杜温译白居易的《骠国乐》，全文在秀玛瓦杂志第 5 期上发表。据笔者所知后来妙丹丁还译了施耐庵的《水浒传》、敏杜温译了白居易的《卖炭翁》《新丰折臂翁》《观刈麦》等多首名诗，但可惜后来未见正式发表。

值得注意的是：一、译者大多是缅甸当代著名作家。他们中间不少人是新文学运动的骨干力量；二、大多数人是从英译本转译的。有少数是华裔作家（如：拉吴、谬温等人），他们是从中文直接译出的；有的则是华裔人士与缅甸作家合作完成的，像《新儿女英雄传》缅译本就是一个非常成功的例子，著名作家敏杜温在翻译陈毅元帅、白居易的诗时也是详细了解了原作的字、意、韵以后才动笔翻译的；三、所译作品大都是名人名篇。

总之，缅译中国文学作品日益增多，从缩写、改编到全文照译；从翻译短篇到翻译长篇巨著；译文的体裁从小说到剧作、诗歌，甚至到相声脚本等等文学形式；从翻译现代作品到翻译古典名著；从翻译中国文学理论文章到撰写中国文学史并系统评介中国文学作品；丰富多姿。广大缅甸民众通过这些作品更加深入地了解了中国。同时这类作品也丰富了缅甸文坛，促进了缅甸文学的发展。

四、缅甸文学在中国

早在 1407 年中国明代永乐五年时，在南京创办的中国有史以来第一所外国与少数民族语言学校——四译馆（初期曾称四夷馆）就开设有缅甸馆。② 并聘来自缅甸的使臣

① 据［缅］《翻译文学研讨会论文集》（一），缅甸文学宫出版社，1990 年版，第 90 页所引数字。
② 可参见明代王宗载：《四夷馆考》、吕维祺编：《四夷馆增定馆则》。

作为专家执教，以培养精通缅甸语的人才。“先是，缅甸人当丙、云清、班思杰、康剌改、潘达速、己扯盼六名，以进贡至京，俱留本馆教授。景泰二年（1451年），缅甸宣慰差其酋雷古进贡，并乞还当丙等。本院学士陈以译字生王暕等习学未成，请勿遣还。天顺二年（1458年），复差雷古进贡，并取当丙等，仍不许，后俱卒于官。弘治十七年（1504年），因本馆译学失传，行云南镇巡官乞人教习。”[①] 流传至今还有当时编写的《简明缅汉词典》（原名《四译馆译语》，其中一部分是写缅甸语的，有几种不同版本流传至今，收词千余条，用汉字拼音注释）。

另，“明初设缅字馆于滇坦，令汉人习而译之。考缅字授自缅僧，有深浅优劣之别，其精者知晦明风雨、日月剥蚀。乾隆六十年（1796年）孟于以贡使八部，购御纂五经、康熙字典、渊鉴类函、朱子纲目、李时珍本草数十种以归诗书之译。”[②]

在现代翻译介绍缅甸文学的历史中，一些侨居过缅甸的中国作家们如：艾芜、许地山、聂绀弩等人以及在缅一些华裔作家曾发挥过作用。他们曾在缅甸当地发行的华文报刊上发表过一些缅甸作品的译文，并编写出版过某些学习缅甸语的书籍和词典，都直接促进了缅甸文学向中国的传播。

如：缅甸华侨著名作家黄绰卿在他的一篇《缅华文艺运动》[③] 文章中提到1933年缅甸的文化界人士发起缅华文艺运动时说：“《椰风》响应当时马华文坛的号召，开展‘此时此地的文艺’运动，作品内容注重写地方现实，以文艺为政治斗争的武器。椰风社有三位社员通晓缅文：一位静亮，他开始介绍缅甸的节日风俗和缅甸戏剧，后来他整年内把1930年缅甸文学运动的《时代尝试集》全部译登了。一位亚虚，他写过许多缅甸人民宗教生活的素描，也译过一些缅甸民间故事。一位柯子，他也译缅文作品，他写的诗歌较多，充满了地方色彩——他们都很早就致力于缅甸文学的翻译工作。”

在中国国内对缅甸作品的译介大约始自20世纪40年代末50年代初。初期一些译者因不谙缅语遂借助第三国语言进行翻译。如：施咸荣译貌阵昂《缅甸民间故事》（1957年4月作家出版社版，译自英文）、谭得伶等译缅甸诗人诗集《人民需要明朗朝霞》（1958年9月人民文学出版社版，选入德钦哥都迈等13人的15首诗，译自俄文）。从缅甸文直接译成中文的始自20世纪50年代末，第一个缅文直译成中文的作品是北京大学缅甸语专业师生集体翻译的貌廷所著《鄂巴》（1958年11月人民文学出版社版）。缅文短篇小说译文载于中国刊物上始于60年代初期，最早的是林煌天译佐基的《玛丁老头》和敏杜温的《扎耳朵眼仪式》在《世界文学》杂志上先后发表。到了70年代末80年代初直接译自缅文的文学译作也逐步多了起来。除了在各种刊物上间而有些缅

① 王宗载：《四夷馆考》卷下。

② 师范：《滇系》12册。

③ 郑祥鹏编：《黄绰卿诗文选》，北京：中国华侨出版公司，1990年版。第261-263页。

甸短篇小说或剧作发表外，出版的单行本也有所增加。如：林煌天编译的《缅甸短篇小说选》（1981 年 6 月外国文学出版社版，共收 20 位作家的 22 篇作品）。先后出版的长篇小说有：戚继言译八莫丁昂的《鄂奥》（1965 年 5 月作家出版社版）、贝达勉译吴登佩敏的《旭日冉冉》（1982 年 8 月北京大学出版社版）、李谋等译詹姆斯拉觉的《情侣》（1985 年 7 月山西人民出版社版）、姚秉彦等译加尼觉玛玛礼的《不是恨》（1985 年贵州人民出版社版）、计莲芳等译德格多蓬内的《别了夏日之夜》（1986 年 2 月重庆出版社版）等。这时从缅文直接译成的中文诗歌也开始出现在中国学者写作的文学评论文章或编译的诗集中，如：李谋《缅甸的实验文学运动》（载《外国文学评论》1978 年第 4 期）中有实验文学诗歌数首，华宇清编的外国历代著名短诗欣赏集《金果小枝》（1985 年 6 月黑龙江人民出版社版）中收入了《卜巴神山》、《翠湖颂》、梅贵《短短的烟袋》、吴邦雅《更胜一筹》、塞耶佩《金钱》、佐基《戴缅甸紫檀花的姑娘》与敏杜温《她的喜悦》等缅甸古今名诗 9 首。不仅如此还可以发现一些缅甸古典作品也开始被中国翻译工作者们译出介绍给中国读者。如：《信第达巴茂克碑文》（李谋译）①、信摩诃拉达塔拉《九章》诗片段（蔡祝生译）、吴邦雅《卖水郎》诗剧（李谋译）等。② 当然如果扩大一些范围来看，纯文学作品以外的其他译著尤其是缅甸历史方面的译著的例子就更多了。如：波巴信《缅甸史》、貌丁昂《缅甸史》、貌貌《缅甸政治与奈温将军》、威基耶基纽《四个时期的中缅关系》、大学盛丁《1945 年缅甸反法西斯斗争史》、纳茂蓬觉《英缅战争史》、以及缅甸贡榜王朝十三位僧俗学者共同编撰的钦定的著名缅甸国史《琉璃宫史》等。

缅甸文学在中国的译介工作进一步深入还表现于自 20 世纪 70 年代末 80 年代初开始中国各种外国文学刊物上先后发表不少有关缅甸文学研究与评介文章。1982 年 5 月问世的《中国大百科全书·外国文学卷》中列出了不少有关缅甸文学的条目。到了 80 年代中期，中国的外国文学研究工作者们开始加强了对东方文学的总体综合研究。先后出版的各种版本的东方文学史、东方文学词典中大都用了较大篇幅介绍了缅甸文学的地位与某些著名作家作品。如：朱维之等主编的《外国文学简编（亚非部分）》（1983 年 6 月中国人民大学出版社版，1998 年 1 月，2004 年 3 月又两次大篇幅地修改增补成梁立基等主编的《外国文学简编（亚非部分）修订本》和《外国文学简编（亚非部分）第三版》），季羡林主编的《东方文学史》（1993 年吉林教育出版社版），高慧勤、栾文华主编的《东方现代文学史》（1994 年 1 月海峡文艺出版社版），梁立基、李谋主编的《世界四大文化与东南亚文学》（2000 年 9 月经济日报出版社版）等。中国对缅甸文学的研究到 20 世纪 90 年代也更加深入。如：吴文辉译貌阵昂的《缅甸戏剧》

① 译文见《中外关系史译丛第一辑》，上海：上海译文出版社，1984 年版，第 72－75 页。

② 译文见季羡林主编：《东方文学作品选》上册，长沙：湖南人民出版社，1986 年版，第 503－525 页。

（1992 年 3 月中山大学出版社版，译自英文）、姚秉彦、李谋、蔡祝生合著的《缅甸文学史》（1993 年 7 月北京大学出版社版）、尹湘玲著的《20 世纪缅甸文学研究》（2008 年 6 月国际文化出版公司版）等都是有力例证。

五、缅甸文学接受中国文学的影响

随着缅甸文学界对中国文学的关注与了解，我们还可以发现中国文学在题材、体裁以至写作技巧等方面对某些缅甸作品的影响。比如：鲁迅曾写过《故事新编》借古喻今，其中许多篇章是表现爱国情绪和抒发对当时酷政的不满。同样我们也可在 20 世纪 30 年代实验文学作家们的作品中看到类似的情况，佐基的《蒲甘集》、德格多貌丹新《宝刀》的等篇也都取材于古代故事，表现了爱国主义思想的主题。又如：貌廷的《鄂巴》也明显受到鲁迅《阿 Q 正传》的影响。我们从两篇小说的开头部分对两个主人公的介绍，鄂巴与地主吴达刚、阿 Q 与赵太爷的关系，鄂巴的结尾与阿 Q 的胜利等几个方面都隐隐约约可以发现某些相似之处。鲁迅在《阿 Q 正传》中对阿 Q 饱受摧残的遭遇寄予同情，表现了哀其不幸怒其不争的感情。貌廷《鄂巴》中的鄂巴也被塑造成一个逆来顺受的农民形象，他令人可怜同情，同时也使人觉得可笑不满甚至气愤。所以尽管两个典型人物所处的典型环境并不相同，但的确有着某些共同之处，难怪有些缅甸华侨曾把《鄂巴》这一书名译成《阿八正传》。① 再如：敏新有一部专门描写缅甸下层人民生活的短篇小说集《在马路上》。其中有一篇《谢谢》，说作者路过一高坡，见一对卖柴人夫妇吃力地推着满满一车柴上坡。作者慨然上前相助。车推上坡后，卖柴人仍顺势继续推车向前。正当作者暗地责怪卖柴人竟然连声谢谢也不说时，卖柴人夫妇这时停下车深情地回过头来看了他一眼。从那深情的目光中他体会到劳动人民对别人的感激往往是埋在内心深处，而不是挂在口头上说些客套话。作者这时才感到自己的渺小，领悟到卖柴人的真挚情感。这件事使他获益匪浅，作者认识到应该是自己感谢卖柴人夫妇。看过这篇小说就会使人自然而然地联想起鲁迅的小说《一件小事》中所写的作者与车夫的形象。两篇内容虽不同，但都是通过一件小事以作者的自身感受与劳动人民的情感作对比，得出自己渺小而劳动人民伟大的结论。再举个例子：1913 年缅甸作家吴腊发表了小说《茉莉花》一改缅甸以前佛教小说或宫廷小说的传统写法，在有些章的结尾处往往写下两行诗句概括全局。这显然与中国章回小说在每章结尾“正是……”或“诗曰……”之类的写法有一定关系。

（写于 2011 年 6 月）

---

① 参见黄绰卿：《中缅两国人民友好文化交往》一文，载 1960 年 10 月 6 日缅甸仰光出版的《新仰光报》（中文）。

现代中缅教育方面的往来对两国关系的影响

中缅关系历来密切，早在19世纪末清代时就开始设有外交机构。1948年缅甸独立后，两国即正式建交设立使馆。1949年10月1日中华人民共和国宣布成立。同年年底12月17日缅甸政府即宣布承认中国新政府；同日，原国民政府派驻缅甸的以涂允檀大使为首的大使馆就致电中央宣布起义，留守待命。1950年6月8日，两国宣布正式建交互派大使。新中国除了有派驻缅甸的大使馆工作人员，和某些短期赴缅访问的代表团之外，到20世纪50年代末在缅较长期逗留的人员几乎没有。所以缅甸一般民众和机构对中国了解有限。正因为如此，现代中缅教育方面的往来从一开始就受到多方的关注，而且对两国关系有较大且深的影响。

一、两国教育方面往来的概貌

（一）派出留学生赴缅

1956年前后中缅两国开始有了相互派留学生的协议。但直到1958年8月以后才得以实施。在“文革”前中国曾派出过三批赴缅留学生，第一批二人从1958年留学至1961年；第二批三人从1960年留学至1963年；第三批八人从1965年留学至1967年（原计划至1968年，因“文革”开始，提前一年回国）。到1967年后中断。20世纪70年代末文化大革命结束，中国高教事业开始复苏，随后不久，在80年代初中缅也开始恢复了互派留学生，每年双方各有4个名额。中方每年基本都能用满这些名额。中方派出的学员大都是已学过缅甸语，而且正在从事与缅甸语有关工作的人员，大多属于深造性质。当时在各高校缅甸语专业的教师以及在外交部等部委从事缅甸语翻译的人员基本都先后得到过这样的学习机会。近年来派出留学生名额又增加不少，且已有人获得了缅方的学位。

在这里我着重讲讲我国最初派出的三批留学生的情况，然后再简单谈谈近年来的发展。

我本人和大学同窗学友姚秉彦君二人有幸成为我国赴缅第一批留学生。早在1956年秋我们就接到高教部的通知，开始着手准备赴缅留学事宜，但直到1958年8月才成行。我们赴缅时，是刚刚结束了北京大学缅甸语专业三年学业的学生。接收我们留学的是仰光大学。我们在缅学习了三年，直到1961年5月底返回国内，在北大缅甸语专业任教，后晋级至教授。1997年我国首次在北大增设亚非语学科博士学位授予点，我们又荣幸地成为这一学科的第一批博士生导师，培养了几位博士生后，2000年底退休。

仰光大学校方，把我们的宿舍安排在相对学生宿舍设备、环境要好得多的单身男教师宿舍楼，而且是一人一间，在我们的坚持下，才改为给我们两人一间。虽然与我们先后到校的还有苏联、捷克等国的留学生，但为了方便我们的学习，校方专门派一位教师给我们上课，先后有两位：一位是教育学院的讲师杜印敏，另一位是仰光大学翻译出版部缅甸语词典编纂委员会的编辑杜埃基。两位都把我们看作是她们自己孩子似的悉心教授、照料，平日每天授课，有时星期日还会叫我们到她们家中过一个周末。我们抵缅后第一个负责为我们授课的是杜印敏，她为了了解我们缅语的真实水平，就把缅甸一年级到十年级的一套缅甸语课本找来，让我们从头读起，哪怕是一个字、一句话不懂也不能放过，还把我们带到仰大教育学院附属实验学校高年级去听课。这样用了两个多月的时间，经过考察她认为：我们已经初步掌握了缅甸十年制学校应学的缅甸语知识，具备了进入大学学习的水平后，就把我们转到杜埃基老师手中。杜埃基老师又选了一些文章或文学作品，教我们读、写，这样又过了大约半年左右，校方才让我们进入缅文系学习。此后，校方同意我们可以自由选听缅文系三、四年级必修与选修的各门课程，并专门派出两位助教杜努努穗和吴埃佩定时给我们辅导。我们除了到多位当时声誉很高的教师课堂上听课以外，还专门拜访过几位在缅甸语言文学界极负盛名的在校任职的教授、讲师，[①] 包括当时任缅甸文系系主任的吴埃貌教授，我们得到了他们的热情接待、教导与帮助。校方还很注意我们的言行与反应，比如，我们英语不算好，加上缅甸人英语发音常常带些缅甸腔，缅甸学生当时习惯在句子里加上几个英文单词来说（实际上缅甸文中是有这些单词的，习惯这样讲，大概是为了表现自己学问高深吧）。我们在和他们交谈时遇到这样情况，往往茫然不知所措，就会问你说什么？直到他们用地道的缅甸语时才会与他们应答。这件事让校方知道了，一次教务长[②]向学生们训话，就提到：你们的缅甸话还不如中国留学生说得标准，怎么能随随便便把英文单字夹杂在缅语句子里说呢？

① 缅甸大学属英制，每一系科单位只设一位教授，直到近年才增设一位副教授。

② 当时缅甸仰光大学的校长一般由政府总理兼任，而且不称校长而称之为学校的“元首”，大学的最高领导就是教务长。当年仰光大学教务长是地质学教授达拉博士（Dr. Tha Hla）。

学校的同学们更是热情。不仅有华裔，大多数更是缅甸各个民族的学生；有缅文系的，也有不少其他系的。他们常来宿舍找我们聊天，聊的话题可多了，主要是问中国方方面面情况的。他们搞节日庆典活动时也会邀我们参加。

仰光普通市民也以一种惊异的眼光对待我们。在我们初到仰光时，在街上遇到缅甸人，他们往往会问：你们是日本人吧？因为在那个年代缅甸人见到的日本人不在少数。就以到缅甸求学的留学生来说，第一批来缅的也是日本学生，他们早在20世纪50年代中期就到缅甸来了。其他国家的学生都是50年代末才开始来缅的。当对方知道你是中国人时，还往往会追问：白华？还是红华？你可千万别以为对方有什么恶意。只是因为50年代初，国民党残军败退缅甸，给缅甸老百姓留下了极深的印象。尤其是退到缅甸境内的国民党残军在金三角一带为生活竟经营起毒品种植、贩运来，极大地伤害了缅甸广大民众。人们普遍把在大陆丧失政权的国民党人士称之为“白华”，而把在新中国生活工作的人称之为“红华”。这一称谓直到中国与缅甸往来逐步增多，60年代以后才消失了。一般缅甸老百姓可热情了，并不把你当“外国人”看，因为在他们周围生活的“胞波”[①] 太多了。当他问明你是来自中国大陆的以后，就会饶有兴趣地发出一连串的问题，询问中国各个方面的情况。也会热情地提供你所希望得到的种种帮助。

1960年8月，我国又派出了第二批赴缅的三名学生，他们都是北京外国语学院[②]英语专业二三年级的学生，没有缅语基础，在缅留学三年学习缅甸语，后都在我国外交部任职。这三位就是：夏厚宏（在外交部和驻缅使馆工作多年，又调至全国政协任外事局局长多年后退休）、彭增九（在外交部和驻缅使馆工作多年，又在驻新加坡、菲律宾使馆任政务参赞，后病故）和齐治家（在外交部和驻外使馆多年，先后任驻泰国使馆、驻缅甸使馆政务参赞、驻蒙古人民共和国大使后退休）。他们三人到缅甸时，与我们先来的两人一起在仰大生活学习了一年后，又继续在缅甸学习了两年才回国，都留在外交部工作。因为这一时期中缅两国关系日益亲密，所以他们所面对的生活与学习的环境与我们经历的基本上没有什么两样，只是因为他们没有学过缅甸语，所以一进校就由缅文系专门派的教师为他们上课而已，直至学成离缅，一直如此。开始阶段也是负责辅导我们的杜努努穗和吴埃佩两位为他们上课的。

1965年9月我国派出了第三批赴缅留学生，共八名，其中有五位是已从北京大学或北京外国语学院缅语专业毕业的学生；另三位是从复旦大学、北京外国语学院等校学习英语的二三年级学生中选送出国的。但因“文革”关系，中断了原派出他们在缅学习三年的计划，提前一年多，1967年3月间从缅甸回国。他们之中已在国内缅语专

① 原意：同胞，但今日缅甸人专指华人、华裔而言。
② 今日北京外国语大学。

业毕业的五位是赵敬、韩德英、周思贤、曲永恩、申相坤，赵、韩两位回国后在北大任教，晋级至教授，后工作直至退休；周思贤在北京外国语学院任教，晋级至教授，直至退休；曲永恩在洛阳解放军外国语学院任教，晋级至教授，直至退休；申相坤在外交部与驻缅大使馆工作多年，最后任驻缅甸曼德勒总领事，退休。没有缅甸语基础的三位同学，因在缅甸只学习了两年缅甸语，未能学成，回国后又遇“文革”，所以后来调至对外经贸部门从事英语翻译工作去了。

第三批赴缅留学的几位在仰光大学学习期间比前两批赴缅的学生更加活跃。初到缅甸时，校方还曾答应他们的要求安排住进大学的学生宿舍，与仰大同学们的交往比我们当年更加亲密融洽与频繁，但可惜一个多月后，又被校方安排搬进了单身教员宿舍。当年他们八个小伙子还组成了一个排球队，除了坚持锻炼外，还经常与缅甸同学进行友谊赛，甚至附近缅甸中学的校队也邀他们去比赛，据说他们的战绩满不错，胜多败少。可惜他们在缅只停留了一年多就因时局的变化，不得不中断了留学生生活回国了。

到20世纪70年代末我国“文革”结束后，两国才恢复了互派留学生，每年双方各有4个名额。这一规定一直延续到90年代。从70年代末开始，几乎每年我国都派出人员到缅甸仰光外语学院学习一年缅甸语。且赴缅者大多是在国内缅甸语专业毕业后已参加工作的人员。进入21世纪后，虽然通过两国教育部派往对方的留学生名额并未增加多少，但是派出的渠道明显增多，在对方学习的学生人数大有增加，甚至难以确切统计。赴缅留学的学生大多仍在缅逗留一年，但也有一位是原驻缅使馆文化处的干部石瑛女士，后又在缅停留了数年终于取得了缅甸仰光文理科大学历史学博士学位。

（二）接纳缅甸学生来华学习

缅甸方面到1960年9月才派出了第一位赴华留学生，他就是后来成为缅甸外国语学院中文系元老的吴迪三伦。吴迪三伦是一位华裔，能操一口流利标准的汉语，有相当深厚的汉语基础。他来华前夕曾专门到当时我们的仰大宿舍来找我们了解有关情况。来华后在北京大学中文系学习了五年，直至毕业。回国后参与缅甸外国语大学的初建，任该校中文系系主任，直至20世纪末退休。

后来，缅甸方面又先后派出了几位不谙汉语的学生来华，学习一二年汉语后入中医、农业等学科学习。1967年中国“文革”开始，中国国内大学已不能正常进行教学活动，加之缅甸仰光出现严重的“六二六”排华事件，中缅关系急剧变冷，缅甸方面遂召回了所有来华的留学生。

20世纪70年代末“文革”结束后，两国教育部协议恢复互派留学生事宜，并商定每年双方各有4个名额。但缅方几乎每年都没有派出学生来华。这样的情况直到1990年才得到改观。缅甸方面第一次用足了来华留学生的4个名额。而且此后大多在华缅甸留学生都为能拿到学位，延长了在华学习期限。

20 世纪 80 年代末本人正被文化部借调到我国驻缅大使馆文化处工作，在与一些缅甸友人交往中得知缅甸的许多部门，比如缅甸外交部、仰光外国语学院、缅甸历史委员会等等单位都一直想能有什么途径派出人员赴华学习或进修汉语以加强相关学科或部门的工作，但是，大家并不了解两国教育部之间有提供奖学金派出留学生的协议。经过我大使馆的多方沟通，1990 年缅甸教育部第一次用足了当年派出来华的 4 个留学生名额。最后落实的结果是：缅甸外交部的杜山达、缅甸历史委员会（仰光大学历史系）的杜温、杜玛格丽黄和缅甸外国语学院中文系教员杜漂漂温等四人来华学习。其中杜山达基本没有中文的基础，而其他三人都有华人血统，有一定中文基础，杜漂漂温中文基础最佳。她们都在华学习了三年，且两人在北京大学取得了中文硕士学位，两人在武汉大学获得了历史学硕士学位。杜山达毕业后在缅甸驻华使馆任三等秘书，后回国继续在缅甸外交部工作，目前已晋级至何等官阶不得而知。杜玛格丽黄前两年已升任缅甸仰光大学历史系系主任。其余两位后因故先后脱离了缅甸教育单位，搞其他工作去了。

以上是我所了解的 1990 年以前通过官方渠道缅甸来华学生的情况。但是据我所知，民间自己设法来华学习的学生不在少数，只是非常分散，难于全面统计和了解具体情况罢了。尤其是在20 世纪60 年代缅甸奈温军政府上台执政后，取缔了华文学校与华文教育，压制学运，多次强制学校停课，长期来大学不能正常进行教学活动。加之随着中国的崛起，中文作为一种语言工具的应用范围日益扩大。所以缅甸许多学生（包括华裔和非华裔）都想到中国的高等学校学习。就借着当时缅甸有凡向国家交纳一定数量外汇收入的人才能获得到国外打工机会的规定，假借外出务工的名义，向政府交纳一些款项，到中国求学。从 60 年代末期开始，这种用变通办法，来中国学习的人不少。70 年代末期以前都是到台湾去求学的，而且华裔占大多数。到了 70 年代末期，中国国内开始恢复了学位学衔制度后，也有不少缅甸学生是这样来大陆学习的了。

进入 90 年代后通过教育部系统接受来华学习留学生的情况有很大改观。人数、层次方面都有很大提高。比如，仰光外国语学院的教员杜钦基来华后在北京语言文化大学学习，而且最后取得了该校的博士学位，学成回国后，接任了仰光外语学院中文系的系主任。原来有缅甸学生在校学习的高等院校数量并不多，只有几所。但是，进入 90 年代后，中国多个部门有多个渠道接受缅甸留学生，留学生们所学专业与所在院校的数量大为增加。且本科生、硕士生、博士生都有。比如，国务院汉办与国外合办孔子学院，同时也会答应为对方提供若干来华奖学金名额。再如：2008 年 3 月在万象召开第三次大湄公河次区域领导人会议上，中国总理就曾向次区域内各国承诺，为它们增加3000 个政府奖学金名额。所以进入 21 世纪后可以说缅甸赴华留学生人数大增，虽然其中华裔仍占据一定比例，但来自缅甸境内其他各族的学生也不少。2010 年 6 月本人到云南大学国际关系学院参加"中缅建交 60 周年与缅甸局势"学术研讨会时，就见到十来名来参加研讨会的云大国际关系学院在读硕士生。经向云大同志询问得知，他们学校就按上述 2008 年 3 月总理向有关各国的承诺，接受了不少缅甸的学生，仅 2008 年 9 月入云大国际关系学院学习的硕士生就有 8 位，随后各年都接受了几位来自缅甸的学生，同时也有入云大其他系科学习的。会议期间和他们接触，我感觉这些同学的汉语水平相当高，而且很有礼貌，思想很活跃，能友善坦诚地和与会学者们交流他们的看法，不能不说这些看法还是有代表性的，代表了一般缅甸民众的真实想法；据他们的导师介绍，他们选择的毕业论文题目的范畴也很广，写得很认真且具一定水平。

（三）教育专家的往来

两国教育专家的交往最早可追溯到 1957 年。缅甸独立后很重视教育方面的发展，为了制定教育改革发展的方案，1957 年曾聘请了来自 9 个国家的 13 位专家作为顾问，参与工作。当时中国的王亚南与安波两位教育专家就是受邀赴缅的两位。

据我所知就我们北京大学而言就有好多位知名教授应邀到访过缅甸。比如，20 世纪 60 年代历史学家向达、东方学家季羡林、语言学家冯至等都先后造访过缅甸。20 世纪 90 年代我校的梁志明和姚秉彦两位教授曾参加中国历史学家代表团访缅。

缅甸方面通过官方途径来华访问过的教育方面的专家教授也不少。我也举些例子来谈。如：最集中的一次是 1961 年 9、10 月间来华访问的仰光大学教授代表团。以当时仰光大学教务长达拉博士为团长，他是一位地质学教授。团员有七八位，都是当时缅甸各个学科顶尖的知名教授，比如，时任仰光大学图书馆馆长的缅甸著名的文学界泰斗吴登汉（佐基）、缅文系教授吴温（敏杜温）、地理系教授杜丁基等。又如：1990 年著名缅甸学者、曾任伦敦大学缅甸文教授多年的吴拉佩携夫人来华访问，并在北京大学进行了短期讲学。再如：1991 年缅甸奈温将军夫人、历史学家杜尼尼敏率历史学家代表团访华（可能当时缅方为了避免外界不必要的猜测，对外公布的名单中杜尼尼敏只是一位普通团员，但照会我国有关方面，说明她实际是真正的团长）。代表团中包括仰光大学历史学系教授吴吞昂千、大学图书馆馆长吴多岗等多位缅甸的历史学界名人。

应邀到华任教的第一位缅甸专家是在缅甸文字委员会任职的吴吞丁，他于 1978 年来华，协助北京大学缅语专业编撰我国出版的首部《缅汉词典》[①]。此后来华任教的专

① 北京大学东方语言文学系缅甸语教研室编《缅汉词典》，收入缅甸语词条约 60000 条，全部条目均以拉丁字母注音，部分条目附有插图，书后附有缅甸历史年代表等七个附录。主要编辑为：任竹根、汪大年、李谋、施振才、姚秉彦、韩德英、计莲芳、姜永仁、蔡祝生等十人，1973 年开始编撰，1983 年 7 月底编辑完成，商务印书馆 1990 年 10 月正式出版，至今已再版四五次之多。

家多人，且分别在多所大学任职。其中著名的有：缅甸文字委员会主要编辑之一吴甘纽、缅甸名作家德格多温蒙、先后在缅甸曼德勒大学和毛淡棉大学任缅文系系主任的教授吴绵丹等。直到今日，已有不少缅甸著名专家或学者应邀到我国的几所大学的缅甸语专业任教过。

进入21世纪后两国教育专家的往来并没有更多的增加，但是明显地在原有的基础上更深入了一步，仅举几个例子来说：

在我国外国语学院任教多年的许清章教授退休后，仍一直惦念着与他一生有过千丝万缕联系的缅甸，还想去看看这些年来缅甸的变化和多年未见的朋友，他给缅甸教育部写信提出了再次赴缅访问一次的愿望，缅甸教育部遂向他发出了邀请，2002年11月他终于如愿以偿赴缅访问了两周。①

北京大学外语学院缅甸语教授汪大年自选了一个“缅甸语与汉藏语系比较研究”的研究课题，并申请到了国家社科基金和北京大学“211工程”科研项目的资助，为进一步充实自己的科研成果，取得第一手资料，通过我驻缅使馆向缅甸有关方面提出自费到缅甸语一些主要方言区进行实地调查的想法，最终得到缅方的同意与协助。2004年1月至6月间偕原来随他攻读过硕士学位的蔡向阳博士，一起在缅甸境内各地进行了5个月的田野调查。最终完成了他的专著。②

缅甸文资深教授杜玛蕾，早在20世纪50年代在仰光大学缅文系任助教时，就与我国派出的首批留学生有过短暂的接触。到80年代末升任仰光外国语大学缅文系系主任、教授，与此后到缅甸学习的留学生多人都有着深厚的师生情谊，她一直希望能造访我国或来华任教都没有机会，早已退休，现已75岁高龄，2011年年初还是通过她昔日的学生、现在广西民族大学任职的缅文专家杜瓦蒂顿的私人联络，到广西南宁和北京做了短期访问，会见了她的老相识和曾经教过的弟子们，并在广西民族大学和北京大学与现在学习缅甸语的学生们见面并作了相关的学术讲座。

二、从中缅教育方面往来得到的启示

（一）培育了一批中缅两国能够沟通双方的专门人才

从上述我曾举过的实例就可以看出中国通过派出留学生这一渠道，培养出一批缅甸语的教师和中国外交战线上掌握英、缅两种语言的干部。他们对缅甸国情有较深入了解，也是业务上的骨干力量、工作母机，是些名副其实的“缅甸通”。虽然，早期留

① 他把这次访缅写成的几篇文章与他前几次出国写成的游记等编辑成一本《异国风情与文化——访美、日、菲、缅等国见闻随感》，2007年3月由知识产权出版社正式出版。

② 《缅甸语与汉藏语系比较研究》全文近40万字，于2008年1月由昆仑出版社正式出版，另一部专著《缅甸语汉语比较研究》，全文60余万字，2012年3月由北京大学出版社正式出版。

缅学生们都已退休，但今日仍在职的这两类人员中的曾留学缅甸者，几乎无一例外也都已成为所在高校或涉外单位的中坚力量。

缅甸来华留学生们在我国学习、生活了一个相对较长的时间，除了学习到相关领域的知识、技能之外，还与我国的普通民众有过很多接触，结交了一些中国朋友，所以他们大都是比较深入地了解中国的，有的成了名副其实的“中国通”。

（二）加深了两国民众间的了解

双方留学生在对方学习期间，接触了方方面面的人士；一些专家学者到对方访问，除与对方同行有了直接的交流机会外，也会接触到对方的许多普通民众。他们对对方的直接了解和给接触过的对方民众留下的印象或影响，无疑都会加深两国民众间的了解，为两国发展全面的友好关系奠定了更加深厚的基础。

（三）助推了双方的民间交流与往来

从上述所举的一些非官方往来的实例就足可说明，由于双方政府协议的教育往来项目的实施，造成了较深入的影响。才出现了后来的学生自行设法到对方高校学习或个人设法到对方访问的事例。

（四）警惕敌对势力的破坏，注意个别人员不当言行的干扰

警惕一些民族败类与敌对势力蓄意的破坏。那些民族败类和敌对势力是绝不愿意通过我们教育方面的往来，使中缅双方更加了解，使一方的形象在对方人民的心目中更加美好和正确，两国的关系发展得更好的。他们会想方设法扭曲我们的形象，搞些反宣传，进行破坏。这是我们不能不时刻警惕，并采取切实的措施予以回击和“消毒”的。

注意个别人员不当的思想与言行也会造成一定干扰。如果某些留学生或出国访问的专家学者的言行不检点，就会给所接触的对方人士或民众留下一种不好的印象。而这种印象往往还会影响到对方的看法。比如：按理说，来我国留学的学生或来访的专家学者们回国后，应该对中国有个全面认识，有个良好的印象，成为一位“亲华派”，但是事实并非完全如此，有些人来过中国后，对中国的态度反而变得不友好了。虽然，这种情况的因果关系非常复杂，但是，不能不说他所接触过的我方个别人员的不当言行是造成这种反常现象的一个主要因素。再如：个别缅甸来华留学生或专家的表现也会给我国民众留下不好的印象。

三、加强今后中缅两国教育方面往来的展望与建议

（一）对留学生派出问题应进一步调整扩充

截至目前我们赴缅的留学生绝大多数都是学习缅甸语言的，过去仅有少数几位涉及到缅甸文学，还有一位取得了缅甸仰光大学的历史学博士，少数几位僧人曾赴缅甸仰光佛教大学学习了几年。实际上缅甸高等学校有些专业还是满有特色的。比如：医学（尤其是热带医学）、植物学等也值得我们派出人员去学习或进修。

虽然我国“文革”前派出的留学生是三年一期的，但“文革”后恢复派出以后，绝大多数都是一年的，少数高访学者出访的时间更短仅半年，仅有一位在进入21世纪后在缅学习了数年取得了博士学位。我国应从学科发展需要出发，考虑有人出国时间适当延长，取得对方相关学科的硕士或博士学位后回国。不要只在对方的外国语大学缅甸语系学习（因为该系是专门针对外国人学习缅甸语所设，与缅甸高校中的缅甸语系水平相差甚远），争取到缅甸正式高校中学习某一专业，达到他们本科毕业乃至硕士或博士的水平（因为我们国内已有教授缅甸语的多年经验，师资也较齐备。若拟学习缅甸语言文学，最好派出国内已学过缅甸语的甚至是已拿到学士或硕士学位者去进修或攻读学位；若拟学其他专业，最好派相关专业的学生，而且英语好，短期培训他们的缅甸语听说能力后再派出）

同样，我们应视缅方的需要更多地给他们来华留学的名额并进一步放宽他们选择修习专业的范围。为我们的传统友好邻邦培养出更多的所需人才，也为他们培养出更多的“中国通”和“亲华派”。

（二）注意加强双方学者间的交流

以前这方面的交流太少，而且大多是礼节性的友谊性的访问。专业性的代表团也只有过某个大学的代表团或历史学教授代表团访问过对方，友好意义大于学术交流的意义。实际上我们如果派出缅甸语教师代表团、汉语教学代表团之类访问对方，对双方提高目前有关院校的教学水平是会有现实意义的。当然还可以派出一些专门学科的教师代表团（包括历史学的）访问对方进行学术交流，也会有实际收获。同样，我们邀请对方人士访华，以前大多也只是友谊性的。很明显这种交往或访问还是较肤浅的。只有使我们之间的往来不是纯友好的交往，具有学术交流意义，才能不断发展。这样对双方关系的影响也会更加深远。

（三）广泛开展爱国主义、国际主义的教育

克服大国沙文主义和狭隘的民族主义思想，力求让每位涉外人员都能严格自律，

注意个人的形象与影响。避免因个人的某些不检点的言行，造成不好的对外影响。

（四）时刻警惕民族败类和敌对势力的反宣传

民族败类和敌对势力他们往往利用我们一些失误或缺陷大做文章，或无中生有，或歪曲夸大，或借题发挥，搞些小动作。我们要正视面对，多方工作，不要误中奸计。及时作出回应，消除这些负面影响。

（本文写于2011年11月，系参加2011年12月16日北京大学亚太研究院、东南亚学研究中心与察哈尔学会联合主办的“中国东南亚关系与公共外交学术研讨会”的论文。）

析日缅关系及其对中国的影响

一、日缅发展关系的渊源

日本1868年明治维新后，从一个闭关锁国的封建国家逐步变成了一个带有浓重封建色彩的资本主义国家。把“富国”、“强兵”作为根本国策，但囿于国内资源匮乏，市场狭小，开始图谋对外扩张。扩张的首要目标当然就是它的近邻——中国。1894年日本发动甲午战争，打败中国。1895年逼迫清廷订立《马关条约》，占领台湾。为了战略发展的需要，日本外务省1898年10月开始设立南洋局，统管有关缅甸等东南亚、南太平洋地区的事物。日本的一些大公司、企业、金融机构纷纷在东南亚设立分公司或办事机构，像日本的三井物产、日本棉花、横滨正金银行等都在缅甸设立了机构。1905年日俄战争，日本又从俄国手里抢得了库页岛的一部分、朝鲜，还占领了旅顺港、辽东半岛和中国东北一大片地区。这就使得日本的扩张野心更加膨胀。加强了对东南亚的渗透。据英国殖民政府当局的调查，早在第一次世界大战前缅甸的仰光、曼德勒等城市中就出现了长期居住在当地的日本人。“这些日本人中有牙科医生、照相师、兽医和家畜饲养者、银行职员、远洋轮海员、工人、商人、公司老板等各行各业人员”，“截止到1911年来缅甸经商的日本人共有442人，到1931年来缅甸经商的日本人有570人”。[①] 1933年日本企业界还专门成立了日缅协会，以加强与缅甸的联系，培养缅甸的亲日人士。当时日缅贸易额并不大，“日本向缅甸输出的主要商品是棉织品和丝织品，从缅甸购买的主要商品是棉花和稻米。”“1936年日本向缅甸出口总额达23596000缅元，但日本从缅甸购买商品总额只有15355000缅元。”[②] 1937年7月7日日本策动卢沟桥事变，开始大举进攻中国。日本当局为之后的战争和进行殖民统治做准备，除了日本政府在东南亚包括驻缅甸的使领馆多方收集情报外，日本军部更派出特工人员伪装成记者、医生、僧侣等进入缅甸境内活动。其中包括铃木敬司陆军大佐以《读卖新闻》记者名义、退役日本海军大尉国分正三以牙医身份等在缅甸从事情报活动。1941

① ［缅］大学盛丁：《1945年缅甸反法西斯斗争史》（李秉年、赵德芳译），北京大学东南亚学研究中心，2006年版，第63页。
② 同上。

年2月1日日军参谋本部为策划缅甸相关工作，专门成立了以铃木敬司大佐为首的特务机构——“南机关”，对外则称之为“南方企业研究会”。主要成员有70余人，该机构还设置了仰光、曼谷、海南等多个分部。[①]

从缅甸方面来看。1886年英国通过三次侵缅战争，吞并了缅甸，把缅甸变成了英国殖民地的殖民地。从此缅甸人民前仆后继进行着抗英的民族独立运动。但是一直未能找到真正的出路，迷茫彷徨。缅甸一些知识分子看到1905年日俄战争日本胜利的结果，并没有去分析那场战争的实质，只是看到亚洲人能把庞大的沙俄打败了，似乎应令亚洲人振奋。就这样在缅甸出现了一些人，主张向日本学习，可以依靠日本去反对英国。缅甸爱国高僧吴奥德马就是持这种观点的先驱。法师出生于1879年，幼时进英文学校学习，后又入寺为僧学习三藏经文，19岁时就获得了罗汉高僧法位。20岁后又穿着袈裟到国外云游、讲授佛经，到过欧洲、埃及、印度、日本等地。他曾用缅文写过一本名为《日本》的书，第一个提出了缅甸人应向日本人学习的主张。他在书中这样写道：“我正在埃及和法国等欧洲国家云游时，从各报上看到了日俄作战，从开战那天起直到结束，日本人一直占上风最后战胜了俄国的消息。《大史》等古代史籍中从未写过，列不进各国名单之中的只有一盏油灯般大小，东亚的日本竟打败了俄国。把日本人和俄国人比较一下，日本人又矮又小，俄国人则身强力壮。日本人从未与欧洲人打过仗，而俄国人与欧洲人交手过多次。美、英、法、德等国都很怕俄国……日本为什么能战胜俄国呢？这实在令人惊诧……我想应学习日本人的毅力、纪律、习俗、信仰、饮食、起居、言行、文化等等。”[②]当1911—1912年法师回到缅甸时，就四处向人们讲述他的这一主张，影响颇大。且介绍日本人士与德钦党领导人会晤。第二次世界大战全面爆发前夕，缅甸的最大政党德钦党（一名我缅人协会）提出了“独立第一，独立第二，独立是一切”的口号。[③] 1939年该党召开第四届大会时，提出了“英国的困难，缅甸的良机”的口号。在讨论如何利用这一良机，取得何方援助时，该党的右翼人士就提出去找日本人的想法，但该党的左翼人士则认为英、日两者没有本质的区别。要独立只能靠自己，到中国去争取同命运者们的支持。1940年4月德钦党右翼人士召开第五届年会明确做出决定去找日本方面的支援抗英，先后派人赴泰活动未果。1940年7月德钦党另一些领导人决定派人去中国去找中共寻求支持。8月昂山和德钦拉棉带了德钦努和印度共产党驻缅代表高士的信秘密乘船赴厦门。[④] 昂山等在厦门滞留了近三个月并未能找到中共。日本人了解到这一情况，于11月12日引导他们到了日本。与他们进行了接触。1941年2月14日乘日轮返抵缅甸。同时来缅的还有日本“南

① 参见［缅］吴吞昂钦译《南机关》（英文）仰光，1981年版。
② 转引自［缅］吴巴突：《吴奥德马传》（缅文）仰光，1955年版，第29－31页。
③ 《我缅人协会史》（缅文）第二卷，仰光：文学宫出版社，1976年版，第417页。
④ 《我缅人协会史》（缅文）第二卷，第521页。

机关”的一位领导三须修治。至此，缅甸的德钦党人与日本军方建立了直接联系。

二、70来年日缅关系发展的不同阶段

初始阶段

虽然早在17世纪40年代日本就与东南亚一带建立了经贸关系，但是，日本一直没有与缅甸的直接往来。直到20世纪初才有少数日本人来到缅甸经商，或以医生、照相师、公司职员等身份侨居缅甸谋生。20世纪30年代在缅的日侨多了起来。建立起两国的经贸关系，但规模不大。

基于国家发展战略的需要，日本当局从20世纪30年代起开始注意搜集有关缅甸的情报，派出谍报人员在缅甸活动，想进一步发展与缅甸的政治关系。从缅甸方面看，30年代民族独立运动正在如火如荼地进行。急需找寻国际上的支援，四处活动。双方的主动促生了1940年年底日缅达成的政治上的合作意向与计划。

蜜月阶段

昂山等人到达日本后，日本人反复问他们三个问题。你们为什么到中国去？你们是不是共产党？你们如何看今日日中关系？日本人都没有得到完全满意的答复。[①] 而缅甸方面对日本法西斯在中国、朝鲜的所作所为也早有耳闻；吴巴丁律师翻译出版的《日本间谍》，美国记者埃德加·斯诺的《西行漫记》等书当时在缅甸都有一定影响。虽然双方都有些疑忌各有所图，但是国际局势的快速发展，使得双方没能有更多的犹豫和思索就走到一起来了。1941年2月昂山回到缅甸后，各派政治力量迅速取得一致，在3月份以后先后分四批秘密派出25人赴日。连同昂山、拉棉，先期经泰国赴日的昂丹、丹丁，正在日本留学的哥桑共计30人，后人称之为“三十志士”。[②] 每个人用一个军官化名（只有德钦吞欧一人未起军官名），且都有一个日本名字。[③]

日本在海南岛三亚日本海军基地为缅甸青年们专门办了一个短期军事训练班，培训指挥、作战等技能。对外为掩人耳目称之为“三亚农民培训班学校”，1941年4月间开办，三十志士被分批送至，最后一批11人直到6月间才到达三亚。训练班到10月结束。11月间“三十志士”即派人先期潜回缅甸，12月初吞欧、拉貌成功返回，与在缅同志一起招募兵员，集中武器，筹办军训。其余的“三十志士”成员则与日本南机关一起班师曼谷。12月17日公开亮出了“缅甸独立军”（Burma Independence Army，BIA）的招牌，招募缅甸青年入伍。独立军建立初期仅有200人，其中包括70余名日

① 《1945年缅甸反法西斯斗争史》，第72页。

② 《我缅人协会史》（缅文）第二卷，第543－544页。

③ 具体名字可分别参见《1945年缅甸反法西斯斗争史》第77－78页和［日］太田常藏：《日本对缅甸军政史的研究》，东京吉川弘文馆，1967年版，第43页。

本人。“南机关”掌握核心领导权。前述南机关最高领导铃木大佐化名波莫久上将为独立军总部司令。总部下设几个支队，实际有的支队不足20人，主要长官皆由日本人担任，一般原军阶都不高，中尉级别者就被任命为独立军上校或中校等职。“三十志士”中昂山任职最高，为中将高级参谋，拉棉、昂丹二人任中校参谋，其他人员也分别授予少校、上尉等军衔。

昂山原与日本协议：分五路进攻在缅英军；日军协助收复德林达依；占领德林达依后即宣布缅甸独立；缅甸独立军继续攻击其他地区的英军；日本军方负责为缅甸国内地下革命组织空投武器，以便缅甸国内组织起武装力量与英国作战。[①] 1942年1月日军发动缅甸战役，缅甸独立军开始分南、中、北三路与日军一起入缅。另派波奈温等6人先潜回缅境内组织国内武装。缅甸独立军1月19日攻占丹老，已增至1000人。2月18日过萨尔温江扩充至2000人。独立军攻占丹老、土瓦等地后，当地缅甸人都成立了临时行政机构。但是日本人逐步露出了本来面目，不兑现他们原来的承诺。比如，日本人并未及时宣布缅甸独立，甚至在占领毛淡棉后不准缅甸人成立临时行政机构；答应空投武器给缅甸国内的地下武装，并未空投；独立军进入缅甸后，日方不再加强独立军的装备；日军占据仰光时，独立军的兵力已达1.2万人，日本人还不为缅甸宣布独立作出任何安排；继续向上缅甸进军时，有意与独立军划分路线，以保证日军能先期到达，防止再出现缅甸人的临时行政机构。就这样，本来在缅甸人头脑中膨胀起来的依靠日本人取得独立的幻想完全破灭了。

斗争阶段

1942年5月底在缅甸人民配合下，日军占领了全缅。6月日军不仅不宣布缅甸独立，反而在缅建立军政府，蛮横地逮捕各地组成的缅甸行政机构成员，迫害曾发表反日言论者，抓劳工，拉民夫，强奸妇女，到处横行霸道，引起广大民众不满。日本人被迫在1943年8月才宣布了承认缅甸“独立”，成立以巴莫为首的“民族政府”，昂山出任国防部长。但各部门的日本顾问掌握着主要权力。并与巴莫政府签订《日缅合作条约》、《秘密军事条约》等牢牢控制缅甸。仅修筑泰缅铁路一项，就强征了17.8万名缅甸民工，在工程进行中死亡或失踪者达8万人之多。

日军占领缅甸后全面控制缅甸经济，进行压榨性掠夺，从日军战略需求出发调整缅甸的经济生产结构。致使到1944年缅甸石油日平均产量急剧下降到战前的十五分之一，其他矿产品产量也减少到战前的十分之一。因日本有意安排缅甸缩小稻米耕种面积，扩大棉花种植面积，到1945年大米产量也由战前年产600万~700万吨降至270万吨。[②] 缅甸经济全面萎缩，通货膨胀，民众生活极端困难。

---

① 《我缅人协会史》（缅文）第二卷，第555页。
② 梁志明主编：《殖民主义史·东南亚卷》，北京：北京大学出版社，1999年版，第485页。

日本为了能直接控制缅甸，在 1942 年 5 月占领全缅后，6 月就将独立军司令铃木调回日本，7 月间，将时有 2.3 万人的缅甸独立军集结，并大力减员改组为仅有 3 个营兵力的 3000 人的缅甸国民军，由昂山任司令。但是缅甸人民不堪日本人的奴役与蹂躏，纷纷起来抗争。1944 年 8 月昂山为首的军队与缅共、人民革命党秘密组成统一战线——消灭法西斯人民自由同盟（后改名为反法西斯人民自由同盟）。1945 年 3 月初同盟发布了武装起义的第一号命令。当时缅甸国民军总兵力已发展为 11480 人。3 月 8 日巴突少校首先率部起义。3 月 27 日缅甸国民军举行总起义。据不完全统计，从 3 月至 8 月，缅甸国民军与日军作战 872 次，日军投入总兵力 36484 人，打死日军 12084 人，打伤 4776 人，俘虏 330 人。而国民军方面牺牲 335 人，负伤 194 人。① 最终彻底打败了日本人取得了胜利。

修复与发展阶段

从 1945 年 8 月日本战败退出缅甸本土至今 60 多年来，日本又修复了与缅甸关系，并有了很大发展。

虽然日本战败了，但很快就又重新修复了与缅甸的关系。究其原因：其一，解铃还须系铃人。日缅关系的发展起于日方的需要，双方关系一度恶化兵戎相见根本原因也在日本方面，所以战后日本人主动修复日缅关系就占据了先机和主动。其二，缅甸的军队是在日本的直接帮助下建立起来的。在缅甸独立后这支军队一直在政坛扮演着主导者的角色。日缅恢复友好关系是他们乐于见到的事情。其三，日本占领缅甸先后仅三年多，而日缅直接交战更只有五个多月。日本法西斯狰狞的面目并没有彻底暴露。其四，本来日本在亚洲发展最快能与欧美发达国家相比，早已给缅甸民众留下深刻印象，战后日本经济又迅速崛起更使得缅甸人刮目相看。

日本以战争赔偿为先导，逐步恢复了日缅比较亲密的关系。1954 年 9 月日缅签订了《战争赔偿和经济技术合作协定》，11 月又签署了《日缅和平条约》，12 月日缅正式建交。并开始支付战争赔款。1962 年奈温政府上台后，日缅关系继续发展。1963 年两国就日本对缅甸增加战争赔款问题达成协议，再次签订经济合作协定。1952—1980 年缅甸接受日本战争赔款、贷款、赠款共计 12.5 亿美元。1981—1983 年间日本又向缅甸提供了 54.7 亿日元赠款和 345.2 亿日元贷款。此间，奈温 1966 年、1970 年、1973 年、1981 年四次访日；日本的岸信介、池田、佐藤、田中、福田等五任首相也先后访缅。

1988 年缅甸新军政府上台后，初期日本宣布停止向缅甸提供的 3 亿美元的援助，但在 1989 年 2 月就改变了政策开始承认缅甸新政府。1990 年 3 月日本将缅甸偿还的一项贷款回赠给缅甸，作为对缅甸举行民主大选的支持。1990 年 7 月，日向缅提供 3.5 亿日元的无息贷款。1991 年 6 月日本宣布将缅甸偿还的 2100 万美元贷款赠给缅甸用于

① 《1945 年缅甸反法西斯斗争史》，第 210 页。

购买机器设备、生产原料。1994 年 11 月日本同意免除缅甸的 50 亿日元到期债务。1995 年 1 月，日缅恢复援建仰光国际机场项目的磋商。1995 年 3 月日本政府向缅甸提供 10 亿日元援助，帮助缅甸发展农业。1995 年 7 月后日本三井、三菱、丸红、伊藤忠等公司对缅投资大幅提升。1995 年 10 月 30 日向缅捐赠 16.2 亿日元扩建护士学院。1996 年 7 月开通大阪仰光航线，每周两班。1996 年 11 月日本免除缅甸 40 亿日元到期债务用于缅甸向日购买机电设备。同月月底在仰光召开两国经济圆桌会议，双方有百余人参加。1998 年初日本又向缅甸提供了 1100 万美元政府援助，还提供 1950 万美元贷款用于仰光敏加拉洞国际机场改造工程。1998 年 2 月缅日商会成立缅日经济合作委员会。此后日本还顶住了美国的压力，免除了缅甸 1400 万美元的债务，向缅甸提供了 550 万美元的粮食基金，承诺提供 5 亿 ~7 亿日元的罂粟代替种植款项。2000 年 2 月 23 ~25 日缅甸战略与国际问题研究所与日本杀杀加瓦和平基金会联合举办了“关于东盟自由贸易区进程及缅甸中小企业面临的机遇与挑战”研讨会。2000 年 5 月初仰光成功举办了东盟与中日韩贸易部长会议。2001 年 6 月，钦纽率团赴日参加日本前首相小渊葬礼，并与森喜朗首相等会晤。当年日本向缅甸提供了 92 亿日元的援助。2002 年年底日本宣布免除缅甸 12.5 亿美元的债务（当时缅甸欠日本总债务为 33.2 亿美元），并向缅甸提供 21 亿日元的新援助。2003 年 12 月日本邀请缅甸总理钦纽出席在日本东京举行的首届日本—东盟首脑会议。2005 年日本向缅甸提供 1120 美元的无偿援助和 1470 万美元的技术援助。2006 年日本对缅援助金额为 30 亿日元。

经过多年的努力日本已成为缅甸的最大援助国和债权国，名列对缅投资国的第 11 位，缅甸第 4 大贸易伙伴。而且，日本的产品质量和信誉在缅甸的名声都不错。

日缅除了在政治经济方面有着较密切的关系外，文化、教育，以至科技等领域的交流合作也不少。缅甸摆脱英国独立后，日本是第一个派出留学生到缅甸学习缅甸语的国家，在日本也有好几所大学设有缅甸语专业，缅甸语言文学界的泰斗敏杜温（吴温）也曾到日本讲学数年，帮助日本人编写出《日缅辞典》。日本有不少研究缅甸问题的科研单位也有不少知名的缅甸问题学者和专家。缅甸赴日留学人员也不在少数。虽然二战期间日本曾占领缅甸三年多，尤其是留在一般缅甸民众心中的日本劣迹并不深刻。大多数缅甸民众对日本人并不反感。而且一般人认为是缅甸人自己请日本人来帮助打击英国人的，尽管日本协助缅甸宣布独立只是名义上的而已。二战后在缅甸出现的反映抗日斗争的文艺作品屈指可数就是个证明。反而有专门描写缅日两国人民友谊的小说问世。如缅甸现代著名女作家加尼觉玛妈礼就写过一部名叫《血缘》的小说，还被日本译成日文，获日本国际翻译文学一等奖。为对作者表示敬意与感谢，日本政府还为此专门邀请作者访日。缅甸军队更是如此，一些军队的元老都有挥之不去的日本情节。1981 年奈温政府向日本铃木敬司等 7 位原“南机关”主要人物颁发了缅甸的最高荣誉勋章“昂山之旗”勋章，以表彰日本人在缅甸独立运动中作出的杰出贡献。

由于日本要保持与西方各国的一致，于是有时也会口头上强调要对缅甸的制裁。这样的做法有时也会使日缅关系出现一些小小的波澜。缅甸一些民族主义情绪强烈的人士往往也会提及日本侵入缅甸时的一些罪行和劣迹。但是总的说来日缅关系一直是不错的，比较紧密的。

三、日缅关系对中国的影响

日本与缅甸建立关系之始就有针对中国的一面，而且日本一直有以发展对东南亚的经援尤其是发展对缅甸的经贸关系来遏制中国的想法，这是值得我们警惕和注意的。比如，2008 年 1 月日本政府宣布出资 2000 万美元无偿援助全长约 1450 公里的横跨缅、泰、老、越四国的东南亚“第一东西走廊”和全长约 1000 公里连接泰、柬的东南亚“第二东西走廊”，日本《产经新闻》在报道此事时公开声称此项工程目的是“对抗南进的中国，力争重建东南亚外交”。

从缅甸方面来讲，中国与它的关系非常密切且很长久。但是，长期以来也对中国存有一定的戒心。另一方面，缅甸也很看重与日本的关系。所以缅甸希望在日中之间保持平衡。希望日中两国能维持“既友好又竞争”的关系，以使缅甸从中获利。关于日中之间的一些问题缅甸则不急于表态，非常审慎。

从日缅双边关系的发展我们也可以得到一些启示。尽管国与国之间关系的发展都是从各自国家的根本利益出发的。只能互利和谐才能达到双赢。如果各自从私利出发，且有伤害对方或针对第三方的目的，那么关系就不会长久，就会出现变数。这也从一个侧面证明了我国提出的和谐社会、和谐世界，和平共处的主张是多么正确。

（原载北京大学东南亚学研究中心杨保筠、李谋、韦民主编：《北大东南亚研究》(2009)，第 53 - 63 页。）

中国关于缅甸问题的研究

一、中国对缅甸问题研究的学术传统

中国有关缅甸的记载历史悠久，写于公元前一世纪的我国第一部通史《史记》中就已有涉及当今缅甸所在地域的内容。其后历代史书、笔记中都有许多这方面的记述，明清时尤多（明时有四五十种，清时七十种以上），其中有很多是作者亲历情况的记叙，专述缅甸的也有十余种之多。在我国史籍中讲述其他国家或地区情况的从篇幅上看都远远少于写关于缅甸的。我们可以把我国国内至今已出版的《中国古籍中有关××资料汇编》拿来比较，不难发现每种都只有一册，而余定邦、黄重言编《中国古籍中有关缅甸资料汇编》[①] 却有厚厚的三册，洋洋百万言。而且据笔者所知，出版社为了节省篇幅在出版时还略掉了编者已经收集到的不少内容，这也是件令人非常惋惜的憾事。

1885 年缅甸沦为英国殖民地后，中缅两国之间原本较密切的关系被割断，直到 20 世纪初 1909 年清朝光绪年间才开始在仰光设领事一人，而当时满清在缅甸设领事的目的也只是想了解反清的革命人士在海外的活动。英殖民主义者则从自身的利益出发并不希望英属缅甸与中国有什么直接交往，迟迟不允清廷派领事驻缅的要求。所以中缅两国间在很长时间内几乎没有什么交往可言，就更谈不上对对方有什么研究了。辛亥革命后民国时期我国与英属缅甸间的交往有所增加，在仰光设立了领事馆，有了一些两国的民间往来。日本法西斯入侵中国后，1937 年英国与民国政府协议同意开通滇缅公路，1941 年年底日本偷袭珍珠港，太平洋战争全面爆发，同盟国要求我国派远征军入缅协助抗日。中国政府和民众也意识到当时对缅关系的重要，要注意翻译人才的培养和对缅甸的了解，加强研究工作。正是在这样一个背景下，20 世纪 40 年代才出现了

① 中华书局，2002 年版。

王婆楞著的《中缅关系史》[①] 一书。这可能也是在20世纪前半段时间内我国出现的唯一写缅甸问题的专著。1947年7月缅甸成立临时政府，准备正式宣布独立。当年10月27日两国就商定互派大使，设大使馆。1948年1月4日缅甸举行独立庆典，民国政府派外长叶公超为特使参加庆典，并宣布中缅两国正式建交。

据史书所载早期我国与缅甸来往，与其他国家地区来往一样，往往是经过"重译"的。这种情况一直延续了好久。1407年（明永乐五年）首次官办成立了教授我国少数民族与境外语言的语言学校，名之为"四夷馆"（后改名为"四译馆"）。开馆之初就设有缅甸语，聘请缅甸来华使臣任教，编有教科书和简明中缅对译词典，培养"通事"，这也反映出当时两国来往就较多，对掌握缅甸语的人才有着迫切需求，我国重视对友好邻邦——缅甸的了解。在此前后还在昆明设立了"缅字馆"，请缅僧教学，解决边境交往所需。1942年抗日战争中国战区（包括越南、泰国、缅甸和印度战场）急需翻译人才，民国政府在昆明建立东方语文训练班（包括越南语、泰语、缅甸与印地语）。后不久又在此基础上正式成立了国立东方语文专科学校。[②] 1945年抗日战争胜利后，东方语专从昆明迁重庆，再迁往南京，1946年又并入北京大学东语系。东方语专为我国培养出现代第一代缅甸问题的教学工作者和研究工作者。

二、新中国建立后的缅甸问题研究

1949年新中国成立。建国初期我国仅有少数几位学者是从事缅甸问题研究的。他们大多是原东方语专的老师或学生。如：姚楠、陈序经、岑仲勉、陈炎等人。发表的著名成果有：姚楠译［英］哈威著《缅甸史》、陈炎译［缅］波巴信著《缅甸史》、赵松乔著《缅甸地理》、陈序经与岑仲勉关于缅甸民族源流考证的文章、陈炎关于中缅关系的论文等。有些学者虽然不懂缅甸文，也从英语或俄语译出了一些论述缅甸问题的著作，如：左人译［苏］米和伊诺夫著《现代的印度和缅甸》、亚哲译［苏］舍尔巴科夫著《缅甸》、施咸荣译［缅］貌阵昂著《缅甸民间故事》等。稍后一些时候还有中山大学历史系译［苏］瓦西里耶夫著《缅甸史纲》问世。有些学者通过调查研究与集体协作综合写出了某些介绍缅甸国情的专著，如：朱志和《缅甸》、史晋五《缅甸经济基本情况》等。旅缅华侨学者在当地华文报刊上也发表了一些论述缅甸历史文化方面的短文，像黄绰卿、陈孺性等人。

新中国成立后北京大学建立了全国第一个缅甸语专业。20世纪60年代起设有缅甸

① 王婆楞：《中缅关系史》，北京：商务印书馆，1940年版。全书共约15万字，分76章讲述从公元初始至1886年缅甸被英国吞并期间的中缅两国交往史。

② 陈炎：《姚楠先生和东方语专对祖国的贡献》，载《上海侨史论丛》1990年第2期。

语专业的院校逐步增加，至今地方院校已有北京大学、北京外国语大学、云南民族学院、广西民族学院等四所，部队有洛阳、南京和昆明等三所院校开设了缅甸语专业。虽未设缅甸语专业教授缅甸语，但已有从事缅甸问题研究人员和开设缅甸相关课程的院校就更多了。如：中山大学、暨南大学、厦门大学、云南大学等。在这里我们不能忘记的是建国初期先后由缅甸回国在各地院校缅甸语专业长期任教的华侨教师，如：任竹根、郑君实、粟秀玉、王子崇、郭联美、施振才等人，他们在建立我国缅甸语教学体系，编写我国的缅语教材以及各种缅汉双语词典，培养我国缅甸语翻译人才和相关涉缅工作者等方面是功不可没的。

三、改革开放以来的缅甸问题研究

随着我国"文革"的结束，改革开放扩大对外交往，学术界也开始活跃。在全国这样一个大的环境下，新中国建立后培养出的与缅甸有关的人才在蛰伏多年后开始活跃起来。20 世纪 70 年代末 80 年代初出现了一批介绍缅甸各方面情况的译著。如：赵维扬、李孝骥等译［缅］貌貌博士著的《缅甸政治与奈温将军》①、贺圣达译［缅］貌丁昂著的《缅甸史》② 等。在此期间各地还先后出版了一批缅甸文学译著，这也为人们进行文学问题研究和了解缅甸社会情况提供了生动的资料。此时发表的相关论文也多了起来。

90 年代以后，新中国建立后培养出的研究缅甸问题的人才日臻成熟，他们的成果较集中地出现，关于缅甸现状、历史、经济、民族、语言、文学、文化、音乐、舞蹈等等方面的研究都先后出现了不少可喜的成果，限于篇幅只能在此举些专著为例。③

关于缅甸现状时政方面的有：杨长源、许清章、蔡祝生主编的《缅甸概览》④，贺圣达主编的《当代缅甸》⑤、余定邦、喻常森、张祖欣编著的《缅甸》⑥，钟智翔主编的《缅甸研究》⑦，郭宽主编的《走进缅甸》⑧，贺圣达、李晨阳编著的《缅甸》⑨、陈建明译［英］B. 林特纳著的《东南亚"金三角"的毒品问题》⑩ 和赵勇民、解柏伟编著的

---

① 云南省社科院东南亚所 1982 年版。

② 云南省社科院东南亚所 1983 年版。

③ 这方面总体情况可参见：贺圣达在 2002 年 9 月瑞典哥德堡"缅甸研究及其未来：学者与决策者们的意见"国际学术研讨会上发表的题为 Studies of Burma/Myanmar History in Chian：Retrospect and Prospect 的论文；李晨阳：《改革开放以来中国学者的缅甸研究述评》，载《东南亚研究》2006 年第 4 期。

④ 中国社会科学出版社，1990 年版。

⑤ 四川人民出版社，1993 年版。

⑥ 广西人民出版社，1994 年版。

⑦ 军事谊文出版社，2001 年版。

⑧ 云南美术出版社，2004 年版。

⑨ 社会科学文献出版社，2005 年版。

⑩ 云南社科院东南亚所，1991 年版。

《金三角揭秘》[①] 等。

关于缅甸历史方面的有：贺圣达著的《缅甸史》[②]、黄祖文著的《缅王孟既与第一次英缅战争》[③]，相关的译著则有：李秉年、赵德芳译［缅］大学盛丁著的《1945 年缅甸反法西斯斗争史》[④] 和李谋等译注的《琉璃宫史》[⑤] 等。

关于缅甸经济方面的有：韩德英著的《缅甸经济》[⑥]，陈明华著的《当代缅甸经济》[⑦]，寸永宁等主编的《对缅边境贸易指南》[⑧]，姜永仁著的《对缅甸投资贸易研究与指南》[⑨]，姜永仁、段晓辉、焦小帕主编的《缅甸联邦经济法规汇编》（1988—2001年）[⑩] 和方雄普编著的《缅甸宝石探秘》[⑪] 等。

关于中缅关系和华人华侨方面的有：余定邦著的《中缅关系史》[⑫]，王介南、王全珍著的《中缅友好两千年》[⑬]，林锡星著的《中缅友好关系研究》[⑭]，戴孝庆、罗洪彰主编的《中国远征军入缅抗战纪实（1941—1945）》[⑮]，黄祖文著的《中缅边境之役（1766—1769）》[⑯]，冯励冬著的《缅华百年史论》[⑰] 和方雄普著的《朱波散记——缅甸华人社会掠影》[⑱]等。相关译著还有：李秉年、南珍译［缅］戚基耶基纽著的《四个时期的中缅关系》[⑲]。

关于军事情况的有：钟智翔、李晨阳著的《缅甸武装力量研究》[⑳]。

关于文学、文化、艺术方面的著述有：姚秉彦、李谋、蔡祝生著的《缅甸文学史》[㉑]，李谋、姜永仁著的《缅甸文化综论》[㉒]，钟智翔著的《缅甸文化导论》[㉓]，朱海

① 中共中央党校出版社，1993 年版。
② 人民出版社，1992 年版。
③ 香港社会科学出版社，2004 年版。
④ 北京大学东南亚研究中心，2006 年 12 月。
⑤ 商务印书馆，2007 年版。
⑥ 德宏民族出版社，1996 年版。
⑦ 云南大学出版社，1997 年版。
⑧ 德宏民族出版社，1993 年版。
⑨ 德宏民族出版社，2000 年版。
⑩ 德宏民族出版社，2003 年版。
⑪ 中华工商联合出版社，2003 年版。
⑫ 光明日报出版社，2000 年版。
⑬ 德宏民族出版社，1996 年版。
⑭ 暨南大学出版社，2000 年版。
⑮ 西南师范大学出版社，1990 年版。
⑯ 新加坡南洋学会，2000 年版。
⑰ 香港镜报文化企业，2000 年版。
⑱ 南岛出版社，2000 年版。
⑲ 德宏民族出版社，1995 年版。
⑳ 军事谊文出版社，2004 年版。
㉑ 北京大学出版社，1993 年版。
㉒ 北京大学出版社，2002 年版。
㉓ 军事谊文出版社，2005 年版。

鹰著的《论缅甸民族音乐和舞蹈》[①] 和《泰国缅甸音乐概论》[②]等。译著有：吴文辉译［缅］貌阵昂著的《缅甸戏剧》[③]。

关于语言研究、辞书方面的著述尤多，就不再赘述了。[④]

需要补充一点的是：还有些学者用文学形式再现了某些史实，也为研究某些与缅甸相关的历史问题提供了宝贵的形象参照系。如，陈立人著的《缅甸，中日大角逐》[⑤]，赵勇民、解柏伟著的《蒋介石梦断金三角》[⑥] 等。

四、我国关于缅甸研究中的问题

（一）研究成果之不足

主要在于对缅甸国内成果译介不够，对西方研究缅甸成果深入了解不够，把我国研究成果对外介绍更不够。致使我国学者了解缅甸本国和世界对缅甸研究情况知之甚少，而缅甸和世界相关学者对我国研究缅甸的情况更几乎是一无所知。

（二）研究队伍较小

在我国学习掌握缅甸语的人不算少。大概除缅甸本土外，世界各国中我国掌握缅甸语的人数可以说数一数二，他们实际运用缅甸语言的水平也不低，每年都有学习缅甸语的本科生入学或毕业，每年都有少数人赴缅甸学习深造，还有个别研究生甚至是博士生毕业，但毕业后大多进入国家行政部门、商务企业、涉外单位工作，而进入相关研究单位的或业余仍有志从事缅甸相关问题研究的人员仅仅是极少数。主要是在高等院校工作的缅甸语教师在教学之余进行若干研究工作。而且建国后培养出的这方面人才现在已出现老化现象，新秀较少，青黄不接。急需加强人才的培养工作，使我国关于缅甸问题的研究工作能够获得更大的发展。

（三）经费有限

缅甸问题研究很少有机会获得国家级或部级的立项课题以及其他相关基金的资助。因为经费问题赴缅进行相关学术考察或赴国外参加相关学术会议的机会就显得更加有限了。笔者本人有幸在 2002 年 9 月赴瑞典哥德堡参加了哥德堡大学亚洲研究中心主办

① 中国文联出版社，2001 年版。
② 远方出版社，2004 年版。
③ 中山大学出版社，1992 年版。
④ 可详见姜永仁：《中国学者对缅甸文化研究现状述评》一文，载李谋、杨保筠主编：《中国东南亚学研究：动态与发展趋势》，香港社会科学出版社，2007 年版，第 225－241 页。
⑤ 解放军文艺出版社，1992 年版。
⑥ 华文出版社，1993 年版。

的“缅甸研究及其未来：学者与决策者们的意见”国际缅甸问题学术研讨会，深有体会。如果没有我国旅美学者孙来臣教授的热心相助，本人是不可能去参加的。因为首先路费就是个大问题。虽然仅仅需用2000多美元，但向学校申请资助根本不可能。最后还是通过孙教授的关系得到了一个国际基金的支持才成行的。

（四）对外交流甚少

限于缅甸本身经济状况不佳，我国对外交流面虽很广阔，但与缅甸相关的对外交流却不多，且无特殊照顾。我国研究缅甸问题的学者不论是与缅甸直接交往，还是到第三国参加与缅甸有关的学术会议的机会太少了。据我们了解，国际缅甸学术界关于缅甸问题的国际研讨会，几乎是每两年一次，往往由国际基金资助在世界各地召开，已开过不少次。而我国国内学者一直到2002年才第一次参加。当时应邀参加那次会议的从我国国内去的学者只有两人，云南社科院副院长贺圣达教授和我。据我所知2004年在美国，2006年在新加坡又先后开过两次这样的研讨会，但可惜这两次都没有我们国内学者去参加了。其实这样的会议真是我们对外交流的难得机会。我参加的2002年那次国际学术会议共有缅甸、美国、英国、法国、德国、俄国、瑞典、丹麦、挪威、印度、泰国、日本、新加坡和我国等14个国家的150～160位学者，共提交大会各类论文110多篇。会议足足进行了整整5天，晚间几乎也全利用上了。全是学术交流，根本没有什么参观游览的内容。除了有两个半天是大会发言外，其余每个时间段都是同时安排有两个不同专题组进行发言和研讨，与会者可自由选择参加。贺圣达教授讲的是我国对缅甸历史研究的回顾与展望，而我讲的是中缅文学方面的交流与影响，同属于中缅关系专题组。我们的发言引起与会者们的兴趣，并得到了很好的评价。因为对各国学者来说我们所讲的中国研究缅甸问题的情况是他们第一次听到的。在那次会议期间我还参加了各国教授缅甸语言教师的聚会，才知道世界上开设缅甸语言课程的国家还真不少，在偏远的北欧瑞典，各国朋友相聚在一起，用缅甸语相互交流，确实别有一番乐趣。

五、认清差距，拓展研究范畴

2002年瑞典举办的缅甸问题国际学术会议表明，中国对缅甸问题的研究与世界其他国家（不包括缅甸本身）相比，在历史、文学、文化等方面的学术水平还是较高的，我们不用妄自菲薄。但是对缅甸现实情况的研究及研究的广度却有颇大的差距。瑞典的缅甸问题国际学术会议按论文内容划分为：教育与人力资源、少数民族的差异、水环境与可持续发展、世界中的缅甸——难民移居者和民族主义的变化、法律与宪法、国家与社会、语言学、缅甸学中口头历史与传说研究、绘画艺术、性社会与发展、健康与艾滋病、佛教与神祇崇拜、20世纪的缅甸历史、回顾19世纪的缅甸、语言与文学、图书管理与图书资源、经济变化、考古学、缅中关系、缅泰关系等20多个专题组，由此可见，国内研究缅甸问题的专家学者很有必要扩大对外交流，进一步拓宽研究范畴与领域。

（本文原系参加2006年12月北京大学东南亚学研究中心主办的“中国东南亚学研究状况与发展趋势学术研讨会”的论文，略作修改后，载李谋、杨保筠主编的《中国东南亚学研究：动态与发展趋势》，香港社会科学出版社，2007年版，第215－224页。）

后 记

我以为要了解一座山，如诗所言："不识庐山真面目，只缘身在此山中"，并不一定对。因为如果只是身处山外看一座山的话，往往只能得到一个极不全面的印象而已。身处方位不同，看一座山还会"横看成岭侧成峰"呢；何况如果不是环着这座山走走，或乘飞机从高空俯瞰一下，就很难知道这座山所处的整个环境和全貌了。即使这样，如果你处身山外，不到山中转转看看，那你还是不知道山中美景和山内情况的。所以不论只在山外或只在山内观察这座山，都很难说你已经了解这座山的"真面目"了。同理，了解一个事物，必须从各个角度分析查看才可能知道真相。今日我们看国际上发生的种种事件与情况，也必须真正全面、客观地去观察分析才能得出切合实际的判断。

缅甸与东南亚是我国亲密的近邻。它们和我国和睦相处多年，休戚与共，有着许多共同利益和共同发展的需要。所以在今天我们必须要真正了解它们，处理好相互关系，才能使我们都得到很好的发展，共同繁荣。但总的说来，目前好多人还是不甚了解我们的友好近邻。而正式发表的能够帮助人们正确了解认识缅甸和东南亚的文章材料之类还是太少了。

我从 1955 年进入大学学习，1961 年开始参加工作，2001 年退休至今，这期间先后在缅甸学习、工作、生活过共约 10 年之久；与人合著过若干部专著；个人翻译过不少缅甸的史料、文章、著作和文学作品；参与编写过各类大型辞书中与缅甸有关的许多词条或选项；也把自己学习了解到的有关缅甸问题的一些体会心得写成文章珍藏起来或在相关研讨会上、刊物中发表。总之从 1955 年起至今，我与缅甸结下了不解之缘，对我们的友好邻邦缅甸有着深厚的情谊，自诩为一个"地道的亲缅派"。一直有个心愿：就是有机会能把自己的一些零散的心得体验集中起来，与更多的那些应该了解、需要了解、想要了解缅甸和东南亚的人分享，为他们提供一些可供参考的材料。尤其是近一两年来缅甸成为人们热议的一个焦点，而且有不少人对缅甸产生了一些误解和迷惘，更使我集中发表这类文章的愿望强烈起来。云南大学的李晨阳教授和他领导下的缅甸研究中心拟把我的有关缅甸的 29 篇文章（包括已发表的和几篇尚未发表的）选编成一本小书，辑入云南大学缅甸研究丛书之中，呈献给读者。世界图书出版广东公司的刘正武编辑也想把本书归入本社的"十二五"国家重点图书出版规划项目《东南亚研究》丛书中，经过协商，李晨阳教授同意放弃了他原来的设想，由世界图书出版广东公司出版。自己多年来的心愿终于能实现了。

我在编辑这本集子时把与我合作过多年的我的学生李晨阳教授和我合写的一篇文章，还有与我在国内外两所大学（北京大学和仰光大学）的同窗学友姚秉彦教授合写的三篇文章都包括在内了。这寄托着我对彼此间深厚友情的珍惜与重视。还要说明的是：本书辑入的这些文章所引据的原文材料都是确切无疑的，但为了维持写作的原貌，在把这些论文集中起来的时候未做任何修正，只把某些错别字改了而已。我也注意到这些年来某些学者对拙文的某些观点提出过一些质疑，但我仍坚持原有意见，并准备在适当时候再发表相关的论文与之商榷。文章中的分析和论点仅是个人看法，难免有不妥甚至谬误之处，敬请学界朋友们不吝指正。

最后，我还要借此机会再次向李晨阳教授和本书的策划编辑刘正武先生表示由衷的谢意。

李　谋

2014 年 4 月 12 日

于蓝旗营住所